U0017431

五行原論

先秦思想的太初存有論

楊儒賓

目次

序言

　　本書共集結九篇文章而成，第一篇撰成的文章〈水與先秦諸子思想〉刊於 1996 年，距今已滿二十年。當時寫此篇，主要是受到唐君毅先生在他的著作裡提到派帕（S. Pepper）「基本隱喻」一語的刺激。在邏輯實證論者甚或一般的經驗論者的眼中，思想帶隱喻並不健康。羅素（B. Russell）批判柏格森（H. Bergson），哲學的理由外，柏格森的書中帶有特多的比喻之詞，也是惹他厭的因素。即使博雅如黑格爾（G. W. F. Hegel），他對隱喻在哲學中的地位，評價也很低。但我當時覺得唐先生的介紹頗富理趣，所以在一次臺大中文系主辦的學術會議裡，我提出〈水與先秦諸子思想〉的論文草稿，當時漢語學界尚少從隱喻論點檢證前人的思想體系者，此文多少有孤明先發之義。寫完此文後很長一段時間，才有機會看到派帕的書。由於派帕的書處理的是西洋哲學史的問題，書的內容牽涉到頗多個別哲人的文獻學的知識，對不同文明的外行人而言，其說可謂繁瑣，讀起來甚不親切。「基本隱喻」的理念後來對我還是很有吸引力，但對其人其書的興趣卻淡了。

　　對派帕的說法無法再探究，但差不多同一時間，我多少讀了些詮釋學的書，也讀了些榮格（C. G. Jung）的分析心理學與耶

律亞德（M. Eliade）宗教史學的書。讀得都不夠系統，難以成學，但為了理解不至於太離譜，筆者分別譯了兩人的書一兩冊，他們本人的著作該讀的應該也讀了。勉強湊合，或許可稍稍達到莊子批判彭蒙、田駢、慎到這幾位人物所達到的等第：「雖然，概乎皆嘗有聞者。」（《莊子‧天下》）莊子批判這些哲人固然不見道，但已籠統地看到些道的浮光掠影。在上述這幾個知識領域，隱喻都是重要的概念，其內涵都已逾越文學批評的範圍。隱喻之事涉及專業，我非專家，無能於此間論其長短。但隨緣散讀，觸類旁通，卻也興致盎然。後來集結國內幾位文史哲的朋友向國科會（科技部的前身）提出「重探中國人文傳統的自然觀」、「身體與自然：一個跨文化的論述」這兩次各三年期的整合型專題研究計畫，焦點之一主要也是集中在對自然物象的探討上面。日積月累，慢慢琢磨，對中國文明中的「自然意象」的象徵意義，涉入漸深，相關的論文也就陸續刊出。這些文章的焦點還是繞著「五行」意象展開，不改二十年舊面目，只是理論的基礎不一樣了。

　　我對「五行」意象的興趣不減，最終要歸因於對「物」的重新理解。我對「物」的重新理解主要受惠於中西兩種理論資源，一是耶律亞德所說的自然之「太初存有論」（archaic ontology）的功能，以及巴舍拉（G. Bachelard）所說的「物質的想像」（material imagination）。前者啟示了筆者如何理解物的神聖性，後者則突顯了物象與主體的建構緊密相連。另一種來自中國思想的理論資源是受到晚明王夫之、方以智的啟發，再往上追，可追溯至張載、周敦頤甚至《易經》學與《莊子》學的傳統。王夫之、方以智的思想可說是針對宋明時期儒佛兩家的心學傳統而發，兩人對「物」都有大不同於唯物論，也與唯心論傳統大不一樣的解

釋。當代的理學研究一向有分系說，牟宗三先生的理學三系說是影響深遠的典範，但我認為（北宋）周、張及（晚明）方、王此系理學更適宜稱為理學的第三系。分系是另一個哲學史問題，不同的分系常源於不同的關懷所致，箇中細節，姑且不論。但筆者眼中的第三系儒學從「本體宇宙論」的觀點出發，知太極爾後知陰陽，但又要作主體的轉化，加以印證，心物的地位趨於平等。第三系儒學近於泛神論，其說特顯深邃。相對於程、朱重性體，陸、王重心體，我心儀的這支儒學重道體，他們的思想體系或許可稱作「道體論」或「本體宇宙論」。此系哲人的眼界特高，自然物在他們的體系中，真是脫胎換骨，布衣登九五，萬物生光輝。這種道體論的體用論所呈現的「物相」和宗教史家耶律亞德所勾勒出的太初之物的神聖內涵，恍惚之間，竟若隔代相映一樣。近世的第三系儒學與先秦的原始儒家都能賦予「物」本體論的意義，關鍵的因素在先秦時期是「聖感」（luminous）所致，其理論建立在神聖的辯證上面；在北宋與晚明則是道體之下貫，其理論建立在體用論的基礎上。本書重在先秦時期的表現。

　　本書處理「五行」，但不是歷史地處理，也不是文獻學地處理，而是整體打散，重新定位。本書的「五行」可作為「物」的總代表，其範圍由「五行」進入「兩儀」的「陰陽」以及更精微的「氣」、「渾沌」等領域。本書如稱作《物之哲學》，本無不可。筆者將「五行」視為太初時期神聖的主要展現場域，聖入物中，道在五行。「五行」這五種聖物與世界有本體論的區隔，本書因此也有理由定名為《太初本體論》。再換個角度想，本書依渾沌（太極）—氣—兩儀（陰陽）—五行的次序展開，其理序與周敦頤的〈太極圖說〉有近似之處，因此，這樣的結構如視為神話版的宇宙論，此書逕稱作《五行開闢論》，似乎也講得通。但

筆者畢竟選了《五行原論》這樣的書名，原者，如韓愈所謂「原道」、「原性」的「原」，價值意義的始源之義。各教各有其「原」，實質內涵必然不同，但思維模式卻頗相似。上述幾個競爭性的書名雖然名號不同，但讀者顧名思義，彼此參較，或許可找到曲徑互通之處。

　　本書的內容長期累積而成，二十年前的舊文與晚近撰寫的篇章，論述自然不會一致。集結成書前，筆者稍加整飭全書內容，以期風格一致，但舊痕斑斑，也是很明顯的。二十年來對「物」始終關心，但如何理解，前後期的偏重則有不同，觀此書各篇章發表的年代先後，遞變之跡宛然可見。「物論」工程事大，本書偏重於佛教東來前的儒家與道家之原始發想。佛教東來後所引致的以體用論為基礎的理學版物論無能顧及，當另書處理之。

　　本書構思已久，但內容多得益於多年來學界友人的提撕。感謝一齊參與科技部（國科會）計畫的夥伴，感謝從提出構想、刊出期刊論文到集結成書的過程中，彼此相互激盪，反覆切磋的朋友。筆者也要感謝蔡錦香、尤美琪、游維真幾位助理的辛勞，以及林宣佑、劉思好同學的耐心校稿。本書加上副標題，重點更突出，感謝蔡瑜、黃冠閔、林遠澤三位教授的提示。聯經出版事業公司在此書出版過程中費了不少心力，在此一併致謝！

丁酉還曆過一之年　於竹塹清華園

楔子

「不在五行中」的「五行」

　　舊章回體小說及筆記中，不時可看到「跳出三界外，不在五行中」的聯語，意指其人修行精湛或法力高強，已不受命數影響之義。《西遊記》裡的孫悟空一橫空出世，即一再自言他自己是「不在五行中」。「跳出、不在」一聯通俗有力，否則，它不可能流傳得這麼廣。然而，我們如論其義而不論其語，此聯也是大有來歷的。葛洪言「我命在我不在天」，王心齋言「大人造命」，[1]這些前賢的意思指的大概也是一種超越氣運以上的聖賢境界，類似的話頭在丹道或在禪佛著作中不時可以見到。很明顯地，「跳出三界外，不在五行中」乃是「我命在我不在天」、「大人造命」的通俗版，可視為三教理念向民間滲透的一個案例。

　　「三界」、「五行」兩詞出自不同的傳統，兩相對照，卻同樣指向傳統文明對整體存在界所作的分界概念。「界」是空間的概

1　前句見葛洪引〈龜甲文〉之言，王明校釋，《抱朴子內篇校釋》（北京：中華書局，1985），頁287；後句見王艮，《心齋王先生語錄》，《續修四庫全書》（上海：上海古籍出版社，1995），冊938，卷上，頁324。

念，「三界」是佛教的隱喻，意指欲界、色界、無色界，凡夫俗子不管幾世輪迴，都不出此三界。能躍出三界者，當是斷了原始無明的菩薩。「行」或指道路，或指流動之物，「五行」是中國文化裡用以統合萬物的大共名。它最常見的用法乃是指向萬物的構成因，或者歷史進行的程式，天地萬物以及人的命數皆由五行構成。不在五行中者，通常指向超越了命數限制的人。

　　孫悟空一出世即自認為自己「不在五行中」，他的話說早了，我們很自然就想起他跳不出如來佛掌心這個著名的反證。在《西遊記》故事中，佛祖收服大聖的故事即是孫悟空不管如何翻轉，終究逃不出如來掌心，結局是如來佛將孫悟空壓在五行山下。五行山是佛祖掌上五指的山嶽化，五行山即五指山。齊天大聖逃不出如來掌心，同時也就意指即使齊天大聖再如何神通廣大，他終究無法逃出五行的控制。

　　孫悟空七十二變，西天求法要經歷八十一劫魔難，七十二、八十一是中國文明中有名的神祕數字，但五和五行也是《西遊記》中重要的神祕符號。《西遊記》這部著名的神魔小說是通俗的，但也是神聖的。此書內涵頗涉及煉丹，而且所煉之丹乃是內丹之丹，[2]「五行」在煉丹術中占有相當重要的地位。比如在此書

2　在後世全真道教的修行傳統中，《西遊記》一書是重要的修行指南。胡適曾指責此書原來那麼通俗有趣，卻被後世的道士弄得妖裡妖氣，喪失掉文學的趣味。但是《西遊記》一書原來即有那麼多煉丹術的內容，第三十六回「心猿正處諸緣伏，劈破傍門見月明」，此回直可視為一部《周易參同契禮讚》，連回目都是煉丹術的術語。此書充斥的內丹術語真是不少，如果這些煉丹術內容不是後加的，而是「定本」裡就有的，那麼，《西遊記》此書的修煉內涵就不宜視為「附贅懸疣」，而當是本質的成分。全真道士依書修行，因此，也就不宜視為汙染，而是當機活用。胡適的說法參見〈《西遊記》考證〉，《胡適文存‧二集》，收入季羨林主編，《胡適全集》（合肥：安徽教

第二回，寫道孫悟空橫空出世，無法無天，但還是不免深陷有情眾生的基本畏懼——死亡，所以乃雲遊十州四海，求取不死之方。孫悟空最終求得的祕法之祕訣乃在：「攢簇五行顛倒用，功完隨作佛和仙。」

「五行」原本即有相生、相續，以順逆釋物之生成變化之義，此義應當出自陰陽家或民間術數傳統的原始智慧。但丹道的顛倒五行，其義更高，此法門就像儒家的求「喜怒哀樂未發前氣象」或禪師的求「父母未生前的本來面目」，這是逆反生命天然走向的工夫，以期契入未分化的原點。「五行」構成由「天」入「人」，由「先天」入「後天」，由「無」入「有」，由超越界入經驗界的關卡。反之，它也是由「人」入「天」，由「後天」入「先天」、由「有」入「無」的界限。在丹道傳統中，「五行」就在人的性命結構裡，如何處理人身上的「五行」，順之則生天生地，逆之則成聖成佛成仙，「五行」一詞成了為學工夫的關鍵。

五行是萬法存在的奧祕，所以如要修仙證道，學者才須將它「顛倒用」。但「顛倒用」能否窮盡陰陽氣化、五行布置的底，恐未易言。因為五行也是整體法界的運作法則，其蘊極精微，所以即使與天同壽的孫悟空仍然逃不出如來佛手掌心，終被鎮在五行山下，不得翻身。《西遊記》一書不單論五行，但它傳給我們五行的消息卻不比五行的百科全書——《五行大義》來得少。「五行」藏在小說體裡面，形象卻特別生動有趣，它可能更具體地傳達了「五行」之出入無礙，難以捉摸。

育出版社，2003），卷4，頁651-698。《西遊記》與全真道教的關係參見柳存仁，〈全真教和小說西遊記〉，《和風堂文集》（上海：上海古籍出版社，1991），下冊，頁1319-1391。

　　筆者在本書中想要處理的主題是中國思想史上一組重要的概念「五行」及其家族概念（如氣、陰陽），《西遊記》這種類型的章回小說不是大傳統的論著，不在本書論述之列。但筆者探討「五行」議題時，卻不時會出現章回小說的情節。中國的大傳統常是藉著戲曲、小說，滲透到民間的土壤，通俗文化中常出現的套語，有時更能反映重要概念的道成肉身於中國的社會。本書的重點不在知識論導向的探究，筆者關心的是五行及其家族概念在原始經典所反映出的性格及其哲學意涵。從非知識論的角度出發，筆者認為民間版的五行敘述和在中國史上發揮過影響的五行論，其義有別，但更活潑，也更接近本書設想中的原初五行論。民間五行論的蠻性、活力、生氣淋漓，在在令人聯想到初民物活論世界與小傳統間的關聯。何以在章回體小說這種民間文學的敘述中，「五行」會接近「命運」、「本質」的角色，連已行過「顛倒用」功法的孫悟空都要在它的生成變化中打轉？何以土行孫這位滑稽的英雄只要沾到土氣，即可生機靈現，生命回春？何以孫悟空天生石猴轉世，但他要在太上老君的八卦爐裡接受文武火的烹煉後，才可脫胎換骨？何以觀世音菩薩的楊柳水可使人蔘果樹垂死復生？這種小傳統的五行形象和我們在傳統的知識體系裡所見到的五行論，或者在較嚴格的哲學論述裡所見者，是否有關聯？

　　筆者想要追溯另一種意義的原始活力的五行意象，所以會聯想到民間版五行論的原始活力，正在於民間的戲曲小說的敘述雖然更魔幻，無法無天，卻更形象化地突顯出人的生命的五行本質。筆者在本書中嘗試作出一種創造性的還原，解構後的重構，筆者指出：先秦時期五行的原貌固然可視為物，但此物的本真狀態卻不是近代科學簡單定位的視野下呈現的模態，也不是中國歷

史哲學中「五行終始說」所顯現的樣態。回到筆者設想中的原點，五行之物作為一種太初的真理，它既是那個時代在自然界中存在的「聖顯」（hierophany）之物，也是與人的意識構造結合在一起的神聖意象。五行的精神化與精神的五行化是發生在太初時期同一樁事件的兩個面向，而這樣的事件是在知識論導向之前以及心學大興之前的物我共在的時代所呈現的原始知識的形態。先秦時期的哲人所理解的物，乃是建立在這種心物原始共生的基礎上的聖顯之物；所理解的心，乃是與原始意象共成共化之心。

我們如要回到中國文明黎明時期的精神狀態，或許不該設想洛克（J. Locke）式的白版之心靈，也不該設想《大乘起信論》式的如來藏心，而當設想與世共在互滲的聖之意識（luminous）在精神發展史上的獨特位置。「五行的精神化」、「精神的五行化」這種詞語如果有實質意義的話，顯示五行的物之意象與精神內在的狀態會有共構的關係，所以「初民」表達情緒、情感時，他會將這種不可見的內在狀態轉化為物象化的意象，並透過聲音與文字的中介化作用，傳達到生活世界，再引起聽者共通的回應。這種轉換機制的存在顯示在文明的初階，物之意象構成了心重要的內涵，所以「初民」表達個人情緒、情感時，會使用特別豐富的「物的想像」。維柯（G. Vico）論文明初期的狀態時，特別強調那個時代的神話特性與詩的特性，他的話移之於中國文明初期，其說亦通。我們如稍加瀏覽宋元以下的章回體小說，大概不難了解他的判斷是如何產生的。

追溯五行原義，其實是追溯太初時期「物」的展現，完整的五行論不能不包括天、氣、陰陽這些高位階的「物」概念，周敦頤的《太極圖說》就是這樣呈現的，本書的架構也是如此。本書也同周敦頤的《太極圖說》的設定一樣，「原論」一詞固然意指

窮透物的本質，但也意在探究人的本真，同時更意在探討「道」
在太初時期的呈現模式。「原」既指向時間的源頭，但也指向了
存在的理據。源頭澄清了，我們不一定可以理解從源頭到孫悟空
種種神通變化的曲折途徑，我們也不一定可以理解五行為何會神
格化為土行孫這般的人格神，也不一定可以了解五行何以成為歷
史演變過程中的發號司令者，秦漢相爭居然變成了赤帝子斬白帝
子的故事。但我們或許可以從另一種角度了解心物的始源關係，
也可以了解道德論述的力量加上「物」的意象後，或者道德命題
以心物共構的形態展現後，主體的物化不一定會墮落成盧卡奇
（G. Lukács）所謂的「物化」現象。反而納物於意，意物同流
後，語言的力量因而可以更充沛，精神的穿透能量可以更強。

壹

導論：五行原論與原物理

一、叩問五行

在漢字傳統中，「五行」一詞有各種意指，[1]但最為人所知的用法是指金、水、木、火、土。[2]依一般的漢文用法，金、水、木、火、土指的是五種「物」，它們原該合稱作「五物」，但「五物」一詞卻從未流行過。「五材」之名出現過，[3]但也沒有成為

1　《禮記・鄉飲酒義》與《荀子・樂論》說的「五行」為：「貴賤明，隆殺辨，和樂而不流，弟長而無遺，安燕而不亂。」《呂氏春秋・孝行》的「五行」為：莊、忠、敬、篤、勇。《淮南子・兵略訓》的五行為：「柔、剛、仁、信、勇。」行目繁多，茲不盡舉。

2　「五行」的排序有多種，最重要的四種為：（1）生序：水、火、木、金、土；（2）相生序：木、火、土、金、水；（3）相勝序：木、金、火、水、土；（4）近世序：金、木、水、火、土。細節參見李約瑟（J. Needham）著，陳立夫主譯，〈中國科學之基本觀念〉，《中國之科學與文明——中國科學思想史（上）》（台北：臺灣商務印書館，1973），冊2，頁418-444。

3　「五材」一詞見《左傳・襄公二十七年》：「天生五材，民並用之，廢一不可，誰能去兵？」見左丘明傳，杜預注，孔穎達正義，《春秋左傳正義》，

通稱。在殷末周初，這五種物被整編在一起，名曰「五行」後，五種因子即緊密結合在「五行」的名目下，但卻又以各種不同的知識面貌出現於東方的歷史舞臺，它的地位甚至接近於「範疇」（category）在西方知識論史上的地位，對後世中國的影響極大。但越到近世，它受到的質疑越多，地位越下。

「五行」理論在近代中國的知識圖像中，形象不佳。「五行」地位的升降和現代性知識的進展成反比。一般而言，此套理論被民國通人視為以一種僵硬的公式，將自然與人文世界的各種雜多因素統一了起來。由於它涵蓋的範圍太廣太多，根本無「證偽性」可言，解釋力道等於零。在「科學」一詞成為遊行口號的年代，「五行」自然而然地被視為中國落後的象徵，也是中國科學所以不發達的罪魁禍首。它和小腳、辮子、鴉片一樣，都被視為是封建中國的殘渣，早該被丟入歷史的灰燼當中。從近代五行論的探討者梁啟超、顧頡剛以下，「五行」一詞即被視為虛偽、迷信，而且是「兩千年來迷信之大本營」，它要為近代中國悲慘的命運負極大的責任。[4]

近代中國對「五行」的刻板印象自然不是空穴來風，在魯迅的文集中，作為「五行」論大戶的中醫，即被呈現為僵硬的中國

收入李學勤主編，《十三經注疏整理本》，冊82，卷38，頁1225。

4　引言出自梁啟超，〈陰陽五行說之來歷〉，《梁啟超全集》（北京：北京出版社，1999），冊6，卷11，頁3357-3365。顧頡剛之說見，〈五德終始說下的政治和歷史〉，收入顧頡剛編著，《古史辨》（上海：上海古籍出版社，1982），冊5，下編，頁404-616。此冊除收錄梁、顧二文外，另收有呂思勉、劉節、錢穆等人對「五行」說的相關討論，立場不同，亦可參考。《古史辨》之後的代表性觀點，參見李鏡池，《《周易》探源》（北京：中華書局，1991）一書，此書被視為探討陰陽五行學說的力作，全書的基調也是沿承「五行偽科學」說而來。

封建社會的主要象徵。[5]但這一套理論雖僵硬，卻又有一些奇怪的解釋力道，信徒彌眾，而且傳之久遠。五行論漫天蓋地的解釋見之於小傳統的許多著作，在醫、卜、星、相、武術的著作中，我們總可以看到五行說怎麼滲透到各個傳統知識的圈子裡。五行論最好的範本，當是蕭吉的《五行大義》。[6]在此書中，蕭吉將五行論與時、空、時辰、五官、臟腑、音韻、德目等等統一了起來。在《五行大義》的文本中，整個世界是依另類的知識體系設想的，世界是個有機體，五行表述了世界整體。許多現代知識體系視為不相干的系統，都被五行中的一行串連了起來。比如金與西方、秋季、正義、白色、商音、肺臟等等連結起來，它們彼此之間恍若有本質上的繫連，因而成了共屬的「金行」的家族成員。五行的世界是個平面連結的世界，五行的任一行都跨越了分類的邊界，也壓垮了分類的邊界，它將現代知識論下的異質性因素整合成同一的構造，「行」成了本質，五行注滿了世界。難怪五四運動那一代的中國知識人打造各種新式的知識文化時，不管於工，於醫，於農，於政治，「五行論」幾乎是他們都會碰到的絆

---

5 中醫在魯迅的精神構造中，占有極顯著的象徵地位，在《吶喊・自序》中，他即說：「中醫不過是一種有意的或無意的騙子。」（魯迅，《吶喊・自序》，《魯迅全集》〔北京：人民文學出版社，2005〕，卷1，頁438）；〈狂人日記〉中也有言道：「真是醫生，也仍然是吃人的人。」（同上書，頁448）類似的話語在他的著作中，不時可見。魯迅曾是位準醫生，但對中醫的判準卻偏執如是，令人訝異。魯迅不是孤例，由此入手，多少可了解「五行」說在民初學術界的形象。

6 蕭吉的《五行大義》在中土散佚已久，但保存在海外的日本，關於此書的歷史流傳，參見劉國忠，《五行大義研究》（瀋陽：遼寧教育出版社，1999）。此書可用的新校本參見蕭吉著，錢杭點校，《五行大義》（上海：上海書店，2001）。

腳石，所以要除之爾後快。

　　由於五行論的解釋太寬泛，但此套理論確實顯現——至少曾顯現出——一套認知的結構，而且還進入傳統中國的正統學科體制當中。因此，此套理論會被今人視為一種知識的解釋模式，而且是錯誤而有害的知識模式，也就可想而知了。蕭吉的《五行大義》並不是五行說知識論化的第一本書，它只是最完整，但也可說是最僵硬的一部典籍。事實上，五行說成為知識論的模式，早在戰國時期即已發生，秦漢後，其敘述更日趨嚴整，附庸蔚為大國。我們看《管子》、《呂氏春秋》諸書，即可知道五行論在當年已是包山包海，其中心雖有所在，邊際卻無所不在，它是所有知識叩問的現成答案，可用於解釋現實世界的任一項目。

　　但《管子》、《呂氏春秋》的年代雖早，其時脫離五行的原始模樣已有相當長的一段時期，其解釋也就不能沒有局限。至目前為止，探討五行說的專著與專文不少，[7]就五行說的歷史知識而言，我們已累積了不少的研究成果。但就理性的知識而言，我們對五行內涵的了解其實仍然相當有限，殊少進展。即使再就歷史知識而言，五行說的「原始」面貌為何？也仍多曖昧不明之處。像五行說這樣影響深遠的知識體系，而且還有不少的研究成果出現，但林林總總的成績合計的結果，這些研究在精神發展史的意義上，到底提供了什麼樣的價值？卻相當模糊。先且不說目前的探討並沒有得到具說服力的結論，即便該如何入手，才能探詢

7　除上述梁啟超、顧頡剛、李鏡池諸作品外，另參見劉殿爵，〈The Lu-shih Ch'un-ch'iu 呂氏春秋 and Tsou Yen's 鄒衍 Theory of the Five Rotatory Ascendants（Wu Hsing 五行）〉，《中國文哲研究集刊》第4期（1994年3月），頁85-119；王夢鷗，《鄒衍遺書考》（台北：臺灣商務印書館，1966）。王夢鷗書雖出版較早，但至今仍有參考價值，沒被取代。

「五行」的內涵，我們其實依然如同往日般的茫然。

　　追根究柢，「五行」乃是對五種「物」的完整解釋，五行說之難以找到原義，其原因可能和今日對「物」的理解偏離了「物」的軌道有關。五行之「物」成為重要的文明指標，就其成為有體系的論述，或許不越西周初年。但就其有意義地介入初民的精神構造，可以合理地推論其年代應該相當早。只要將中國文明的五行：金、水、木、火、土；印度文明的四大元素：地、水、風、火；希臘文明的四因素：水、火、空氣、大地，擺在一起，很難不訝異其名稱及性質之近似，歷史的共構竟可契合如斯。筆者不排除歷史影響的關係，但筆者沒有能力論證歷史影響如何發生。只是更相信在文明早期，這種共構可能源於共享的人之回應模式涉入其中所致，如果平行的獨立發生說可靠，「五行」的起源即很難不由歷史的問題帶入跨文化的主體性構造的問題。

　　成熟的五行論是中國文明的重要論述，如要論述此一理論的價值，沒有理由不作歷史的解析。但「五行」的概念內涵大於歷史呈現的事實，「五行」的祕密很可能在於非歷史性的向度。五行學說在歷史的發展原本可以更多線，不一定只有一條路。秦漢以後的五行論的發展是沿知識論與政治論的軌道開展，這是歷史的事實。到了二十世紀以後，五行論在漫天遍野的「科學主義」的壓迫下，它基本上被貶放到理性之光照耀不到的黑暗角落。但五行論的命運一定要如此淒涼嗎？筆者相信在歷史上開展出的路途既然是歷史現象，它就隸屬於一定的歷史條件，這種現實是改變不了的。但歷史條件如果改了，五行說發展出的方向不一定別無選擇，現在沒有歷史的負擔，正可以換另一種方式思考其義。

　　如果不從認識論或政治論的觀點解讀，也就是不從歷史上占主流現象的觀點解讀，「五行」事實上有機會回到它自己的本來

面目。一言以蔽之，筆者認為：「五行」說可視為築基於「聖顯」（hierophany）[8]之上的五種喻根。由比較宗教學提供的視角，可以很放心地將這些因素上推到文明早期的宗教象徵，亦即在文明初期，中國的五行就像希臘或印度的四元素，也像普見於世界各民族對水、火、山、天、土等等自然意象的理解一樣，這些「自然」因素都被視為具有超自然的因素，都是神聖的載體。[9]正因這些「自然」因素是如此的超自然，它們的性質是如此的重要，範圍又是那麼普遍，所以很自然而然地，五行的施用範圍不能不廣，它們這些天生異稟的神聖因素串連起各種異質性的質素，熔為一爐。五行相連，相生，相剋，複雜勾連，最後布下天羅地網般的知識體系，構成了原初的一種世界秩序。

　　從聖顯的根本隱喻的角度入手，尤其放在文明初期階段觀看，當初民面對活生生而且與己所對之「物」時，他會如何理解這些「行」？初民的主體與所對之物的性質到底有何特殊之處？解開了「五行」原貌與秦漢以後五行施用的歷史之糾結，各就各位，也許有機會了解一種不同分類下的心物關係。言各有當，本文要探討的五行原義，追求的是五行在太初階段，也可以說在現象學意義的原初階段呈現的原貌；歷史上的五行說則是「五行」在歷史階段上展現出的諸種歷史論述或文化論述。施用的領域不

8　「聖顯」之說參見伊利亞德（M. Eliade）著，楊素娥譯，《聖與俗——宗教的本質》（台北：桂冠圖書公司，2001），頁61-69。溯源此說，當可追至奧托（R. Otto）的「神聖」（luminous）概念。

9　筆者底下的論述受到耶律亞德（M. Eliade）與巴舍拉（G. Bachelard）的影響，尤其底下二書。參見M. Eliade, *Patterns in Comparative Religion*（New York: New American Library, 1974）. 巴舍拉（G. Bachelard）著，龔卓軍、王靜慧譯，《空間詩學》（台北：張老師文化事業公司，2003）。

一樣了，它的意義也會跟著改變。角度調整了，溯源即是正本清源，原「五行」說不一定是過時的黃花，有可能反而是精粹的黃金之華。它揭開了一種原初的也是新穎的物理，一種大不同於當代科技物理學的物理。

二、五行三貌

我們說的另一種方式的思考，即是對一種出現於歷史的文明敘述作非歷史性的思考，「非歷史」不是「反歷史」，也不是「無關乎歷史」。這種非歷史性的切入點與其說是新的，不如說是原初的，依循的是普見於近代西方世界之外的廣大地區人民的思考模式。「五行」千面，我們要的是保持物之豐盈的五行原論。這種能維繫物之豐盈意義的五行原論，其實也已出現於歷史中，為諸子百家所嫻熟運用，只是他們大多習而不察，日用而不知，未曾體系性地、系統性地反思。我們要作的工作只是調整焦距，重構其理論價值的秩序而已。

但在正面提出筆者的主張時，有必要對歷史上出現的五行論作一瀏覽，並簡要地分判。佛教判教，有「破邪顯正」教，[10] 亦即透過對不如理的學說的批判，藉以突顯正面表述的主張。本文要正面地陳述五行原論，也需要先稍加檢討負面表列的對照系統。本文的用意不在護教式的破邪以顯正，但既然有追求「原義」的要求，所以至少當先表列歷史上發生過影響的五行論，觀其論述梗概，先釐清分際，才好方便轉身進入本題。

---

10 三論宗、天臺宗等宗皆有此主張，廣義來說，只要有判教之主張，皆不能沒有破沒有立，遮表雙詮，破邪顯正之說可謂共法。

　　論及五行，首先想到的就是《尚書‧洪範》的說法，五行在歷史上的形象首次如此清晰地出現：

> 　一，五行。一曰水，二曰火，三曰木，四曰金，五曰土。水曰潤下，火曰炎上，木曰曲直，金曰從革，土爰稼穡。潤下作鹹，炎上作苦，曲直作酸，從革作辛，稼穡作甘。[11]

　　「五行」所以在後世很容易和《尚書‧洪範》連結在一起，恐怕不得不然。除了這段文獻有可能是在傳世文獻上最早出現「五行」的記載外，[12]更重要地，它出現於《尚書》這部偉大的經典中。據記載，「五行」是一位亡國遺老的智慧老人箕子向征服者的聖王周武王諫言的經世偉論。武王與箕子會面，充滿了宗教神學的色彩，箕子與同一時期的呂尚姜太公可視為中國的智慧老人原型，兩人出世，聯手將「武王伐紂」這樁革命戲劇推向劇情的高潮。從周代先王「翦商」開始，掀動連綿數十年的暴力武裝

11　孔安國傳，孔穎達疏，《尚書正義‧洪範》，收入李學勤主編，《十三經注疏整理本》，冊54，卷12，頁357。

12　《尚書‧甘誓》有「有扈氏威侮五行，怠棄三正」之語，在《尚書》的結構中，此篇文章被歸類為《虞夏商書》，年代應當比《周書》早。但古書寫就的年代先後很難完全落實，因為從口傳到寫本到定本，通常需要一段流通的過程，此文寫定的年代有可能更晚。關於《尚書》中的「五行」問題之爭辯，參見屈萬里，〈對於「與五行有關的文獻」之解釋問題敬答徐復觀先生〉，《屈萬里先生文存》（台北：聯經出版事業公司，1984），冊1，頁159-169；徐復觀，〈附錄二：陰陽五行及其有關文獻的研究〉、〈附錄三：由《尚書》〈甘誓〉、〈洪範〉諸篇的考證，看有關治學的方法和態度問題──敬答屈萬里先生〉，《中國人性論史‧先秦篇》（台北：臺灣商務印書館，1987），頁509-587、588-629。屈、徐兩先生的討論很細，但他們的論點恐怕也成不了定論。《尚書》的〈洪範〉與〈甘誓〉兩篇的年代先後對本文影響不大，故不再論。

行動要從歷史退位了，它讓位給繼任者體國經野的新視野。〈洪範〉的五行論仍甚素樸，但「聖王」與「經典」兩者的神聖位階鞏固了此一五行說的理論價值。

「五行」一詞在二十世紀的知識氛圍中，幾乎已經淪為小傳統的代言人。它和「陰陽」結合在一起。「陰陽五行」一詞成體後，[13] 逐漸成為醫、卜、星、相的實質內涵。此處的「醫」自然指的是沒有被編入現代知識體系的巫醫或中醫。這些小傳統的共同特色在於它們是現代知識帝國的邊緣成員，雖然它們一度是社會主流的知識，曾經和商天子的占卜活動，和周代聖人「知天命」的崇高要求一併走上歷史舞臺，是創造文明的要角。但爾後隨著歷史的變遷，它們卻被時潮擠到社會的角落，成了落伍、迷信的指標，構成這些技藝理論因素的「五行」說更成了「迷信之大本營」。然而，回到源頭，考察「五行」的出身，不難發現它的身分極高貴，它一出世，即是〈洪範〉「九疇」中的第一疇，在構成國家大法上，「五行」扮演很關鍵性的角色。

〈洪範〉是「五行」一詞最早而且最重要的一次出場，出場的背景是武王伐紂成功後，特地向殷商遺臣的箕子請教國家大法。在這種場合出現的「五行」明顯地具有濃厚的政治意涵，我們看到五行的作用，主要是指向公共生活中實際的用途，如木可使曲成直，金可革而化之，土可種植食物云云。至於味道的屬性，如水鹹、火苦、木酸、金辛、土甘，雖然很難講不能運用到

13「陰陽」、「五行」兩組概念應該各有源頭，平行發展，後世乃合而為一。由於刊載「陰陽」、「五行」之說最豐富的陰陽家文獻已接近完全毀滅，我們探討這兩組文獻分合的時間已很難斷得準，但筆者懷疑：兩者的結合時間應該在戰國時期即已形成。因陰陽家以「陰陽」名家，此家的核心理論又在「五德終始說」，我們很難相信此家沒有整合過這兩組概念。

政治以外的領域，但放在〈洪範〉的脈絡下看，畢竟仍是政教的用途占大半。殷周之際是中國文化史上大變革的一個時代，周公的制禮作樂立下了一個新時代到臨的標誌，「尊尊」、「親親」、「尚賢」這些重要的德目則是運作新體制的根本法則。[14]然而，在幾近於開國大典的前夕，「五行」說卻很質實地被安頓在器器尚用的氛圍下展示出來。一種講究統合潤下、炎上、曲直、從革、稼穡這類物理質性，以及講究鹹、苦、酸、辛、甘之類味覺的原理之五行說到底有何重要的意義？為何戰勝大帝國的新興聖王要移樽就教？

〈洪範〉的「五行」無疑地是國計民生的大事，但將先秦時期出現「五行」的文獻比較而觀，不難發現〈洪範〉的國計民生可能需要放在另一種視野下定位。〈甘誓〉的「五行」是和代表天道的「三正」說擺在一起看的：「有扈氏威侮五行，怠棄三正，天用剿絕其命。」[15]在遂古時期，天界往往被認為蘊藏了神的意志，中國早期的文明也是如此看待。《左傳》的「五行」是和五行的神祇化連在一起出現：「故有五行之官，是謂五官，實列受氏姓，封為上公，祀為貴神。社稷五祀，是尊是奉。木正曰句芒，火正曰祝融，金正曰蓐收，水正曰玄冥，土正曰后土。」[16]五

---

14 參見王國維，〈殷周制度論〉，《觀堂集林》，收入謝維揚主編，《王國維全集》（杭州：浙江教育出版社，2009），冊8，卷10，頁302-320。

15 《尚書・甘誓》：「有扈氏威侮五行，怠棄三正。」孔穎達疏云：「正如字，徐音征，馬云：『建子、建丑、建寅，三正也。』」參見孔安國傳，孔穎達疏，《尚書正義》，收入李學勤主編，《十三經注疏整理本》，冊53，卷7，頁207。

16 見《左傳・昭公二十九年》史官蔡墨之言。左丘明傳，杜預注，孔穎達正義，《春秋左傳正義》，收入李學勤主編，《十三經注疏整理本》，冊83，卷53，頁1733-1734。

行「祀為貴神」，此敘述值得留意。因為只有「聖顯」介入了，「五行」才會神祇化，「五行」說也才會變成開國大典中的鴻猷巨範。其實也不必說得太遠，因為在〈洪範〉本文，箕子已說這「九疇」乃是上帝為獎賞大禹平定洪水，再定天下，因此特別贈予他的大法。〈洪範〉九疇不是人間事物，而是天界大禮。

上述這些文獻中出現的「五行」相互指涉，構成一組意義較完整的思想網脈。此一思想網脈顯示：〈洪範〉此篇描述的五行內涵，雖然多的是日用常行事物，但這些事物的性質恰好不是日用常行，而是指向了另類的向度。這需要從「太初存有論」（archaic ontology）[17]的角度看待〈洪範〉「五行」，亦即此經典中的政教倫理、國計民生不能脫離聖顯的視野。〈洪範〉的五行之物之性質與味道之聯想，和周公制禮作樂的禮樂一樣，不管是「物質」是「精神」，它們都需要在聖之保障下，證成自身。

除了統合各種日用倫常的項目並賦予存在的意義外，「五行」另一種常見的用法是用於陰陽家的歷史解釋，所謂「五德終始說」是也。司馬遷說陰陽家的鄒衍「稱引天地剖判以來，五德轉移，治各有宜，而符應若茲」。[18]五德終始即意指金、水、木、火、土各行在人世間的位置是輪流換的，金德旺後有水德，水德之後有木德云云。反過來說，即有五德相剋之說，如金剋木、水剋火、木剋土、火剋金、土剋水云云。五行在人間各有代理人或

---

17 「太初存有論」（或譯「太初本體論」、「遂古本體論」）是耶律亞德用以解釋神話母題在存有論上的地位。關於「太初存有論」的觀念參見耶律亞德（M. Eliade）著，拙譯，《宇宙與歷史——永恆回歸的神話》（台北：聯經出版事業公司，2000），頁1-4。

18 司馬遷撰，《史記・孟子荀卿列傳》（北京：中華書局，1959），冊7，卷74，頁2344。

各有代理朝代，人間的代理人要了解天人之際，運會來時，即當應運而興；運去，即當告隱，退出歷史舞臺。五德終始說是歷史理論，但其依據卻是神祕的宇宙相生相剋之法則，它似乎是那麼非人為的自然主義的主張。但任何牽涉到政權存亡的政治論點，不可能那麼行所無事，五德終始說不可能不帶有濃厚的政治權力意志。在政治領域，神祕的自然法則與權力意志有種奇妙的結合。

　　「五德終始說」這種難以驗證的歷史理論在中國政治史上卻產生了極大的影響，歷代王朝的興亡幾乎都演過五德相生相剋的戲碼。最慘酷而現實的政治鬥爭居然會和最神祕莫測的論述緊密結合，此種看似詭異的聯姻，如果放在宗教史的角度下觀察，卻不是那麼難以理解。五德終始說是種循環的時間觀，循環的時間觀在「現代」意識興起前，它是初民及非西方文明常出現的史觀。[19]不妨說：這也是巫教的史觀。當政治鬥爭最激烈，集體心態最強盛的時期，通常也是非理性的巫教意識最猖狂的時代。五德終始說所以有歷史意義地出現於政治變動最激烈的戰國時期，毋寧是原始心性與歷史機遇很自然地結合所致。亂世需要解釋，亂世的人心需要天意的介入以撫平苦難的折磨，而透過永恆回歸，重演天界原型，乃是普見於初期文明或「原始民族」常見的回應模式。五行輪迴遞現，相為始終，乃天地運作之法則，也是人間歷史運行之法則。觀察五行終始說在後世起大作用的時機，通常也是鼎革沸騰、龍蛇起陸之際，這種時期借《公羊》家語言來講，可謂據亂世時期。後世反覆出現的據亂世和戰國時期一樣，都是一方面天發殺機，一方面也是人間需要被天意（天界原

---

19 耶律亞德（M. Eliade）著，拙譯，《宇宙與歷史——永恆回歸的神話》，頁47-86。

型）拯救的年代。

　　除了作為中國王權政治秩序基礎的皇家學術外，「五行」在後世更重要的影響無疑地在它變成了一種封閉性的知識體制，成了主導性的分類系統，甚至於可以說：成了具有知識論導向的認知模式。比如：金可和五臟的肺、五官的鼻、五音的商、五色的白、五味的辛、四時中的秋、五方中的西等等結合在一起，時、空、顏色、臟腑、知覺等這幾種性質不相干的名目，在五行體系中，卻緊密地結合在一起，被視為它們擁有共同的「金」的因素。如果單就統合經驗與料的功效而論，五行的效果和西方知識論的「範疇」幾乎不分軒輊，[20]雖然兩者統攝的經驗與料的性質及本身的性質（一是先驗的圖式，一是帶有感官意象的圖式）都相當不同，但這無礙於它們都帶有普遍地整理並且綜合經驗性內容的功能。

　　追溯現代用法的「範疇」一詞的來源，對於了解「五行」此「〈洪範〉九疇」之一的特色，頗可起古今映照的作用。但映照的作用大抵也就是方便法門的意思，兩者所同恐不勝其所異。眾所共知，「範疇」是西方哲學史上的重要概念，作為「範疇」一詞的西方原型的 category 在亞里斯多德（Aristotle）、康德（I. Kant）、黑格爾（G. W. F. Hegel）、狄爾泰（W. Dilthey）哲學的脈絡中，其義各有不同。對當代影響最大者，至少是對當代新儒家學者影響較大者，當是康德的範疇義。康德的範疇有十二，十二範疇統之於「質」、「量」、「模態」、「關係」四者之下，其用

20「五行」比「範疇」，我們的類比或許不是盲目的聯想，眾所共知，現代漢語　　中的「範疇」一詞乃是 category 的對譯。這是日人的譯詞，取自〈洪範〉　　「九疇」，而「五行」正是九疇中的第一疇。

法將「範疇」提升到理智的先驗的統覺作用，範疇統合了感性提供的雜多的與料，使之條理化，它是超越的判斷，不是經驗的構成；它是思想先驗的格度，不是思想的內涵，但它卻是為自然立法的主要執行者之一。不管「範疇」一詞被用得深或淺，但我們發現西方哲學傳統下的「範疇」具有濃厚的超越判斷的功能。從亞里斯多德到康德，「範疇」的出現雖然都是哲學工作的產物，但其理性運作的軌跡赫然在目。

　　作為準範疇作用的五行說在中國的發展，卻不是依循理智超越的判斷作用而呈現，它神祕地參與對象的性質當中，沒有擺脫巫教文化的歷史影響。依布留爾（L. Lévi-Bruhl）對「神祕參與」的規定，「初民」的思考方式帶有濃厚的非邏輯的、互滲的性格，[21]「非邏輯」一詞的爭議極大，布留爾後來事實上也不用了。但「神祕參與」之說卻有個理路，因「參與」、「不參與」的分類標準而立，在當代西方知識樹的系統外，凡是依另類的系統建構知識體系者，都難免被認為帶有知識越界的情形，產生了所謂「神祕參與」的現象，中國的五行說只是所謂原始分類體系中最著名的一套知識罷了。[22]五行說後來很快地和陰陽說結合，成了中國知識論體系中影響最深遠的兩組詞語，一套體系中的兩組詞語。[23]

21　參見布留爾（L. Lévi-Bruhl）著，丁由譯，《原始思維》（北京：商務印書館，1981）。「神祕參與」是此書的指導概念，茲不細引。

22　參見涂爾幹（E. Durkheim）、莫斯（M. Mauss）著，汲喆譯，《原始分類》（上海：上海人民出版社，2000）。涂爾幹、莫斯此書除了探討中國文化的分類系統外，還討論了澳洲的塔塔蒂人、瓦克爾布拉人，美洲的祖尼人、奧馬哈人等等的分類系統。

23　關於「陰陽」、「五行」在中國科技史上的重要解釋功能，參見李約瑟（J. Needham）著，陳立夫主譯，〈中國科學之基本觀念〉，頁418-451。

兩者完美地結合不管是否遲至秦漢，但在戰國時期，五行作為統轄經驗界事物的準範疇之功能應該已經完成。五行此準範疇的完成是建立在「五」此數字與「行」此「物」的特殊的結合上。筆者相信：「五」的神祕化和時空格局的完成有關，「行」的內涵則承自悠遠的「物活論」（hylozoism）傳統。

　　上述三種對五行重要的詮釋，一是儒家的政教模式，一是陰陽家的歷史模式，一是傳統科學下疇人運用的認知模式，三種類型可視為五行說在中國傳統中最重要的形象。五行論的三相在中國史上的影響都極大，其中尤以第三種知識論用法的五行說與本文要探究的五行原義關係最大，因此有必要稍論其內涵，以作為新舊義的連結與區隔。疇人義的五行論之物具有的功能，最重要者厥為時空的劃分與生命力的顯現。就時間的劃分而言，我們知道巫教的世界觀是三界相連的體系，天界與地界常依賴樹木或高山此宇宙軸的連結作用溝通了天上與地界。中國的天干地支是時間系統的核心要義，「干」、「支」字形皆從「木」而得，[24]中國神祕的地理學中有「五木」之說，「五木」支撐了此世與天界的連結，「五木」也是宇宙軸。[25]換言之，亦即干支乃依附在宇宙軸的定位作用而創制出來的時間系統。

　　就空間的劃分而言，早期文獻時常出現重要的自然意象與神祕數字「四」或「五」的結合，如四方風、五火、五木、五方土

---

24 《說文解字》釋「支」云：「去竹之枝也，從手持半竹。」釋「干」云：「犯也。從反入，從一。」徐灝云：「木之直出為干，亦作幹。旁為支，亦作枝，干支同物。」引自丁福保編，《說文解字詁林》（北京：中華書局，1982），冊4，頁930、1266。

25 參見拙作，〈太極與正直──木的通天象徵〉，《臺大中文學報》第22期（2005年6月），頁215-250。

等等，「神祕數字加自然意象」構成了區分的座標，這些區分顯示空間的區隔與聖物之間的關聯，亦即有了聖物的介入以後，空間的秩序才逐漸形成。在這些因素當中，風、火、土的因素可能更為重要，因為在一切都還渾沌未分的曖昧時期，日、月、星三光之秩序化的行程，一年不同季節的風之性質及風向之定位，以及每日生活其間的大地之基本辨識，這些因素構成了人的存在之氛圍。其中天體秩序與方位的關係更為密切。我們有理由相信天界秩序是一切秩序的母體，也是後者成立的前提，天文學是各古老民族都出現過的最初的知識體系。一旦天體秩序形成了，空間定格了，時間也跟著定下了。作為存在基本因素的風帶來的訊息也就開始明朗化了，四方風從甲骨文到《尚書・堯典》，其記載綿延不斷，可見其定位之重要。天體秩序形成了，大地的方位也跟著成形，中文的「東」字即指太陽在東方草木中的位置之義，此樹木令人聯想到東方海域中作為宇宙軸的扶桑神木。時空總是一體難分，在文明的形成期尤其如此。

時空是秩序成立之先決條件，新五行論中的木、水、火、氣、土等提供了這樣的條件。一般認為：中國的時空概念和眾多民族的情況類似，時間的架構借之於空間的隱喻，當商朝人以中土自居，並形成四方的概念時，五的分類已初步形成了。[26] 以「五行」類比「範疇」在西洋哲學的位置，現代漢語以〈洪範〉九疇的兩字「範疇」對譯西洋哲學中的 category 一詞，難謂允當，但

---

26 甲骨文已有「東土受年、南土受年、西土受年、北土受年、受中商年」之說。四方土和廣受矚目的四方風概念，當出自同一種思維。「四方」加上觀察立足點的「中商」，恰好構成「五」的格局，五行說依附在「五」的神祕性質上。以上論點參見胡厚宣，〈論五方觀念及「中國」稱謂之起源〉，《甲骨學商史論叢初集》（上海：上海書店出版社，1989），冊 2，頁 1-3。

確有格義的理由。「五行」與「範疇」義的異同，構成了反思五行原義重要的參考背景。

三、聖顯與力顯

探討五行的本來面目，除了要看出其語義與時空秩序的形成密切相關之外，還當看出構成五行論的物之理的核心內涵的「生」之理念。五行論中具有生命力的物即有火、水、土、木，可以說除了「金」的性質較難確定以外，其他各行皆重「生」義。如再深入五行說基礎的渾沌、氣、陰陽諸概念，所見者也是如此。總而言之，構成筆者設想中的原初版的五行論的各種聖物，從最根源的渾沌以至五行的分化，皆帶有生生之義。確立此義之後，即可由此進入「物的本來面目」的問題，也就是進入「原物理」的領域。

談起物的「本來面目」的問題，即不能不踏入對於「物」的理解的哲學深水區。在當代中國思潮中，對「物」的理解同時兼有來自傳統與西洋的影響，西洋源頭部分則一直受到兩股思潮的左右，一是來自唯物論的解釋，一是來自唯心論的解釋。前者的源頭可說來自於馬克思（K. Marx）、恩格斯（F. Engels）代表的左派傳統。後者的主流則來自於對康德哲學的吸收，而康德對於「物」的現象的理解則是遠承西方近代思潮，從笛卡爾（R. Descartes）、休姆（D. Hume）以下一連串發展所致。如果要找出近代中國的代表性的人物，前者可以艾思奇為代表，[27] 後者則

---

27 「古代的辯證唯物主義最初都假定世界的一切事物是由某些原始的物質發展變化的結果，而一切事物又可以還原為這些原始的物質⋯⋯以後其他哲學家又發展了金、木、水、火、土『五行』的思想。這種原始的辯證唯物主義思

可以牟宗三先生為代表。[28]舉這兩人作為比對，頗顯不倫，兩人的理論水平與其學說的知識價值何啻相去天壤。然而，就影響力或代表一時期的思潮而言，兩人並舉，並沒有說不過去的地方。即使現在很難理解艾思奇這種著作的影響是怎麼來的，但他曾是紅色中國的官方哲學代表性學者，卻是確實無疑的。

　　論及五行之為物，自然不能不考慮到物的自然質性的問題，但物的自然質性如何理解，卻是個極大的神祕。筆者相信恰恰好在初民原初的經驗上，所有的物原則上都會躍出它的自然質性之外，指向了一種另類的性質，此即耶律亞德（M. Eliade）所謂的「聖顯」。「聖顯」顧名思義，乃指神聖之顯現，但「神聖之顯現」同時也意味著「神聖」對自然之排除。在原初的經驗中，神聖無所不在，但神聖有所選擇，選擇也意味著排斥。沒有本體論的決裂，聖俗分隔，聖即無由顯。神聖鍾情於山，此山即以其山之姿從眾山之中脫穎而出，成為聖山；鍾情於木，此木即以其木之姿從眾木之中脫穎而出，成為神木；鍾情於水，此水即以其水之姿從眾水之中脫穎而出，成為靈泉；鍾情於火，此火即以其火之姿從群火之中脫穎而出，成為聖火；鍾情於土，此土即以其土之姿從廣土之中脫穎而出，成為神壤。鍾情於金，鍾情於石，同樣會產生聖化的效果。金、木、水、火、土還是金、木、水、

想在二千多年中間一直是中國人民用來綜合和說明各種自然知識（特別是中國的醫學、天文學等）的理論基礎。」艾思奇，《辯證唯物主義講課提綱》（北京：人民出版社，1957），頁17。唯物主義是艾思奇著作的出發點，也是中共官方哲學認證的理論。類似的話語在艾思奇的著作或早期中國馬克思主義學者的著作中不時可見。

28 參見牟宗三，〈中國哲學的重點何以落在主體性與道德性？〉，《中國哲學的特質》（台北：臺灣學生書局，1975），頁9-13。

火、土，但金、木、水、火、土也躍出了自己的範圍，成為神聖
之載體。物既是物，也具有物之性質外的盈餘意義，自然物因而
成了意義重層之物，金、木、水、火、土即非金、木、水、火、
土是名金、木、水、火、土。

　　原初之物之所以能是其物又非其物，乃因物之性質已非物理
質性所能拘囿，它自身瀰漫了一股難以掩抑的「出位之力」，
「出位之力」借用美學的「出位之思」之說，意指原來的意象之
躍出自體。「個體」是不穩定的，它處於力動之中，但這種力動
與其說是物性自發，不如說是聖之聚於物所致，耶律亞德稱此現
象為「力顯」（kratophany）。「力顯」與「聖顯」是同一現象的
不同面向的指謂，所謂的初民世界乃是力動的世界，也是聲、
意、形、氣一體而化的世界。物在其自體，但又脫其自體，整體
世界處於流行之中。

　　「聖顯」、「力顯」之語是耶律亞德宗教史學的重要概念，它
是放在奧托（R. Otto）「神聖的概念」之模式下呈現的理論模
式。如再反省「聖顯」、「力顯」所鍾之物，不難發現這些物呈
現了活生生的性質，具有「物活論」的特性。「物活論」常被視
為一種褪色的、幼稚的知識體系，它只存在於初民的文化。但可
以轉個角度來看，重新賦予此一詞目新的意義。卡西勒（E.
Cassirer）論神話思維的特質時，特別指出其特質在於其頑強的
生命力，不知死亡為何物。死亡不可解，則萬物皆活，在神話的
世界中，變形是最重要的律則，世界以不同的面貌不斷轉化，萬
物有消逝卻沒有斷絕這回事，變形法則是生命永存法則。[29]

---

29 卡西勒（E. Cassirer）著，劉述先譯，《論人──人類文化哲學導引》（臺
　　中：東海大學出版社，1959），頁93-98。

　　榮格（C. G. Jung）在論無意識的本質時，也提到無意識所見之物皆盈滿了生命的訊息。「泛靈論」或「物活論」常被視為原始思維的一種形態，在早期的科學論述中，「物活論」代表幼稚的思維。但在後科學主義的年代，如反思物的原初意義，恐怕不能不承認：物活論有其足以立說的基礎，它並不比機械的唯物論不合理。如果借用博藍尼（M. Polanyi）的語言來講，初民只因他的支援意識特多，也特強，所以他可以更廣泛地連結物象與情感的關係，這種連結比現代科學理性的知覺呈現模式要來得合理。

　　不妨將上述耶律亞德所說的聖顯現象與力顯現象以及物活論當作反思的背景，然後面對重要的中國哲學原始文獻，析其奧義，以觀五行原論成立的基礎。此文不直接論五行，而是論其基礎，且觀看底下所述為何：

> 凡物之精，此則為生。下生五穀，上為列星。流於天地之間，謂之鬼神，藏於胷中，謂之聖人。是故民氣，杲乎如登於天，杳乎如入於淵，淖乎如在於海，卒乎如在於己。（《管子‧內業》）
>
> 大哉乾元！萬物資始，乃統天。雲行雨施，品物流形，大明終始，六位時成，時乘六龍，以御天。乾道變化，各正性命。保合大和，乃利貞。（《易經‧乾‧象傳》）
>
> 大道氾兮，其可左右。萬物恃之而生而不辭，功成不名有，衣養萬物而不為主。常無欲，可名於小；萬物歸焉而不為主，可名為大。（《老子‧第三十四章》）

上述這些話語都是戰國諸子時代的語言，它們所描述的主體（或主題）各不相同，《管子‧內業》說的是「精」的故事，《易經》

給我們捎來「乾元」的消息，《老子》的章節傳達的內容是對
「道」的禮讚。「精」、「乾元」、「道」三種哲學概念的內涵不同，
但三則引文都是宇宙創生的敘述句，他們的句子構造非常近似，
都指向一種貫通於芸芸萬物之中的「某某」，這些「某某」在存
有秩序上占有更高的位置，是生命的原理，是秩序的依據。引文
中的「某某」是哲學突破時代的語言，字眼不同，但哲人使用的
「某某」都是他們的概念體系中的巔峰理念。「精」具有美滿的本
質之涵義，「乾元」是以六十四卦之首的「乾」加上始源或本質
義的「元」組合而成，「道」則具有貫穿萬物使之溝通的意象。

如果不以辭害義的話，上述的話語可以說是「泛神論」的語
言，這裡說的「神」是《易經》「妙萬物而為言」的那個古義之
「神」，而不是一神論的「神」。「妙萬物」意指使萬物神妙，這個
敘述很粗淺，《易經》並沒有立下太嚴格的定義。但可以推論：
在原初的經驗上，萬物存在，萬物有生命，萬物能活動云云，這
些現象即是奧祕，都是「妙」，但其妙的依據卻不好解，它不是
「問題」，此所以為「神」。[30]「妙萬物之神」很可能提供了物的創
生、維持、活動諸義，「神」與「物」同在，此之謂「泛神」。

現行的「泛神論」一詞源於西方的宗教學，中國無其名而有
其實，「泛神論」的思想在中國一直有很強的論述傳統。《管
子·內業》的「精」，《老子》一書的「道」，《易經》書中的
「乾元」，可視為「神」的一炁化三清。其實不只「三清」，「神」
是多面英雄，它的面具多采多姿。中國哲學史中的泛神論論述通

30「問題」與「奧祕」的對照是馬賽爾（G. Marcel）哲學的一組重要關鍵詞
語，問題是可處理的對象物，奧祕是涉身其中的不透明的存在感。參見馬賽
爾（G. Marcel）著，陸達誠譯，《是與有》（台北：臺灣商務印書館，
1983），頁89-91。

常伴隨工夫論一起呈現，它具有高度思辨的及實踐的向度。然而，祭祀先河後海，後世發展出來的這些精緻論述不可能沒有較原初的形態，筆者相信來自原始宗教的宗教經驗即為其前身。如將引文中的「精」、「道」、「乾元」代之以「聖顯」之「聖」，將引文中所顯現的生命流動視之為氣之流動，則諸子所用的泛神論語句，不折不扣正是來自於原初經驗的「聖顯」、「力顯」。

　　從太初之人的物活論語句到諸子的泛神論語句，無疑地既有斷層，也有連續。太初之人的物活論語句中充滿了更多的野生的力量，不用太費精神，大致也可了解這是個由巫術、神話、集體情感統治的世界。在許多神話中美好的上古時代，人神不分，神巫可自在飛行，可連類物變，自在地出入於刀槍水火之中而毫髮無傷。神話事件的性質顯然不是理智邊事，而是集體的非理性的情感力量，神話事件服從的不是物理法則，而是神話思維。只有在神話思維的運作下，初民依「神祕參與」的律則運作，[31]才有高飛或變形的自由。神話的自由不能依魏晉名士的玄學名理或德意志精神哲學的純粹理性精神加以理解，它是貫穿心理／生理分化前的生命動能，更明確地說，初民之飛翔或變形未必只是心理事件，它也有可能是巫術祭儀下的身體事件。這種強烈身體觸動下的跨心理—生理—物理的作用力不由自已，是非意識所及的蠻性之力驅動所致。

　　在巫術神話的時代裡，「世間」不是以認知的架構呈顯出來，在巫術意識的作用下，萬物基本上呈現出流動的、靈性的面向，這是世間之實相。對初民的認識而言，「物」只有變化，沒有死亡，所以「物活論」不能不是初民信守的教義。就神話意識

---

[31]「神祕參與」是布留爾提出的初民思維的特色，榮格非常重視這個概念。

的主體面而觀，神話意象的自由可以確定是假象，是哲學家改造過的意象。一個由巫術統治的世界即是由外在的、偶然的因素統治的世界，此中人物既沒有理性知識可供憑藉，也沒有責任的負擔，因而也就沒有自由可言。但如果不採「自由」一詞的精神意義，而只從主體之不受生理法則，甚或物理法則之羈絆，由此著眼，初民的意識自然可以說是更加廣闊。如實說，初民有不自由之自由，也有自由之不自由，他既活在不受各種道德法則與自然律則限制的時代氛圍，但巫術的魔咒力量也掐住了自由的翅膀。自由與規律連袂而至，初民生活世界中的規律和禁忌（taboo）連結太深，主體的覺醒力道太淺。

相對於初民的物活論，泛神論的語句雖然也是聖顯的語句，但泛神論之「泛」通常意味著已先有主體之建立，以及連帶而來的去主體之中心化，最後達成主體與道體之合一。泛神論也有各種類型，「泛神論如何描述」一向就是泛神論此概念內部的理論難題。[32] 因此，當我們以「主體」、「道體」之名冠於其上時，也不可能沒有爭議的。然而，就普見於各宗教傳統中的泛神論敘述來看，泛神論不但意味著實踐者要有健全的人格，它更預設了實踐者的主體的昇華。主體的昇華從另一種角度看，也就是它擺脫了原始意象的控制，一種新的生命形式的精神從原始感性的深淵中升起。「若以色見我，以音聲求我，是人行邪道，不能見如來」，[33]《金剛經》這個語式稍加改換代名詞，「我」或「如來」代

---

32 泛神論既主張絕對的道在雜多的萬物之中，因而不免會帶來「既一且多」的悖論。道既與萬物同一，因此，這種經驗也不免帶來：此經驗是唯物論或是泛神論之爭議。

33 鳩摩羅什譯，《金剛般若波羅蜜》，《大正新脩大藏經》（台北：新文豐出版公司，1983），冊8，頁752上。

之以「神」或「道」，大體適用於各文化傳統中的泛神論敘述。

筆者引用《金剛經》只是借路經過，泛神論不一定非得往絕對空的方向發展不可。泛神論一詞既然意味著「道在萬物又不離萬物」，其內在結構即有「道」與「萬物」兩頭，「道」與「萬物」兩者的意義不可能是同義反覆。如果泛神論可以將「萬物」的概念不多不少地轉換成道（上帝、神）的概念，那麼，「泛神論」簡稱「神論」即可，「泛」字一詞是多餘的了。然而，「泛」字是刪不得的，「泛神」此詞語的存在正顯示有某種「神」以外的因素之「萬物」存焉，「神」內在於一切物而又不等於物；物內在於神而又似乎未全在於神。泛神論與自然冥契論之所以常夾雜在一起，很難一刀兩斷，關鍵就在此處。就宗教本質定義，兩者或許需要有劃清界線之處。[34] 然而，就連續性的世界觀而論，我們也可說：道本來即以物之姿凝聚於物之內，一種精緻的物之形態即是道之所在，自然冥契論和泛神論如觀其同，並非是兩種截然不同的宗教形態。

從物活論到泛生論到泛神論到道論，就哲學概念而言，概念與概念之間不知已翻了多少層。物活論常被視為最原始的思維，放在中國哲學史的脈絡下理解，道論卻常被視為是哲學高度發展下的產物。但就意象而論，有必要採取「疊合」的思維模式，不妨打斷五行論在歷史過程中的各種變身，也就是擱置歧出的五行論而不論。直接從原初的宗教經驗本身考量，然後再反省宗教實踐的巔峰經驗，截斷眾流，兩相比勘。經過此轉身後，赫然發

---

34 自然冥契論（nature mysticism）意指與自然相合無間的一種美感經驗，此一體的美感經驗中仍有物相的流動，與純粹的外向型冥契論仍有差距。相關討論參見 R. Otto, B. L. Bracey and R. C. Payne, trs., *Mysticism East and West: A Comparative Analysis of the Nature of Mysticism*（New York: Meridian Books, 1957）.

現：原初之物的「物活」義始終貫穿歷史上出現的各種論述，從泛生論到泛神論到道論，其間之物皆是活潑潑的。原始階段的物活論與高峰階段的體用論（道論）之物論，所述尤多相契。中國思想史上不是沒有出現過唯物論的論述，但無疑地，要找到如霍爾巴哈（P. T. Baron d'Holbach）或當代中國馬克思主義者那般死硬的唯物論者不容易找到。不管在中國的大傳統或小傳統的論述中，也不管在中國文明的始源階段或哲學理念發展到高峰的宋明階段，固然可以找到堅強的心學的統緒。但換另一隻眼睛看，則也發現物的活性都極強，[35]這種原始智慧貫穿的「存在的大鎖鏈」很值得深思。

　　論及「物活論」之大者，中國的「五行說」當是物論中之佼佼者。中國的五行與印度、希臘的四元素之說，明顯地高度重疊，彼此間是否有影響關係，蓋亦難言。但金、木、水、火、土在任何宗教體系都是重要的象徵，大概是可以確定的。除了這五行之外，不難想到日、月、山等等，大概也都具有同等重要的意象意涵，甚至人為的建物如宮廟、城牆等等，也可以具有豐饒的象徵意義。[36]如果推論至極，也許任何自然或人為事物只要有機會和神聖產生關聯，它即可能與周遭世界產生本體論之斷層，己身因而也都可轉凡成聖。但一般而論，聖顯還是有選擇的，再怎麼算，金、木、水、火、土五行都當是箇中重要的象徵。五行皆活，五行皆聖，五行是至高位階的道、精氣等在人間的體現。

---

35 我們只要想到表現物相極為豐富的《易經》一書，它既是奠定古典儒家要義的典籍，又是宋明儒家重構儒家傳統的聖經，即可領略「物」在中國文明史上的特色。從「物」著眼，這是另一種看待《易經》的方式。

36 參見耶律亞德（M. Eliade）著，拙譯，《宇宙與歷史——永恆回歸的神話》，頁4-16。

「五行」在中國文化史上的形貌所以千變萬化，神祕參與四方百物，其來有自。

四、流形與原型

五行的活力與文明後期的泛神論、道論共享生生之義，也與當代的力量美學思潮有連續性。五行的性質不宜視為內在於物的初性，也不宜視為有待觀者加以合作才能顯現的次性，在原始的經驗中，五行之物不是以認知的面貌出現，也不是以道德象徵的面貌出現。五行的性質是動態的，是「行」，它們的本質就是氤氳曖昧般地流動，以往的學術用語稱作「氣化」。非靜態，非對象，五行就如是呈現出來。

當五行以感性知覺的意象呈現出來時，而且此處所說的「感性」應當作更進一步的規定，此處的感性不是康德、休姆哲學中作為表現感性雜多作用的那種感性，而是強烈的生命驅力，類似佛教所說的無明妄動，或尼采（F. W. Nietzsche）哲學中顯現出的權力意志的生命能量。這種生命能量超越了理智控制的範圍，在榮格的精神分析學及布留爾的原始思維論述中，也都發現到所謂初民所見到的世界乃是強烈的連續性的世界。筆者所以雜引諸人的理論，其義指向孟柯（C. Menke）在《力》（*Kraft*）一書中指出近現代歐洲美學的一條主軸：一種來自無名深淵的力量，美學因而是生命之學，是穿透的感性知覺之學。[37]孟柯矚目的近代歐洲注重無名力量之美學家，幾乎也都是重新發現神話力量的哲

---

37 孟柯（C. Menke）著，何乏筆、劉滄龍譯，《力──美學人類學的一個基本概念》（未刊稿）。

人，如維柯（G. Vico），如尼采，莫不如此。筆者認為五行的活力即是此無名之力的遠東前身。

　　但所謂連續性也不能不意味著區別，只有在區別的基礎上，連續性一詞才有意義。「五行」一詞的成立奠基在「五行」的直觀上，而不只是力量的問題。作為聖人治國安邦的〈洪範〉九疇之一，「五行」之物不能不有更明確的規範。籠統說來，五行綰合了材料因、動力因與形式因。我們直觀五行的形象，除了「生」的質素外，五行各自提供不同的意象，且看下列的圖式：

行目	自然性質	德目	儒家德目
金	堅實、犀利、清脆	永恆、法律、正義	義、恆、肅
木	高大、直立、成長	終極、正直、生命	仁、生、直
水	流動、清涼、變化	本源、機智、生命	智、生、道
火	焚毀、熾熱、透亮	淨化、動能、光明	禮、化、勇
土	厚重、廣延、撫育	敦厚、生命、包容	信、生、敬

　　對生命能量外顯的感性直覺而言，上述所說的五行性質是未曾詮釋過的現量。由於是印象式的判斷，筆者的歸納不免有些獨斷，而且不全，不同的歸納絕對是有的，而且早已有不同的圖式出現過。但就本文的要求而言，上述的列表大體已可勾勒出五行說的輪廓。

　　由五行的連續性與區別性著眼，由此可以討論「五行」這「五物」的「物」何以稱作「行」？「物」通常意味著同一性與獨特性，個別性原理使得「物」得以從觀者模糊的知覺狀態中解脫而出，世界成為背景，它突顯為焦點，成為認識的對象。然而，「行」正顯示一種運動原理，它同時要成就也要瓦解個別性。如果「行」意味著流動氣化，「行」通向「形」。「五行」的構造卻

又顯示每行仍有區別，沒有區別即沒有數量字「五」可以介入其間，每「行」各有其「型」，其型有五，此之謂五行。物的概念同時意味著成立、不成立與轉型變化，由此，行與形、型的問題即不能不進入本文的議題。

「五行」的金、木、水、火、土何以稱作「行」，而不稱作「物」，此問題是五行論中不免會被提出來的題目。這個問題不易回答，如果放在早期的認識論下考察，或許可以得到解釋的線索。《易經・乾卦・象傳》有「雲行雨施，品物流形」之語，此段話描述天地創造的歷程。在大化的推衍下，雲雨並作，萬物也開始流動。「品物流形」放在這種脈絡下考察，指的似乎是宇宙開闢過程中，由發端到定型的過渡地帶。它與「雲行雨施」並列，意指萬物在成形的過程中的雲煙氤氳，雷雨滿盈。《易經》這段名言可視為自然美學的敘述，「流形」當作純粹的動詞使用，與「物」的本質彷彿無關。

然而，自從上海博物館帛書〈凡物流形〉被釋名定位之後，[38]我們對「品物流形」的解釋不能不從過程論轉向定形論，亦即「流形」一語不是指物未完成的中間地帶，而是指向物的完成狀態，是對物的定義。亦即所有的物都處在流變之中，物的本質即存在即流動，沒有一物是完全的自我指涉。更確切地說，「流形」說可能指的既是過程論也是定形論。只要回想《易經》一書本來即是講變易之書，它的構造乃是由占卜變化無窮的命運事件再往行為事件的倫理法則，以及存有事件的天理法則邁進，「易」字兼具「變易」、「不易」、「簡易」三義。「品物流形」作

---

38 馬承源主編，《上海博物館藏戰國楚竹書》（上海：上海古籍出版社，2008），冊7，頁219-300。

為物的本質之解釋，完全符合《易經》之道：「屢遷，變動不居，周流六虛，上下无常，剛柔相易，不可為典要，唯變所適」（〈繫辭下〉）的基本規定。這樣的《易》道指的或是占卜，或是事件的法則。但擴而充之，指向物的自我轉化性格，也說得通。《易經》這種「A即非A」的物之解釋並不特別，更不怪異。在戰國時代，莊子、惠施也都有類似的觀點。莊子論物，一方面承認凡有「貌相聲色」者即是物，但他同時主張「凡物若驟若馳」，剎那萬變，物即「物化」。惠施也主張「物方生方死，方可方不可」，肯定同時就是否定，物同時在又不在。[39]

　　五行的金、木、水、火、土是物，但有理由相信不管在戰國，或在三代，五行之物一出現，它就被視為處於聖之力顯的狀態，五行之物的本質就是五種不同的性質的「力」之流動。五行的「行」既是性質，也是物，它可視為個體名詞，也可視為集合名詞。不管當哪一種詞性看待，金、木、水、火、土都是在物化之流行當中呈現出來。五行也是世間任何事物的構成因，依「五行」的思考方式，天下之物無一不具有五行當中的一行以為自體的型，或是綜合諸行以為自體。任何事物既然都離不開五行的氣化構造，任何事物因此也都沒有片刻地在其自體，它總是在形變的歷程中。物之行、物之形與物之型可視為一炁化三清，行、形、型三者相互轉化。

---

39 從「流行」定義物，以生成（becoming）界定存有（being），不只在戰國時期相當流行，它事實上可視為相當普及的一種物之觀，在許多哲學傳統中都可見到。郭象的「物自生自化」說、龍樹的「八不中道」說、赫拉克利特（Heraclitus）的「水流不滯說」、黑格爾的辯證運動說等等，諸說的理論依據不必同，但無一不指向A乃A與非A的統一，事物總是在轉化的過程中。茲不贅述。

　　五行之物一方面處於流動，但一方面又處於物之成型狀態。五行論是解釋系統，是對世界秩序一種建構性的說明。當我們注意及五行之物的歷程流動以及自我轉化面向時，同時也當注意五行的位階是作為從始源的太初之道與芸芸萬物之間的轉化地帶，沒有對雜多現象的說明，即不需要五行，五行為世界萬物而存在。這種作為萬物存在的依據、法則或因素，如用榮格、耶律亞德的說法，五行是種原型意象，此「原型意象」意指初民運用最基本的模式表達一種「太初存有論」的真理。此種「原型」可指一種神話事件的模式，最常見者是宇宙開闢及其家族式的神話。耶和華（Jehovah）的開天闢地、亞當、夏娃的樂園與失樂園，天山渾沌怪獸之識原始歌舞、重黎之絕地天通等等的主題，總是成為後人省視天人關係萬古不刊之基模。「原型」也可指最重要的自然意象：天、地、水、日、月、木等。這些原型的自然意象環構了初民的生活世界，但同時也要透過本體論的分裂，這些自然意象要有聖俗之分以成就聖物的質性。何種自然意象會提升至原型的地位，分類容有不同，中國文明中最常見者厥為五行與八卦兩種，「金、木、水、火、土」與「天、地、水、火、山、澤、雷、風」這兩組自然意象不全相同，但都扮演了原型意象的角色。

　　「五行」作為一種自然意象，其自然意象的意義並不存在於其自然的質性本身，而是「透顯」（reveal）至他界，亦即不同存在性質的「聖域」。或者反過來說，這些自然意象乃是神聖所聚，「聖」要聚於木中的神木、水中的聖水、火中的明火、金中的純金、土中的中土，神木、聖水、明火、純金、中土即為金、木、水、火、土的精粹，也是其旨歸與依據，它們因此有聖顯的作用。就自然意象而論，「聖顯」的工程需要預設自然之物的本體論分

裂，千萬株樹中只有一株樹脫穎而出成為聖樹，千百座山岳中只有一座脫穎而出成為聖山，千百種火中只有一種來自太陽的天界之火可成為明火等，這些聖化之物即成為諸自然之物的模型，也成了與物共在之人追求神聖的不二途徑。由於具「聖顯」與「力顯」作用，所以這些自然意象雖然不能脫離物理性質，卻又不能以物理現象視之。它們通常具有生命的內涵，而且是更鮮活的生命，所以原型意象的自然意象乃是物活論的活物。為何所謂初民普遍性地都具有所謂的物活論哲學，由此入手，可略窺一斑。

　　原型意象的特色之一在於具有濃厚的情感，或引發濃厚的情感，這是從布留爾的原始思維說到涂爾幹、莫斯的原始分類說都承認；這些原型意象具有「指向」、「躍出」自己自然本質外的作用，這也是從卡西勒、耶律亞德、布留爾以來，共同接受的論點。一種可使物活、可不斷躍出的情感是何種情感？筆者認為最方便的解釋，莫過於是宗教共相中之大者的「神聖感」。但作為一種層級很高的大共名，「五行」需要有極高的解釋力道，它需要被視為一種象徵，「原型意象」也是「原型象徵」，此一象徵不是一對一的符號體系，而是以其核心的象徵顯像在許多不同的物象上，或不同的領域上，《易經・說卦》提供了一種很典型的原始思維的圖像，一個重要的原型意象可指向眾多的物象。[40] 只要我們承認「原型」這個概念還有意義，即有「模型」與「個別事物」的關係內蘊其中，神話思維也有其理一（原型象徵）與分殊（具體的事物）。

---

40 如《易經・說卦》解釋「乾」可為馬，為首，為天，為圜，為君，為父，為玉，為金，為寒，為冰，為良馬，為瘠馬，為木果。一個能指，多個所指，其他諸卦亦如是。

「聖顯」的五行以金、木、水、火、土的意象出現，但它的本性卻超出了其自然形象的範圍，而與存在物中性質相近者結盟，如金與五臟中的肺臟、五音中的商音、德目中的義德、方位中的西方等共組成金行共和國。透過了準範疇的思維模式，五行散入萬物，構成了世界。原始的五行論是一種物活論，由五行構成的世界的總體也是物活論的質性。依「聖顯」、「力顯」之說，五行可視為太初之道鍾聚的聖物，由聖（道、太極、天等）到五行到世界，因而恍若帶有神話版的體用論之姿態。太極是體，五行是用；五行是體，萬物是用。五行的世界是整體流動應化的世界，雲行雨施，品物流形。

五、言—氣—志主體與物的想像

原初的五行論是物活論，是種對太初之物的原始認識論，是另類而又真實的原物理學。然而，論及「五行」原義在中國思想史上的重要意義，當在精神意向與五行意象間的關係。如何透過五行，在人「內在」的意識結構與「外在」的物象之間，找到合理的連繫點？「木」如何既是外在世界的東方、肝臟、青色，又是道德意識中的「仁」德？「金」如何既是代表西方、商聲、白色的一行，又是道德意識中的「義」德？

五行在所謂的原始分類系統中，扮演類似範疇在西方的知識論中的角色。然而，範疇之於語言，乃是軌約的作用，它不介入語言實質的內涵。五行不然，就名目而論，五行的金、水、木、火、土都是自然語彙，它們要呈現出的意象也是自然意象，但這些自然意象卻被要求承擔起統合物質意象與精神意象的工作。五行的特殊在此，作為漢字思維的核心概念，「五行」既要有統合

並分類經驗萬象的功能，但「五行」的「行」也要介入被歸納的事項當中，實質性地串連起眾多的物象，五行不可能不是構成的原則。關於自然語彙與精神語彙的連結工作，如果不將這種連結視為自然主義的謬誤，而要為之辯解的話，那麼，一條很合理的解決線索是將兩者當作一種比喻的關係。五行的金與德性的義，五行的木與德性的仁，兩兩之間，似乎有類似之處，學者透過類似性的連結，將兩種不同屬性的詞彙建構成同質性的關係。比喻說是以文學技巧之事解消了知識論上的難題。

從比喻入手，不失為一條可行之路，但筆者認為比喻的途徑當超過文學譬喻的範圍，而轉從比喻的認知意義著眼。如果可以探索出精神語彙與自然語彙混用的依據，或許可找到中國思想與五行意象的關聯。筆者底下的論述將建立在幾個前提上面，首先，乃是上世紀末詹森（M. Johnson）等人發展出來的概念隱喻說；其次，洪堡特（W. von Humboldt）等人提出的漢字思維理論；再者是先秦時期作為形—氣—神身體觀的一種分支：言—氣—神的語言觀；最後則是巴舍拉的「物質的想像說」，或「物」之想像說。一旦「物之想像說」得以成立，精神內涵以五行的物之意象表達出來，即可視為主體恰如其分的表現。

概念隱喻說最大的貢獻乃是強調語言概念本身即是隱喻構成，隱喻不是加在語言之上的一種文學技巧，而是語言的本質即是隱喻。再如何抽象的理論命題，甚至數學函數，都含有隱喻的內容。隱喻的基本單位不一定在字詞，也可以在句子。詹森提到英文中許多基本語式都用到方位的隱喻、容器的隱喻，藉著這些隱喻，抽象的概念遂得以思考。[41]概念隱喻說如果成立，我們對

41　George Lakoff and Mark Johnson, *Metaphors We Live By*（Chicago: University of

主觀與客觀、想像與思維之間所作的嚴格區別即不能不大幅鬆綁。因為隱喻就在語言本身，語言即是隱喻的展現，而不是語言藉由隱喻的技巧展現自身。

　　如果說概念隱喻意指任何語言都免不了感性意象的隱喻在內的話，漢語比起印歐語系來，具有更大的特色，因漢語和漢字的連結甚深，漢字語系的構成基本上脫離不了意象的因素。和印歐語系的語言中心主義相比之下，漢字毋寧是形音並構的特殊語系；印歐語系的文字向聽者的耳朵訴說，漢字則同時向眼睛與耳朵發訊息。因此，漢字的思維本身就帶有更強的意象性的因素。落在「五行」的例子上，「東」此方位字，即顯示日出於木的方位，作為生機的仁德、草木繁生的東邊方位即孕育於「木」行之中。而凡從木之字，大抵都享有木行的共同質性，專屬木科的植物如松、柏、楊、柳固然如此；建築材料如棟、樑、極等字，也容易聯想日出東方的扶桑樹此通天宇宙樹的意象。看到「坤」字，知其從「土」，「申」聲。坤卦代表的是土德，具有如「申」字般的成長訊息。看到「地」字，立刻知道此字與「土」的密切關係。由於漢字的構造有多種原則，字形的演變又較複雜，漢字思維因此很難建立清顯易識的普遍性原則，箇中問題待檢證者不少。然而，漢字思維受到「字母」或「字根」的字或部首偏旁影響，乃確實之事，茲不細論。[42]

<hr>

Chicago Press, 1980). 此書中譯本參見雷可夫（G. Lakoff）、詹森（M. Johnson）著，周世箴譯注，《我們賴以生存的譬喻》（台北：聯經出版事業公司，2006）。簡要的引介本，另參見蘇以文，《隱喻與認知》（台北：國立臺灣大學出版中心，2005）。

42 最近的研究參見筆者在《漢學研究》編的「漢字與思維」專輯之拙作，〈「漢字與思維」專輯導言〉，《漢學研究》第33卷第2期（2015年6月），頁1-6。

　　隱喻知識論與漢字思維論提供了思維與認知的關係之複雜面向，然而，論及五行與思維的關係，首先要克服的當是中國文化傳統中很強的反言說的傳統，反言說的另一面乃是注重沉默的溝通價值。[43]另一種和沉默說接近，乃是視語言為透明的工具說。工具說視語言為傳情達意的工具，而且認為這種工具很不理想，語言只有通過的價值，它為了目的（意）而存在，通過的價值也就不是事物自身內部的價值。[44]

　　沉默說和工具說都意味著在表達之前，學者身心內部有一個完整的心靈藍圖，語言是這個神祕的內在藍圖差勁的摹本。沉默說和工具說是帶有濃厚的中國文化傳承積澱的主張，有其殊勝，也需修正。因為從洪堡特以後，已很難相信脫離語言作用的思

---

43 在孔子的「天何言哉」、老子的「不言之教」、《易經》的「或言或默」、莊子的「相視莫逆」之說中，我們都看到沉默被提升到詮釋利器的高度，沉默被視為一種更完整的詮釋，它未經語言的中介之減殺，言者完整的意圖原汁原味，即可移之於受者一方。在中國經典，尤其是《莊子》與佛經如《維摩詰經》處，我們看到不少沉默等於真理的敘述，司空圖所謂「不著一字，盡得風流」，可謂一語道盡。

44 同樣在上述的《莊子》、《易經》以及佛經中，我們看到不少將語言視為「蹄」、「筏」、「器」、「橋」之類的隱喻，「蹄」的存在是為捕捉兔子，「筏」是為了跨河，「器」是為了功用，「橋」是為了到達對岸。工具說與沉默說是一體的兩面，沉默中自然沒有語言，工具說則意指語言的自我否定，兩者可謂殊途同歸。然而，何以作為脫己的目的而存在的「蹄」、「筏」、「器」、「橋」本身，除了脫己的指義功用外，其指義中不能有自身的性質參與在內？同樣地，沉默的溝通真的不需要任何的中介嗎？我們都有理由持懷疑的態度，什麼樣的心態才稱得上沉默？就像「主靜立人極」到底要靜到什麼程度，才算完成「主靜」的目標，同樣是言人人殊的。至少從修行論的觀點看，意識如果沒辦法徹底地脫意象性，達到如莊子所說的「至人無夢」之境，即不算是「沉默」之境。中國自六朝玄學大興之後，語言工具說的焦點幾乎集中在工具的通過價值上，語言自身的複雜性格被淡化了。

想，語言是思想的器官，是思想本質的一部分，或者說它是思想的呈現原則，語言不是思想的工具。因為有了語言，所以不可見的意圖，或者所謂「內在」的面向，才可顯現出來。沒有語言的顯現，即沒有明確的意圖。沒有語言的顯現，所有的意圖也就不可能成為公共的事件。語言是個人與群體的交集，是共時性與歷時性的交會。由於語言的社會性、傳統性之本質，所以言者通過了語言，所有的心靈事件即可化身為社會事件，私密的情感成了公共的論述。表達離不開語言，語言構成了表達自身，這是洪堡特最重要的提示。

　　如果洪堡特敲醒了我們這些耽於無言之道的學子，從「獨立聲音之外的心靈內容」之美夢中甦醒過來，他也提醒我們漢字即是漢語內部的構成因素，[45] 在東亞這片廣袤的漢字世界，論及語言與思想的關係，還要加上一個限制條件，此即東亞地區語言的表達離不開漢字的影響。在今日作為語文學大宗的主要語料來自印歐語系，印歐語系的曲折語是人類重要的一支語系，但不是唯一的語系。曲折語的音素發達，語言的變化可以反映時式、性別、數量、性質的不同，字母基本上只是語言的複寫，印歐系統中不需考慮文字的問題，語言學吞噬了文字學。然而，漢語本身是孤立語，音素不發達，早在聲音物質化的始源階段，圖像即取

45　洪堡特對漢字漢語的思索，參見洪堡特，〈論漢語的語法結構〉、〈致阿貝爾・雷慕薩先生的信：論語法形式的通性以及漢語精神的特性〉，收入姚小平譯注，《洪堡特語言哲學文集》（北京：商務印書館，2011），頁119-202。另參見林遠澤，〈從洪堡特語言哲學傳統論在漢語中的漢字思維〉，《漢學研究》第33卷第2期（2015年6月），頁7-47。關於漢字思考所帶來的文化影響，另參見平岡武夫，《經書の成立：天下的世界觀》（東京：創文社，1983）。

得主導權。在完整的漢字系統中，聲音無疑地也很重要，「形聲」意指「形」＋「聲」，「假借」通常也是假借其音，「轉注」之說難定，但也可說有語音的關係，漢字和漢語依然有密切的關係。然而，漢字畢竟不是字母，我們用漢語思考，事實上離不開漢字。

除了語言學家提供的有利線索外，馮特（W. M. Wundt）與米德（G. H. Mead）則更進一步，搖撼了我們「脫離生理的心理事件」此假象。二十世紀在某一個意義底下，可以說是「身體」的世紀，梅洛龐蒂（M. Merleau-Ponty）的知覺現象學固然是此思潮極重要的地標，但圍繞「身體圖式」、「身體主體」之說，在認知科學、語言學、隱喻理論在在都可看到「身體優先」的論述。到了上世紀八〇年代以後，更有「感官的轉向」。[46]如果將此一思潮再往前推移，而且取符合經驗論述的語言表達的話，那麼，筆者相信由馮特、米德師徒開展出來的社會行為主義理論對了解中國的身體論述會有很大的幫助。馮特、米德的說法所以特別值得提出來，乃因馮特在二十世紀的東亞人文學術傳統中曾占有一席之地。在建構民族學、心理學的學科建制中，馮特的理論以「民族心理學」的名目被引進中國，他的心理生理學也曾被視為是科學的心理學，因而有較強的說服力。然而，隨著「民族心理學」的議題逐漸走入歷史，馮特因而也成了被追憶的人物，好像他的論點只有歷史的意義，缺少當代性的理論價值。

然而，馮特強調心理學與生理學的一體化，強調兩者在生存過程中的相互激化，互為存在，這種生理心理學化、心理生理學

---

46 參見余舜德，〈身體感：一個理論取向的探索〉，收入余舜德編，《身體感的轉向》（台北：國立臺灣大學出版中心，2015），頁1-36。

化的主張經由其徒米德放在演化論的框架下，強化了心理內容所具有的歷史演進的及社會群體建構的內涵，應當受到足夠的重視。在馮特、米德的理論中，一種沒有經由長期演化、社群共構的人類行為是不可理解的，一種沒有容納這種歷史性的與社群性的價值於人的主體之內的內在性也是不可理解的。反過來說，凡是內在性的內容都是「泛化的他人」，也都是「濃縮的歷史」，它會經由身體的表現，反映了可溝通的公共內涵。心與身、主與客、內與外的區別不是不存在，卻是無從區別。人與世界有種交織的關係，而且是先驗的關係，人在本質上即是與世共在之人，人的任何展現都帶有與世共在而且也有自己氣性的混合風格。[47]語言是精神的器官，而精神都是世界性的，語言因此都是公共語言，都是公共理性的分身，它縮結了意識、身體與世界。

　　回到漢字思維，我們有理由說：任何道德命題如要體現倫理的功能，它只有經由語言、文字、身體三重構造的體現作用，其人的內在性才得以具體化於公共的世界。在這三重中介性質中，中國思想最可以提供理論資源者當是身體論述，儒道兩家在這方面共同接受一種形—氣—神的身體圖式。形—氣—神的身體圖式中，作為意識的「神」（或稱作「心」）之展現是連著氣展開，「氣者心之浮也」，[48]心則為「氣之靈」。[49]只要是心靈的活動，可以

47　上述說法參見米德（G. H. Mead）著，胡榮、王小章譯，《心靈、自我與社會》（台北：桂冠圖書公司，1995）。「泛化他人」是米德的名言，「濃縮的歷史」是筆者對其演化論背景下的主體觀所作的判斷。

48　語出《黃帝四經・十大經・行守》。陳鼓應，《黃帝四經今註今譯——馬王堆漢墓出土帛書》（台北：臺灣商務印書館，1995），頁387。

49　朱子之語「能覺者，氣之靈也」、「心者，氣之精爽」。參見黎靖德編，《朱子語類》（北京：中華書局，1986），冊1，卷5，頁85。朱子之語根據《孟

確定其活動也都是靈爽之氣的活動。心靈即心氣（或神氣），心靈的意向性與非意向性的感通作用連在一起。不但如此，心氣的活動又是和形的構造相連共振且共化。孟子稱這種由心氣轉化體表的實踐論為「踐形」論，荀子稱為「美身」論，莊子稱為「體道」論，《管子・內業》稱為「充盈」論。這些術語皆指向身體是心氣展現的載體，身體的內涵即有心的因素，也有氣的因素。形—氣—神的主體一建立，我的形氣即參與了世界，世界即是我的世界，身體因此擁有根源的詮釋向度。

　　在形—氣—神的身體圖式下，可以找到另一組衍生的理論，此即言—氣—志（氣以實志，志以定言）的構造。[50] 言—氣—志構造中的「言」字無疑地是形—氣—神構造中的「形」之具體化，「言」是形體在聲音上一種有分節且賦有意義的表現。換言之，就像人的形體會體現出氣—神的內涵，同樣地，人的言語一樣也體現了氣—神的內涵。這樣的言語顯然不會只是語義層的意義，言語也是體現的語言，它是語義的內涵連著言說者內在神氣的韻律一齊展開。聲音中有社會性的語義，也有私人性的個性；有自然義的聲調起伏，也有精神義的穿透力道。先秦儒道兩家的言語論也是心理生理學的分支。[51]

　　子》「志，氣之帥也」、「氣，體之充也」。參見朱熹，《孟子集注・公孫丑上》，《四書章句集注》（台北：大安出版社，1983），卷3，頁318。以及《管子・內業》的「心以藏心」、「心氣」之說而來。

50 「氣以實志，志以定言」此組語言出自《左傳・昭公九年》。關於言—氣—志的構造，參見拙著，《儒家身體觀》（台北：中央研究院中國文哲研究所，2003），頁177-178。

51 由言—氣—志的構造再往前更深一層論，筆者相信我們可以找到一種和洪堡特的思想器官論相比美的論述，筆者所說的即是莊子的「卮言」論，「卮言」是莊子創造出來的術語，「卮」是渾圓的酒器，渾圓是莊子最重要的隱喻，

　　形─氣─神的身體圖式與言─氣─志的語言圖式出自同一種理論模式，它們可說都是依氣化論的世界觀展開。氣化論在先秦時期是相當重要的論述，氣化論無疑地帶有自然哲學的內涵，「氣」作為解釋自然現象的核心概念在《左傳》等書中已頻頻出現。然而，在諸子時期，氣化論也和人的主體的構成有關，在形─氣─神此身體主體的圖式中，氣化扮演一種流動性的身體感之角色，它是連接意識與軀體之間的流動、溝通、感覺等等的內在身體之角色。在言─氣─志的語言圖式中，「氣」流動於主體與世界之間，它既扮演轉化精神的意向性為器官發聲的生理事件的轉換器，也扮演了主體與世界會晤的原始介面。「氣化」是精緻的身體活動，意識的展現離不開氣化的向度，也就是意識展現出來的面貌必然不能不經由這種精緻化的、個人風格化的因素，展現為公共化的形貌。人的身體主體不管是經由「言─氣」此語言事件顯現於外，或是經由氣─形此身體事件顯現於外，精神的展現都是連著身體與語言的中介一齊肉身化。身體與語言這兩種中介間還有緊密的關係，此義姑且不論，以免冗贅。[52]回到主題

陶均、環中、石磨、輪子都是同一原型的變形。道要以語言的形式表示出來，此種渾圓意象的道言乃是全體展現、日生、日化之語，卮言是道的展現原理，離開「卮」的模子，即沒有真正的「言」，「卮言」是「道言」，無「道言」即無道可言。參見拙作，〈莊子的卮言論〉，《儒門內的莊子》（台北：聯經出版事業公司，2016），頁225-264。

52　比較言─氣─志及形─氣─神的構造，我們可借語言的身體起源說，也是語言之姿的論點進一解。在早期的語言學者與人類學者的著作中，身姿論曾被視為語言的前身。何以在初民的表達方式中，身體的姿勢，尤其手的姿勢特別豐富，此事不能不引發學者極大的好奇。眼、耳、鼻、身等身體姿勢傳達的內涵，比起語言來，無疑遜色多了。語音如何從聲音變成有認知意義的符號，此過程真是神祕，「語言的起源」也是語言學家極感興趣而又棘手的難

來，可以確定：五行意象呈現之區域就座落於從神、氣到形之間的主體轉換之地帶，五行的祕密就在神、氣之間。

五行說縮結了自然意象的金、木、水、火、土與精神意象的仁、義、禮、智、信，其正當性如何？一切的問題糾結於此。筆者認為從言—氣—志的語言圖式入手，縮結了馮特、米德的社會行為學的語言論，已可找到初步的連結點。前文論及「氣」的因素時，側重氣在身體向度與意識向度的銜接作用，但需要用同樣的力道再度闡釋：氣同樣縮結了意識與世界的向度，如果形—氣—神的存在乃是因氣化而與世界共構的存在，身體主體的氣—神的結構中即不可能沒有與世界共構的因素內蘊其間。當形—氣—神的主體經由語言的管道作用於世界時，其實已經是在原始溝通基礎上的再度溝通，可以說：聲音朗現出的人文是一種在世主體的「氣化事件的世界性」與「語言事件的世界性」之匯合，言語、行為是重層的構造，它同時具有語言體系此社會整體性符號與神氣流動此互滲的自然整體性的疊層構造，它是兩種世界性的匯聚流通。在本體論意義上，道德意識語彙與自然語彙之間，在一個神祕的點上，必然是有潛存的連結結構的。

在轉化精神意義為可見的公共論述時，精神意念並不是純粹空白的，它和世界早已有隱密的共構關係，在這隱密的構造中，萬象森然，但森然中最足以體現神聖性質之物象最易突顯而出。

題。然而，依據馮特、布留爾等人的觀點，語言本來就是精神的器官，它有表達的衝動，所以身體語言與語音的表現可能是同源而發，聲音的意義展現之前身可能即是身體語言的示意。精神語彙和自然語彙的混用，因此不是不合法的，反而是語言的原始狀態。由於語言主體在表達時，即有必要將不可言說、不可意表的意念轉化為公共領域的言語，所以隨著身體語言的日漸精化，語言扮演的功能也日益強化。此義當另文闡述，茲不贅述。

因為它們是原型，原型具有來自無窮深淵中的力道，它是奕世迭代的文化積澱所致。在中國文化脈絡下，神聖物象即是以五行為大宗，道德意識經由表象的功能，它可傳達出整合意識內部的道德情感與物之意象的道德語言，完成「由意識到語言」的轉化功能。如果說康德強調知識建構中形式想像的作用，我們有理由同意巴舍拉所說「物之想像」在表達精神內涵中的作用。

康德的形式想像乃是一種先驗的構想力，先驗的構想力對於物之呈現沒有構成的作用。但沒有此先驗的構想力，知識活動即不可能建立。相對地，巴舍拉的「物之想像」是種構想的作用，它恍若潛存於意識深層的原型，原型是有「力必多」（libido）的，它會往外投射為原型意象。一旦想像力和物之意象掛鉤後，即有機會回到五行的本來面目。在巴舍拉晚期的詩學中，地、水、氣、火的主題不斷出現，可以見到其自然意象的主題受惠於榮格的原型論甚大。

當五行轉回其原初面貌時，就能發現五行的精蘊固然在「行」本身，但也在人的意識中成長起來，五行的意象是內在於意識內部的生命形式。人是世界座標的核心，他像一株巨樹立於曠野，「我渴望生長，我往外邊看著，而體內的樹正自滋長」。難怪「一株高聳而微微搖曳的樹，總是會觸動靈魂」。[53] 靈魂為什麼會被觸動？因為靈魂就是一株直挺上揚的活生生的宇宙樹，宇宙樹也是定位宇宙秩序的宇宙軸（axis mundi），它是莊子說的「外化而內不化」的那個神祕之點、神祕之淵，這個點、這個淵

---

[53] 第一個引文為里爾克（R. M. Rilke）的詩，第二個引文出自博斯科（H. Bosco）的 *Antonin*，兩者皆引自巴舍拉（G. Bachelard）著，龔卓軍、王靜慧譯，《空間詩學》，頁297。

卻也是株無形之樹。既然提及莊子，不要忘掉：莊子正是極早或
最早連結道、生命與巨樹的哲人，〈逍遙遊〉的「樗」，〈人間
世〉的「櫟」，〈德充符〉的「松柏」，這些不材之木與有材之木
的本性，木木不同，但它們都是原型投射於外在世界之木所致，
也都成為後世文人身處亂世時藉以自處的典範。[54]

　　生命中不只有樹，也有金石。生命需要成長，需要通天。但
生命也需要有基盤，要有穩固的定點。穩固以「金」表之，定點
乃是莊子所說「外化而內不化」的那個不化的點，後世稱呼此生
命中的不化的點為「丹」。穩固的定點因而可表為「金丹」，朱
子感嘆的「金丹歲晚無消息」[55]的「金丹」即是此義。有德者的聲
音鏗鏘穩健，此之謂「金玉其相」（《詩經·大雅》），其德位則
形同「金聲玉振」（《孟子·萬章下》），這些金的象徵義的來源
甚早。金不只在內，也在關係，當詩人要表示堅持的情感時，他
歌詠道：「如何金石交，一旦更離傷。」[56]阮籍面對著惡劣的政治
局勢，想到兄弟間的堅實情誼也不得不被拆散，就像金石般的堅
硬，還是被拆離了，遂不能不感到悲傷。外在的金石成了內在金
石意象的對口事物，也成了合情合理的倫際關係的象徵。生命中
不只有木、金，也有水、火、土。依「物之想像」，這些物之意

---

54 一個更顯明的通天之木的意象當是《莊子·田子方》所說的老子的「形體掘
　　若槁木，似遺物離人而立於獨也」一段，此間的內涵牽涉到莊子思想與早期
　　工夫論的關係，頗涉曲折，茲不細論。

55 朱熹，〈題袁機仲所校《參同契》後〉，《晦庵先生朱文公文集》，收入朱傑
　　人主編，《朱子全書》（上海：上海古籍出版社，2002），冊24，卷84，頁
　　3983。

56 阮籍著，陳伯君校注，〈詠懷五言八十二首之二〉，《阮籍集校注》（北京：
　　中華書局，1987），卷下，頁212。

象也會適時地投顯內在意象為可見之公共形象。

筆者所以在此舉詩為例，乃因對五行的每一行的精神內涵，筆者皆已有專文探討，不擬再行重複論述。而詩具有表達隱曲心境的性質，而且表達的是具體的智慧，詩人的創作常被類比於造化者的創作。中國古代詩人雖然在五行論的文化中成長，但他們未必研究過五行，其詩文表現卻直接地連繫上內心的萬象與自然的物象，內外有種同構相映的關係。帶有物象的原型會外透為語文的表達，這個特性有助於了解我們文化傳統中的道德情感是如何表達出來。「詩者，天地之心」，[57] 詩人的啟蒙很值得我們重視。

六、結論：「五行」餘韻

先秦時期的文獻顯示其時諸子對道德語彙與自然語彙的混用，並沒有覺得不妥，甚至連不安的反思意識都未興起，這種安然的心態值得細究。他們這種自安固然可以解作原始心態的反映，乃是其時的諸子百家對語言的理解尚不夠透闢所致，所以犯了「自然主義」的謬誤。[58] 但在今日已大致脫離認知中心主義的時代來看，先秦諸子的混用精神語言與自然語言而態度自若，筆者認為這種姿態毋寧更接近正面的現量語式。因為在先秦時期，

---

57 見黃奭輯，《詩含神霧》，《黃氏逸書考》，收入嚴一萍選輯，《叢書集成三編》（台北：藝文印書館，1971），冊145，頁1a。

58 道德意識的五行化此一現象牽涉到意識與自然的關係的問題，如果和經驗科學的語句相比，通常我們認為「應該」的意識是關鍵的因素。謨爾（G. E. Moore）論倫理學命題時，即以「自然主義的謬誤」指稱將經驗科學敘述帶進倫理判斷所犯之錯誤。參見謨爾（G. E. Moore）撰，蔡坤鴻譯，《倫理學原理》（台北：聯經出版事業公司，1978）。

雖然以意識轉換為中心的心學工夫論已經初步形成，一種典型的貫通全體法界的體用論則尚未興起，像張載、王夫之那種要賦予世界「物與無妄」意義的體系性哲學不夠明朗。但可以類比的思考方向是存在的，依「聖顯」的理念，「物」一樣可以帶有盈滿豐饒的精神內涵。春秋戰國是大自然尚未被簡單定位的年代，尚未被座架化（racking）的時代，[59] 思想不夠精緻化，但也不至於抽象化。原始智慧原汁原味，物有在其自體的神聖意義，物與心尚有多重的交流管道。先哲以物喻人，以物喻德時，精神性表述中凝聚著紮實堅挺的自然意象，物心相融，具體而有力，其關鍵在於另類的物之理解。換言之，在理學家中道─物勾連的體用論構造在先秦則以聖顯之物的模式表現之。

反思先秦，其時德目的自然意象化與其視為思辨理性的不足，不如視為前賢蓄意地擱置了直接性的精神表達性格，反而藉著豐沛的支援意識灌注到抽象領域的敘述，因而使抽象者具象化，使具象者精神化。[60] 神聖的物性是其時先哲重要的支援意識，而藉著物之意象表達精神意向的神聖性質則是我們判斷五行原義價值重要的線索。

依目前學界一般的理解，精神的直接展現性是魏晉後三教常

---

59 「簡單定位」是懷黑德（A. N. Whitehead）的用語，「座架」則是海德格（M. Heidegger）的哲學語彙，兩詞皆指向現代技術的特色。

60 請看博藍尼下列的話：「觀察一個有意義的關係，便是去整合那些指歸焦點的支援線索，因此，也就是去掌握那些支援線索，好像它們是我們體內的反應似的。我們已經看過，在這層意思上，觀察即是內斂於支援線索。一般而言，舉凡周全的個體，我們對它們的知識都是出自內斂於它們，我們是參與它們，參與到彷彿它們是我們的部分肢體的地步。」博藍尼（M. Polanyi）、浦洛施（H. Prosch）著，彭淮棟譯，《意義》（台北：聯經出版事業公司，1984），頁171。

見的表達方式。精神展現的直接性和精神展現的中介性無疑地都可在中國儒道傳統中找到源頭，「精神表達的語言意象的中介性」並沒有乍看之下那麼特別。至於這兩種表達方式之間到底是什麼樣的關係，顯然是大問題，值得細部討論。然而，可初步地肯定：具有文化內涵的道德命題所重者不必然要全體透明地主客雙泯，文化世界不需要直接立下超越主體，以彰顯在其自體。恰好相反，在文化領域中，超越主體最好先自我退位，退位不表示完全缺席，退位是種真正意義的「轉進」。主體雖然是唯一的，但主體是千面英雄，它有各種的變貌。不同變貌的主體各有其勝場，也就是各有其轄域，超越的主體與文化的主體當各就各位。道德意識是有優先性，但優先性的道德意識如何呈現才是問題的關鍵。道德意識的呈現有「逆」，有「順」。逆覺反證，縱貫直講，脫離意象之中介作用，此是一路。順意識發展拓開，以意象接引世界，此是另一路。

　　作為一種具有社會公共意識的命題如能藉著聲音、文字符號、身體表現的中介，讓道德內涵聲音化、意象化、形氣化，也就是讓道德從私人的事件變為公共的事件，從內在的幽暗事件化為精緻的個人風格的事件，應該是一種有意義的價值選擇。因為經此轉身，反而可以看到更大的道德感染效果。仁、義、禮、智、信以木、金、火、水、土的面貌出現，五行的自然意象是建構思想德目的本質因素，仁者就像神木巍巍般地欣欣生意，義者就像金屬鏗鏘般地果決犀利，禮者就像光明朗照般地欽明文思安安，智者就像流水不腐般地變化無方，信者就像黃土甸甸般地蘊藉負涵云云。先秦諸子的道德論述總是將精神的表現物質意象化，也將物質意象精神作用化。事例繁蕪，茲不贅述。不會減損道德的尊嚴的，反而可使道德意識形象化、能量化、世界化，因

而也是更具體的存在。

　　至於後世儒學的發展特色卻是大幅度地傾向於精神的直接表現，這種傾向和佛教東來引發的大轉向有關，此義當另文細論。當代新儒家學者或主張唯心論的殊勝，而且只有中國哲學才可提供真正的唯心論；或喜歡論「中國文化之精神價值」，[61]「價值」要加上「精神」兩字，以顯示有別於「物質」的內涵。筆者不認為他們指出的這段後續的精神發展不好，凡是讀過天臺、華嚴、張載、周敦頤之學的人很難不對這種透徹天人之際的學問心存敬畏。這種穿透幾重雲水身的主體性價值的傾斜顯示了理性自身的發揚，佛教發展到了唐代的真常唯心系，儒學發展到了宋代的理學，豈是偶然！這種透過主體轉換顯示出來的本地風光，其他哲學傳統確實少見。歷史的發展很難說沒有目的性。

　　至於「中國文化之精神價值」的提法，其理論依據和「中國哲學的唯心論殊勝」之主張不全相同，但卻可相互聲援。這種「精神價值」的提法難免令人聯想到十九世紀末以來「東方精神──西方物質」這種粗糙的劃分，但相似也可以有很大的歧異。唐君毅先生等新儒家的主張是種文化哲學的主張，他們提出中國的心性論反映在自然、文學、藝術、社會上的諸種表現，都顯示出一種獨特的精神表現，文化與心性是隱、顯的一體表現。面對二十世紀排山倒海的唯物論思潮，或經驗主義哲學，唐先生的用語自然有相當深刻的提撕作用。但花開並蒂，話說兩頭，發展和排除往往是同一個過程的雙重面向，深化常不免要付出窄化的代

61　此語為唐君毅一本書的書名，參見唐君毅，《中國文化之精神價值》（台
　　北：正中書局，1965）。此書的內涵即如書名所示，唐先生從各種文化的展
　　現，指出其相蘊含的精神意義。

價。六朝後三教精神史的發展，主體性的發揚常伴隨著物學的衰零而至，精神之極盡精微潔淨則常帶來語言等表達性作用之癱瘓，章太炎所謂的俱分進化論，確實也是存在的。

　　探討至此，不得不逼問：道德與自然何時開始分家？「五行」何以開始失去自身的光華？筆者相信原因一定是多重的，但就思想史的因素而論，個人認為與「無限心系統」之說的興起頗有關聯。文明突破初期的五行論蘊含的心物浹流的特色，隨著工夫論的日漸細緻，深之又深，精之又精，「內轉」的底蘊蓋住了物性的想像，直通的表達躍過了物性的絆累。但物極必反，工夫論的內轉依然有可能會面臨到心─物平等對待的時節，理學的發展即透露了此種轉折的契機。這個問題當另文處理，本文僅能點到為止。

貳

渾沌與創造

一、渾沌之源：天山的帝江

自從「神話」一詞在中國學術圈取得發言權以後，中國一向被視為神話不發達的文明，其原因或認為和黃土平原的地勢有關，或認為儒家質樸學說的影響使然。然而，晚近的研究顯示中國不但有神話，而且神話相當發達。神話中的宇宙開闢論在中國也絕非冷僻，恰好相反，我們觀察六種主要的創世類型：創世主之創世、通過生成的創世、世界父母的創世、宇宙蛋的創世、陸地潛水者的創世、尸體化生型的創世，中國無一不具備。[1]

中國具備的創世神話，竊以為「渾沌」是最根源的創世神話母題，渾沌創世與上述六種創世神話多有重合之處。「渾沌」是個連綿字，它的化身特多，「混淪」、「困敦」、「囫圇」、「鶻突」、「餛飩」、「雲吞」甚至「昆侖」等字詞都是同一詞語的轉

1　參見葉舒憲，《中國神話哲學》（北京：中國社會科學出版社，1992），頁 329-347。

化。這些詞語都含有「渾成一片、分節不清」的涵義，「渾沌」
語族的詞性基本上是狀詞，這是個值得注意的現象。但更值得注
意的乃是「渾沌」此一詞語蘊含了上古中國的創造神話，而此神
話又成為後來中國思想的宇宙論的源頭。

　　至今為止，討論渾沌神話的論文其實不算少，管見所及，羅
夢冊先生〈說渾沌與諸子經傳之言大象〉（上、下）兩文[2]與N. J.
Girardot的 *Myth and Meaning in Early Taoism: The Theme of Chaos*
（*hun-tun*）[3]一書探討尤為詳細，但這兩人的著作就資料搜羅之廣
而言，固難間言，但兩者同樣有旁涉太廣的傾向，學者涉足入
流，不見得可以脫身迷津。本文與羅夢冊及 Girardot 著作在材料
及主題上頗有交涉，但論證及旨趣上不同，所以試圖對一些常見
的主題重作解釋。

　　渾沌的神話出處首見於《山海經・西山經》：

　　　天山……有神焉，其狀如黃囊，赤如丹火，六足四翼，渾
　　敦無面目，是識歌舞，實為帝江也。[4]

帝江即為帝鴻，即為渾沌，〈西山經〉此段所述就像《山海經》
其他神話人物一樣，其神話事件並不清晰，比較像對圖畫人物作
扼要的解釋。但我們分析其造形內涵，仍可發現它具有如下的特
色：

2　羅夢冊，〈說渾沌與諸子經傳之言大象〉（上、下），《東方文化》第9卷第1
　　期、第2期（1971）。

3　N. J. Girardot, *Myth and Meaning in Early Taoism: The Theme of Chaos*（*hun-
　　tun*）（Berkeley: University of California Press, 1974）.

4　袁珂注，《山海經校注》（台北：里仁書局，1982），頁55。

1. 渾沌狀如黃囊，它呈橢圓狀。
2. 它沒有面目。
3. 它六足四翼。
4. 它識歌舞，亦即它知韻律，而且通體火紅光明。
5. 它朦朧一片，但又位居「天山」，天山者，通天之山也，
   亦即渾沌居於宇宙中央之宇宙山。

渾沌無面目，但我們仔細省察這五項特色，卻彷彿可見其模糊之
身影。首先，渾沌呈現出橢圓的形狀，橢圓或圓在神話思維中具
有象徵最高存有者的涵義；其次，它識歌舞，顯示自身有內在有
機的動能。赤如丹火，顯示帶有光的屬性；再者，天山不是泛泛
之論，它應當位於通天的宇宙山；最後，關於六足四翼，筆者相
信「六足」指向「六合」，「四翼」或許指向四時。開門見山，
筆者認為「渾沌」主題是創造神話中常見的宇宙蛋主題。

二、宇宙蛋

　　「宇宙蛋」的創造神話主題普見於各大宗教，它可算是普世
性的題材。中國的宇宙蛋神話題材其實不算少，但就像中國上古
神話的各種題材一樣，除了一兩則故事外，其內容較零散，情節
完整的敘述不多。由於宇宙蛋神話是普遍的神話題材，為了方便
比較起見，我們不妨徵引埃及、西藏的一則相關神話為例：

　　　　始初，世界是一片廢水叫做努，它是偉大的父親的住所。
　　他就是努，因為他就是深淵，他使太陽神存在，太陽神曾
　　說：「看哪！在黎明時我是克佩拉，正午時我是拉，黃昏時

我是塔姆」。光亮之神最初出現為一個發光的蛋，它漂浮在水面上。深淵的精靈，即父親們和母親們，和他在一起，因為他和努在一起，而他們都是努的陪伴。

拉從努升起，但卻大於努。他是天父，眾神的強有力的統治者，他按照自己的意願最初創造的是：風神舒和他的配偶特弗內特。

然後，出現了地神塞勃和蒼穹女神努特，他們是奧西里斯和他的配偶伊西斯，以及塞特和他的配偶尼普齊斯的父母。

拉在創世開始時說話了，吩咐天和地從一片廢水中升起。

拉按照他自己的意願，說出了心中的深思，他賦予名稱的事物就出現了。他注視空間，他希望看到的事物就出現在他的面前。他創造了在水中和陸地上活動的一切生物。人類是從他的眼中生出的，創世者拉是眾神的統治者，成了地上的第一個帝王。[5]

從前，由於諸神，格薩斯和貝的魔力，一只五顆寶石形成的蛋，從空曠的天空的聖胎中，用自己內部的力量裂開了。蛋殼成為護身盔甲，被膜成為防衛武器，蛋白成為英雄們的強力劑，內膜成為他們居住的堡壘，那昏暗的堡壘是「憤怒的水流的空中要塞」，它偷竊了太陽的光輝，變得如此輝煌。從這蛋的最內層，出現了一個具有魔力的人。[6]

5　引自雷蒙德・范・奧弗（R. van Over）編，毛天祜譯，《太陽之歌——世界各地創世神話》（北京：中國人民大學出版社，1989），頁253-254。另一則更精簡的敘述見同書，頁268-269。

6　同前註，頁363-364。原文甚長，編者篩選之，並加註說明這個神話敘述蛋如何把各種東西帶到世上來：「這蛋裂開了，它的外殼成為妖精的實體和寄生物，它的內膜成為八十一個邪惡的怪物和三百六十種危害。蛋白流到地

宇宙蛋的神話當然不只見於埃及、西藏，我們在非洲、日本等地也可以見到，類似的主題流行這麼的廣泛，其相似性是否傳播所致，行家或有所說。筆者認為更可能是初民共享的農畜文明提供了初民共通的神話思維，這樣的思維使得它們創造出來的內容高度的重疊。[7]上引的宇宙蛋的神話明顯的具有下列的特色。首先，它取的是「蛋」的雙重的象徵意義，就形狀而言，蛋始卒若環，首尾無端，就象徵而言，這是最完整的構造。就材料而言，蛋殼內部盈滿了汁液，它用以象徵生殖、豐饒。其次，宇宙蛋往往還不是在存有程序上最先出現的事物，它先前已有「水」此種原初未分的原始之物。換言之，宇宙蛋創造神話往往和所謂的「渾淪之化生」（creation from Chaos）分不開。「渾淪」（Chaos）也許是鴻蒙之水，也許是鴻洞之氣，也許是太初之巨靈或怪獸，但這些水、氣或怪獸基本上皆是用以象徵構成世界之根源性之物。最後，人和世界萬物的關係一體而化，兩者或是世界萬物由人的身體化出，或是同樣從此一宇宙蛋生成出來。

如果比較《山海經》的帝江神話和上述的典型宇宙蛋神話，論者尚有疑慮的話，我們不妨回過頭來看中國的材料。筆者前文說：中國神話中，除了少數一兩則外，完整的宇宙蛋敘述並不多，這一兩則敘述較完整的宇宙蛋神話即為著名的盤古開闢天地的神話。試觀察最早記載此一神話的兩則文獻究竟所說為何：

　　天地混沌如雞子，盤古生其中。萬八千歲，天地開闢，陽

　　　上，成為四百十四種疾病。蛋的核心成為三百六十種惡神。」

7　參見默西亞・埃里亞德（M. Eliade）著，吳靜宜、陳錦書譯，《世界宗教理念史——從石器時代到埃勒烏西斯神祕宗教》（台北：商周出版社），卷1，頁115。

清為天，陰濁為地。盤古在其中，一日九變，神於天，聖於
地。天日高一丈，地日厚一丈，盤古日長一丈，如此萬八千
歲。天數極高，地數極深，盤古極長。後乃有三皇。[8]

元氣濛鴻，萌芽茲始，遂分天地，肇立乾坤，啟陰感陽，
分布元氣，乃孕中和，是為人也。首生盤古，垂死化身：氣
成風雲，聲為雷霆，左眼為日，右眼為月，四肢五體為四極
五嶽，血液為江河，筋脈為地里（理），肌肉為田土，髮髭
為星辰，皮毛為草木，齒骨為金石，精髓為珠玉，汗流為雨
澤，身之諸蟲，因風所感，化為黎虻。[9]

盤古神話是典型的原始巨靈（怪獸）之神話，世界的一草一木，
一山一水，無非是盤古之分身。但這則原始巨靈的神話也是宇宙
蛋神話，盤古是在「天地渾沌如雞子」的情況下成長，分裂，創
造世界。盤古神話不管有沒有受到外來文化的影響，但由它分布
廣至北方，[10] 以及其創造模式與帝江之相似，還有出現「渾沌」
一詞，此詞既作狀詞又作名詞用。由以上種種，我們有理由認定
盤古神話的母胎乃來自古老的帝江神話。至少，帝江神話是盤古

8　參見徐整，《三五曆紀》，引自歐陽詢，《藝文類聚》（北京：中華書局，
　　1965），上冊，卷1，頁2。

9　參見《五運歷年記》，引自馬驌，《繹史》（台北：臺灣商務印書館，
　　1968），冊4，卷1，頁2b-3a。

10　兩則神話出現記載的年代遲至三國魏晉，地域位於中國南方，以往的研究或
　　認為這兩則記載受到印度文明創世說的影響所致。參見何新，《中國遠古神
　　話與歷史新探》（哈爾濱：黑龍江教育出版社，1988）。饒宗頤先生從其他
　　記載指出此神話在東漢時期已經出現在中國地方。參見饒宗頤，〈述宋人所
　　見東漢蜀地繪「盤古」的壁畫〉，《中央民族學院學報》1989年第2期，頁
　　8-9。

神話的一個重要源頭。

　　渾沌是種宇宙蛋神話，這樣的命題我們不但可從盤古神話處得到佐證，其他文明地區亦可見到。由於上引《三五曆紀》的作者徐整是南方人，學者很容易聯想到盤古神話可能受到海外神話思潮的影響。底下我們不妨觀看《日本書紀》下列這則記載所述何事。

> 　　古天地未剖，陰陽不分，渾沌如雞子，溟涬而含牙。及其清陽者薄靡而為天，重濁者淹滯而為地，精妙之合搏易，重濁之凝竭難。故天先成而地後定，然後神聖生其中焉。故曰：開闢之初，洲壤浮漂，譬猶游魚之浮水上也。于時，天地之中生一物，狀如葦牙，便化為神。號國常立尊，次國狹槌尊，次豐斟渟尊，凡三神矣。乾道獨化，所以成此純男。[11]

這段話與徐整的《三五曆紀》所記皆相似，如果說《日本書紀》沒有受到徐整的影響，似乎不太可能。《日本書紀》的記載提供了我們一些有意義的訊息。首先，「盤古」主題顯示的原始巨靈與宇宙蛋的親合性在這則扶桑的記載中，得到有力的印證。至少《日本書紀》所以會這樣引用，正表示此書作者相信渾沌神話的母胎乃是宇宙蛋神話。其次，不管盤古神話有沒有域外文明的因素，也不管《日本書紀》受到中土文獻的影響，《日本書紀》所以會這樣相信，乃因宇宙蛋神話在上古亞洲，尤其在北亞、東北

11　參見黑板勝美、國史大系編修館編，《日本書紀・神代上》（東京：吉川弘文館，1985），卷1，頁1。

亞一帶，流傳的相當廣。日本固有的文化風土使得它接受「混沌如雞子」的敘述，一點困難都沒有。

　　古代的殷商、夏朝，以至迤邐而來的朝鮮、鮮卑、滿州諸民族，論及其始祖時，皆追溯到蛋之起源。殷商的始祖神——或許當說是始妣神——簡狄所以生出殷商一族，乃因她沐浴時，見到玄鳥之蛋，取而吞之，結果「因孕生契」。[12]徐國的國族神話則是在遙遠的時代，一位「官人」生下一個大卵，駭而丟棄於野，一隻名為「何倉」的神祕之犬，銜歸，孵此卵。時間一到，大卵破裂，「內有一兒」，功德圓滿。[13]高句麗始祖朱蒙的神話因韓劇的流行更廣為人知。朱蒙的出身乃因其母被「日影」追逐成孕，生下一卵，後「有一男破殼而出，字之曰朱蒙」。[14]類似的神話在東北亞民族中尚多流傳，茲不贅敘，宇宙蛋的題材可謂源遠流長矣！

　　如果我們以《舊約・創世紀》的創世模式作為參考的基準，此種「始祖卵」的神話不能歸類為典型的宇宙開闢的神話，而只能是二度創世的神話，但它依舊是追溯種族的「始源」，而在古代神祕人種學的思考方式下，我族始祖的起源不無可能是人類的起源。任何事物的起源也是種創造，人類的起源大概是除了天地

---

12 語見司馬遷撰，《史記・殷本紀》（北京：中華書局，1959），冊1，卷3，頁91。此故事是商人的神聖論述，所以《詩經・商頌》「天命玄鳥，降而生商。宅殷土芒芒」、《楚辭・天問》「簡狄在臺，嚳何宜，玄鳥致貽，女何喜」，以及秦漢間著作多述及此事。

13 《博物志》記載則無徐犬孵卵之事，但不管有無「徐犬」之文，徐國開國神話歸為宇宙蛋開創模式，總可成說。

14 魏收撰，《魏書・高句麗列傳》（北京：中華書局，1974），冊6，卷100，頁2213。

開闢此事件外，最重要的創造了。根據耶律亞德（M. Eliade）的解說，天地開闢此一創造往往會變成其他創造的原型，[15]我們看「始祖卵」的神話除了在「人」與「天地」的範圍有出入外，其結構大抵雷同。我們有理由認定：這兩組神話其實是同一套的敘述，可以產生始祖卵的土壤也就可以醞釀宇宙蛋的因子。或者說：始祖卵的神話也是種變形的宇宙創造，這樣的創造乃仿造宇宙蛋的乾坤開闢而來。[16]

渾沌不管後來主要的用法如何，我們認為它的原始意象是宇宙蛋，就像Girardot所說的，它的長相就像後世人民常吃的湯圓（也叫餛飩），吃湯圓原本是除夕的習俗。宇宙小循環將終，新的一年來臨，世人仿效宇宙蛋創生之形，吞食湯圓，這也是種創造。此外，古代中國流行為求懷孕，當吃鳥卵之習俗，懷孕生子也是種創生，人的創造當然是效法宇宙的創造而來。這些林林總總的線索，皆指向作為道家創造主題模式的「渾沌」很可能曾經是渾圓、光亮而無面目的宇宙蛋。蛋有蛋形，但宇宙蛋成了道的象徵後，其形消融，不能不是渾沌。

三、鑿破渾沌之一：原始巨靈

渾沌無面目，但宇宙不可能永遠保持無面目的狀態，歷史總是要發展的，文明總是會興起的。渾沌作為中國創世神話中重要的母題，它的功能正是用以解釋萬物的存在，它負有在歷史中展

---

15 上述說法參見耶律亞德（M. Eliade）著，拙譯，《宇宙與歷史——永恆回歸的神話》（台北：聯經出版事業公司，2000），頁13-16。

16 M. Eliade, *Patterns in Comparative Religion* (New York: New American Library, 1974), pp. 413-416.

現差異的職責。「渾沌論」實即「渾沌開闢論」，無面目的渾沌一旦用於解釋世界的生成，即不可能無面目。當渾沌以宇宙蛋的形式出現時，我們即很難不想像：如果不是「蛋」與「生成」的關係已成了初民生活中的常識，這樣的隱喻不會被建構出來。縱使「宇宙蛋」模式的內容不能完全以鳥禽的蛋生模式比擬之，但無疑地，「宇宙蛋」模式的成立應當預設了鳥禽類的動物已進入人類文明的歷程之後才有的，最可能的年代是畜牧或農耕文明初期的年代。

　　宇宙蛋的隱喻顯示初民在構思宇宙開闢這個複雜的存在論問題時，他們仍然依照他們最熟悉的生活經驗推演，再產生新的經驗的連結地。《易經》論及聖人之創造時，有言「近取諸身，遠取諸物」。當飛禽已成生活的必要物，甚至成了宗教的聖物時，如紅山文化的鳥崇拜，以及良渚文化的鳥崇拜，其殘留文物處處可見，在東方海濱的早期文化中顯然占有很重要的地位。當鳥成了一民族之圖騰時，此生物成了一民族的集體意識之體現，我們即很難排斥鳥禽的生殖模式被初民整編進去宇宙開闢的想像活動。

　　然而，論及「近取諸身，遠取諸物」之近者，莫過於具有人身之人。中國宇宙蛋創生模式之所以和盤古開天闢地模式糾結難分，正在於華夏初民建構至高至初的存有者時，天人之間的關聯總是特別密切。渾沌之所以有盤古此太初巨靈的形象，就像甲骨文字中，「天」、「人」兩字的構造相同或相近一樣。人依自己的形象建構天神，也依自己的身體建構宇宙。

　　「近取諸身，遠取諸物」一說或許不只是華夏初民思維的特色，只因漢字帶有特別濃厚的表象成分，所以人身的隱喻特別突顯。我們如果從當代的隱喻認知說著眼，也許隱喻與認知的構成

無從分　，而人身的隱喻正是隱喻之大宗。在盤古議題的研究上，我們一直發現在印度、在西亞都有類似支解原始巨靈以構造天地之說。《黎俱韋陀》中記載，世界最初唯有創造神 Atman，Atman 創造世界最足以和盤古開闢天地相對者如下：

> 由口生語言，由語言生火。
> 鼻遂啟焉，由鼻生氣，由氣生風。
> 眼遂開焉，由眼生見，由見生太陽。
> 耳遂張焉，由耳生聞，由聞生諸方。
> 皮遂現焉，由皮生毛髮，由毛髮生草木。
> 心遂出焉，由心生意，由意生月。
> 臍遂露焉，由臍生下氣，由下氣生死亡。
> 腎遂分焉，由腎生精，由精生水。[17]

西洋神話中的徹墨（Tiamat）也活似西方版的盤古，馬獨克（Marduk）用太初神怪徹墨身體造世界：「置（徹墨）之首兮，以為山岳。自其雙眼，決為歐霏域與泰姬維兩河。就其兩乳，以起崇山……其股，牢結於天……泛流於徹墨之中兮。」[18]盤古與 Atman、馬獨克的神話很難排除影響說的因素，中印間的交往常有許多不為人知的管道，但出自於相同的人身隱喻之思維的可能性或許更大。

盤古神話在中國的痕跡其實不像前人想像中的那般晚與那般

---

17 引見徐梵澄譯，《黎俱韋陀‧愛多列雅奧義書》，收入《五十奧義書》（台北：中國瑜伽出版社，1986），頁22。

18 引見饒宗頤，《近東開闢史詩》，《饒宗頤東方學論集》（汕頭：汕頭大學出版社，1999），頁27。

少，它的變形並非罕見。如前所述，就神話的結構而言，「渾沌神話」最基本的反映乃是對渾沌不斷的克服，在渾沌被征服的基礎上面，世界於焉產生。這故事最有名的就是「大禹治水」的載錄，此載錄中即蘊含了盤古神話的神話因素。我們知道：洪水原本即是渾沌，「大禹治水」此一詞語即已預設文明起於克服渾沌。不僅於此，我們不妨再注意一般論「大禹治水」時，不太注意到的「禹殺相繇」之象徵意義：

> 　　共工之臣名曰相繇，九首蛇身，自環，食于九土。其所歍所尼，即為源澤，不辛乃苦，百獸莫能處。禹湮洪水，殺相繇，其血腥臭，不可生穀，其地多水，不可居也。禹湮之，三仞三沮，乃以為池，羣帝因是以為臺。[19]

相對於盤古此太初巨人的模樣，相繇的人之形象似乎不夠突顯，他「九首蛇身，自環，食于九土」，其形貌毋寧更接近怪獸。但我們不會忘掉這則記載是敘述上古時代一則有關人的歷史的載錄。雖然是神話的歷史，《山海經》說相繇為共工臣，共工與相繇此君臣的關係就像五方神的主神與其輔佐之神的關係一樣，祂們事實上是一神的分化。共工與相繇皆是洪水的擬人化，[20]洪水漫無涯際，但人的思考需要具體的對象，所以原始之物必然要以非人間性的妖魔鬼怪出現，此之謂有「物」存焉。這樣的「物」是異類的，是妖魔化的，它的血「腥臭」，它所創造出的源澤

19　袁珂注，《山海經校注·大荒北經》，頁428。

20　蘇雪林說「共工『原為水神』」。蘇說可備一說。其論點參見蘇雪林，《天問正簡》（台北：廣東出版社，1974），頁129。

「不辛乃苦」；它是反人間秩序的，其血「不可生穀」，其地「不可居」，相繇代表的是不定性的精神。大禹經過反覆的整治（三仞三沮的「三」代表多數），才初步鎮壓了渾沌的盲動力量。

相繇死矣！洪水平矣！世界於是建立：「禹敷土，隨山刊木，奠高山大川⋯⋯九州攸同，四隩既宅。」[21]《尚書・禹貢》說的大禹不管史上是否真有其人，但他的事蹟是混合著英雄神話與開闢神話的豐功偉業，此事絕無可疑。而且在上古的典籍裡，大禹不但是始祖英雄，也不僅是位可敬的人格典範，他還被認為整理了世界的秩序，「信彼南山，維禹甸之」、「奕奕梁山，維禹甸之」，《詩經》所歌詠的，乃是我們現在所謂的神話，而當時人卻普遍認為的「真實」。

建立世界秩序，它的前提是犧牲共工或相繇，亦即渾沌必須分裂，此事其實不必推得太遠，因為「渾沌」除了宇宙蛋、原始整全之氣外，它還有一個特別鮮明的形象，此即它是「太古凶人」。《左傳・文公十八年》記載：堯登位為帝，他的首務乃是流放當時有名的四凶，四凶者：渾敦、窮奇、檮杌、饕餮是也：

> 昔帝鴻氏有不才子，掩義隱賊，好行凶德，醜類惡物，頑囂不友，是與比周，天下之民謂之渾敦。少皞氏有不才子，毀信廢忠，崇飾惡言，靖譖庸回，服讒蒐慝，以誣盛德，天下之民謂之窮奇。顓頊氏有不才子，不可教訓，不知話言，告之則頑，舍之則囂，傲很明德，以亂天常；天下之民謂之檮杌⋯⋯縉雲氏有不才子，貪于飲食，冒于貨賄，侵欲崇

---

21 孔安國傳，孔穎達疏，《尚書正義》，收入李學勤主編，《十三經注疏整理本》（台北：臺灣古籍出版公司，2001），冊53，卷6，頁159-197。

侈，不可盈厭，聚斂積實，不知紀極，不分孤寡，不恤窮
匱，天下之民以比三凶，謂之饕餮。[22]

舜為堯臣，他要繼承堯位，自然必須具有超凡入聖的本領，
所以他「賓于四門，流四凶族：渾敦、窮奇、檮杌、饕餮，投諸
四裔，以禦螭魅」。《左傳》所述「史實」，顯然不是實錄，神話
內容極為豐富。四凶雖然各有來源，但筆者認為四凶原為一凶之
分化，此一凶即為渾敦。舜只有將渾沌趕走，剩下來的空間才可
以變為文明，亦即它才可成為人文的世界。對初民而言，他的住
家環境與周遭曖昧的空間是對反的，前者可稱為世界或宇宙，後
者則是魔化之混沌。「未知的、異質的、未占領的領域仍漂流在
渾沌的狀態，人在占領它之前，在定位它之前，他必須象徵性的
將它變為宇宙。他透過儀式，再現宇宙之創造。在『成為吾人的
世界』之前，非得先有『創造』此事不可」。[23]至於被趕到四裔之
外的四凶，它們從此與「螭魅」為伍。四凶也罷、螭魅也罷，它
們通通是渾沌的化身，它們代表的通通是秩序未分化、甚至反秩
序的原始存有。[24]四凶被投到四裔，以禦螭魅，這故事不過象徵
渾沌的空間被擠出來了，它人文化了，其他的空間則仍浸在烏黑

---

22 左丘明傳，杜預注，孔穎達正義，《春秋左傳正義》，收入李學勤主編，《十
　三經注疏整理本》，冊81，卷20，頁667-669。

23 M. Eliade, *The Sacred and the Profane: The Nature of Religion*（New York:
　Harcourt, Brace & World, Inc., 1959), p. 31.

24〈堯典〉記載的羲叔、羲仲、和叔、和仲四人可以作為對照，它們明顯的是
　神話中「羲和」其人的分化。只是「羲和化成四神」乃是光明之四方輻射，
　「渾沌化成四凶」則是無明力量之四方分布。只要空間四等分的思維模式沒
　改變，一神化四身的情況即會不時出現。

黑的世界中。

　　堯舜將渾沌流放到四裔，以淨化堯天舜日下的文明世界，這樣的事件可說是「渾沌鑿破」。鑿破後的渾沌不死，它仍以蠻荒的野性力量護守文明，以禦螭魅。語及「渾沌不死」，我們馬上會聯想到「渾沌之死」的莊子著名寓言。在這則著名的寓言中，莊子寄託了他對渾沌的無限的嚮往，但對渾沌的「現實」遭遇也有無限的感慨。莊子這段寓言無疑深有寄託，其用意不在敘述一則遙遠的上古神話，但我們如從上古巨靈的創世模式著眼，或許可看出此則寓言的另一面向。我們且看底下這則有名的故事。

　　　　南海之帝為儵，北海之帝為忽，中央之帝為渾沌。儵與忽
　　　　時相與遇於渾沌之地，渾沌待之甚善。儵與忽謀報渾沌之德
　　　　曰：人皆有七竅以視聽食息，此獨无有，嘗試鑿之。日鑿一
　　　　竅，七日而渾沌死。（〈應帝王〉）

中央帝渾渾沌沌，面目全無。北海之帝與南海之帝則動作敏捷，心思伶俐，他們要幫助一竅不通的渾沌，結果反而害死了它。儵與忽在此顯然象徵了理智與意志，理智與意志過度發達，渾沌必然枯竭而死。道家對「渾沌」的嚮往是極清楚的，它渴望一種回歸到原始和諧的樸素社會與樸素心境，所以不管老莊，他們皆一再歌詠道：純白的心境、純白的社會、純白的歷史源頭，這些心性論、政治論與歷史論的論述彼此是可以相互詮釋的，道家有反文明的傾向，這樣的文獻證據是不少的。

　　日鑿一竅，渾沌必死，這是文明發展很難避免的趨勢。但如果渾沌不只是神話的概念，也不只是指向歷史發展初期的原始共產社會，而是被提升到一種精神的整全，甚至是種心性形上學的

論述的話，那麼，渾沌的吸引力還是極大的。道家思想的特色之一即是不斷依循渾沌運行的法則，而且是環轉的向著渾沌作永恆的回歸：「大曰逝，逝曰遠，遠曰反」，「夫物芸芸，各復歸其根，歸根曰靜，是謂復命」，人與萬物唯有不斷逆返到存在源頭的渾沌，他才可以找回自己的本質，此之謂「復命」，這是種「還」的精神。

　　永恆的回歸是道家思維的一大特徵，也是神話思維的典型。在原始巨靈的論述中，「渾沌」是以人的形貌出現的，由於渾沌無面目，所以「渾沌」不時會以「不才」的異形怪物的面目出現於世。然而，「渾沌論」與「渾沌開闢論」一體難分，我們觀開闢渾沌者，如堯舜、如大禹，顯示原始巨靈說當中的理性力量。但從「太初巨靈」的角度出發，〈應帝王〉可能還可傳達出另外的訊息。我們觀看典型的「太初巨靈」的神話，不管是馬獨克神話，或是盤古神話，世界的生成都是以巨靈的死亡，而且是肢解而死，才得以成立的。〈應帝王〉的渾沌之死，乃因日鑿一竅，七日而死。其死因與盤古不同，「化生」的情節也不顯，但兩者同樣有整全破損、身體肢解的內涵。即使我們對莊子的寓言所指另有他解，但其喻依所在，指向了一種曾被肢解的、但現已失掉其具體環節的渾沌神話，這種可能性應當是存在的。

　　即使〈應帝王〉的創化主題不明顯，但我們如果理解在神話思維中，死與生、樂園與失樂園的關係永遠是很複雜的，我們還是可以對莊子的渾沌論重新解釋。在神話中，「原始樂園」是常見的主題，這種主題描述在一個人類無知無慮的年代，人活在一個上帝許諾的樂土裡。後來因人類犯了難以寬恕的宗教之罪，他被逐出樂園，從此開始過起人的生活。《舊約》的伊甸園神話與中國的「絕地天通」的神話，可視為兩組典型的敘述。

但樂園之失也是人間之始，與天斷絕，人文乃興。人類只有斷絕了原始同一性的幸福之後，有了不幸、痛苦，責任也能興起，主體也才可具備。莊子在〈天地〉所以特別批判修渾沌氏之術的漢陰丈人，而支持在具體世界生活的「真渾沌」，即緣於此原因。回歸原始渾沌是否道家唯一的文明論述呢？答案可能要看我們如何對待渾沌。道家的渾沌論其實是有很大的解釋空間的，筆者認為除了老子所代表的「回歸原始渾沌」是其中的一個類型外，另外一種可稱為「參與渾沌之化」的類型，這是「遊」的原理，莊子的思想可劃歸此類。我們且看底下這則也是相當著名的故事。

> 子貢南遊於楚，反於晉，過漢陰，見一丈人，方將為圃畦，鑿隧而入井，抱甕而出灌，搰搰然用力甚多而見功寡。子貢曰：「有械於此，一日浸百畦，用力甚寡而見功多，夫子不欲乎？」為圃者仰而視之曰：「奈何？」曰：「鑿木為機，後重前輕，挈水若抽；數如泆湯，其名為槔。」為圃者忿然作色而笑曰：「吾聞之吾師，有機械者必有機事，有機事者必有機心，機心存於胸中，則純白不備；純白不備，則神生不定。神生不定者，道之所不載也。吾非不知，羞而不為也。」（〈天地〉）

子貢聽了漢陰丈人的話後，非常慚愧，他的弟子問他究竟怎麼回事，子貢說：漢陰丈人是「執道者德全，德全者形全，形全者神全」的「全德之民」。子貢這裡所說的「全德」恐不宜漠然看過，筆者認為此段反映了戰國時期一種體現的修養理論。簡單地說，得之於道、體之於身謂之「德」，全德之人的形體會轉變

其原有存在的意義，成為載道之體，此之謂「形全」。當學者形全於外時，其內心也必然同時體現其本質，此之謂「心全」或「神全」。相對於漢陰丈人的形全神全，子貢感慨他自己只是個「風波之民」。子貢「臆則屢中」，他是春秋時期數一數二的富豪，「風波之民」不會只是泛泛之論，此語背後反映了子貢的生涯，也反映了一個時代重商求利的風氣。

子貢後來返回魯國，他將此一故事告訴了孔子，沒想到孔子另有解釋，他說：

> 彼假脩渾沌氏之術者也，識其一，不知其二；治其內，而不治其外。夫明白入素，無為復樸，體性抱神，以遊世俗之間者，汝將固驚邪？且渾沌氏之術，予與汝何足以識之哉！

漢陰丈人的境界當然很高，但孔子認為他仍有限制，而且限制很大，因為他知其一，不知其二；治其內，而不治其外，換言之，他仍活在抽象的世界裡。一種渾沌，兩樣文本，各自表述。道家到底是主張回歸渾沌呢？還是認為渾沌永遠回歸不了的，它只能是永恆的鄉愁呢？

筆者認為道家所主張的渾沌有兩種類型，一種是素樸主義的渾沌，它是反文明的，逆歷史的；另一種是具體的渾沌，它是超文明的，也是超歷史的。這兩種類型的渾沌在道家文獻中都可見到，《老子》「小國寡民」的論述，以及《莊子》外篇一些上古至世的文句，明顯的都是反文明的論述，漢陰丈人所修的「渾沌氏之術」，指的也是這種渾沌。[25]

---

25 參見拙作，〈論道家的原始樂園思想〉，《中國神話與傳說學術研討會論文

四、鑿破渾沌之二：水、風與氣

渾沌的原型很可能是宇宙蛋，這是道家創世神話的基模，但依據前文所述，宇宙蛋的創世模式往往有「宇宙蛋」此形之前的未形之形。未形之形如果可名為「渾沌」，「渾沌」顯然即有兩義，至少有兩層之義。「宇宙蛋」與「渾沌」具有「昔天之初」那種是同是別的弔詭關係。「渾沌」的原始面貌據說是「無面目」，但無相即相，一相多相，它在後世的形象卻具有多重的面目，彼此的影像交錯重疊，創造的意義糾結互滲。首先，它和「水」的創造意象分不開，我們引用到埃及、印度的例子，宇宙蛋之先都有「原始大水」。

中國最有名的「原始大水」的故事自然是鯀禹治水的英雄事蹟，鯀禹治水是發生在中國遠古時代最富戲劇性的一則神話事件。這個神話事件依據後代的詮釋，一直帶有濃厚的倫理意味，是則垂範後世的歷史事件，但晚近的研究已經逐漸揭開這則神話另有源頭，它其實是普見於環太平洋地區的「潛水撈泥者」的故事類型。[26]「潛水撈泥者」的神話大抵具有如下的主要情節：首先是宇宙汪洋一片；其次是有海底怪物帶上了一塊泥土之類的物質；再次是此泥土會成長，終於衍成陸地。

我們只要稍微反省一下鯀禹治水的事蹟，不難發現兩者之間的吻合關係，首先是「湯湯洪水方割，蕩蕩懷山襄陵」的大洪水；其次是負著青泥的玄龜，龜固遠古時期的神物，黃帝之代表

集》（台北：漢學研究中心，1996），上冊，頁125-170。

26 參見鄧迪斯（A. Dundes），〈潛水撈泥者──神話中的男性創世說〉，收入鄧
　　迪斯（A. Dundes）編，朝戈金等譯，《西方神話學論文選》（上海：上海文
　　藝出版社，1994），頁357-381。

也；[27]再次是不斷成長的「息壤」與「息石」，「息」者，孳息之義也；接著有英雄人物的整治大地秩序，命名高山大川。對始源的創造事件而言，命名絕不只是辨識的作用，它事實上也是創造。[28]「鯀禹治水」這則神話具足「潛水撈泥」神話的核心因素，不管夏民族為何會有環太平洋地區的文化因素，此事費人猜疑，但這則神話的類型原來極清楚，只因以往缺乏比較神話的基礎，所以大家視而不見罷了。

　　「潛水撈泥者」神話比較特殊之處，在於它的創世之材料為土，水則被視為破壞者。但究實而論，水與土在神話思維中扮演的都是生生不息的創造者之角色，它們同樣也帶有破壞或死亡的意涵，但以前者為主。《管子‧水地》言「地者，萬物之本原，諸生之根菀也」，又言「水者，何也？萬物之本原也，諸生之宗室也」。[29]水、地並稱，同為「萬物之本原」，此事並不矛盾，這是神話學的常態。[30]但放在「渾沌」與「潛水撈泥」的角度下考量，我們注意到：水是被「治」的，它是茫無分別的他者，它是無限縱深與無量廣延的渾沌，只有大禹治完水以後，世界才能建

---

27 《拾遺記》言：「禹盡力溝洫……玄龜負青泥於後。」袁珂注云：「青泥當是息壤之屬，使龜負之，以堙洪水。」袁珂未必注意到鯀禹治水的文化底層是環太平洋的「潛水撈泥者」神話，但所注竟如出一轍，這樣的注釋很有說服力。參見袁珂，《古神話選釋》（台北：長安出版社，1982），頁300。

28 《尚書‧禹貢》說禹「敷土，隨山刊木，奠高山大川」，「刊」可作「砍伐」解，但此處似宜作「辨識」解，此字《史記》作「槎」，《說文》云：「槎，識也。」引自屈萬里，《尚書集釋》（台北：聯經出版事業公司，1983），頁38。

29 黎翔鳳撰，梁運華整理，《管子校注‧水地》（北京：中華書局，2004），中冊，卷14，頁813、831。

30 參見M. Eliade, *Patterns in Comparative Religion*, pp. 254-255.

立起來。底下，我們還將看到：水以及水的象徵之怪獸被馴服，這是創造世界的先行工作。

渾沌創生後世最常見者，既不是宇宙蛋，也不是巨靈分尸，也不是原始大水，而是原始的未分化狀態，此狀態之名甚多，後世常用的語言名之為「氣」。但「氣」已是統一而且稍帶明確內涵的詞彙，我們追究籠統之氣，或氣之始源，可以統稱之曰：「渾沌」，「渾沌」是原始未分化的整體。屈原在〈天問〉一開始即問：

> 曰：遂古之初，誰傳道之？上下未形，何由考之？冥昭瞢闇，誰能極之？馮翼惟象，何以識之？

屈原問得好，「天問」可以是神話式的追問，也可以是宇宙開闢論的追問。前者的追問，我們可以用宇宙蛋、盤古、大洪水應付之。後者的追問則知識的興趣較濃，而前人回答此問題時，則在知識的氛圍中帶上極濃厚的想像，想像中自然有神話、傳說的影子。事實上，在文明發展的初期，神話的宇宙開闢論、哲學的宇宙論與科學的宇宙發生論，三者往往無法區分，因為宗教、哲學、科學當時仍處於未明顯分化的階段，它們能夠運用的理論資源是高度重疊的。中國早期的宇宙開闢論亦然，它混合了各種文化部門的解釋，但有一點特別值得留意的，即不管它的用語如何，它都隱含了後世所謂的「元氣」的解釋，我們且看底下的解釋：

> 天墜未形，馮馮翼翼，洞洞灟灟，故曰太昭。道始於虛霩，虛霩生宇宙，宇宙生氣。氣有涯垠，清陽者薄靡而為

天，重濁者凝滯而為地。清妙之合專易，重濁之凝竭難，故天先成而地後定。天地之襲精為陰陽，陰陽之專精為四時，四時之散精為萬物。積陽之熱氣生火，火氣之精者為日；積陰之寒氣為水，水氣之精者為月。日月之淫為精者為星辰。天受日月星辰，地受水潦塵埃。[31]

　有太易，有太初，有太始，有太素。太易者，未見氣也；太初者，氣之始也；太始者，形之始也；太素者，質之始也。氣形質具而未相離，故曰渾淪。渾淪者，言萬物相渾淪而未相離也。視之不見，聽之不聞，循之不得，故曰易也……清輕者上為天，濁重者下為地，沖和氣者為人；故天地含精，萬物化生。[32]

本文選錄的這兩篇文章的年代都偏晚，《淮南子・天文訓》出現的時間已遲至漢初。《列子・天瑞》的年代不詳，看其文句，撰寫的年代雖然未必遲至魏晉，但可能不會太早。如視為漢代之氣論模式的作品，庶幾近之。這兩篇論及宇宙開闢的文字，都帶有較多的哲學意涵，具典型的意義。

　上引這兩篇文字即使帶有較系統的哲學詮釋，這不表示它的內容就受限於漢代的思潮，因為它整體的思考方式乃是神話思維式的。表面上看來，《淮南子・天文訓》將「氣」隸屬在「宇宙」階段之後，《列子・天瑞》更將「渾淪」列在太初、太始、太素之後，但究實而論，氣之前仍是氣，渾淪之前仍是渾淪，

---

31 劉文典撰，馮逸、喬華點校，《淮南鴻烈集解・天文訓》（北京：中華書局，1989），上冊，卷3，頁79-80。

32 楊伯峻，《列子集釋・天瑞》（北京：中華書局，1979），上冊，頁6-8。

「太初的渾全」仍是一切存在分化的起點。這種思考方式符合常識直線型的推演，可想見的，其年代應當很早，只是到了漢代才蔚為大宗。《淮南子》一書論及「根源」的問題時，幾乎都立基於「天地未剖，陰陽未判，四時未分，萬物未生，汪然平靜，寂然清澄，莫見其形」（〈俶真訓〉）的基礎上，這樣的傾向極為顯著。但我們不會忘了：晚出的文字不一定代表晚出的思想，我們在稍早時期的《呂氏春秋》、甚至儒家的《禮記》裡面，也都可以看到這樣的痕跡，比如「本於太一，分而為天地，轉而為陰陽，變而為四時」；[33]「萬物所出，造於太一，化於陰陽」（《呂氏春秋・大樂》）。「太一」實即渾然未分之整體，它當然可能受到老子「一」的哲學的型塑，也可以神格化為至高神，但我們有理由認定它的本尊就是渾沌。[34]

　　神話的宇宙開闢論與哲學的宇宙論往往混合一起，很難區分，中外皆然。漢代哲學的主調是氣化宇宙論，氣化宇宙論的理論構造是將一切存在溯源到未分化的元氣，或逕稱作氣。氣是先秦時期固有的論述，也是儒道墨法諸家共同享用的共法，但經過莊子、孟子、管子等重要學者或學派的不斷創造，它的意義自然豐富多了。漢代的氣化宇宙論不管是否真的能善述先秦儒道諸子的文化遺產，它顯然已是哲學的論述。即使如此，我們仍然不得不承認：氣化宇宙論與渾沌開闢論其實是同一條河川的上下游，

---

33 鄭玄注，孔穎達疏，《禮記正義・禮運》，收入李學勤主編，《十三經注疏整理本》，冊74，卷22，頁824。

34 《淮南子・詮言訓》事實上已說出「渾沌」與「太一」的關聯：「洞同天地，渾沌為樸，未造而成物，謂之太一。」這裡的「渾沌」作狀詞用，但依神話的思維，此狀詞轉化作名詞「太一」，並無不合理之處。參見劉文典撰，馮逸、喬華點校，《淮南鴻烈集解・詮言訓》，下冊，卷14，頁463。

流程的階段不同，但共飲一條水，河谷中激盪的是同樣的思潮。

五、光明之歌：太陽與宇宙山

　　我們分析《山海經》渾渾沌沌的帝江形象，認為它具有的特點：（一）渾沌狀如黃囊與（二）它沒有面目，這兩點顯現了宇宙蛋的特色。宇宙蛋的誕生往往預設這種創生不是無中生有的創生，而是建立在原始渾沌之上的再次創生。此原始渾沌或為宇宙大水，或為原始巨靈，或為太初元氣，這種原始渾沌與宇宙蛋有種既同且異的詭譎關係。但我們對帝江「六足四翼」、「赤如丹火」與「位居天山」這三樣特質卻沒有解釋。

　　「位居天山」一義該如何理解？後文自會有論及。至於「六足四翼」與「赤如丹火」兩項特色該如何理解呢？如果人間世不易找到相應物的話，我們不妨往天界搜尋。不用多費神，我們很容易再想到太陽的運行。在神話思維中，太陽往往以鳥的形象出現，《左傳・哀公六年》記載：「是歲也，有雲如眾赤鳥，夾日以飛。」這是個特殊的現象，是個凶兆，但赤鳥與太陽連結，這個敘述背後有文化傳統的因素。我們都知道：鳥與太陽的關係是個常見的主題，太陽被視為金烏，漢代文物中固然層出不窮，但源頭一定很遠。三星堆的太陽神鳥箔片是令人驚艷不已的宗教藝術品，一出土沒多久後，它很快地成了許多重要活動與機制的標誌。太陽神鳥箔片的年代距今當已超過三千年，但這種金烏主題出現的年代可想像地會比三星堆的年代還早許多。

　　太陽神鳥（當是神鳥傳說中的一種）的題材遍布很廣，東夷神話中尤常見之。如果我們對殷商的先公先王之取名不陌生的話，大概都了解：殷先王的名號皆具光明義，其取名大抵與太陽

之運行有關，如礜為昊，昏、微為日光熹微，昌若為陽光明燦，昭明為陽光乍顯等等。[35]其中，商湯一詞之得名，最值得探索，它不無可能取自日出所出之暘谷之義。如果商湯意謂初生之太陽，[36]一位新興帝國的創造者，其意象不就彷如清晨興起的紅太陽？如果商湯又帶有「湯臂三肘，是謂柳翼」的面貌的話，[37]那麼，他與「赤如丹火，六足四翼」的渾沌會是什麼樣的關係？

　　渾沌神話兼具太陽與宇宙蛋兩神話之素材，這樣的情況並非特別令人意外。朝鮮族的始祖為朱蒙，朱蒙或稱東蒙、朱明、東明，顧名思義，我們也知道他具有太陽神的成分，尤其「朱明」一詞，是否即為「赤如丹火」的人格化呢？朱蒙如何降世的？我們不會忘記前引《魏書・高句麗》傳所說：朱蒙的母親被陽光追逐，「既而有孕生一卵」，朱蒙是卵生之人，只是此卵乃「太陽蛋」。有關朱蒙的文獻不止此處，不同的典籍記載其出生雖語句上間有出入，但其故事兼具太陽與卵生，此事殊無差異。朝鮮的大姓如朴、如金，其始祖皆具卵生與太陽感生雙重性格，此事亦可肯定。擴而充之，東北亞諸民族大抵皆有流傳如是的神話主

---

35 參見王國維，〈殷卜辭中所見先公先王考〉、〈殷卜辭中所見先公先王續考〉，《觀堂集林》，收入謝維揚主編，《王國維全集》（杭州：浙江教育出版社，2009），冊8，卷9，頁263-287、287-301。吳其昌，〈卜辭所見殷先公先王三續考〉，《燕京學報》第14期（1933年12月），頁1-58。

36 關於商湯與太陽的關係，參見森安太郎著，王孝廉譯，《黃帝的傳說——中國古代神話研究》（台北：時報文化出版公司，1988），頁21-26。

37 「三肘」與「柳翼」語義為何？待考。「柳翼」的「柳」字從木從卯，不知是否有誤？但「翼」總帶有鳥飛的形象，此事當可確定。文見孫瑴，《春秋演孔圖》，《古微書》（台北：藝文印書館，1966），卷8，頁1。另《春秋元命苞》也有「湯臂三肘，是謂神剛。象月推移，以綏四方」之說。「神剛」之義仍待細考，引文參見《古微書》，卷6，頁4。

題，這種一致性大概不會沒有意義的。

「宇宙蛋」與「太陽感生」結合，這種現象應該不只見於東北亞，它毋寧是東夷民族神話的共同特色。如就原始文獻而言，在東中國地區，我們確實比較少看到直接記載的宇宙蛋—太陽感生—神鳥三合一的組合。但誠如學者早已指出的：東方夷人集團的「大皥」與「少皥」皆帶有日神的性格，它們皆為風姓，風與鳳本為同字，鳳當為太陽神鳥。[38] 而且就流存於民間的神話傳說，以及漢代的畫像石、畫像磚來看，「太陽」與「金烏」的關係原本極為密切，這種傳說來源很早，晚近原東夷活動地區的考古出土一再出現神鳥—太陽的玉器，[39] 這顯示金烏之說與大皥、少皥的太陽神祇形象其來有自。由上述種種線索推論，我們有理由相信宇宙蛋—太陽感生—神鳥的創世模式是流行於東亞及東北亞的東夷族之共同文化財。[40]

如果說「赤如丹火，六足四翼」可以解釋「太陽」與「神鳥」的關係，「六足四翼」何所從來，此事仍不可解。筆者認為：我們不妨回到商湯的象徵意義上來。商湯之得名既然與初日之暘谷有關，則四翼之意義自然可合理地設想同樣與太陽之運行有關，而太陽的運行實際上又是天體運行的一個明顯的指標。據

---

38 饒宗頤，〈中國古代東方鳥俗的傳說——兼論大皥少皥〉，《中國神話與傳說學術研討會論文集》（台北：漢學研究中心，1996），上冊，頁61-75。

39 大汶口文化與良渚文化出土的器物中，有種被命名為丹鳳朝陽的玉器與骨器，其形象尤為顯著。

40 典型的流傳於東北亞、東南亞以至緬甸、印度、西藏的卵生—太陽感生神話，據說其情節通常具有如下的模式：「即是天神（太陽）之子與水女（龍女）結婚（神婚），女子產卵，卵生神子，此神子即是自己部落的始祖。」參見王孝廉，《神話與小說》（台北：時報文化出版公司，1986），頁144。卵生—太陽感生神話的分布甚廣，細節不再細論。

兩漢魏晉人士說：

> 日月……繫於天，隨天四時轉行也，其喻若蟻行於磑上，
> 日月行遲，天行疾。天持日月轉，故日月實東行而反西旋
> 也。[41]

天體是圓的，故曰渾天，但它是會移動的，而且挾持日月，一併運轉。所謂「日月繫於天，隨天四時轉行也」。

　　日月隨天體轉，依四時即有節奏，此之謂「遊移」說。在地則有「地有四遊」說，此說顯示若地動理論在中國早已有之。事實恐未必然，「地遊」當是天、日、月一體東行，天體運動速度快，日、月行程緩，對照於天體的快速東行，日、月彷若西行。太陽因隨天體四時運轉，所以它有一定的軌道，春分、夏至、秋分、冬至此四個時間點當是太陽運行重要的轉折點。太陽運行的法則之戲劇化，見於《尚書‧堯典》的「乃命羲和，欽若昊天，曆象日月星辰」一節，羲仲—羲叔—和仲—和叔分別在東、西、南、北方「寅賓出日」、「寅餞納日」。筆者認為「四翼」指的就是「日有四遊」，而「六足」或許指四方加上下此「六合」。簡言之，「六足四翼」指的是太陽的運動。

　　「渾沌」與「崑崙」同音，此事亦極值得注意。神話中的「崑崙山」與現實的「崑崙山」不同，這已是學者的共識，無庸再論。「崑崙」一詞就像「渾沌」一樣，它同樣帶有黝黑、朦朧

41　房玄齡等撰，《晉書‧天文志》（北京：中華書局，1974），冊2，卷11，頁281。此語當出自王充，《論衡‧說日》（台北：臺灣商務印書館，1965），卷11，頁12。

之義，後世由「崑崙」一詞引申而來的「崑崙奴」等語詞，皆有此意涵。但神話中的「崑崙山」最重要的意義，乃在它是通天的宇宙山，崑崙山的描述甚多，魚龍漫衍，不可方物。為方便起見，我們且看洪興祖的整理，其文如下所述：

> 《禹本紀》言：崑崙山高三千五百餘里，日月所相避隱為光明也。其上有醴泉華池。《河圖》云：崑崙，天中柱也，氣上通天。《水經》云：崑崙虛在西北，去嵩高五萬里，地之中也，其高萬一千里。河水出其東北陬。[42]

引文的意思已說得相當清楚，我們看圍繞在崑崙山周圍的天柱、樹木，以及此山皆有通天之中的作用，這是「崑崙」一山最重要的功能。其他重要的價值如不死藥、長生水、靈丹妙方、奇珍異寶等等，都是附掛在此「中」的基礎上的，此事論者已多，無需贅言。

　　值得注意的是：帝江為渾沌，崑崙山為天山，「帝江在天山」實即為「渾沌復渾沌」之義，這樣強烈的論述頗堪玩味。在《莊子・應帝王》篇中，渾沌是「中央帝」，這個狀詞是遠有所承的，這不是莊子惝來一悟之創造。我們都知道：世界上各個神話裡的宇宙山幾乎無一不立足於世界的中央，而且無一不是通天的管道，崑崙山以及附屬其山的銅柱、若木皆為宇宙軸（Axis Mundi），它是初民墮落，被趕離開樂園以後，唯一可以和聖界取得繫連的管道。渾沌為中央帝，它事實上就是通向神聖的不二法門。

42　洪興祖，《楚辭補注》（台北：大安出版社，1995），卷1，頁62。

　　「渾沌在天山」這個意象如果轉譯成思想概念的語言，我們認為它指的就是「圓」與「中」的象徵。如果「渾沌無面目」意指原始存有是不可名狀的無，是廣漠的黝黑，是鴻洞未判的整全的話，「渾沌在天山」則突顯原始存有本身是神聖的，因為它是「中」；是完美而整全的，因為它是「渾圓」。「圓」是宇宙運行的法則：

　　　　日夜一周，圜道也。月躔二十八宿，軫與角屬，圜道也。精行四時，一上一下各與遇，圜道也。物動則萌，萌而生，生而長，長而大，大而成，成乃衰，衰乃殺，殺乃藏，圜道也。[43]

大至日月天體，小至動植飛蠕，它們無一不依循圓的軌道運作。孫子言用兵之要訣云：「渾渾沌沌，形圓而不可敗也。」[44]呂不韋言音樂之起源與節奏云：「渾渾沌沌，離則復合，合則復離，是謂天常。天地車輪，終則復始，極則復反，莫不咸當。」[45]軍事與音樂亦皆依渾沌而來，而圓是渾沌運動的模型。準此，我們不難理解老子「大曰逝，逝曰遠，遠曰反」所說究竟是什麼事。原來後世哲人一再詠讚的道之規律，它竟然是出自渾圓的渾沌之運動此一祖型。

43　參見許維遹撰、梁運華整理，《呂氏春秋集釋・季春紀・圜道》（北京：中華書局，2009），上冊，卷3，頁79。

44　參見吉天保輯，《孫子集注・勢》（台北：臺灣商務印書館，1965），冊18，卷5，頁57。

45　許維遹撰、梁運華整理，《呂氏春秋集釋・仲夏紀・大樂》，卷5，頁108-109。

　　確立了渾沌、中央與崑崙的關係後，我們不妨再稍微辨識一下「帝江」的身分。一位在《山海經》出現的神祇，祂位居宇宙山，掌控天下之中。祂赤如丹火，其形渾圓，大有太陽神的資質。對《山海經》神話不致於太陌生的人大概都可以猜得到，這樣的神祇應當就是黃帝。事實上，「帝江」、「帝鴻」、「黃帝」乃同出而異名，同指向一位垂跡應世的人間上帝，亦即黃帝。

　　渾沌是矛盾，它一方面是無，「無面目」即「無規定」；但它一方面又是「有」，顯象為黃帝，黃帝是上帝之化身，擁有上帝的諸種屬性。「圓」即為其中重要的一個屬性，「中」又是另一個屬性。如果「圓」指的是同一種層面的運作模式，「中」則是縱貫的通向聖俗兩界。渾沌圓中，圓中讓我們聯想到〈洪範〉「九疇」中的「皇極」之道。

　　古史相傳：武王滅殷，立武庚，事定之後，他去拜訪殷商最有智慧的哲人箕子，箕子向他陳訴〈洪範〉「九疇」這種由天降下的恩典。箕子所陳的「九疇」中即有「皇極」，皇極也者，「大中之道」也，這是孔傳的解釋。孔穎達的疏則云：「凡所立事，王者所行皆是，無得『過』與『不及』，常用大中之道也。《詩》云：『莫匪爾極』，《周禮》『以為民極』，《論語》『允執厥中』，皆謂用『大中』也。」[46]孔疏雖然只是字面的解釋，但它的解釋恰好到位，我們發現後世儒典中的一些核心概念竟然來自於遙遠的神話傳統。即使僅就字面意義而言，我們還可擴充孔穎達的範圍，我們很難不想到底下這些名句：「民受天地之中以生，所謂命也」（《左傳‧成公十三年》）；「中也者，天下之大本

────────────

46 參見孔安國傳，孔穎達疏，《尚書正義》，收入李學勤主編，《十三經注疏整理本》（台北：臺灣古籍出版公司，2001），冊54，卷12，頁355。

也……致中和，天地位焉，萬物育焉」（《中庸‧第一章》）；「萬物負陰而抱陽，沖氣以為和，和居中央」（《文子‧上德》）。

　　上述前三條都是先秦儒典中的著名文句，它們所說的「中」都有決定理論方向的重要功能，《中庸》首章所述尤為重要，「參中和」、「觀喜怒哀樂未發前氣象」等決定性的工夫論的主張都源於此章的啟示。第三條《文子》的話顯然是用來注釋《老子‧第四十二章》：「道生一，一生二，二生三，三生萬物。萬物負陰而抱陽，沖氣以為和。」陰陽相和謂之沖，沖氣因而有平衡中和之義，馬王堆出土《老子》帛書，「沖氣」作「中氣」，其義更顯，《文子》的詮釋是有本的。

　　極也罷，中也罷，其始源的意義皆來自原始神話的「宇宙軸」之概念，由於有此宇宙之「中」，世界的價值與秩序才可維繫得住。筆者認為：談此義談得最透徹者，當是上世紀代表性的重要宗教學者耶律亞德。但理學家雖然不知道「中」的象徵之歷史源流，他們都有另一層更深刻的體悟，我們且看陸象山的解釋：

> 皇，大也；極，中也。洪範九疇，五居其中，故謂之極。是極之大，充塞宇宙，天地以此而位，萬物以此而育。古先聖王皇建其極，故能參天地，贊化育。[47]

陸象山套用了《中庸》的成句，但他實質上已作了創造的轉化，因為理學家引進了本體的概念。「本體」的介入一方面深化了「大中」的象徵意義；一方面又淡化了「大中」、「皇極」、「圓

47　陸九淵著，鍾哲點校，〈荊門軍上元設廳皇極講義〉，《陸九淵集》（北京：中華書局，1980），卷23，頁283-284。

中」的宇宙蛋—渾沌—太陽主題的母型。「本體代替宇宙軸」的
思想史意義，宜另文再探。

六、結論：創造的原型

　　從渾沌創世的角度考量，我們發現它具有下列的特性。首
先，宇宙的開闢不是由無到有的行動，也不是某位外在的「製造
者」所製造出來的，它是內在於自然本身、由潛存到存在的翕闢
過程。中國文化傳統中不是沒有人格神的思想，但《詩經》、
《書經》中的上帝不創世；盤古的創世也是在充滿渾沌之水的雞
子中進行的。其次，渾沌不是與世界（秩序）對反的混亂之
chaos，由於渾沌無面目，因而無規定性，它不能沒有「無理」、
「無序」的成分。然而，治亂者仍在「亂」的內在性自身，渾沌
是與混亂對反的潛存之和諧秩序。就像《山海經·西山經》神話
所說的帝江，它自己「識歌舞」，亦即有內在的韻律，渾沌的創
造乃是泛神論式的創造。此義一轉，我們可以理解何以儒道兩家
的宇宙開闢論之外顯面貌常是美感的不斷生成，因為渾沌內在即
是美感的構造，相應地，它生成的自然也是美的秩序。最後，渾
沌被設想為原始未分化的團塊時，如水、如氣、如無面目的原始
巨靈，它的創造模式很容易被設定為直線與不斷分化的類型。然
而，後世儒道兩家的渾沌生成論並非採不斷分化的模式，而是採
所謂「三極構造論」的模式，亦即渾沌變成了不變的核心，它成
了「本體」，世界由此「本體」不斷湧出。

　　以上三點環環相扣，渾不可分。以這三點為準，我們發現中
國的宇宙生成論與猶太、耶、回教的形態固然大不相同，它與印
度教「空」的精神亦大不相同。渾沌的創造論與猶太教傳統的創

造有絕大的差異，這一點是相當清楚的。不管是儒家或道家，一種獨立於世界之外的超越的人格神，雖然不是沒有出現過，但始終不是占主流的地位。西方近代的中國觀一再出現一種調子，這種調子一再宣稱：中國思想沒有超越的概念，只有內在的概念，這種論斷引起很多的爭議，主要的焦點當然在「內在的超越」一詞能否成立。但我們如就渾沌的創造著眼，而且將此創造視為爾後儒道形上思想的重要泉源的話，那麼，這種無超越論的話也許有一半是對的。儒道兩家的形上學確實缺乏獨立於自然世界之外的創造者之概念。渾沌的創造是內在於渾沌本身，亦即內在於自然自身內的創造。問題來了，此事如何解釋？

這個問題就回到我們結論的第二點了，此即渾沌神話顯示泛神論式的創造者與秩序不分的特性。原始面目的渾沌是茫無分別的、荒漠難分的、黝黑無名的整體，它是渾沌的黑暗面，但渾沌同時也是有內在韻律的，它具有「理」之光明，它天生的以「中」、「圓」的方式展現自體。簡言之，「美」、「動力」與「秩序」是渾沌的屬性。從渾沌神話到原始儒道兩家的形上學、到魏晉之學、到宋明理學，我們發現貫穿這條中國思想大動脈的自然觀從來不是簡單定位的，從來不是隨抽象的自然律運作的，也不是盲目的上帝意志運作的結果。恰好相反，這一條思想的大動脈顯示中國的自然一直是生機論式，它內在具足動力、秩序、美感，這種自然觀不但具足了儒道形上學的特色，我們有理由相信：中國的自然詩與山水畫也是從這種思想的風土上成長茁壯的。

如果說自然內在具足秩序、美感、動力，這樣的創造是什麼意義的創造呢？我們可以設想兩種形態，一種認為自然現象本身即是終極的，我們不可躍過整體之化，再去尋求背後的支體。這

樣的自然本身蘊含了雜多，而雜多中有一預定的和諧的配合關係。就中國文化的概念說，乃是和諧的感應關係，感應內在於世界的結構。生老病死，成長變化，無一不是這整體自然界的事事物物及其整體作用之結果，這就是郭象所說的「物自生」之說。渾沌的第一種面貌是整體論的渾沌，這是種內在一元論的變化之流，無創造之創造。

另外一種形態不是這種「神祕的整體論」，[48] 而是本體論的渾沌。這種面目的渾沌主張宇宙確有本體，此本體不離現象，但它不等於現象。它的創造不是現象論的物自生自化，而是本體的不斷湧起。同樣是內在於自然的創造，到底是渾沌等於自然，還是渾沌不離自然？這兩種類型或可稱為整體論的創造與本體論的創造之爭，筆者相信：中國的儒道兩家大體皆主本體論的創造義，它們的創造原型都可以追溯到渾沌的神話。渾沌的創造是種「內在的創造」，這樣的創造是什麼類型的活動呢？我們如何區隔儒道形上學的異同呢？

道家宇宙論脫胎於渾沌創造論，它是整體內在的創造，亦即其創造的來源是有，是一，是全，而不是無。然而，我們一般不是說道家注重「虛」或「無」嗎？老子不是說：「天下萬物生於有，有生於無」嗎？我們的解釋顯然要面臨道家原始文獻的挑戰，中國歷代儒者批判道家，往往也是從它的虛無之教的觀點著眼，這麼強的歷史定見應該不會沒有道理。話又說回來，另外一種觀點也有道理，我們不是也聽過莊子對老子的評價：「虛空以

48　這是張東蓀的解釋，參見張東蓀，《知識與文化》（香港：龍門書店，1968），頁46-118、160-165、213-214。熊十力反對張東蓀的「整體說」，力主「本體說」，參見同書，頁213。張、熊兩人的辯論極具理趣，茲不細論。

不毀萬物為實」嗎？老子自己不是也說：常有與常無「同出而異名，同謂之玄」嗎？如果「同出而異名」，這句話明確地表示「有」與「無」是一體的兩面。到底無為本呢？還是有無同為本呢？這兩組看似矛盾的文字該如何解釋呢？

　　上述的矛盾只是字面意義的，老子的「有」、「無」雙玄其實不難解釋，它毋寧是東西方精神修煉傳統常見的弔詭論述。當學者溶進不可言說之氛圍，說是一物即不中時，此自是「無」。但在此無的氛圍中，又充滿了絕對的真實、法喜，此聖悅之境被認為構成萬物存在真實的核心，此自是「有」。這樣的有無同時出現，這種看似矛盾的精神體驗如果從概念來講亦不難理解，因為「這種『無』並不是人們通常所說的無或無物，而乃是被認作遠離一切觀念，一切對象——也就是單純的，自身同一的，無規定的，抽象的統一。因此這『無』同時也是肯定的；這就是我們所叫做的本質」。[49]黑格爾（G. W. F. Hegel）的解釋也許太形式化，這樣的表達方式遺落了老子論道時的真實感。但「一」無內容，不可說，所以亦可名曰無，這樣的解釋是極合理的。事實上，理學家雖然往往佛老同批，佛老同樣被視為虛無的代表，它們是破壞倫理秩序的元凶。事實上，理學家大體批佛甚於批老，即使連護教甚力的朱子也認為：老子的無其實不是真的虛無，它仍是有。[50]朱子的立場是很值得玩味的。簡言之，道家說的「無」

---

49 黑格爾（G. W. F. Hegel）著，賀麟等譯，《哲學史講演錄》（北京：商務印書館，1959），頁131。

50 有人問朱子：釋老兩者的「無」有何差異？朱子答道：「老子依舊有，如所謂『無欲觀其妙，有欲觀其徼』是也。若釋氏則以天地為幻妄，以四大為假合，則是全無也。」黎靖德編，《朱子語類》（北京：中華書局，1994），冊8，卷126，頁3012。

可確定不是虛無之義，它毋寧是未被規定的整體。落在現實上講，也就是「始制有名」以前的整體。老子要求我們常居此境，莊子則要我們從此境逸出。但所謂走出其實也沒有真正的出走，因為渾沌仍在具體的行為中不斷湧現。

　　和道家相對照之下，儒家對渾沌似乎沒那麼著迷。如果依據一般的理解，儒家還當被視為鑿破渾沌的儵忽。然而，問題的焦點不在此，我們可以說：儒家的太極論也是種渾沌論，儒道的差異不在渾沌的有無，而是在對渾沌的理解偏向不同所致。「帝江」此太古怪獸除了識歌舞外，它「赤如丹火」，此種指述可以給我們一點啟示。因為依據神話的思維，光明除了可以象徵類似頓悟這樣的宗教經驗外，它也可以用來象徵一種分隔渾沌的原理。[51]說得更直接一點，渾沌當中不能沒有某種存在與道德的原理，這樣的理才可以形成可理解的世界。儒家論及太極時，總強調它是「理」，而且這樣的理既在渾沌，但也在個體物身上。陸象山說：「儒者雖至於無聲、無臭、無方、無體，皆主於經世。」[52]「經世」不只是政治的用語，它更是本體論意義的對世界根源的肯定之義，這是儒家的立場。儒家看到的渾沌可以無面目，但必須有「理」。

　　當渾沌轉化成內在於世界的本體的概念時，我們可以看出儒道兩家不同的抉擇。道家喜歡的是種超脫對象或個體之外的無分別的狀態，比如：老子要退回到存在的深淵，一切存在若有若無的準解體層次，澹然獨與神明居。相對地，儒家強調本體（渾

51　E. Cassirer, *The Philosophy of Symbolic Forms*（New Haven: Yale University Press, 1955), pp. 96-99.

52　陸九淵著，鍾哲點校，〈與王順伯〉，《陸九淵集》（北京：中華書局，1980），頁17。

沌）之內在於事物本性之活動，這樣的本體之活動會帶來意義、方向、存在之感。換言之，本體（渾沌）要不斷湧現為「有」，湧現為存在的樣態，這是時時刻刻新新不已的創造。儒道兩家的思想都是三極的構造，因為它們都要求「從渾沌中立根基」，[53]差別只在如何立根基上，兩家的關懷有出入罷了。渾沌的創造就是兩種對渾沌所作的不同生命方向的抉擇，是「生命退隱於原點的渾沌」與「渾沌創化於永續的生命」的區別。

53 這句話是王龍溪的語言。他勸學者要將「種種凡心習態，全體斬斷，令乾乾淨淨，從混沌中立根基。自此生天生地，生大業，方為本來生生真命脈耳」。王畿，《王龍溪語錄》（台北：廣文書局，1977），卷2，頁1。王龍溪的話是很典型的「本體創造論」。

叁

氣的考古學
風、風氣與瑪納

一、雲氣之外

在中國文化傳統中，我們如要找到比「氣」字內涵更豐富的字，肯定不容易；我們如要找到比「氣」字字義更模糊難辨的字詞，也一樣地艱難。「氣」來自於古典文獻，任何一本古代典籍，我們幾乎都可找到由「氣」此字根所構成的大量詞彙。這些大量的詞彙即使到了今日，依然保留在口語中，如氣氛、氣息、氣度、氣韻、氣候、氣節、氣魄、氣機、氣場、節氣、生氣、力氣、神氣、風氣、習氣、義氣、精氣、人氣、行氣等真是族繁，不及備載。不但如此，新造的詞彙如氧氣、氫氣、電氣、煤氣、氣壓、氣溫等等，還不斷地湧進我們的日常語言中，成為詞典中的新收詞目。「氣」的生命力之頑強，氣息之長，在漢字中是少見的。

在中國哲學中，「氣」超越了貌相聲色的「物」之層次，扮演說明個體形成之前的存在之角色。用唐君毅先生的語言講，氣

乃「流行的存在」，或「存在的流行」。[1] 但何謂「流行之存在」？
「存在」不好解，「存在」加上「流行」，其實還是存在，「存在
之流行」一詞比起「氣」字來，其實不會更好解。「存在」一詞
一向是哲學的難題，維根斯坦（L. Wittgenstein）說：「並不是
『世界如何存在著』是神祕的，而是『只世界的存在著』這才是
神祕的。」[2] 的確，存在不是知識論的問題，任何問題只要能夠化
成「如何」的知識論形式，不管如何困難，終究有解。但「存
在」不屬有解的領域，世界就如此呈現，不管它以美學的觀相性
格整體呈現，或以心體朗現的直覺全盤相印，甚或以感性的直接
性顯現，存在就是神祕，神祕不構成思辨的對象。

　　存在是神祕，但理解是人存在基本的向度，根源的事件需要
精緻的解釋。一般的知識如果不能夠提供合理的解釋，先民不見
得會停止探索，他會另尋出路。遙遠的遂古之初，那是個神話的
年代，神話年代的世界乃是力動的世界，劇場的世界，變化是世
界最顯著的特色。[3] 變化同於存在，存在的變化因此不能不是「存
在」一詞最具特色的屬性。在中國古代，更確切地說：在先秦時
期，人們將這種不可見的變化因素之名稱為「氣」。不可見的

1　參見唐君毅，《中國哲學原論——原教篇》（香港：新亞研究所，1975），頁
　　88。
2　維特根什坦著，牟宗三譯，《名理論》（台北：臺灣學生書局，1987），頁
　　157。牟先生此處的譯文依德文譯出。「而是」的原譯文作「但」，為求文氣
　　通暢，筆者改換之。
3　這就是卡西勒（E. Cassirer）所說的神話世界的特色：「一個戲劇世界，一個
　　行動力量與爭鬥的權力的世界。在自然的每一個現象中，神話看到了這些力
　　量的碰擊。神話知覺永遠充斥了這些情感的性質。」卡西勒（E. Cassirer）
　　著，劉述先譯，《論人——人類文化哲學導引》（臺中：東海大學出版社，
　　1959），頁88-89。

「氣」用以解釋一切可見的事物，同時也解釋不可量度的歷史的推移、心情的變化、成長的狀態云云，亦即解釋「存在」。

　　為什麼解釋整體存在的變遷要用到「氣」字？面對這個難以議題化的概念，我們或許可以從文字學的古義入手，探索其內涵。《說文解字》云：「气，雲气也。象形。凡气之屬皆从气。」許慎認為氣字的本義是「雲氣」，是個象形字，但這個作為「雲氣」解的有形之物如何演變成可以解釋難以名狀的身心語彙（如意氣）？最後甚至可以成為那麼神祕而全面性解釋功能的哲學概念？顯然路途迢迢，不是目前文字學所能解決的，中間需要有些新的因素帶進來，才可以解釋得清楚。

　　筆者倒不認為「雲气」解一定說不通，事實上，荀子提供了我們一條有用的線索。《荀子》書中有〈賦〉篇，賦物五種，其中有一種名為「雲」，雲賦描述雲之來去自如，變化萬狀，一化為雨，水潤千里。其狀五彩斑斕，備而成文。若此敘述，自然可視為對雲的現象之描述。很寫實，不必過求甚解。但「往來惛憊，通于大神。出入甚極，莫知其門。天下失之則滅，得之則存」這類敘述，[4] 或「此夫大而不塞者與？充盈大宇而不窕，入郤穴而不偪者與？」這類敘述，都已越出了雲的物理形象，頗涉玄義。如果我們說出荀子設定的謎題之答案為「氣」，或「雲氣」，其解可能比單獨列出的「雲」字更為合理。

　　雲是自然界中常見之物，在中國農業文明的環境中，雲和雨水的意象分不開，前賢設論時，雲的比喻自然不會冷僻。[5] 然而，

4　惛憊，猶晦暝也。極，讀為亟，急也。參見王先謙撰，沈嘯寰、王星賢點校，《荀子集解》（北京：中華書局，1988），卷18，頁475。

5　如孔子論富貴之起滅無常，不足依賴，有云：「不義而富且貴，於我如浮雲。」（《論語‧述而》）；孟子論王道政治之效應，亦云：「天油然作雲，沛

荀子〈賦〉篇所賦五物，其中「禮」、「知」兩者乃荀子思想的核心概念，其重要不言可喻。「蠶」與「箴」兩者則是透過衣服的象徵，以言「功被天下，為萬世文」（〈蠶〉）；「日夜合離，以成文章」（〈箴〉），這兩賦是和「禮」、「文」的關懷結合在一起的，「禮」、「文」也是荀子思想的核心概念。「雲」和這四物相比之下，其重要性何在？不能不令人好奇。然而，如果我們依《說文解字》解，荀子當日作〈雲〉賦時，或許心中已有「氣」的腹案。「氣」在荀子的思想體系中既扮演了作為萬物存在最基層之物，也作為物之轉化所以可能的依據，它的地位很重要。如果此說無誤，那麼，謎面與謎底的隙縫自然就可彌合了。〈雲〉賦更恰當的用語當是〈雲氣〉賦，荀子賦此雲氣，以表「氣」之「大參天地，德厚堯禹」。[6]

　　就比喻言，雲和氣的意象有旁通之處，如果雲取其流動變化意的雲氣理解，兩者的關聯處更明顯。荀子賦雲，採取的自然是文學的比擬用法，以雲氣比氣，沒有說不通之處。然而，一種自然現象語彙的雲氣之「气」如何演變成老莊哲學中的形上學之「氣」，也就是從物理學（physics）的語彙變成後物理學（metaphysics），亦即形上學的語彙，顯然需要有異質的跳躍。同樣重要的演變歷程，此即作為自然現象的「雲氣」之「氣」如何變為「血氣」或「精氣」這類生命現象的語彙，顯然也需要費些周折，好好思考。我們如只從「雲氣」的性能進入，藉著意象的旁通，勾連從雲氣之變幻到存在之流行的演變過程，雖說可勉強如

　　　然下雨，則苗浡然興之矣。」（《孟子・梁惠王上》）

6　關於〈雲〉賦與氣的關係，參見朱曉海，〈荀學的一個側面——「氣」——的初步摹寫〉，收入楊儒賓主編，《中國古代思想中的氣論及身體觀》（台北：巨流圖書公司，1993），頁451-483。

此推衍，終覺思路崎嶇，相去有間。至於「气」字作為「乞求」的「乞」字解，[7] 其義相距更遠，連結更難，似可不用再論。

　　思想是有風土性的，文明的胚胎不能不建立在該文明的環境基礎上。「氣」原本即是華夏文明對世界整體性質所作的一種特殊的解釋，其內涵之演變幾乎與中國整體思想的演變同等長。我們要探討「氣」的本源及流變，不妨比照考古學的模式，挖掘華夏文明的風土基礎，清理出從遂古之初至後世的演變途徑。文字學是保存古代知識密碼重要的寶庫，它無疑是我們作知識考古學重要的器具，但碰到像「氣」這般具有複雜內涵的形上學字詞，顯然我們又不能只依賴文字學。「氣」字的雲氣源頭有其合理面，但解釋力道仍嫌不足。追源溯流，河流源頭複雜不一，語詞亦然，「氣」字的來源可能不只一條。

　　重要漢字概念就像上古中國文明源流一樣，可能都是很複雜的。[8] 面對意義重層之「氣」，除了文字學提供的線索外，我們更需要的，反而是引進跨科系甚或跨文化的普遍文明現象的概念，筆者相信：我們需要從宗教學的角度，追尋「氣」字的先祖。這位先祖就像一些研究早已指出的，應當就是「瑪納」（mana）這

7　甲骨文中「三」字，于省吾釋之為「气」字（即氣字所從出之字），認為其義有三，其中一個為「乞求」之「乞」的意思。參見于省吾，〈釋乞〉，《雙劍誃殷契駢枝》，收入宋鎮豪、段志洪主編，《甲骨文獻集成・甲骨文考釋》（成都：四川大學出版社，2001），冊8，頁55-58。金文情況類同，高田忠周、孫作雲、高鴻縉皆有是說，參見周法高編，《金文詁林》（香港：香港中文大學出版社，1974），冊1，卷1，頁294-299。

8　其中一個原因當與種族之繁雜有關，中國文明的起源很可能是多源的，不同的民族貢獻了不同的文明因子。中國新石器時代文物出土地點有如滿天星般遍布於中國大地上，可見文明起源之多之雜。細節參見蘇秉琦，《中國文明起源新探》（北京：人民出版社，2013）。

樣的宗教理念，「瑪納」連帶地會帶有「聖顯」（hierophany）、「力顯」（kratophany）的性質（見下文）。但「氣」應當也有本土的先祖，前人的研究已指出「風」和「氣」應當有親密的血緣關係。[9]筆者也相信「風」、「氣」親和性的假說，但親和到什麼程度，仍大有闡釋的空間。本文要作的事就是連結「瑪納—風—氣」這幾個概念的工作，以確定「氣」的根本義。

「氣」從「雲氣」、「風」、「瑪納」這幾個源頭分享其特質，再融合為一。在戰國時期，此字基本上已完成作為存在基質與作為生命本質的基本功能。後世，「氣」又與時精進，內涵日豐。宋儒興起，「氣」字與「理」字結合，形成理氣論，更構成儒學思維的核心觀念。「文變染乎世情，興廢繫乎時序」（《文心雕龍・時序》），重要概念的演變亦不出乎此，茲從「風」談起。

二、四方風與時空架構

「氣」無形無狀，不好解，也不好比較。天壤之間，論內涵接近「氣」者，莫過於「風」。「風」也無形無狀，也不好解，但卻人人可感。「風」、「氣」兩字時常連用，風的現象與氣的現象也時常重疊，在小傳統的醫術與巫術中，「風」、「氣」兩字不時可以通用，如「占風」、「占氣」之術的重疊即是。筆者認為：「氣」的性質要追溯到「風」，其系譜才可建立。上古之風有它獨特的故事。

9　平岡禎吉、赤塚忠等人在半世紀之前已提到風與氣的關係，前川捷三亦同意此說。參見前川捷三，〈甲骨文、金文中所見的氣〉，收入小野澤精一等編，李慶譯，《氣的思想——中國自然觀與人的觀念的發展》（上海：上海人民出版社，2007），頁16-24。

依和辻哲郎的名著《風土》的文化類型之歸類，中國被歸類為季風型氣候。[10]季風是大陸氣溫與海洋氣溫不均勻的流動所產生的現象。東亞位於歐亞板塊與太平洋之間，夏季來自太平洋的風，帶著濕熱的氣流，吹向亞洲大陸；冬季，來自大陸西北的冷氣團，乾燥而寒冽，壓向了地勢逐漸低傾的東部土地。季風型氣候最大的特色之一是依季節的轉變，風向也跟著轉變。夏季吹南風或東南風；冬季則吹北風或西北風。或者反過來說：依風向的轉變，季節也就不一樣。當南風或東南風轉成了北風，或北風轉成了南風或東南風，季節也會跟著轉變。三代時期的中原之氣候很可能比現在潮濕，季風型氣候的類型可能更顯著，因此，季風轉變的經驗很可能是三代人民共同的經驗。

「季風」的「季」意指四季，季風的轉變即預設了四季風的概念，「四季風」是和時空的定位連結在一起的。風何以能與時空結合，成為季節的指標，此事真是神祕。四季風此概念見之於文獻，最早的源頭可溯至商代的四方風，不管甲骨文中是否有「夏」、「冬」兩個季節字彙，四方風的觀念確實孕育了四季這樣的想法。[11]有關商代四方風最著名的一件甲骨文當是中國國家圖書館所藏編號「北圖12789」的文物，此件甲骨文物難得的是，

---

10 討論「季風風土特殊形態」有關中國的部分，參見和辻哲郎，《風土》（東京：岩波書店，1967），頁121-134。另參見拙作，〈和辻哲郎論「間柄」〉，《異議的意義——近世東亞的反理學思潮》（台北：國立臺灣大學出版中心，2012），頁401-426。

11 甲骨文已有「東土受年、南土受年、西土受年、北土受年、受中商年」之說。四方土和廣受矚目的四方風概念，當出自同一種思維，四方風又與四季的推移有關。以上論點參見胡厚宣，〈論五方觀念及「中國」稱謂之起源〉，《甲骨學商史論叢初集》（上海：上海書店，1989），冊2，頁1-3。

它是一片載有四方風名與神名的牛肩胛骨，依據胡厚宣的釋文，其文如下：「東方曰析，風曰劦。南方曰夾，風曰岂。西方曰夷，風曰彝。北方曰宛，風曰伇。」[12]這片甲骨文字剛被發表時，頗有人認為其刻辭為偽，但經胡厚宣考證過後，此片甲骨不僅確定為真，而且是難得的一件具有重要思想史意義的史料。後來學者還從現存甲骨文中，搜集到另外五則有關四方風的刻辭，在重要史料為數不多的甲骨刻辭中，這樣的比例實在不低了。[13]很明顯地，四方風在殷人的精神世界中，占有重要地位。

　　由卜辭的四方風之記載，學者很容易聯想到《山海經》與《尚書・堯典》裡相關的敘述。《山海經》之文姑且不論，《尚書・堯典》有四方風之記載，自從胡厚宣提出重要的研究以後，[14]學者多知道〈堯典〉的記載與《山海經》及貞卜文字的記載相合，由此可見四方風的觀念傳之已久。有關〈堯典〉與四方風的載錄，雖然相關研究已多，但其內容似乎尚有闡釋的餘地。所以我們還是將〈堯典〉所說內容羅列如下，以供探究：

　　　分命羲仲，宅嵎夷，曰暘谷，寅賓出日，平秩東作；日
　　中，星鳥，以殷仲春；厥民析，鳥獸孳尾。
　　　申命羲叔，宅南交，平秩南訛，敬致；日永，星火，以正
　　仲夏；厥民因，鳥獸希革。

---

12 胡厚宣，〈甲骨文四方風名考證〉，《甲骨學商史論叢初集》，冊2，頁1-3。

13 上述所說，參見胡輝平，〈國家圖書館藏「四方風」與大龜四版〉，《中國書法》2012年第6期，頁100-112。

14 參見胡厚宣，〈甲骨文四方風名考證〉，《甲骨學商史論叢初集》，冊2，頁1-3；嚴一萍，〈卜辭四方風新義〉，《甲骨文字研究》（台北：藝文印書館，1957）；李學勤，〈商代的四風與四時〉，《中州學刊》1985年第5期，頁99-101。

分命和仲，宅西，曰昧谷，寅餞納日，平秩西成，宵中，
星虛，以殷仲秋；厥民夷，鳥獸毛毨。

申命和叔，宅朔方，曰幽都，平在朔易；日短，星昴，以
正仲冬；厥民隩，鳥獸氄毛。

〈堯典〉為《尚書》首篇，在塑造東亞文明的精神史上，此
篇文章一直占有重要的地位。疑古風氣大開以來，時間意識摧殘
了原型意識，史證要求動搖了讀者的精神寄託，此篇鴻文的寫成
年代與價值地位遂有逐漸被往下拉降之勢。後來因為契文四方風
的發現，以及大量的新石器時代考古的突破發現，學者對華夏源
頭的興趣日強，疑古學風逐漸被理性學風取代，〈堯典〉篇的地
位才又有日益上升之勢。不管此篇的寫定年代為何，我們有很強
的理論性的理由，認定〈堯典〉是中國人文之源很關鍵性的一篇
文章。維柯（G. Vico）論文明之始時，很強調詩性的智慧，他所
說的詩性的智慧常以神話的形式表現之。[15]卡西勒（E. Cassirer）
論秩序的形成，其源頭往往從天體的秩序開始定位起，天文學是
各文明都出現過的最早的知識體系。〈堯典〉提供了我們典型的
詩性智慧，它也告訴我們最古老的天文學的消息。

《尚書》是載錄中國上古文明的總集，〈堯典〉是此經的第
一篇，它描述偉大的帝堯的治績，其地位類似〈創世紀〉在《舊
約》中的位置。〈堯典〉表現的正是詩性智慧，它以神話傳說的
方式，表現華夏文明是如何起源的，文明的起源即是秩序的創
造。〈堯典〉中創造秩序的核心人物自然是帝堯，重要的輔助英
雄分別是羲仲、羲叔、和仲、和叔，這四位英雄很可能是傳說中

15　維柯（G. Vico）著，朱光潛譯，《新科學》（北京：商務印書館，1989）。

「絕地天通」神話中的「羲和」此神人的分化。一年有四季，一地有四方，絕地天通的英雄因此也就不得不分而為四。〈堯典〉的結構顯現人倫的秩序與自然的秩序是連續性的，帝堯的世界是彝倫攸敘、文明燦爛的神話樂園景象，而彝倫攸敘的關鍵在於時空秩序的優先定位。時空定位了，人文世界才可展開，此之謂「敬授人時」。

「敬授人時」此句話出自〈堯典〉，記載帝堯命令羲和「曆象日月星辰，敬授人時」，它意指人間秩序依天界原型運作，天道明朗了，時間也就成立了，地界的人事自此有個準則。上段引文中《尚書‧堯典》的記載明顯的是神祕的宇宙圖式之歷史化，或許該說是：偽歷史化。這種四方風的宇宙圖式是個曼荼羅（mandala）形的構造，每一方位皆有特定之人、特定之山，更重要的還有特定之風神坐鎮其間。《尚書‧堯典》把「四方風」的內涵戲劇化了，它變成了一種「封神」的儀式劇。我們看到這種「封神」的儀式劇和卜辭的「四方風」之敘述可說都是同一套敘述。這種分殊化的人、時、風、物，可以視為儒家版的渾沌的創造神話。原本模糊沒面目的空間因為神聖的人物坐鎮其間，它遂由無名而有名，由渾沌而秩序，風與日、星居間扮演了關鍵性的角色，它們因秩序性地重複出現，共同建構了時空的格局。

〈堯典〉所述的「羲仲」、羲叔」、「和仲」、「和叔」應當都出自「羲和」一語，也就是祂們都是「羲和」的分身。「羲和」是中國天文學與史學的「遠祖」，但其本尊當是日神御者的稱呼，[16]因為是日神的御者，所以才會被帶有濃厚日神性格的帝堯

---

16 「黃帝使羲和占日，常儀占月，臾區占星氣」。參見宋衷，《世本‧作》（台北：藝文印書館，1966），頁22b。

命令去「寅賓出日」。[17]在這樁偉大的安頓世界秩序的事件中，這位作為日神分身或象徵的「羲和」主宰了四時的分化以及相應的自然與人間設計。〈堯典〉此一圖式甚有理趣，因為在文明的黎明期，太陽在建構人間秩序一事上，地位特別重要，超出了月、星、風的地位。正因太陽特別重要，所以才會有太陽神象徵的帝王命令太陽神御者迎日（宅嵎夷，曰暘谷，寅賓出日，平秩東作），這樣疊床架屋的儀式。除了太陽，〈堯典〉還以鳥、火、虛、昴四星定位四季。〈堯典〉中沒出現月亮的蹤影，但我們由商代「既生霸」、「既死霸」之說，可以想見天體的月與人間歲月週期的月的緊密關係。三光（日、月、星）在建構人類的時空秩序上，非常關鍵，茲不細論。[18]倒是〈堯典〉論及羲和四人宅於四方，每一季觀測日時的後面，都會加上「厥民」如何，「鳥獸」如何等，其說頗特別，值得再議。

　　〈堯典〉裡所說的「厥民」，因為我們現在有了甲骨文以及《山海經》的幫助，可以很確定地說：它們是方位神，而不是一般的神，方位神有四個，表示四方。這四位方位神也是風神，四時氣候不同，風向與風的性質也不同，因此，風神遂分化為四。析、因、夷、隩除了為四方位神與風神外，我們也有理由認定：四方神實質上也是分至之神。[19]「分至」是太陽公轉一年的分期概

---

17 關於帝堯與日神的關係，參見拙作，〈黃帝與堯舜——先秦思想的兩種天子觀〉，《臺灣東亞文明研究學刊》第2卷第2期（2005年12月），頁99-136。

18 參見拙著，〈時間形式、禮與恥感——火的原型象徵〉，《清華學報》新43卷第4期（2013年12月），頁555-598。

19《尚書》所說的「平秩東作」、「平秩南訛」、「平秩西成」、「平在朔易」，指的即是太陽行經春分、夏至、秋分、冬至，四方神因此也是分至之神。參見馮時，〈殷卜辭四方風研究〉，《出土古代天文學文獻研究》（台北：臺灣古

念，細分則為春分、夏至、秋分、冬至。東方神為析，也是春分
神；南方神為因（或作為遲），也是夏至神；西方神為夷，也是
秋分神；北方神為隩，也是冬至神。時間和空間在此是統一的，
宇宙恍如時鐘，太陽的遷移，月亮的遷移，星辰的遷移，就像時
鐘上的計時針一樣，它們以東西的方位、定量的時刻，有度地在
宇宙此大鐘上移動，刻劃出時空的格局。「日月有常，四時從
經」，[20]常態循環，週期出現，宇宙的秩序就形成了。「四民」除
了是風神外，也是空間（四方）神與時間（四季）神。

　　在這種三光合構的宇宙關係中，時空的秩序和物候的秩序是
一致的，在〈夏小正〉這類的著作中，春天總是和燕、雉結合一
起；夏天總是和䶈、蜩結合一起；秋天總是和雁、熊結合一起；
冬天總是和黑鳥結合一起。這些動物在〈堯典〉一文中被簡稱為
「鳥獸」，由鳥獸再進一步簡化為其毛羽的狀態，春天交尾，夏
天稀疏，秋天毛濃，冬天豐厚。一花一世界，一毛一如來。當氣
候改變，風的感覺不同，世界也就跟著輪轉了。鳥獸的毛色帶來
了春、夏、秋、冬，就像北斗星的斗柄隨歲月的變遷指向了四季
的方位，也像太陽的行程帶來了四方與四時的概念。〈堯典〉所
述是物候學的世界，也是神話思維的世界。

　　在這種物候學的世界中，日、月、星辰、鳥獸的出現是一體
而來的，它們在大自然此大螢幕上，共時性地出現，共時性地出
現也就是共時性原理的展現。這些大自然的意象和時間、空間的
格度是同時生起的，季節的變化和代表季節變化的自然物的關係

籍出版公司，2001），頁192-225；黃懷信，〈讀《尚書‧虞夏書》札記〉，
　《古文獻與古史考論》（濟南：齊魯書社，2003），頁159-162。

20　參見伏勝，《尚書大傳》（台北：臺灣商務印書館，1965），卷1下，頁19。

不是因果性的，也不是逆因果性的，它們是同一個圖式的不同部位。所以春秋季節的轉移固然可以說是春氣催來了燕子，秋氣招引了鴻雁，但也未嘗不是燕子帶來春天，鴻雁攜來秋天。這些物候以有秩序地輪轉，解釋了時空「變化」的因素，對初民而言，它們是以視覺的形象帶來了變天的消息。它們有待攝受者的眼睛將之呈顯，視覺是光，是呈現原理，眼睛彰顯了有秩序的變化，視覺站在自然物象帶來季節變化的論述這一邊。但視覺不是唯一感受到季節變化的感官，初民有更寬廣的知識─知覺的轉換系統。

　　相較於日、月、星辰、鳥獸這些有形有狀的物象，四方風的性質是非視覺的，它們的取名與身體的感覺有關。甲骨文中的東風曰劦，是指和煦之風；南風曰岂，是指微弱之風；西風曰彝，是指蕭瑟之風；北風曰殳，「殳」字字義難明，或許是指烈風。[21] 風無形無狀，它之所以被理解，可能是透過一點聽覺，甚至有可能透過一點嗅覺，但最重要的相應感官當是一種身體的觸覺，一種溫度的感覺。或是一種綜合的身體感，這種身體感連著運動感、空間感、溫度感綜合而成。風的感覺是一連串難以量化的知覺之流，它是主體根源性的反映，情感起於感之情。感之情無分於內外，它勾連於內在的情緒與外緣的物象之間，內外以身體的外表區隔開，卻以交感的實質串連起來。情者，實也，「真實」是「情」的另一個主要的定義。人的情動性連結於情氣的流通性，有感即串連內外，這樣的感之情才是感之實。在四季的遷流中，我們感受到的風氣之冷、暖、暑、燠，風勢之微、習、

21　風名的解釋參見楊樹達，〈甲骨文中之四方風名與神名〉，《積微居金文說甲文說》（台北：大通書局，1974），頁52-57。

蕭、烈，這都是很根源性的區隔性經驗。依據物候學的共時性原理，四季風彼此的區隔也帶來了四季與四方的定位。

風不在前，不在後；不在上，不在下；而是在人身內外，也在人身四周。人整體在風中，人也以整體的感受去領略風。就經驗論經驗，先民對於氣候的感覺先於氣候的知識而存在。對身處於季風型氣候帶的人而言，四方風和四方位、四季、四時農作（春生、夏長、秋收、冬藏）、物候之鳥獸是同一個世界圖像的成員，其中的四季風扮演帶動溫度變化、季節推移、循環動力的角色。三代時期雖有專職的風神之說，[22]但實際上的風神是一風化成四風，它們是時空相位皆不同的四方風神，它們賦予抽象性的時空架構一種原始的情感。

《尚書·堯典》不管成文於哪一個年代，它的內容應當是相當古老的，[23]它有可能奠基於文明成立之際的關鍵期，因為四方風常和四方神、四季結合，這種曼荼羅式的設計不只見於中國。方位風有專名，也不只是中國巫文化的特性，中東古文明即有四方風神之說，美洲印第安人四季風的設計也極像中國，他們的四方也都有四風之神坐鎮其間。推而廣之，古希臘人有八風之說，中國至遲在春秋後，也有完整的八風論述。[24]波里尼西亞

---

22 如周代的「飛廉」即是。

23 依據竺可楨之說，此文當成文於西周初年，參見竺可楨，〈論以歲差定尚書堯典四仲中星之年代〉，《科學》1926年第12期，頁1637-1653。趙莊愚則認為當成立於公元前2060年，參見趙莊愚，〈從星位歲差論證幾部古典著作的星象年代及成書年代〉，《科技史文集·第十輯》（上海：上海科學技術出版社，1983），頁69-92。異說仍多，事關專家之學，無能細論。

24 參見鄭騫，〈八風彙考〉，《龍淵述學》（台北：大安出版社，1992），頁543-607。

（Polynesia）人有十二風之設計，庫克群島（Cook Islands）人甚至將風分類至三十二種之多。[25] 以四為基準的思考方式普見於許多文明區域，「四象性」常以符號「十」或「卍」的形式表現之，換言之，作為人類兩大宗教的根本象徵都可追溯到遙遠的史前時期。榮格（C. G. Jung）強調「四象性」（quarternity）是人的原型，是秩序原理，是曼荼羅人格的四方展現，此說很可能可以成立。談到「四方風」這種原型象徵，我們的視野顯然已不能受限於文獻的記載，神話學、人類學提供的助益絕不下於本國視域下的文化史或傳統的經學。[26]

　　經學之前是神話，神話理性化以後，其敘述即成為經典的篇章。神話在人的精神發展史上占了關鍵的地位，季節神話的重要性尤為顯著，弗雷澤（J. G. Frazer）的《金枝——巫術與宗教之研究》可以說即是建立在季節神話的主題上，季節神話建構了根本的時空秩序，就像「四象性」建構了人內在的身體秩序。四象性與四季神話的圖像學意象即是曼荼羅，曼荼羅是人格也是世界的隱喻，曼荼羅圖像在各宗教與原型精神分析學中都有極重要的功能。「四方風」是曼荼羅世界的指標，它帶來了四季、四方的演變，《尚書·堯典》展開的是曼荼羅的世界，也是風的世界。

　　《尚書·堯典》是經學版的曼荼羅時空創造學，是主體與文明發現之篇章。在設想中的文明發軔期，乾坤間雖已絕地天通，

25　A. H. Keane, "Air and Gods of the Air ," in James Hastings ed., *Encyclopedia of Religion and Ethics*（New York: Charles Scribner's Sons, 1926）, Vol.1, pp. 252-257.

26　四方風神在許多民族的神話傳說裡都出現過，最明顯的是美洲的原住民神話。如果張光直先生的「馬雅—中華文化假說」可以成立的話，商代的四方風神話的源頭可能更遠，傳播的區域也可能更廣。另見饒宗頤，〈四方風新義〉，《中山大學學報》1988年第4期，頁67-72。

神人也已開始分業，但構成主體的具體內容仍不是明確的道德法則，也不是認識作用，而是強烈的一體之感。此際的世界是律動的、感性的構造，世界不是以認識的對象呈現於意識之前，它是以流動性的力量貫穿於一些特殊的聖顯之事物上：日、月、星辰、名山、大川、神木、巨石等等。在曼荼羅式的聖顯之世界圖像中，感受者是以感性人的身分，神秘地參與了宇宙的變化。「風」是用來解釋變化的因素，神祕之風因而成了「變化」的體現者，它是帶動宇宙變化的體感原理。體感原理的風和週期循環的視覺原理之日、月、星辰合作，共同建構宇宙變化的大劇場。但風無形無象，「化」的角色特別明顯。後世言「風化」，「風」的「化」之作用源自文明初期初民的反思，它的神話源頭相當早，但絕不會衰老，它會一直貫穿到至今為止的歷史行程，也會繼續貫穿下去。

三、風土、風氣與風俗

　　風是構成原初的宇宙秩序的元老，與天、地、日、月同在，它的功能非常重要，但就形成知識的條件而言，「風」卻特別難以捉摸，因為知識意味著抓取、領受、知解，這些概念都帶有明晰的視覺的聯想，也都有主／客的構造內孕於其中。[27] 然而，風抓不住，也看不見，它首先呈現出一種體表的觸感，觸感沒界限，流動於人身內外之間。風從來不是以對象物的身分呈現在人的意識之前，恰好相反，當我們有了風的意識時，我們早已浸漬

27　莊子言：「知者，接也；知者，謨也。」（《莊子‧庚桑楚》）「知」預設了與
　　「外在」對象間的接應或摹寫的關係。

在風中，被風所吹襲。風的意識先行於反思的意識，我們體之，而不能知之。

　　風的意識帶著四方方位與三光合構成的時空圖式，在此圖式中，一種循環的時間形成了。在季風東亞，當西北風吹來時，寒氣凜冽，草木枯槁，大地進入死寂的歲月。隔年，當春風拂襲時，草木萌芽，大地重新復活。春代表生命的復甦，而春的使者即是春風，春風之神是帶著翅膀的鳥神，[28]它早在下民還沒清楚地意識到季節的轉換時，已滲進人的主體之內。人格結構的潛存構造乃是與風共在的構造，人格與風有種預定的和諧，因為風是感受的基礎，也是感應的基礎。風隨四季而不同，也隨四方而不同，同樣地，人格的成長也和四時的輪轉以及四方的錯位而跟著不同。就此而言，初民的主體可說是風的主體，風意味著變化，所以風的主體也可說是風化的主體。在下文我們還會進一步引申道：風化的主體也是氣化的主體。不管風化主體、風氣主體或氣化主體，其主體都是前意識地和時空的潛移密轉共構而生，主體即潛存地呈現主體─四時─四方的構造。

　　「風化主體」或「氣化主體」顯示主體帶著化的神祕功能，它不可不極細緻精微，這是種前意識地天人交感的合一，這種感應首先見於主體與時間結構的關係，亦即主體與季節的推移是同步共振的。然而，主體一旦與四時、四方結合，風化的主體即不

---

28 在五行的格式中，代表春季、東方的神祇曰勾芒，勾芒人面鳥神，此神曾出現在《墨子》、《國語》諸書中，祂的來源應當很早。甲骨文中有「帝史鳳」一詞，「鳳」是以作為上帝的使者的面貌出現的。《山海經‧大荒北經》有「九鳳」神鳥，據胡厚宣、楊寬考證，九鳳皆勾芒。參見胡厚宣，〈甲骨文商族鳥圖騰的遺跡〉，收入中國科學院歷史研究所編，《歷史論叢》（北京：中華書局，1964），第1輯，頁153-155。

可能不落實於具體的時空當中。進入農業社會，這種感應即見於
主體與農耕大地的關係，風與四方土結合，形成風土的概念，風
土意味著一種對生命的新倫理，也可以說是一種新的人性觀逐漸
成形，風化主體因而是風土主體。中國人性論的發揚期在戰國時
代，農業文明初期很難有成論的人性觀，但百姓日用而不知，無
其名不表示無其實。在季風型農業中呈現的風土主體的特性既是
時間的，也是空間的，這樣的關係很具體地呈現在「月令」的設
計中。

　　「月令」的內涵見於《禮記》與《呂氏春秋》之中，它源自
「夏小正」的傳統。「月令」的概念是農民曆的概念，它規畫著
農業文明初期的住民的世界觀與生活的作息。在華夏文明初期的
農民曆世界觀中，春天由星辰、協風、燕子帶來，也由星辰、協
風、燕子共同組成。在「月令」的世界關係中，人也是「自然」
的一部分，農業初期的人民要與星、風、鳥共同作息，成為這個
結構中的一員。等到春去夏移，時序進入下半輪，「涼風至，白
露降，寒蟬鳴」；「盲風至，鴻雁來，玄鳥歸」，[29]秋季降臨。此時
日星的移動日漸偏斜，萬物開始收斂，玄鳥南歸，百工休息，殺
氣逐漸盈漫於人事與自然之間。秋主刑殺，帝國法律主秋決，農
業共同體的成員也當稟肅內斂。天人之際，皆帶秋意。

　　同樣是風，在大自然的劇場中，春風秋風的性質截然對反，
一主生，一主殺。春秋是季節的概念，風如果與其他的概念結
合，如與方位的東、西或顏色的青、白，同樣也可以表示生死之

29　上述兩句引文分別見於《禮記・月令》所述孟秋、仲秋之景象。鄭玄注，孔
　　穎達疏，《禮記正義》，收入李學勤主編，《十三經注疏整理本》（台北：臺
　　灣古籍出版公司，2001），冊77，卷44，頁1439。

意。在季風亞洲的農耕文化時期，四季的循環：春生、夏長、秋收、冬藏的韻律，表現得極為明顯。弗雷澤《金枝──巫術與宗教之研究》的主軸可以說即是對普見於歐亞大陸的農耕文明的「生死儀式」的重新解釋，農業文明特別容易形成四季循環的週期概念，形成宇宙性宗教，普世皆然。[30] 在中國的初期農業社會中，這種生活與四時、四方共構的生活秩序尤其明顯。「風土」意味一種建立在自然秩序上的社會秩序原理。

相對於「風」在構成廣泛的身體秩序以及主體形成中的作用，「風土」則更具體地落實於農業文明的社會秩序上。相傳聖王帝舜面對南風吹拂大地，乃彈五絃之琴，進而歌道：「南風之薰兮，可以解吾民之慍兮；南風之時兮，可以阜吾民之財兮。」[31] 南風吹起，這不只是物理氣息的流動，它也帶來了農收、成長、生命，南風構成了農業文明春季的底據。《詩經·豳風·七月》不無可能是從周公東征之戰士所作之懷鄉詩，這篇懷鄉詩也是歌詠周民族偉大的生活詩，此詩描述周人定居在周原（今陝西邠縣）這塊豐饒的大地後：「九月築場圃，十月納禾稼。黍稷重穋，禾麻菽麥。嗟我農夫！我稼既同，上入執宮功。晝爾于茅，宵爾索綯，亟其乘屋，其始播百穀。」[32] 這是一幅建立在鄉村共同

30　正如耶律亞德（M. Eliade）所說：「農業文化發展出我們所謂的宇宙宗教，因為他們的宗教活動圍繞著某個核心的奧祕：世界的週期性更新……以農耕為框架的宇宙時間經驗，最後演變為週期性的時間以及宇宙循環的概念。」參見默西亞·埃里亞德（M. Eliade）著，吳靜宜、陳錦書譯，《世界宗教理念史──從石器時代到埃勒烏西斯神祕宗教》（台北：商周出版社，2015），卷1，頁70-71。

31　「昔者舜彈五絃之琴，造南風之詩」。參見王肅，《孔子家語·辨樂》（台北：臺灣商務印書館，1965），卷8，頁7。

32　屈萬里，《詩經釋義》（台北：華岡出版社，1967），冊1，頁108-112。

體上的豐年樂園像。經由周人的努力，周原遂由蠻性的自然變為
文明的風土。〈七月〉是大地成了一個民族為己的存在以後，
人、社會與大地共滲共享的一首讚美之歌，建立在周原風土上的
秋收、冬藏成了周文明核心的成分。

　　農業文明因為有了土地的介入，它的個性不能不有更強烈的
穩定因素。無疑地，社會秩序的構造即有風土性，其時居民的主
體也不能不是風土性的，風土性主體則不能脫離時間的構造，顧
炎武所以強調三代以上之人皆懂天文，[33] 乃因三代以上之人的時
間意識都是建立在天文學的基礎上。如果說康德的時間形式用以
解釋人類知識成立的條件，是先驗性的；我們也可以說：經驗性
的月令圖像乃是具體的內在之時間性表象，它用以解釋具體的人
之知識的軌約條件，風土性不能不帶有時間的流動性。同樣地，
我們泛論普遍性的知識條件時不能不預設空間形式，但論及具體
的人之知識性質時，不能不論及人總是在具體的地理空間中存在
的，人有土性，風土性人格因此也是蘊藏了細密疊合的在地性內
蘊的人格。

　　在神話思維中，「土」不只代表生命的成長，土者，吐也，
土就是生命的母體。母體寬廣深沉，孕育子嗣，所以土也代表寬
厚、深藏。中國是黃土文明很典型的區域，土在五行中實質上居
有首出的地位。[34]「土」與「風」結合，「風」的流動性因而受到

---

33 顧炎武引《詩經》之語後云：「三代以上，人人皆知天文。七月流火，農夫
　　之辭也。三星在戶，婦人之語也。月離于畢，戍卒之作也。龍尾伏辰，兒童
　　之謠也。」參見顧炎武，《原抄本日知錄》（台北：明倫出版社，1970），卷
　　30，頁855。

34 參見龐樸，〈五行思想三題〉，《龐樸文集》（濟南：山東大學出版社，
　　2005），卷1，頁276-278。

減殺，或者轉型，它深潛到土中，與土一體化。風土的結合是一
齣宇宙的大戲，是人類精神發展史上的大事，是宇宙生命由隱而
顯的結果。用芬克（E. Fink）的話表達，是天空與大地的永恆差
異的運動；[35]用盧耳克（M. Lurker）的話講，是由代表生命動能
的靈鷲與代表潛存黝暗力量的巨蛇的永恆鬥爭。[36]在《易經》的系
統中，天地的鬥爭整合即以乾元—坤元表之，乾元是始元的縱貫
創生力道，坤元是旁通四極的廣生能力。[37]風土就像陰陽，或者
說：風土就是具體的陰陽，這組詞語是宇宙性的相偶性原理，是
世界存在的構成因素。風土集結了，結構撐開，才有世界可言。

　　世界形成了，人才有了家。陰陽對轉，風土搏合，以成世
界，這種類似的思考是相當普遍的，這是種根源很深遠的宇宙性
思考。無疑地，人總是在世界中形塑自體的——具體的人的世界
才是具體世界，也就是在具體的風土中成形的生活世界才是真正
的世界。生活世界中的風不可能只是流動變化，它總是帶著特定
地區的濕燥、土地之物性以形塑人格，不同的土地因而有不同的
人格。班固所謂：「凡民函五常之性，而其剛柔緩急，音聲不
同，繫水土之風氣，故謂之風；好惡取舍，動靜亡常，隨君上之
情欲，故謂之俗。」[38]劉安云：「衍氣多仁，陵氣多貪，輕土多

---

35 引自鍾振宇，《道家的氣化美學》（台北：中央研究院中國文哲研究所，
　　2016），頁21-22。

36 參見盧耳克（M. Lurker）著，林捷譯，《鷲と蛇》（東京：法政大學出版
　　局，1983）。

37 《易・乾彖傳》云：「大哉乾元，萬物資始，乃統天。」《易・坤彖傳》云：
　　「至哉坤元，萬物資生，乃順承天。」

38 班固，《漢書・地理志下》（台北：鼎文書局，1978），冊2，卷28下，頁
　　1640。

利，重土多遲，清水音小，濁水音大，湍水人輕，遲水人重。中土多聖人。皆象其氣，皆應其類。」[39]《周禮・大司徒》云：「以土會之灋辨五地之物生：一曰山林……其民毛而方。二曰川澤……其民黑而津。三曰丘陵……其民專而長。四曰墳衍……其民皙而瘠。五曰原濕……其民豐肉而庫。」[40]類似的話語在先秦兩漢古籍中不斷出現，一方風土養一方人，早期中國的風俗論述有很濃的地理決定論性格。但話如果不要說得太死，風土與人性有神祕的連接點，其說並非無稽。

筆者相信周、秦、兩漢古籍所說的不同地方的人帶有不同的性格，這種觀察具有相當的普遍性，是初民的智慧。我們在古希臘的記載，如希波克拉底斯（Hippocrates）這位醫學之父的觀察中；在印度的記載、早期偉大探險家的傳記中，都可看到類似的載錄。與異國他者的遇合是人類文明史中相當重要的經驗，在此經驗中，我們很容易看到「風土」與「人格類型」的關係。在十六、七世紀的「民族學誌」的敘述中，風土與人種的關係即成了主要的論點。我們上引的《淮南子》、《呂氏春秋》、《管子》之說，在後代的史書、地方志諸書中，也不斷出現。

從希波克拉底斯到管子；從孟德斯鳩（Montesquieu）到魏源，風土與民族的緊密關係一直沒有受到忽視。然而，風土之重要性不能僅從民族分類此種角度進入，風土之重要性當從風土與主體性的構成來看。筆者此處的論述顯然帶有和辻哲郎風土論的預設，事實確也如此，和辻哲郎的《風土》一書接受了東西各種

---

39 劉文典撰，馮逸、喬華點校，《淮南鴻烈集解・墜形訓》（北京：中華書局，1989），上冊，卷4，頁141。

40 鄭玄注，賈公彥疏，《周禮注疏》，收入李學勤主編，《十三經注疏整理本》，冊61，卷10，頁287-288。

風土論述的影響，尤其受惠於赫德（J. G. Herder）的論點。赫德之異於先前的風土論述者，主要是他將風土視為人的精神的「記號」，它帶有濃厚的精神性格，人的感覺因此是風土的，想像力是風土的，實踐性的理解是風土的，感情與衝動是風土的，幸福也是風土的。各地風土必定不同，必各有特色，赫德討論人的風土性格，具有很重要的尊重他者之價值。[41]

　　有關赫德、和辻哲郎的風土論之諸多問題，不是本文的主要論點，筆者借路經過，主要想確認人格結構與風土的內在關聯，我們可用「風土主體論」一詞描述人格與風土的詭譎結合。「風土主體論」一詞既承認人的主體的創造性，意識作為心王，它有統攝諸種意識的功能。但我們也不宜忘掉：人是在風土構成主體之後才能反思主體的性質的，風土是前反思的生活世界，是人不能意識到的「成見」。這種成見雖然沒有形成判斷令式，無法發揮明確的指示作用，但它構成了人的情態性，這種風土的情態性與主體一體難分，換言之，風土性是主體的構成因。我們不妨想像：在我們未能明說的身心感受之中，那些與氣候共感的張縮輕重之感、色聲香味之韻、春朝秋夕難以掩抑的惆悵莫名之情，若此種種，混合構成了生活世界中的我，曖昧渾厚的情態性應當即是我們的人格的風土性作祟所致。

　　如果主體的一種條件可從風土性界定之，我們不能不考慮中國的風之現象學中的「風氣」概念。「風土性」的始源意義是由時間性的四季推移與空間性的地理質性合構而成，然而，作為社會人的人不可能化約到自然人的存在，所以真正的風土性不可能只在深層結構的季節感與風土感中，而當有社會性的風土可言。

41　上述兩節所說，參見和辻哲郎，《風土》，頁205-223。

社會性的風土包含結構性的禮，也包含非結構性的風尚，結構性的禮也是先於個體存在的禮，禮是社會整體遞演的體系的文化符碼。符碼既是非個人的，但也是個人的。它是非個人的，因為它是整體性存在的社會事實；它也是個人的，因為它是主體的構成因素，它是人作為社會人的本質因素。[42]非結構性的風尚則是一時流行的文化樣式，它的流行或許不見得有大道理可說，或許其道理隱藏在深層的社會結構中，但一旦風尚流行以後，它同樣是影響主體形構的社會因素。不管禮或風尚，它們自然會帶有非意識所及的影響力，這樣的影響力即是風氣，社會性的風土形成社會性的風氣。風氣云者，社會性之風尚，不可見之共感力。共感力縮結了社會的每一個體，人在風氣中成長，風氣滲透到每個人的經脈血氣，每個個體分享了共感力的風尚與禮以成就自我。

當「風土」從自然義延伸至社會義時，風即從自然的作用力引申到社會的影響力，與「風氣」、「風土」緊緊相扣的社會身體的概念是「風俗」。俗者，習俗也，習俗是在地化的繼承結構，是不嚴格意義的「禮」。「風氣」與「風尚」、「風俗」等家族語彙共同指向一種無形的、無名的社會主體的作用。在「風氣」這些語彙的內涵中，意味著一種前於主體性的文化形態，這是種社會性的概念，它意味著從言語、行為、制度、習慣綜合而

---

42 米德（G. H. Mead）認為有組織的、社會性的自我是可以出現的，因為我們採取「泛化的他人」的態度，我們扮演不同的角色，採取大家共享的符號，社會的價值體系即自然地深入於主體之中。他說：「在我們生活的共同體中有一整套這樣共同的反應，而這樣的反應我們稱之為『制度』。制度體現了共同體全體成員對一個特定情境的一種共同反應。」米德（G. H. Mead）著，趙月瑟譯，《心靈、自我與社會》（上海：上海譯文出版社，1992），頁230。米德這裡所說的「制度」大體即等於筆者所說的「禮」。

成的作用力。這些作用力的形成雖然不能沒有主體的參與，在形成綜合作用力的過程中，上層權力結構的力道尤其大，有風，所以說「君子之德風」，「風從虎」。然而，這些作用力既然是綜合而成的社會性概念，因此，說到底，仍是無名主體的。它先於主體而存在，而且是主體建構的構成性因素。我們很難想像一種不在社會中成長的主體，沒有在社會性風尚下的作用──包含知覺、語言、動作、規範等等在內──我們很難想像該主體如何形成。由於「風氣」、「風俗」先於主體而存在，因此，如欲修身，有種哲學認為最有效的辦法當是正本清源，先修好先決的條件，亦即使風俗樸實，風氣醇厚，也就是改良以禮為運作核心的生活世界。[43]

　　風不只是構成自然秩序的要角，轉成了風氣、風尚、風俗，它也構成了社會秩序與人格結構中的核心因素。就如史賓諾莎（B. Spinoza）在《神學政治論》中所說：「只是因為獲得這兩樣東西：制度與習俗，才使得每個民族獲得了它自己特殊的品格，它自己的存在方式和它自己的觀念。」[44]這段話用以解釋個人的特性與民族的特性，應當都可以成立。

43　葉適的「皇極之學」可代表此一思路，參見拙作，〈葉適與荻生徂徠──皇極之學的開展〉，《異議的意義──近世東亞的反理學思潮》（台北：國立臺灣大學出版中心，2012），頁363-396。

44　引自畢來德（J. F. Billeter）著，宋剛譯，《沉默的中國》（高雄：無境文化事業公司，2015），頁69。史賓諾莎此書中譯本的譯文參見溫錫增譯，《神學政治論》（北京：商務印書館，1996），頁245-246。

四、作為生命力的「氣」之出現

　　早期華夏文明風的神聖化與神祕化當是季風亞洲的產物，而一種融合時空架構於主體的風土性則是華夏初民的人性構造，風土性格的人性依具體的時空格局之物候以反應之，則可以說是「太初存有論」（archaic ontology）的顯現。「太初存有論」模式下的人對四時、四方的回應可以說是人文秩序的起源，也可以說是禮的起源之一。禮的起源和「神人以和」的要求息息相關，如前所述，初民世界中的四方、四季皆有神坐鎮，這種「神人以和」的模式在中國的農業文明中彰顯得相當清楚，初期農業文明的時空是不折不扣的「神聖時空」。在尚未受到軸心時代興起的思潮洗禮的神聖時空的架構下，天地人的三才之道是緊密相連的。四時的移動牽引著初民的作息，也帶動初民對這種「天道」的膜拜，並形成一連串的儀禮，這是時空格局下內在一元性的大自然之迴轉。

　　在「初民」的世界中，時間、空間都是神話的，都是律動的。當伽利略（G. Galilei）、哥白尼（N. Copernicus）、牛頓（I. Newton）尚未介入時，時空不是認知的框架，而是生命的框架。生命的起源與風相關，春風帶來春意，但風是否為自足原理？什麼因素推動風的流動？「風」的背後呢？一種向更深層的無形力量的探究慢慢成形了，就像各地區文明發展的情況一樣，這種更深層的生命因素的探究常和宗教儀式的實踐有關，齋戒應當是很關鍵的因素。我們看到「氣」的概念即出現於神祕化的風土儀式中，「籍禮」此儀式是風土的儀式，也是風、氣的儀式。

　　《國語・周語上》記載「籍禮」的事蹟，跟本文有關的氣的內容如下：

古者，太史順時覒土，陽癉憤盈，土氣震發，農祥晨正，日月底于天廟，土乃脈發。

先時九日，太史告稷曰：『自今至于初吉，陽氣俱蒸，土膏其動。弗震弗渝，脈其滿眚，穀乃不殖』。稷以告王曰：『史帥陽官以命我司事曰：距今九日，土其俱動，王其祇祓，監農不易』。王乃使司徒咸戒公卿、百吏、庶民，司空除壇于籍，命農大夫咸戒農用。

這是一則發生於周宣王時期的敘述，籍禮的年代還可往上溯至殷商，歷代的君王也都採用——但多少是告朔之餼羊之義了。在上述引文之後，接著出現一連串的儀式行為：齋戒、供禮、於田中行象徵性的耕作儀式云云。籍禮應該和普見於中東、西亞的農耕儀式相關，它背後預設了對土地——大母神的崇拜，也隱含了兩性結合與參贊天地的關係、四時所代表的生死秩序之循環等等相關的因素。其中和「嘗新」的儀式相關，尤其值得注意，君王供奉祖先第一把食物，其象徵意義非比等閒。這是一幅宇宙全面復甦的復活圖，無物不活，天人共喜。45

這時，我們見到「協風」所扮演的角色。在引文的前半部，還有一小段文字記載著：窺測宇宙祕密訊息的人是瞽瞍——早期文明能窺測天機的人總是非尋常的殘缺者，聖俗的結構在這類污穢性的聖職人員身上顯現，特顯突兀。46 這位盲眼的聖職人員通

---

45 籍禮的歷史問題參見楊寬，〈「籍禮」新探〉，《古史新探》（北京：中華書局，1965），頁218-233。

46 「聖」在物上的顯現，如神木之於群木，聖火之於凡火，靈泉之於眾水，這些聖物都特別顯現出令人「神祕嚮往」的作用。相對之下，瞽瞍、巫尪等人的身體表徵不會令人如此聯想。瞎子心明，聽力特別發達，因而有可能更易

知周王室成員：協風已至。周王於是率領臣子，先齋戒三日，再從事「參與天地」的大禮。籍禮不只是農業事件，它是代表上天行事的天子在四時循環的宇宙圖式裡，配合上天旨意所作的一件宇宙性事件。值得注意的是：協風此時是和「陽癉憤盈，土氣震發」一齊出現的，也就是天空中無形的「化之力」與大地中無形的「胎動力」齊幅共振。生命是個神祕，協風能傳達此消息，因為風者，鳳也，鳳也是上帝的使者。[47]它既是上帝的使者，傳達了生命復甦的消息，因此也就有可能是帶來了生命的復甦，而不只是傳達消息而已。然而，「風」此際需要有幫手，我們看到一種大地生命力的氣居間扮演了共同創生的角色。土地之所以可以生產農作生命，乃因有「陽氣」、「土氣」在大地下震發憤盈。

籍禮的形式有可能起源甚早，它不無可能和農耕文明一起出現。幾乎可以確定就在執行此儀禮的這一個時期，「氣」已經被視為大地的生命因素，而川谷即是大地生命流注之管道。川谷之於水氣，一如經脈之於血氣：「川，氣之導也……（天地）疏為

接聽到天界的訊息，參見葉舒憲，〈瞽誦詩──瞽矇文化與中國詩的發生〉，《詩經的文化闡釋──中國詩歌的發生研究》（武漢：湖北人民出版社，1994），頁244-349。但「知覺代換作用」的解釋模式對巫尪等殘怪之型人物即不適用，或許巴赫汀（M. Bakhtine）的「反常」之嘉年華會解釋模式，或者吉拉爾（R. Girard）的「神聖的暴力根源說」，有部分的解釋力道。

47 甲骨文裡有「帝史風（鳳）」之文字，《莊子・逍遙遊》言及鯤化為鵬（亦即鳳）的神話，可見到鳳的早期形象。馬王堆出土《十大經・成法》有云：「昔者皇天使風（鳳）下道一言而止。」此說也是源自古老的神話。《山海經・大荒東經》云：「有五彩之鳥……惟帝俊下友。帝下兩壇，彩鳥是司。」此五彩之鳥可為帝俊之使者，也當為鳳凰之屬。參見郭沫若，《青銅時代》，《郭沫若全集・歷史編》（北京：人民出版社，1982），卷1，頁328-329。

川谷，以導其氣。陂塘汙庫，以鍾其美。是故聚不阤崩，而物有所歸。氣不沉滯，而亦不散越。」[48] 這是則大地與人身同形論的敘述，大地、川谷與水氣的關係顯然是運用了氣—經脈的意象。地震所以發生，乃是天地之氣的宣洩出了問題。反過來說，如果人們能夠疏導川谷之氣，天地自然可以步上正軌。「氣」是萬物存在之依據，〈齊物論〉說「大塊噫氣，其名為風。」莊子是位天才型的哲人，講得真好，「氣」是風的深層因素。但可想見的，「大地吐氣為風」不是他的創造，而是忠實地引介來自悠遠的傳統的知識。風與氣在此同化，但此時的氣已被視為更根源的存在。周代重要的農業祭典——籍禮，說的就是這個故事，我們不會忘了前面業已引用過的「順時覛土，陽癉憤盈，土氣震發」云云的鮮明意象。《國語・周語》這兩段話中的大地簡直是一位大的人體，或者說：就像是位大的母親，或許我們由此可推想「大母神」的由來。

　　人有脈，脈有氣；土有脈，脈也有氣。對初期農業民族而言，這種人與大地同型共範的關係不是個類比，而是個真實的世界圖像。很明顯的，當風是時空構造的核心因素，而且風構成實質的生活世界的潛層因素時，人的主體即是風化的主體，一種流動性的因素被視為遍布於人身內外的整體世界之間。流動之外顯可感者為風，風之潛存內蘊者為氣。既然大地之母也有大身體，水、川谷與人身經血類似，依據大小週天同構的原始思維法則，初民自然認為天人兩種現象背後的原理是同樣的。川澤有氣，人身亦有氣。大地吐氣，萬物氤氳；人身吐氣，亦與天地通。人只

---

48 徐元誥撰，王樹民、沈長雲點校，《國語集解・周語下》，（北京：中華書局，2002），卷3，頁93。

要透過呼吸，覺得有「氣」自外而入，並與身上的血氣相通時，他很難不認為：人的身體是個開放的交換系統，氣不斷地透過呼吸與身體體表的張縮，往返於身體內外之間。

風與氣一體同化，其說雖然築基於天人同構的類比基礎上，但兩者也都出自人最原始的經驗。風是在自然間不可見的氣息之流動，氣則是某種類似風的因素在人身上流動，它被視為更隱微、更根本，這種內氣外風的對照不只見於自然界的「大塊噫氣，其名為風」，它更見於人性的構造。人也有噫氣往外的現象，它最初的顯象即是呼吸，呼吸不僅帶動了內外之氣的交流，形成了原初的萬物一體的臍帶之感；它更帶動了身體的震動、感受，於是有了生命之氣的概念。氣在鼻口與身軀之間流動，有之則生，無之則死，氣於是成了存在與非存在的關鍵性因素。

呼吸等同於生命的本質，這是普遍的文化現象，中外皆然。「精氣」（以及其家族概念，其義見後）是「風」最高的發展。風、呼吸、靈魂在許多語言裡都是同源字，拉丁語的spiritus指的是神的呼吸；英語的靈感inspiration也是吸氣之義。希臘人的pneuma一語兼指風與精神；阿拉伯人的呼吸與風都用juh。[49]佛洛伊德說：「精神一詞借自微風。」另外，英文、德文的「靈魂」（soul）一詞和奇特文籍古德文中用以表達紅色、流動之義相通，也和斯拉夫語表「力量」之詞相關。[50]這些雷同的現象應當是有道理可說的，這種現象指向靈魂、空氣、呼吸的緊密關係。但中國思想由此原始經驗出發，透過了「氣」的概念作媒介，它

---

49 更詳細的闡釋參見泰勒（E. B. Tylor）著，蔡江濃譯，《原始文化》（杭州：浙江文化出版社，1988），頁404-432。

50 參見榮格（C. G. Jung）著，黃奇銘譯，〈分析心理學的基本假定〉，《尋求靈魂的現代人》（台北：志文出版社，1974），頁214-215。

遂展開了龐大的概念系統。

　　論及氣概念家族中與生命關係最密切者，當是氣和血結合起來所成的「血氣」一詞，「血氣」被視為身體的構成因素。「血氣」的概念可想見的出現得很早，我們首先想到的是《論語》裡一段著名的話語：「君子有三戒：少之時，血氣未定，戒之在色；及其壯也，血氣方剛，戒之在鬥；及其老也，血氣既衰，戒之在得。」（《論語‧季氏》）孔子講的這段話充滿了人生的智慧，但可以想見的，「血氣」的概念一定是既成的術語，血氣和人的行為有關，大概也是時人的共識，而不是孔子個人的創造。孔子是在既有的文化傳統上，特別突顯血氣在不同年齡層上可能會帶來的行為上的偏差。孔子的論點不在討論生命、血氣的關係，但卻是建立在「氣血即生命的本質」此基礎上。他的言外之義，也隱含了人的生理機能與道德行為之間有緊密的關係。

　　呼吸、生命與氣的一體關係，我們可從《禮記‧喪大記》記載的一則敘述看出。〈喪大記〉作者記載人病危時，其家屬當「屬纊以俟絕氣」。纊是新而輕薄的巾布，「易動搖，置口鼻之上，以為候」。[51]「候」自然指的是生死，尚有一息，口鼻上的纊會輕搖。纊不動了，意味著病人已死，氣息已息。《禮記》這則敘述很平淡，呼吸與生命的關係應當不會在晚周才受到注意。但其敘述也顯示先人對生死問題的慎重，我們至少可從這則經典的記載，再度確認呼吸與生死的關聯。

　　我們只有在作為生理機能的血氣與生命的外在表現之間拉上一條線，才能同情地了解經書所說的喪禮的意義，同時也才能同

---

51 鄭玄注，孔穎達疏，《禮記正義》，收入李學勤主編，《十三經注疏整理本》，冊77，卷44，頁1439。

情地了解周人(至少春秋時期的周人)對血氣、風氣與所謂的民族性之間關係的理解。《國語・周語中》記載周定王有言曰:「夫戎狄冒沒輕儳,貪而不讓,其血氣不治,若禽獸焉。」人獸的問題變成血氣治不治的問題。血氣不只可用來解釋人種的行為之差異,它也用來解釋動物的行為。《左傳・僖公十五年》記載晉惠公與秦國交戰,騎一匹鄭國所獻的馬,晉大夫慶鄭勸阻國君騎這匹馬,他說的理由是:「異產」的馬碰到緊急時,會因恐懼而「亂氣狡憤,陰血周作,張脈僨興,外彊中乾。進退不可,周旋不能」。慶鄭這段話不但提到血氣與馬的行為的關係,它還提到血氣與脈的關係。氣脈之學是中國醫學極大的特色,作為實用技術的醫學何時成形,或者何時出現氣—經脈的概念,恐怕很難確切地考定。周秦之際有可能是體系較完備的時期,[52]但由西周記載籍禮的文字已用到大地的經脈的隱喻,我們有理由相信:早在中國文明的黎明期,氣脈、氣血這樣的概念已經有了,在一個不容易明確認定的時期,「風」、「氣」完成了功能的轉換,「氣」接收了「風」的性能,構成了生命的基礎。

五、瑪納與精氣

當「氣」用來解釋一切的存在,它又視為具有主生死的力量時,它的形貌與三代時期的風即日漸同化,風與氣的屬性高度重疊。在戰國時期,氣扮演的角色無疑地愈形重要,至少在晚周諸子當中,氣概念的重要性遠超過風,兩者比較的話,風或可視為

---

52 參見李健民,《死生之域——周秦漢脈學之源流》(台北:中央研究院歷史語言研究所,2000)。

外顯的、粗糙的氣，氣則為內斂的、精緻的風。有關風與氣兩個概念的演變系統，我們目前掌握不到足夠的文獻依據足以澄清其間演變過程中的種種關鍵點，但氣更形而上學化，也更性命之學化，這個傾向是可以肯定的。我們在晚周諸子中，會看到「人之生，氣之聚也；聚則為生，散則為死」（莊子）或「一氣孔神兮，於中夜存」（屈原）的論述，這樣的論述在同一時期或更早的占卜文字中，卻看不到等值的文字。但反過來看，我們雖然看不到這麼明確的主張，不過由風的屬性入手，我們發現：遍在性、生命的質素、無形無狀、可體感而不可目視云云，這些質性同樣見於風與氣，兩種概念之間又明顯地有類似之處。風與氣的關係因此視為相續性的，這毋寧是較妥當的安排。

目前學界有關氣的研究已累積了相當的成果，如果我們以小野澤精一等人合著的《氣の思想──中國における自然觀と人間觀の展開》[53] 作為研究這個領域方便的起點，氣的研究史已超過了四十個年頭，不管就氣的性質，如變化、不朽、基質等；或就氣在中國文化史上的展現，如文氣、行氣、氣韻之說；或就氣在中國哲學史裡的分布，如理氣論、唯氣論、養氣說，都已有不錯的研究成績。但學界這些研究成績通常流於概念化，相對地，非學術性質的氣之研究通常又缺乏這個領域該有的知識品質。所以研究文獻雖然不少，卻仍大有拓展的餘地。

我們從前面引籍禮之說，可看到氣概念是從具體的生活世界裡朗現出來的，氣的體驗則和儀式進行當中一種身心的感受有

---

53 小野澤精一等編，《氣の思想──中國における自然觀と人間觀の展開》（東京：東京大學出版會，1978），中文譯本見李慶等譯，《氣的思想──中國自然觀與人的觀念的發展》。

關。我們不妨再引一則有名的故事，以證氣和宗教實踐的關係。筆者所舉者乃是莊子〈人間世〉提出的有名的心齋論。在此篇中，莊子藉孔子與顏回之口，不斷地在「齋」與「心齋」之間作語言的遊戲。莊子說的心齋的內容乃是「無聽之以耳，而聽之以心；無聽之以心，而聽之以氣」。「心齋」明顯地從「齋」中化出，沒有齋，心齋也無法成立。氣的體得只能經由心齋，但心齋卻又由齋化出，宗教實踐是爾後心性實踐的源頭。齋戒常需經由現實身心的轉化，才可在一種深層的身心結構中完成與聖界的契合。換言之，氣和一種轉化的深層生命息息相關。

有關氣與宗教實踐相關的記載，我們還可找到一些文獻作佐證，茲不贅述。筆者所以要提出氣與宗教的連結之問題，乃因氣在戰國後的中國思想界，一直扮演獨特的契近天人幽明之際的角色，氣被認為縮結了先天、後天之紐的功能。論及中國的宗教，其相雖繁，但一種體證性格的天人奧妙的性命之學當是三教的核心，這點應該是可以成立的。其次，宗教的特色與宗教的起源一直是宗教學史的核心問題，諸說紛雜。不管如何界定，宗教當是文化領域內最足以帶領初民走出一元內在的自然世界，碰到超越者的臉龐。初民藉著聖俗分裂的構造，走向了一條追求不同精神層級的道路，完成祓除凡塵的功能。沒有聖俗的分裂，即沒有種種宗教的追求。而論及宗教之源，我們不會忘掉一種無形無象、神妙靈現的因素，這個因素是宗教突破的重要力量，在人類學家或宗教學家筆下，名之為「瑪納」。看到瑪納的內涵，我們很容易想到漢字的對應項：「氣」。

「瑪納」之說在建構現代宗教學的過程中，扮演很重要的角色。馬瑞特（R. R. Marrett）認為它可能比泛靈論的歷史階段還早，或許是最早階段的宗教現象，可名為「泛生氣論」

（animatism）。「瑪納」是南島系語言，這個概念意指一種非人格性的神祕力量，「瑪納」聚於何處何物，其物其處即獲得更多更大的神聖力道，因而從周遭環境中脫穎而出。「瑪納」一詞雖然取自南島語言，但其解釋效率不只限於一時一地的民族學領域，而是具有普遍性的意義。類似的語言不少，如kike、orenda、waken、hasina、manitou等等，瑪納與禁忌聯合形成的瑪納—禁忌名稱不同，但通常扮演非人格性的神祕力量。這種非人格性的「瑪納」帶來了聖俗的原始分裂，對「瑪納」的經營因而也成了文明進展的大事。[54]

　　瑪納是否為人類宗教史上普遍性的「築基」的概念爭議頗大。我們確實在美拉尼西尼群島外的許多地區看到類似的概念，除上述的orenda外，我們還可看到西印度群島的Zemi，Hurons的Oki（岐），非洲矮人族的megbe等，這些神祕的概念都有些類似瑪納的內涵。然而，瑪納的現象是否那麼普遍，那麼同質，不同的判斷也是有的。誠如耶律亞德（M. Eliade）所說的：連美拉尼西尼群島的有些部落都沒有類似的概念。他還引用拉丁（P. Radin）的研究，指出前人研究的瑪納的家族概念成員wakanda、manito等概念雖有「驚奇」、「神聖」、「非常」、「充沛」等內涵，都沒有隱性力量的意思，其差異也是很明顯的。[55]

　　瑪納是否可能成為人類最古老的宗教概念，此事非筆者知識

54　參見林惠祥，《文化人類學》，收入蔣炳釗、吳春明主編，《林惠祥文集》（廈門：廈門大學出版社，2012），上冊，頁414-419。卡西勒推論宗教的起源時，由人格神、功能神一直往前推到瞬間神的「瑪納」，他也以自己的宗教哲學呼應了原始階段宗教概念的論點。

55　上述論點參見M. Eliade, *Patterns in Comparative Religion*（New York: New American Library, 1974）, p. 22.

所能及。由於我們要從現代社會，即使是較原始的社會，重構一個前歷史的宗教始源的階段，可想見的，技術與理論的困難一定都很大。但「瑪納」這個概念可能有的普遍意義還是值得注意，至少有一說認為瑪納不只是初民的宗教概念，印度的「梵」（brahman）、伊朗的xvarenah、羅馬的imperium等等也有類似的內涵。卡西勒更進一步提出希臘哲學提供的例證：「斯多亞的學說，主張一種瀰漫一切的『生氣』──一種呼吸，散布在整個宇宙之中，它賦與一切事物以張力，由之而它們被連繫在一起──還與原始的概念，如波來尼西亞人的『瑪納』，伊羅可的『鄂蘭大』，夕烏克斯的『衛慳』，阿羅昆的『門尼托』等等，表現了非常驚人的類比情形。」[56]卡西勒相信斯多葛學派說的「生氣」與瑪納的類似性，不是類比，而是同根而發，出自極深的宗教情感底層。

　　跨文化之間的比較總會被質疑比較的合法性，但如果人類此「種」生物有求精神發展的種屬的特性，我們不免會想到它在中國的對應概念。法國漢學家葛蘭言（M. Granet），很早即提出中國哲學重要概念「道」與瑪納的關係，葛蘭言之言無由閱讀，但黃文山先生曾引介其言，踵事發揮。葛氏與黃文山將瑪納比作中國的道。黃文山引人類學家科德林頓（R. H. Codrington）對瑪納的介紹，那是一種非物質而又超自然的力量，它無所不在，一切生命形式，一切行動效果，不論人、生物或無生物，皆受其影響云云。[57]觀黃文山所言，瑪納似乎更接近於氣的形象。然而，道

---

56 卡西勒（E. Cassirer）著，劉述先譯，《論人──人類文化哲學導引》，頁106。

57 黃文山，〈圖騰制度及其與中國哲學起源之關係〉，原刊於《中央研究院民族學研究所集刊》1960年第9期，頁50-70。後收入劉福增等編，《中國哲學思想論集：總論篇》（台北：牧童出版社，1977），頁166-172。

與氣的關係原本密切，從《管子‧內業》以下，歷代以氣釋道者，不時可見。[58]準此，葛氏與黃文山之以道釋瑪納，其實質內涵也可以說即是以氣釋瑪納。

以氣釋瑪納，兩者有其近似之處。然而，就像在人類學或宗教學圈裡對瑪納是否遍布一切？是否那麼普羅一樣，頗有學者即認為瑪納這類的特殊之物只有非凡的人、非凡的物才可以擁有，並非遍布一切的天賦物精。換言之，瑪納也是精英的概念，學者如想了解此概念，需要作工夫，先將原先的瑪納性質精緻化。同樣地，與瑪納相對應的氣也須精緻化，才可顯示氣的特殊性。裘錫圭先生曾撰文探討精氣說與瑪納的關係，[59]依據其說，我們觀人類學家對「瑪納」的形容，對照《管子‧內業》、《呂氏春秋‧盡數》諸篇描述精氣匯聚所產生的諸種神奇的效果，兩者確有驚人的一致性。且看《呂氏春秋》的說明：「精氣之集也，必有入也。集於羽鳥，與為飛揚；集於走獸，與為流行；集於珠玉，與為精朗；集於樹木，與為茂長；集於聖人，與為敻明。精氣之來也，因輕而揚之，因走而行之，因美而良之，因長而養之，因智而明之。」[60]《呂氏春秋》的精氣說的來源很值得探究，

58　道教的文獻不時可見，如「道本無形，但是元氣。《養生經》云：『道者，氣也』，保氣，則謂得道，古來通儒以氣為道」。參見釋法琳，〈出道偽謬篇〉，《辯正論》，《大正新脩大藏經》（台北：新文豐出版公司，1983），冊52，卷8，頁547。與王陽明並世而生的湛若水所說也很直接：「即氣即道，氣之中正者，即道，道氣非二也。」湛若水，〈問疑續錄〉，《湛甘泉先生文集》（臺南：莊嚴文化事業公司，1997），卷11，頁4。

59　裘錫圭對瑪納的理解主要依據林惠祥的解釋，參見林惠祥，《文化人類學》，收入蔣炳釗、吳春明主編，《林惠祥文集》，上冊，頁414-419。

60　許維遹撰、梁運華整理，《呂氏春秋集釋‧季春紀‧盡數》（北京：中華書局，2009），上冊，卷3，頁66。

它當然有可能來自《管子‧內業》所說，但〈內業〉的論點源自何處呢？問題還是存在。筆者相信：精氣說有可能來自密傳的宗教傳統。我們試比較瑪納與精氣，兩說正可相呼應。

　　「精氣」顯然是「氣」的進化版，它被視為構成人的精神，也是構成超越界實質的內涵之物項。「精氣」這個複合詞由「精」與「氣」兩字構成，由此詞語的構造也可看出「精氣」是「氣」字的補充修正，如果「氣」字能夠完成〈內業〉作者設想的那種神祕絕俗的功能，即不須在此字之前更加上修飾詞。然而，「氣」字代表一種統一性原理的功能固然存在，它作為與自然隔離之上的超越功能卻常顯現不出來，所以〈內業〉作者不能不再加一種代表「美好」、「本質」意義的「精」字，以顯示「精氣」不是一般的氣。「精」字的出現是中國思想史的一件大事，在東周的文獻中，我們不時可看到「精爽」、「其精甚真」這類的語詞，這是一種帶著神祕而美好質性的術語，「精氣」是「精」字語族中內涵最深遠者。孟子所說的「浩然之氣」的「浩然」；莊子所說的「氣母」的「母」字也都是在這樣的思考背景下呈現出來的，但後兩者的用途不如「精氣」廣。

　　不管瑪納、精氣是否可視為最原始的宗教概念，它起源甚早，大概可以確定。然而，論及瑪納這個根源性的概念時，耶律亞德、卡西勒等學者都將奧托（R. Otto）《神聖的概念》一書的核心概念帶進來，這個挾帶絕非偶然。在宗教史研究的演進上，奧托「神聖」（luminous）的概念非常重要，大異於以往研究者從宗教概念如上帝、耶穌、三位一體等概念進入，討論宗教學的內涵。奧托則從宗教經驗進入，他認為宗教之核心在於「神聖」之體驗。神聖這種宗教情感之異於一般心靈經驗者，在於聖俗的分裂所造成的那種總體的強烈的矛盾之感，亦即神祕的畏怖與神

祕的欣慕。奧托的《神聖的概念》一書提供了我們一種從主體經驗進入宗教界的途徑，此書的詮釋學的轉折對重主體性的中國哲學尤具深刻的啟發意義。以神聖感的體驗為準，則精氣的體驗亦當帶有一種強烈的情動因素，用耶律亞德的話講，也就是聖顯帶有力顯。再下一轉語，也就是瑪納與禁忌同體共在。

我們將氣、精氣與瑪納對舉，當然要面臨跨文化語詞轉譯的正當性問題之質疑。但是我們如果認為在遂古之初，論述成家的價值解釋體系還沒建構起來之前，人類文明的發展有共相，那麼，人類學的知識用以解釋文明初期的階段文化即會有更大的適用性，職是之故，我們找出風、氣與瑪納的共通性，也就不是那麼不可理解的事。溯源以清流，源頭清楚後，我們對氣的流向也會更清楚。

六、服氣、行氣與養氣

如果瑪納和氣是同一時期宗教史的相對應概念的話，我們發現兩者後來發展的途徑卻大異其趣。依據卡西勒之說，從瑪納到功能神到人格神，其發展是相當異質性的躍升，宗教常會提供超越時間之上的理念，但宗教本身也是有歷史的。如果說在西方從瑪納到人格神的發展是藕斷絲連的，在中國，氣的後續發展則可看出是在同一路途上的更形深入，更形開闊。不管宗教精神發展的路途上有多少新的成員加入，氣始終蘊藏在靈魂、神祇、心性諸概念之後，未曾斷滅，它甚至形成一種足以和西洋文化對照的「連續型的世界觀」。[61]

---

61 此說為牟復禮（F. W. Mote）所創，經杜維明、張光直等人相續主張後，其

　　「氣」在中國思想史的特殊地位在於它是可以經營的。由於「風」、「氣」與「瑪納」具有特殊能量的巫術特質，因此，控制「風」、「氣」的技術不能不先後走上歷史的舞臺。我們看氣的經營呈現出由外而內的模式，首先出現在歷史舞臺上的是一種帶有濃厚巫術性質的「占風」、「寧風」之術。甲骨文中頗有這些記載。當殷商民族由東北而中原，由遊牧而農居，如何正視與農作有關的天文、土地、風、水，遂不能不浮上政治的舞臺。天文、地理、風、水這些因素加起來，即是農業民族的核心要義。宇宙是個生命循環不已的系統，咒術是個潛存的知識體系，它或許改變不了大自然的物理性質，卻可暫時撫平初民對生命的焦慮。從「占風」、「寧風」這些巫術的行為更進一步，繼而有「占氣」、「望氣」之術。我們現在看到戰國秦漢這些諸「氣」的經營範圍，常見於天文學、軍事的領域。[62] 因為正是在這兩個領域內，不確定的知識的因素特別多，其影響又特別大。所以意味著「無形的變化」之「風」、「氣」遂乘之而起，兩者先後遞現，「風」的內涵逐漸被「氣」所接收。可以預期的，只要軍事或政治上的偶然因素不能徹底被轉化時，各種類似「占風」、「望氣」之類的神祕巫術就不會告退歷史舞臺。即使「風」、「氣」這類的字彙不

義日受重視，參見張光直著，郭淨等譯，〈連續與破裂〉，《美術、神話與祭祀》（瀋陽：遼寧教育出版社，1988），頁117-127。

62 參見坂出祥伸，〈占風術のさまざま──中国古代における〉，《關西大學文學論集》第34卷第3、4號合刊（1985年3月），頁1-22；〈中国における風の観測と観測器具の発達〉，《關西大學文學論集》第35卷第1號（1985年12月），頁1-19；〈中国古代の気または雲気による占い──漢代以後における望気術の発達〉，《関西大学中国文学会紀要》第10號（1989年3月），頁1-24。

再流行了，仍然會有各類的英雄好漢，從生辰八字到面相、手相、星相、紫微斗數，南北雜貨，華洋名品，會紛紛取而代之。

「占風」、「占氣」的技術中沒有道德的屬性，沒有理則的內涵，它們是純粹的力量。事情的成敗勝負，端看風、氣如何經營而定，但風、氣是很難經營的，占卜傳統中的「術」與「數」帶有相當大的解釋空間，一切依科技理性算計的因素至此都不得不低頭。如果我們將文中的風、氣代之以瑪納，應該不難找出彼此間的公因數。我們有理由相信：越是早期的風、氣理念，其巫術性質越濃。

「氣」的內涵可以追溯到早期的風—瑪納的源頭，但「氣」後來在中國文化諸領域卻帶來巨大的影響。誠然，類似「氣」這種無形而神祕的全體性力量之概念並非中國所獨有，其他諸大文明也有類似的概念，但「氣」在中國文明中的影響之大確實是很特殊的。「氣」貫穿於大小傳統間，影響同樣重大。大體說來，在小傳統中的「氣」的內涵接近於瑪納，大傳統中的「氣」的精神內涵則越來越濃。小傳統中的氣雖說源於瑪納，但它既然在歷史的流變中演化成與生活相關的術，它總要有知識的涵義在內。這些由天人相符所構成的知識，如命數云云，到底有沒有效？能否找到需要大量非量化的詮釋過程的知識，是件不容易判斷的事。[63]但我們看到「氣」在後來的大傳統中所扮演的角色，基本上是對巫術性的瑪納能量的批判與轉化。應然的意識在戰國時期形成以心性論為中心的哲學。「善為易者不占」、「易為君子謀，

---

63 據說勞思光先生認為占卜這類的知識介於理性與非理性之間，他的態度令筆者聯想到榮格對占卜的判斷，兩人的結論頗可相互發明。為免瓜蔓，茲不贅述。

不為小人謀」諸說，顯示「氣」在彼時的諸子體系中雖占有重要
地位，但巫術性格已淡，一種帶有規範性、精神性的氣將成為文
化的主流。

這種轉化巫術性力量的過程，我們不妨稱為道德化的價值建
構工程。我們這裡所說的道德化不是依現在的「道德」義而言，
而是依據「道」與「德」之原始義來說。「道」字宏大，它將作
為一種形而上學的原理踏上中國的思想舞臺。相對於「氣」的彌
天蓋地，難以規範，「道」字所出的途徑義則容易引申出「法
則」、「遵循以行走」、「由此到彼之目的」諸種內涵。「道」、
「氣」的轉換關係在秦漢後──尤其宋明階段，仍有反覆演出的
過程。「道」字作為首出的形上學原理之地位沒被動搖，但以氣
代道的情形也是有的。而在原始階段的瑪納演變成「道」或形上
學之氣的過程中，氣作為存在原理，或自然哲學原理，缺少主體
轉換過程的形上學之氣，這樣的自然主義的敘述也是有的。但大
體而言，在春秋戰國時期，一種具有規範及精神內涵的形上學之
道已經形成，儒、道兩家的思想特色以及歷史任務，至少有一項
是轉化瑪納的巫術性質以證成氣的形上學。

儒、道兩家的氣的形上學的一項特色在於氣作為形上原理與
作為一種具有超越性質的生命原理的相關性，事實上，一種脫離
具有工夫論內涵、不具性命之學意義的觀解形上學的氣學在中國
思想史領域內固然存在，比如說：王廷相哲學，但不是儒道傳統
的核心關懷。相反地，氣的形上學有種須被證成的性質，氣的形
上原理在形上學結構中雖是首出，但在理論次第上，或是工夫次
第上，卻有待氣作為心靈核心因素的轉化才可體現。氣哲學變成
性命之學的內涵乃是瑪納概念精粹化的合理發展。

「氣」的精粹化意味著環繞著「氣」，一種與身心相關的修

養技術的形成。不像早先時期初民對「風」,「氣」的經營是非
主體性的,此際對氣的經營是另類的模式。學者返身自求,首先
出現一種透過呼吸吐納,融合身體外的「風」、「氣」與體內的
生命力的修行方式,我們不妨稱為服氣法。這種以呼吸法為中心
的服氣法在後世的道教文獻中有大量的記載,在埃及、印度的文
獻中也頗有類似的方法。在中國呼吸吐納的方法很可能於新石器
時代即已存在,晚近研究中國氣功、修行法的學者追溯這些功法
的起源時,往往追溯到新石器時代的陶器、岩畫,這樣的溯源雖
然缺乏文字的佐證,但從圖誌學的觀點來看,是足以成說的。[64]

　　如果從文字的載體來看,盛行於中國南方的陵陽子明之術所
說最為典型:「春食朝霞。朝霞者,日始欲出赤黃氣也。秋食淪
陰,淪陰者,日沒以後赤黃氣也。冬飲沆瀣,沆瀣者,北方夜半
氣也。夏食正陽,正陽者,南方日中氣也。并天地玄黃之氣,是
為六氣也。」[65] 從四時春夏秋冬到晝夜的時段,各有不同的氣,但
都需呼吸吐納之。如果只是一味之風或者一味之氣,如何分辨四
時之氣或晝夜之氣?這些不同的氣與生命的經營有何關係?顯
然,中間有些環節失落了,其技術不易追蹤。但服氣要有作用,
「觀想」應該居間扮演了重要的角色,行者透過了觀想的內化作
用,外在的自然之氣因為有了呼吸、氣管、經脈的管道之加持,
產生了與生命同質化的作用,須彌納於芥子,朝霞、淪陰、沆瀣
等氣變成了服氣者生命的部分。

　　在後世中國的修煉傳統中,《陵陽子明經》的法門所代表的

64　上述說法參見李志庸,《中國氣功史》(鄭州:河南科學技術出版社,
　　1988)。

65　王逸注〈遠遊〉「餐六氣而飲沆瀣兮」,參見洪興祖,《楚辭補注》(台北:
　　大安出版社,1995),卷5,頁251。

是服食天氣或外氣的類型，這種類型的法門與瑪納的原型較為接近，但與作為更精純的生命原理的氣之關係較遠。但即使服外氣的法門較原始，較遙遠，我們仍看出此法門也需要精神的努力，所以要觀想的介入。而「觀想」所以可能，乃因這種身心技術背後自然預設了風、氣與靈魂間的內在關聯。大約在戰國時期，我們看到一種先驗而具有宇宙性的神秘靈質的氣被闡釋出來了。這種更精緻的氣或被稱為「氣母」、「先天之氣」云云，這個概念意指在粗顯的、表層的形氣構造外，人人都有一種作為生命本質的「精氣」。

當一種先天之氣的概念形成時，相應的工夫也形成了。先天之氣的工夫途徑有兩種，在老子、列子、管子這些道家型哲人的著作中，我們看到他們如何透過觀想，或者說，如何透過坐忘、日損、虛無這類損之又損的負面方法的觀想，自我退位，讓先天之氣在虛無荒漠中自然生起。屈原的〈遠遊〉更具體地指出仙人王子喬傳授的成仙之道的具體步驟：「一氣孔神兮於中夜存，虛以待之兮無為之先」，此文可視為真正的「萬古丹經王」。〈遠遊〉修的是成仙之術，在儒佛大修行者的眼中，成仙不是值得頌揚的目標，其層級也比不上老、莊、列的虛靜之術所欲達成的境地。然而，我們如單論調氣養生之術，道家的致虛守靜、朝徹見獨與內丹道教的行氣法，固有著力與不著力之別，有自然與勉強之異，但類型是相同的。

論及治氣養身之術，如果道家諸子側重負面的方法，儒家則重視正面的法門。當氣被視為靈魂的本質，而且被收編到心靈的內涵時，可意識到的意志以及隨之流行的氣，兩者被視為一體的兩面，心顯氣隱。心之意志帶有更大的動能，它可牽引氣之流行，一種重視心氣相連、心至氣次的擴張效果之法門即出現了。

孟子講四端擴充、志氣同流，〈內業〉講內靜外敬，氣盈四海云
云，即類似後儒所說的承體起用之工夫。晚近出土的〈五行〉篇
更將道德意識的仁、義、禮、智、聖窮源至心靈深層的仁氣、義
氣、禮氣、智氣、聖氣云云。[66]氣的動態性格的道德屬性更加顯
著，氣與心性的本質性關聯也因此確立下來。氣是晚周的公共論
述，儒家在此一時期不但沒有缺席，它還賦予心氣相連極大的道
德意義，其論述與老子的「心使氣曰強」的遮撥法成了極有意義
的對比。

　　至少從晚周起，由於氣被視為內在於人的生命本質，發展到
先天之氣的理念時，治氣、養氣之說即取得安身立命的地位。對
「氣」的經營因此被視為工夫論的主軸，它與調心的工夫論可分
可合。在六朝、在宋明，如何正心誠意，如何經營氣，如何心氣
兩調停，即成了學者主要的考量。「守一」、「觀想」、「主靜」、
「持敬」、「致虛」云云，都成了儒、道兩家核心的工夫論。我們
追溯後代成熟的內丹或心學的性命之學時，都可在先秦儒道的精
氣論中找到源頭。氣的故事如果從四方風起頭，其脈甚長，我們
在晚明劉宗周的性宗之氣論說及王夫之的天均哲學的氣論說，一
是深之又深的性天之獨，一是浩瀚無涯的道氣流行，應該可以找
到完美的句點，至少是完美的歇腳處。

---

66 出土帛書〈五行〉篇只列出「仁氣」、「義氣」、「禮氣」，缺少「智氣」與
　　「聖氣」，因為依據思孟學派「志至氣次」的理論，只要有心識的活動，即會
　　有氣的流行，只是或有大小輕重之別而已。陳來教授引用理智德性與實踐德
　　性之別，認為乃因〈五行〉篇作者重視理性之外的心理因素，此解釋具有部
　　分的解釋效力，但對「聖」德的解釋，似乎不如對「智」德的解釋。參見陳
　　來，《竹帛《五行》與簡帛研究》（北京：生活‧讀書‧新知三聯書店，
　　2009），頁158-164。

七、結論：盈天地皆氣也

「氣」是個不容易找到相對應的西洋詞彙之重要本土概念，我們怎麼設想一個遍布虛空、無形無狀、卻又可不斷轉化世界的力量呢？筆者從季風亞洲重要的天文地理現象「風」入手，找到風與氣的連繫點。由風、氣的概念再往宗教學的相對應概念尋其軌跡，筆者找到瑪納作為風與氣的前身或是分身，找到「聖顯」與「力顯」作為瑪納的重要屬性。但中國氣概念之異於其家族概念瑪納及不同的化身者，在於氣後來發展出極精緻的氣的形上學與工夫論。不像其他文明地區的瑪納不能充分展現其內涵，後來宗教的發展乃是對此概念的征服，始源的概念提供的基礎不夠寬厚。[67] 相對地，中國重要的宗教核心理念與「氣」常構成連續性的結構，氣是具有明顯中國文化特色的哲學概念。

氣作為形上學語彙，它在後世的發展才特別顯現出精彩。本節將以筆者特別關心的理學為核心，稍作勾勒，以作總結。在理學興起後，「氣」此概念或被視為最高存有下的次級概念，如程朱理學的理氣論的氣；或被視為最高存有的另一名稱，此一意義下的「氣」有幾種不同的形態，有自然哲學的唯氣論傳統，如王廷相哲學的氣；也有超越哲學之類型，如張載、劉宗周思想中的氣，這是一種可以和「本體」地位等同的核心概念。在超越哲學中作為最高存有的氣通常可作為體用論中的「用」字理解，這樣的「氣」字通常和「理」字隸屬同一層，理氣同一。道氣或理氣通常維繫不一不異的詭譎關係，其類型極像泛神論的模式，或萬有在神論的模式，程朱的理氣論在這方面表現得特別明顯。直線

---

67 筆者對宗教史的了解相當有限，此處姑且言之，以俟通人仲裁。

型的宇宙開闢論在中國哲學史上，尤其在漢代，確實是存在的，但非主流。

後世凡持中國哲學「無超越論」之類的主張者，其持論之有效性大概只對漢代那種宇宙論中心的哲學有效──中國的宇宙論中心哲學通常採取自然主義的元氣論的立場。但從自然主義的觀點界定氣的內涵，對儒道兩家哲學的大本大宗卻是彌近理而大亂真。「氣」在儒家與道家思想中無疑占有相當核心的位置，佛教東來，馬上面臨和「氣」的溝通的問題。[68]但儒道兩家的氣不管是否被視為道之同義詞，「氣」的根源性是超越性的，它總是被視為代表創造源頭的心或道的屬性，在語言的表述上，甚至於比「理」或「道」的位置還高[69]──實質上，兩者在本體論上的優先地位仍須斟酌。道的活動性即是氣，所以道體的實相是超越義的道氣同流；心體的活動性也是氣，所以心體的實相即是超越義的心氣同流。凡體證型的超越哲學言及氣的優位性者，如張載、劉宗周某些語言所示者，其實質的內涵都是「理氣一物」。

筆者所以要提出體證型的超越哲學的「氣」的性質具有本體的意義，乃是要突顯此種「氣」的理念帶有本體的創造義。不管是實踐義的主體介入人間，或是宗教義的道體介入自然，作為本體的道體或心體只要一活動，總有新的意義會被帶到每一活動上

68　圭峰宗密所謂：「儒道二教，說人畜等類，皆是虛無大道生成養育，謂道法自然生於元氣，元氣生天地，天地生萬物。」參見釋宗密，〈斥執迷第一〉，《原人論》，《大正新脩大藏經》，冊45，頁708。「氣」構成了佛教與中國思想傳統最大的差異。

69　如羅欽順即言「理只是氣之理」、「理須就氣上認取」。這類的語言自然須善解，不宜將救弊之言視為定義之言。參見羅欽順，《困知記》（北京：中華書局，1990），續卷上，頁68。

來。「氣」概念在理學體系中，或者在中國的書法、詩歌、繪畫等文學領域或藝術領域中，與其說扮演永恆回歸的同一性的角色，或執行畢來德（J. F. Billeter）先生所說的「內在一元論」的功能。[70]不如說：它扮演了日生日化的新生的功能。

　　有關中國哲學沒有超越性，沒有宗教性，這類的僵硬印象在今日學界雖然稍有鬆動，不像謝林（F. W. J. Schelling）、黑格爾（G. W. F. Hegel）那個時期所見到的那般死硬僵化。但改頭換面，類似的說詞還不少。本文無法處理此一問題，但我們追溯氣的始源直至「風」的概念，比較「風」、「氣」兩說，或許可以得到進一步思考的線索。作為氣的遠祖的風之創生性，乃是季節神話般的循環性的反覆再生。相對地，氣的循環性格不顯，尤其當心氣的概念結合成形後，氣帶來的消息往往是氣性之新、奇、詭、怪，破壞常規。但同時也彰顯了氣的虛己迴盪，與世界共化。氣之殊異性與共感性同時顯現特色，明代王陽明之後的文化正顯示了這樣的訊息，後儒批判陽明後學的理由往往不在他們陷於內在的一元性之反覆重述，而在他們完全逸出了儒門的矩矱。氣化日新，故事正長，就此暫止。

---

70 參見畢來德（J. F. Billeter）著，宋剛譯，〈莊子九札〉，《中國文哲研究通訊》第22卷第3期（2012年9月），頁5-39。

肆

從明暗到陰陽

一、前言：二元論之源

　　光明與黑暗是神話最常見的一種主題，也是二元結構中時常並生而起的一組意象。在中國思想的發軔期中，這組常見的神話意象被整編到儒、道、陰陽諸家的思想中，先秦諸子或重光明，或重黑暗，或重明暗一體的弔詭性。明暗兩者當中，光明意象的運用尤廣。在這種從「神話到哲學」的轉換過程中，神話意象與工夫論的主體經驗關聯甚深，明暗從天文物理學的性質變為深層心理學的概念。

　　明暗的原形是天文物理學的概念，與明暗性質息息相關的是太陽（日）、太陰（月）的意象。日月行空，日月在空，天空包容了日月。但天空的形貌卻因日月的照耀而明，沒有了日月，長空將是萬古如長夜。遼闊感不復存在，物象的層次感不復存在，甚至萬物陷於沉甸甸的漆黑中，存在即被知覺，所以也可說不再存在。明暗依附於日月，明暗遞換就和日月代運一樣，都出自原始的經驗。「月亮」作為三光之一，太陽之對偶，其特質原本也

是一種光明，是一種在漆黑世界中的明光。但就對初民的生命建構而言，其作用不如太陽來得大，就明暗的意象而言，太陽提供了其意象存在主要的來源。

明暗的概念後來與陰陽的概念相互涵化，陰陽進而吸收了明暗的意涵，陰陽或相續流行，陽了即陰，陰了即陽，《易經》所謂「一陰一陽之謂道」。陰陽此組概念也可並置相偶，如陽中有陰，陰中有陽，周敦頤〈太極圖說〉所謂「水陰根陽，火陽根陰」。陰陽這組詞語既有時間性，也有空間性，既辯證且共構，它的雙元性成了中國思維的主要範疇。

二元結構與終極的本體的關係，或說對偶與絕對的關係，一與二的關係，乃是普遍性的宗教與哲學的議題。太極與陰陽的關係也可視為「一」與對偶「二」此普遍議題的一個類型，在後世的宇宙論與天道性命貫通的工夫論中，「太極」與「陰陽」的關係將成為一組重要的公共論述，帶動千年的思潮。「從神話到哲學」是普遍性的思想演變歷程，「陰陽」這組重要的哲學理念也是有前身的，本文的重點放在陰陽概念的神話意象之源，論述將繞著作為太初本體論的「明暗」的視覺意象展開。

二、陰陽相偶

光明與黑暗不是無因之自然，它是依附在空間形式中最根源、規模最宏偉的基本劃分。宇宙開闢的神話表述的內容當然是宇宙的開闢，但宇宙開闢的事件中，首先被創造的往往就是空間，以及空間裡的黑暗與光明。只有黑暗與光明分裂了以後，空間的具體形象才能形成。具體的神話空間形成了，接著而來的神話事件也才有布局開展的場域。

　　據說：「幾乎所有氏族和宗教的創世傳說中，創世的過程與光明的破曉溶為一體。在巴比倫人的創世傳說中，世界生成由於旭日與春日之神發動的對魔鬼的瑪特所代表的渾沌與黑暗的戰爭。光明獲勝是世界及世界秩序的起源。埃及人的創世傳說也被解釋成是對每日日出的模仿。創世的第一幕始於一個蛋的形成，它從原始水中生成；從蛋中流溢出光明之神，對它的起源有很多種說法，不過這些說法都追溯到一種初始現象──光明從黑暗中噴薄而出……創世的描繪無非是有關光明誕生的故事──正像神話精神在每一新的白晝興起，每一新的黎明來臨時所體證的那樣。對神話觀念來說，黎明的到來，不是單純的過程；它是一次真正的和初始的創生──不是遵循確定法則週期性重現的自然過程，而是某種完全獨特和唯一性的事物。」[1]以上是卡西勒（E. Cassirer）論神話思維的空間直觀中的一段警語。我們如果同意神話思維有種特殊的空間直觀形式，神話空間展現出一種情感的、巫術的、原始的同一之構造，那麼，我們也不得不承認在這些神話空間的觀念興起前，其自體的神話空間非得先自行分裂不可，換言之，非有光明不可。

　　如果光明是開闢的第一步，宇宙開闢的韻律可以稱作太陽之歌的話，[2]那麼，中國的情況怎麼樣呢？光明之前呢？中國常被說成是神話極不發達的一個古文明，開闢神話據說也是極淡的，淡如影子。那麼，作為原始開闢事件的世界之起源，到底怎麼設想呢？

1　卡西勒（E. Cassirer）著，黃龍保等譯，《神話思維》（北京：中國社會科學出版社，1992），頁109-110。

2　雷蒙德‧范‧奧弗（Raymond van Over）編，毛天祜譯，《太陽之歌──世界各地創世神話》（北京：中國人民大學出版社，1989）。

　　中國的宇宙開闢神話是否如此簡淡？中國遠古時代是否也有太陽之歌？此事費人猜疑。戰國晚年，忠貞耿耿的三閭大夫屈原被流放到了沅湘之間，傳說他憂心愁悴，茫茫然徘徊於山澤間，見到其地有楚國先王祠堂，他遊觀壁上圖畫之山川神靈，感慨萬分，「因書其壁，呵而問之，以渫憤懣，舒瀉愁思」，[3]他書於壁上的內容就是〈天問〉。〈天問〉破題即言：

　　　遂古之初，誰傳道之？上下未形，何由考之？冥昭瞢闇，
　　　誰能極之？馮翼惟像，何以識之？明明闇闇，惟時何為？陰
　　　陽三合，何本何化？

〈天問〉是否起於呵壁，此處姑且不論。值得討論的是：《楚辭》學史上，〈天問〉曾被視為邏輯最零亂的作品，屈原用了一堆的問句串起全文，他似乎運用肯定句的能力都沒有了。[4]〈天問〉以疑問句形式破題是很顯目的現象，屈原二十五篇作品中，以質問貫穿全文者，我們首先想到的是兩篇作者較有爭議的〈卜居〉、〈漁父〉，其次是〈天問〉。〈卜居〉、〈漁父〉兩篇，尤其〈卜居〉，顯然描述的是晚年屈原極端挫折的心境，問句是他對存在的懷疑的一種文體的投射。〈天問〉的創作是否也有可能處於類似的心境？

　　如果〈卜居〉還設定了一個可供屈原諮詢的太卜詹尹的話，

3　這是最早的注家王逸的解釋。參見洪興祖，《楚辭補注》（台北：大安出版
　　社，1995），卷3，頁123。

4　胡適早就批判〈天問〉：「文理不通，見解卑陋，全無文學價值。」胡適，
　　〈讀楚辭〉，《胡適古典文學研究論集》（上海：上海古籍出版社，1988），頁
　　344-351。

〈天問〉卻恍若自言自答，一個蒼白創傷的靈魂的自白。然而，問句起源於疑問，論疑問之大者，莫過於宇宙之起源。〈天問〉作者——這位憔悴於江潭水邊的詩人首先問的正是宇宙開闢的問題，類似的問題以及類似的提問方式也見於稍早時代的大哲人莊子，也見於域外的玄遠之士及民間的傳統，這樣的質問方式很難說不是出自嚴肅的考量。很明顯的，屈原雖然問了一堆問題，但質問內容的基調與其說是人格搖落下的狐疑，還不如說他以原始玄學的思考方式，傳達了知識的訊息——此處的知識指的是神話的知識，原始玄學指的是一種存在的疑惑。[5]

「遂古之初，誰傳道之？」追問始源，此追問實已預設了始源的意識。否則，他如何追問？「上下未形，何由考之？」其理亦然！屈原如果沒有「太初的空間上下未形」之想法，他如何針對空間的創造傳說，滿腹狐疑？「冥昭瞢闇」、「馮翼惟像」，指的皆是溟涬渾沌、無象無狀的模態，因此，無從追根究柢。屈原的質疑甚是，但他怎麼會提出冥暗、馮翼的幽黑空間形象來的？「陰陽三合，何本何化？」這個問句如果沒有預設了老子「道生一，一生二，二生三，三生萬物。萬物負陰而抱陽，沖氣以為和」的形上學的觀念，[6]或者另外的神話學的答案，[7]實在不好理

5 參見藤野岩友，《巫系文學論——以《楚辭》為中心》（東京：東京大學書店，1969），頁49-84。藤野岩友此書指出〈天問〉與戰國設問文學的關係。衛德明，〈天問淺論〉，收入馬茂元編，《楚辭資料海外編》（湖北：人民出版社，1986）。蘇雪林，《天問正簡》（台北：廣東出版社，1974），頁27-29。此書第49頁以下皆為〈天問〉所論有嚴肅的神話祭典的意義，而且可能受外來文化影響。

6 參見馮友蘭，〈再論楚辭中的哲學思想〉一文，原出版社不詳，此文現當已收入《三松堂全集》。

7 如《淮南子》所言：「古未有天地之時，惟像無形，窈窈冥冥，芒芠漠閔，

解。最關鍵的在於「明明闇闇，惟時何為」此句。屈原知道從一
切漆黑黝暗的空間中，忽有明光出現，明光與黑暗分離，宇宙開
始動了起來，所以才會有接著而來的「陰陽三合」。「明明闇闇」
前承黑暗，後接光明；前接緘默，後接熱鬧，它是由無到有的樞
紐。屈原的問句是種詩意的宇宙開闢論，他問的是開闢神話的問
題，只是他使用一種詩意的方式，並且暗中借用楚文化的思考架
構及意象而已。

三、老子的曖昧重玄

同樣代表楚文化的《淮南子》論及宇宙開闢時說道：

> 天墜未形，馮馮翼翼，洞洞灟灟，故曰太昭。道始生虛
> 霩，虛霩生宇宙，宇宙生氣。氣有涯垠，清陽者薄靡而為
> 天，重濁者凝滯而為地。清妙之合專易，重濁之凝竭難，故
> 天先成而地後定。天地之襲精為陰陽，陰陽之專精為四時，
> 四時之散精為萬物。（〈天文訓〉）

《淮南子》提到宇宙從渾沌一片到芸芸萬象間的關鍵是陰陽的出
現。「陰陽」兩詞連用，成為重要的哲學語彙，其流行時期當在

瀎濛鴻洞，莫知其門。有二神混生，經天營地，孔乎莫知其所終極，滔乎莫
知其所止息，於是乃別為陰陽，離為八極，剛柔相成，萬物乃形。」參見劉
文典撰，馮逸、喬華點校，《淮南鴻烈集解・精神訓》（北京：中華書局，
1989），上冊，卷7，頁218。底下引文同出此版本。〈精神訓〉此段話無疑
是漢代宇宙論的敘述，但「二神混生」之語如果不是出自早期神話——有可
能是天父地母的神話，也是很難想像的。

戰國晚期到兩漢。筆者認為這是明暗觀念加上宇宙二分的想法在此時期的結合。換言之，陰陽取代了明暗的解釋功能，但明暗的意義還是包含在陰陽之中的。

從屈原到《淮南子》，我們無疑看到了明暗神話的因素，但在非神話時期寫成的宇宙開闢神話如果沒有受到當時重要的宇宙論或形上學思潮的影響，這是不合理的。我們如果想找出比較完整的空間神話之詳細節目，大概只能往楚地的民間傳說裡設法，晚周秦漢的文獻是無法提供完整的情節的。

然而，由屈原、劉安的氣─陰陽之語彙及空間神話的思考模式，我們可以得到一個線索：神話空間的明暗因素轉化到哲學性的陰陽觀念，這當中有種結構性的置換關係。在置換中，感性的色彩減殺了，普通概念的成分增加了。而影響這種轉變的主要思想家當是老子。

老子是中國第一位嚴格意義的形上學家，他所論述的形上之道，不但規約了爾後的道家、道教學者的理路，它也深刻地滲透了儒家及其他學派的思想體系。老子論及「道」的本根性及創生性時，明暗的意象總不免會跟著而來。

> 道可道，非常道；名可名，非常名。無，名天地之始；有，名萬物之母。故常無，欲以觀其妙；常有，欲以觀其徼。此兩者同出而異名，同謂之玄。玄之又玄，眾妙之門。（〈第一章〉）

此章顯示了道的雙重性，它一方面是絕對，道之在其自體。它沒辦法被言說、論述，換言之，它沒有辦法被對象化，禪宗所謂「說是一物即不中」。因此，它是「無」。老子說：「無，名天地

之始。」嚴格說來，無即是無，「天地」一詞的空間意象及「始」的時間意象都不能用，因為，「創造」或「雜多」還沒有開始，它是「常無」。但「無」雖不能以論證解說，也不能用智性證成之，它卻不是虛無，它是絕對的潛能，一切存在的母胎，而且是不落於現實變化之流的存在根源，所以它又是不同於現實「定有」的「常有」。常有常無「同出異名」，亦即兩者指涉者相同而稱呼不同，換言之，就道論道，絕對的無也是絕對的有。絕對者往往具有語義概念衝突的悖論（paradox）性質，老子的道之雙重性，其義猶是。[8]

老子的道之問題論者已多，本文題旨不在此處。但從《老子》首章，我們看出「無—始—妙」與「有—母—徼」的對舉。道是無／有、零／壹、始／母兩種對立的同一之體，但「妙」與「徼」是怎麼地對立之同一？

「妙」是深微奧妙之義，這個語義的解釋是確定的。「徼」字的解釋則頗複雜，不同的文字解釋義不見得不能相容，但有一解將「徼」字解釋為「皦」字，此說既有版本學的依據，而且也有明晰的理路，很值得留意。且看于省吾解釋如下：

> 「其上不皦」，景龍本作曒，敦煌丙本作皎。是徼曒窢皎並皦之假借字也。《一切經音義》四，引埤蒼「皦，明也」。《論語・八佾》「皦如也」，《釋文》「皦如其音節奏分明也」。上言，「故常無，欲以觀其妙」，妙謂微妙，十五章「微妙玄通」，微妙與皦明為對文。「常」俞樾讀「尚」，是

8　參見拙作，《先秦道家「道」的觀念的發展》（台北：國立臺灣大學出版委員會，1987），頁45-52。

也。金文皆作「尚」，故尚無者，欲以觀其微妙，尚有者，
欲以觀其皦明。有無既分，則可別其微明，有無不分，則顯
晦一致。十四章云：「故混而為一，其上不皦，其下不
昧」，是上下為對文，皦昧為對文。四十一章「明道若
昧」，明即皦也，明與昧為對文。王弼謂妙者微之極也。
《易·象辭》「天道草昧」，董遇章句：「草昧微物」，是昧與
微妙義相因。[9]

我們如依循王弼本的「徼」字，不採用景龍本所寫定的「皦」
字，當然可以的。「徼」字作邊界解，可以顯示道之落實於人間
事物，不能不有所分別、分界。但于省吾的解釋在內在的義理上
是說得通的，「有無既分，則可別其微明；有無不分，則顯晦一
致」，尤有理趣。以明暗比喻道之雙重性，這是老子、道家諸子
論及道體時，很常使用的一組暗喻，也是宗教史上體證入玄的冥
契者很常表述的證語。

　　于省吾解首章「觀其徼」的「徼」字時，引用的「其上不
皦」，語出〈第十四章〉，此章頗多詭譎之詞，論及老子的明暗
意象之運用，此章提供了重要的訊息。我們不妨觀看此章論及道
體的文字所言何事：

　　視之不見名曰夷，聽之不聞名曰希，搏之不得名曰微。此
　　三者不可致詰，故混而為一。其上不皦，其下不昧，繩繩不

9　于省吾，〈老子新證〉，《燕京學報》第20期（1936年12月），頁245-262。
　　引自蕭兵、葉舒憲，《老子的文化解讀——性與神話學之研究》（湖北：湖
　　北人民出版社，1993），頁201。

可名，復歸於無物。是謂無狀之狀，無物之象，是謂惚恍。

此章中的「道」具有有／無雙重性，這是相當清楚的。夷、希、微三者「不可致詰」，這當然是「無」，但「無」中有「象」、「物」、「精」，這就不能不是「有」了。「無」最顯著的意象是暗，「夷」、「希」、「微」、「窈兮冥兮」皆指向「暗」意。「有」的意象比較複雜，因為「有」要具足存在真實的屬性，所以「有」中有「物」，有「象」。但我們不宜忘了，「光明」也是「存在」的一種常見的象徵，所以〈第十四章〉才會有「不皦」、「不昧」的雙遮撥語彙，事實上「不皦」即「昧」，「不昧」即「皦」，〈第四十一章〉所謂「明道若昧」是也，這種詭辭為用的表達方式，曲折地表達出暗／明乃無／有此道之重玄結構下的一個變項。[10]

　　老子論道體或論體道，無疑地，重視皦昧一體，他不可能是虛無主義者，不管就人生哲學或就本體論意義來論，老子都不是那麼負面意味的、生之意志解消的、叔本華類型的哲學家。但他在後世發揮的作用，主要還是一種退居到無分別的原始狀態，也就是斂光匿影，玄之又玄，以至於無之境。〈第四十一章〉云：「明道若昧，進道若退，夷道若纇，上德若谷，大白若辱。」在明昧的詭譎構造中，明昧的位置仍呈現奠基與基礎之上的關係。在諸色中，唯有黑暗沒有任何光線，色澤也是光，在諸色呈顯的光譜中，黑是最底層的顏色，它成了所有色的基礎，就像下是高

10《老子》書頗多詭譎重玄之詞，與《老子・第十四章》旨趣相近者尚有《老子・第二十一章》：「道之為物，惟恍惟惚。惚兮恍兮，其中有象；恍兮惚兮，其中有物。窈兮冥兮，其中有精；其精甚真，其中有信。」既無且有，既暗亦明，是謂恍惚，茲不贅述。

之基，草昧是文明之基。老子作為追求永恆回歸的哲人，其思想特色不能不立基於無分別的原始基礎上，這是種大母神的哲學，也是玄之又玄，亦即玄冥黝暗的無之意識之哲學。

四、莊子的明白入素

「不皦」、「不昧」是遮撥性的說法，如果我們用正面性的語彙描述，那麼，「不皦不昧」實即「又皦又昧」。道家論道，客觀面的論道體與主觀面的論體道，其終極境界被認為是相同的。換言之，修養境界可以用本體宇宙論的語彙加以描述。此義於老、於莊、於道家諸子，甚至於儒家之心性形上學，亦可適用。《老子》書中言體道之工夫語不少，然言及體道境界之內容時，除「復命曰常，知常曰明」（〈第十六章〉）明確提及「光明」的意象外，其他地方大概沒有見到。此處的「明」雖用以描述洞澈本源的智慧，但似乎不是用以指涉終極境界的述辭。然而，「光」用以形容洞澈本心的剎那經驗，這是種極常見到的比喻手法，中西皆然。而本心彰顯時，其相是極高明亦極黑暗，這也是種極常見的悟道之詭辭。中國思想史上，最善於形容此義者，當是莊子。

　　莊子與老子論道比較大的差異，當在前者客觀論道之語少，而言及體道境界者多，老子則客觀面重。如果老子是皦昧重玄結構中偏於玄昧之道者，莊子則是皦昧重玄結構中之偏於皦者，此其大較也。莊子論體道功夫，大抵走的是逆覺體證之路，層層遮撥，一消一長，終於有證道之境生焉：

　　　　吾猶守而告之；三日而後能外天下；已外天下矣，吾又守

之，七日爾後能外物；已外物矣，吾又守之，九日爾後能外
生；已外生矣，爾後能朝徹；朝徹爾後能見獨；見獨爾後能
無古今；無古今，爾後能入於不死不生。（〈大宗師〉）

三日、七日、九日的時間或許是虛說，「外天下」→「外物」→
「外生」的順序則不是虛說，它表示的是普見於莊子思想中的轉
化感性、智性的桎梏，終至於體證一種大不同於日常生活經驗的
玄異之道。「無古今」當指時間意識的解消，「不死不生」則指
生死關之破除。生死與時空是任何有情最難克服的關卡，是「個
體」成立的先決條件。此關一破，通常意指學者應已證道，體得
終極之意義。然而，從「外天下」→「外物」→「外生」到「無
古今」→「不死不生」間有個連結的環：朝徹見獨。只有通過了
這個環節，一些玄妙的境界才會呈現。此環節的「獨」意指天人
相通之「獨體」，玄家多有此了解，此注是可以肯定的。「獨」
就像「一」一樣，它們都是道體敘述與體道敘述常見的詞彙。我
們可以設想：如果絕對者（道、上帝、太一、梵天等）是雜多、
變化，而不是無雜多、超動靜之一，祂之外還有與之相對者，那
麼，他還能稱作「絕對者」嗎？如果「絕對」（一）與相對
（二）還有議題可以深究的話，那也只能在冥契境界中的絕對者
之自我矛盾的問題，此義姑且不論。剩下來須解釋的是「朝
徹」，何謂「朝徹」？

　　成玄英釋「朝徹」：「朝，旦也。徹，明也。死生一觀，物
我兼忘，惠照豁然，如朝陽初啟，故謂之朝徹也。」《釋文》引
郭司馬曰：「朝，旦也。徹，達妙之道。」[11]成、郭之說皆為古

---

11 引自郭慶藩輯，《莊子集釋》（台北：河洛圖書公司，1974），頁254。

注，以「朝陽初啟」釋「朝徹」，其文甚美，亦合文辭之義。而且《莊子》書中，亦甚多旁證，如云：

> 宇泰定者，發乎天光。（〈庚桑楚〉）
> 上神乘光，與形滅亡，此謂照曠。（〈天地〉）
> 吾與日月參光，吾與天地為常。（〈在宥〉）

〈在宥〉所言，乃莊子假黃帝參廣成子修行有得之語，其言頗有後世內丹道教伏煉苦修，九轉丹成之義。[12]以「光明」象徵丹成，這種意象絕非罕見。〈庚桑楚〉篇所云「發乎天光」；〈天地〉所云「乘光」、「照曠」；〈在宥〉所云人與日月鼎立之「三光」，無疑地都是以純白明淨的亮光比喻人心之洞見本體，本末兼賅，內外一如。[13]「太陽」的隱喻在東西哲學史上常扮演重要的角色，其中一個極重要甚至是最重要的用法，當是宗教經驗中冥契現象的核心述詞。

　　「光」的物理性質頗特別，既是波，也是粒子。「光」作為隱喻的喻根之性質也很特別，它顯現了溫熱之感，一體無分之

---

12 黃帝問廣成子這段比喻的用法很容易令人聯想到《周易參同契》所說。至於耶教從創世時，上帝說有光即有光開始，「光」即被視為始源的神聖象徵，此事更無庸多論。一條有理趣的線索值得在此提出：後世被懷疑和景教有些關聯的鍾呂內丹道教，亦大用特用光之象徵，他們稱之為「金華」。而景教與此內丹道教也可稱作「光之宗教」。景教與內丹道教關係參見尉禮賢（R. Wilhelm）《太乙金華宗旨》之解說，參見湯淺泰雄、定方昭夫譯，《黃金の華の秘密》，（京都：人文書院，1980），頁130-131。

13 成玄英注「發乎天光」云：「夫身者神之舍，故以至人為道德之器宇也。且德宇安泰而靜定者，其發心照物，由乎自然之智光。」注「照曠」云：「智周萬物，明逾三景，無所不燭，豈非曠遠。」

感，也顯現了一種呈現原則，它常用來比喻心體。「光」之外，「白」又是另一個常用的意象。如云：

> 瞻彼闋者，虛室生白，吉祥止止。（〈人間世〉）
>
> 夫明白入素，無為復樸，體性抱神，以遊世俗之間者，汝將固驚邪？（〈天地〉）
>
> 純素之道，唯神是守；守而勿失，與神為一……故素也者，謂其無所與雜也；純也者，謂其不虧其神也。能體純素，謂之真人。（〈刻意〉）

〈人間世〉所言，乃《莊子》書中有名的「心齋」工夫之境界語。「虛室生白」是至人達到「以無翼飛」、「以無知知」的境界以後，本心狀態的一種漂亮比喻。「心齋」的「虛室生白」理論出自孔子之口，〈天地〉所描述的漢陰丈人其境界如何界定，姑且不論。但他所以不用省事的機械，是因為怕有「機心存於胸中，則純白不備。純白不備，則神生不定；神生不定者，道之所不載也」。孔子說他修的是「渾沌之術」，「純白」無疑地意指心體。「素」與「白」可以互釋，「純白」、「純素」、「明白入素」所說其實是同一回事，都指學者處於此一心境時，不依理智，此時「純」是心體某種特殊直覺之流行，所以說是「唯神是守」、「與神為一」。

　　老子論「道」，常喜歡使用黑暗意象之「玄」；莊子論道，則喜歡運用光明意象之「素」。「素」與「玄」一樣，都是爾後道家諸子論及道體與體道時常用的術語。他們或用「玄」，或用「素」，更常見的是「玄」、「素」並用。玄素並用，明暗同行，這樣的表達方式已見於老子之論道體，但更常見之於莊子之論體

道。莊子論工夫、境界時，喜歡用黑暗與明暗並舉的意象，這點是很清楚的。就像我們上文一再鋪陳的：他喜歡用光明的意象。莊子因為強調遮撥、逆覺的工夫，所以我們可以預期：當內容越來越少，分別越來越模糊時，意識的分別功能會越來越稀薄，如果我們用意象語形容，那麼，它會沉入「黝暗」之中。所以說：

> 墮爾形體，吐爾聰明，倫與物忘，大同乎涬溟。解心釋神，莫然無魂。(〈在宥〉)
>
> 形若槁骸，心若死灰，真其實知，不以故自持。媒媒晦晦，無心而不可與謀。(〈知北遊〉)

〈在宥〉所述乃是「心養論」，「心養論」與內篇所說「心齋論」的實質內涵是相同的，兩種工夫不管在用語或在旨趣上，所說都極近似，不，應該說：它們實質上即是一種工夫。〈知北遊〉的話語與〈齊物論〉所述南郭子綦的寓言亦甚相似。這些語言都強調學者直入意識之最底層時，必有「媒媒晦晦」、「大同乎涬溟」此種幽暗無別的境界產生。

　　但如心體充分朗現，無一法可說，說即不中的話，那麼，黑暗與光明這樣的術語有何差別呢？黑格爾（G. W. F. Hegel）論「有」、「無」的差別時說道：「有，這個無規定的直接的東西，實際上就是無，比無恰恰不多也不少。」反過來又說：「無與存有是同一的規定，或不如說是同一的無規定，因而一般說來，無與存有是同一的東西。」[14] 上述的語式雖是典型的黑氏邏輯的解

---

14 黑格爾（G. W. F. Hegel）著，楊一之譯，《邏輯學》（北京：商務印書館，1966），上冊，頁69-70。

析，但我們運用到道家的冥契論之述語時，依然管用。假如絕對的黑暗指的是心體的自我同一，絕對的光明何嘗不可指涉心體的自我活動，兩說皆依超越義的「心體」而展開。果不其然，莊子論及學者體證至極時，即用到兩者並生的意象：

> 視乎冥冥，聽乎無聲。冥冥之中，獨見曉焉；無聲之中，獨聞和焉。故深之又深而能物焉；神之又神而能精焉。（〈天地〉）

冥冥中，自有光明，這就是「曉」，莊子此處用到視覺的意象；寂寂中，自有天樂之和諧，這就是「和」，莊子此處用到聽覺的意象。黑暗、寂靜與光明、天籟，兩者同時生起，這是未分化之分化，是聽覺、視覺處在神妙的動靜交接點。如果不嫌推論太遠的話，我們不妨說：這是五官互融的聯覺（synesthesia）層次，是意識底層自我矛盾之統一。

　　但論及明暗兩種意義之矛盾統一，感性色彩最強、對照也特別強烈的篇章，當是底下所述兩章：

> 我為汝遂於大明之上矣，至彼至陽之原也；為汝入於窈冥之門矣，至彼至陰之原也。天地有官，陰陽有藏。慎守汝身，物將自壯。（〈在宥〉）

成玄英疏云：「至陽之原，表從本降跡，故言出也。至陰之原，示攝跡歸本，故曰入窈冥之門。」「至陽」、「至陰」語義恰好相反。「攝跡歸本」與「從本降跡」，兩者的活動方向似亦對立。但這兩處所說，其實仍是在動而未動、分化而未展現的階段。

「官天地、藏陰陽」，天地被總攝了，陰陽被藏匿了。這種意象如用神話的語言翻譯，它就是「絕地天通」前的原始樂園；是大父地母興起前的渾沌世界；用原型心理學的話講，它是「阿尼瑪」（anima）、「阿尼姆斯」（animus）平衡之人，是兩性具足（androgyny）之人；用哲學的語言講，這是兩儀未明確劃分、有無參差互入時的臨界層次。既然運動、時間、雜多尚未啟動，它們剛剛在乍醒未醒狀態，所以「至陰之原」不多不少，其實也就是「至陽之原」。

〈在宥〉有「至陰」、「至陽」之說，〈田子方〉也有，而且兩者所說可以互相印證。據說孔子有一次拜見老子，「老聃新沐，方將被髮而乾，慹然似非人」，孔子驚訝此人「形體掘若槁木，似遺物離人而立於獨也」。老聃對「立於獨」有個解釋，但他的解釋很特別，他說道：「至陰肅肅，至陽赫赫；肅肅出乎天，赫赫發乎地；兩者交通成和而物生焉。」這段話描述的既是「立於獨」，又是「遊心於物之初」的境界。老子此處以一位宗教修行者的姿態出現，他是深契性海，冥極天樞的宗師，這種形態的哲人，我們在後世的高道、高僧、鴻儒身上，可依稀彷彿見之。老子此處所說的「獨」當是意識境界的體驗法語，「物之初」則指涉創造的起源。「遊於創造之起源」，實即「遊於道」。處在這種玄祕的境界時，體證者或不能言說，或言說時則同時兼具絕對的光明與絕對的黑暗於一身。

體道的境界很難用意象表擬，嚴格而論，體道境界的道自是超越兩邊，即陰即陽，非陰非陽。但莊子在此強調「道與萬物」之關係，所以在同一中不得不有二元，至陰與至陽遂以連體的概念一併出現。陰陽出現了，但它們仍未分裂，不過，潛能發展為現實，這似乎是不可避免的。意識在絕對自我同一中，它不得不

衍為兩極之對立，開始分化。這種情況就像宇宙開闢時，道與陰陽的關係一樣。老子洗滌潔淨，披髮八荒時，他的意識小周天正原原本本地再度重複宇宙大周天之創造。〈田子方〉「老聃新沐」這段敘述和〈在宥〉的廣成子開示黃帝之言，很可能都源自上古宗教實踐的模式，也就是來自於聞一多所說的「古道教」，其內容有待細檢，茲不贅述。

老、莊思想中，宇宙的創造與意識的分化總是不易分別，世界的形成過程與意識內容的展現過程，兩者用語時常雷同。大體說來，如論及宇宙由本原之分化時，陰陽觀念即會出現；如論及體道境界及道體觀念，則明暗的意象占了上風。

老、莊相比之下，老子側重明暗重紐的幽玄面，永恆回歸的大母神模式是老子道論與工夫論的同盟軍，或者說原型更恰當。大母神模式下的體道模型乃是學子須透過不斷遮撥返歸的歷程，回到象徵未分化的根基的母腹上去，幽玄意識也是無之意識。相對之下，莊子雖然也主張明暗的詭譎同一，但他更側重精神之乘物遊心，與化同流，這種道論與工夫論的原型很可能源於古巫教的出神之教（technique of ecstasy）。出神之教不只塑造了莊子真人的形象，它也使得莊子眼中的主體只能往氣化日流、光明日光的途徑上邁進。老子無疑是莊子的博大真人，莊子受惠於老子匪淺。但論精神發展的模態，莊子的主體注重日生日成，與物宛轉，與老子大有區別，反而與儒家更有切合之處。

五、儒家政教的欽明文思

如果說老莊中的明暗意象的主軸是心性形上學的語言，它指向道體與體道的種種向度，那麼，儒家典籍的明暗意象之光譜則

比較複雜，它從政教此頭展現，再延伸到心性道體的層次。而且，自始至終，先秦儒家偏好光明的意象，玄祕的黑暗意象甚少被提及。經驗性的「黑暗」用語在日常語言中通常是貶義，儒家諸子的用法也是如此，荀子惡之尤甚。儒家是徹徹底底的太陽之教，光明始終貫穿儒家各階段的教義，至少在先秦階段，光明的隱喻取得壓倒性的優勢。我們且從《尚書》、《詩經》、《周易》這三部最原始的儒家經典立論。

我們談到儒家使用的光明意象，最方便處，莫過於從《尚書》談起。《尚書》是儒家政教理念之鴻章，百世不刊之大法。談及《尚書》，最方便處，又莫過於聚焦於開宗明義的〈堯典〉。〈堯典〉破題即說：

> 曰若稽古帝堯，曰放勳，欽明文思安安，允恭克讓，光被四表，格於上下。克明俊德，以親九族。九族既睦，平章百姓。百姓昭明，協和萬邦。黎民於變時雍。

〈堯典〉談完了帝堯之德化以後，接著又說道：「乃命羲和，欽若昊天，歷象日月星辰，敬授人時。分命羲仲，宅嵎夷，曰暘谷。寅賓出日，平秩東作……申命羲叔，宅南交。平秩南訛……分命和仲，宅西，曰昧谷。寅餞納日，平秩西成……申命和叔，宅朔方，曰幽都，平在朔易……帝曰：『咨！汝羲暨和。朞三百有六旬有六日，以閏月定四時成歲。』允釐百工，庶績咸熙。」接著此段，再有堯傳位於舜，舜再傳位於禹之故事，遠古的歷史自此展開，文繁，茲不贅述。

〈堯典〉這段故事用的是神話的母題，從早期漢學家馬伯樂（H. Maspéro）、白鳥庫吉以下，〈堯典〉的神話性格這點已經被

確認。而且此則敘述的神話母題可歸類為太陽神話，也有相當強的研究成果支持此說。〈堯典〉中的羲和之原始身分當是日神之御者，祂是諸日之母。羲仲、羲叔、和仲、和叔四人則是羲和一身之分化，用以配合四方四季，以達成空間及時間神聖化的效果，這點也可以確定。空間、時間從蠻性的渾沌變為可理解的、有意義的形式以後，曆法也就產生了。[15] 曆法是衡量時間的向度，是人文活動依循的總原則，它是種秩序原理。總而言之，羲和的運動是時空構造及世界活動的原型，是綰領自然及社會秩序的樞紐。在這種秩序之重組中，無疑地作為原始科學的陰陽觀念也被整合進去，巫術、神話、科學形成了一種奇妙的組合。[16]

　　羲和和太陽的關係極為密切，這事實在太清楚了，無庸多論。但在〈堯典〉中，他變成了一位恪忠職守的官員，他及其分身羲仲、羲叔、和仲、和叔被派到天地的四隅去寅賓出日、寅餞納日。堯到底有什麼身分，為什麼他可以命令太陽的御者呢？

　　本文重點不再討論堯的神話性格，而且，討論堯的文章也不少了。擇要而論，「堯為太陽神」之說是個值得重視的假說。我們的思路也不需要拉得太遠，就在〈堯典〉破題處，我們已看到堯又名「放勳」。

---

15 參見馬伯樂（H. Maspéro）著，馮沅君譯，《書經中的神話》（上海：商務印書館，1939），頁3-20；御手洗勝，〈堯、丹朱、歡兜、傲、長琴じついて〉，《古代中国の神々──古代伝説の研究》（東京：創文社，1984），頁409-476；葉舒憲，《中國神話哲學》（北京：中國社會科學出版社，1992），頁15-17。

16 參見白鳥庫吉，《尚書の高等批評──特に堯舜禹に就いて》，收入《白鳥庫吉全集》（東京：岩波書店，1970），冊8，頁393-398。

「放勳」此詞的起源當是「放出光輝」或「發出光輝」之意。「明」這樣的形容詞會被用上，這是理所當然的。我們如果考慮此篇頌堯之作乃是以堯為帝，它不是句句都和太陽有關嗎？我們如果依此觀念解讀，基本上是應當可首肯的。[17]

想到堯和太陽有關，我們就不得不設想「光被四表」的「光」字根本不需要假借為「廣」，光就是光，以光形容太陽之堯，可謂恰如其分。[18]至於堯能「克明俊德」，並使「百姓昭明」，可謂日月無私照，一向被視為至公的表現。堯天舜日，光明普照，一連串光明的意象環繞上古此位明君，這樣的神祕感應效果是意料中事。

太陽帶來了光明，光明使一切存在於黑暗中變得明晰，這也是一種從無到有的創造。但太陽不僅止於光明，光是視覺的意象，光中還有火，火是種溫度的感覺，它帶來了熱情與生命。光與火同時生起，這就像祝融與堯帝難分難解一樣。堯「欽明文思安安，允恭克讓，光被四表，格於上下。克明俊德，以親九族」。火神祝融亦大體近似，傳說：「夫黎為高辛氏火正，以淳耀敦大，天明地德，光照四海，故命之曰『祝融』，其功大矣……祝融亦能昭顯天地之光明，以生柔嘉材者也。」[19]《國語》描述祝融所用的語言，我們幾乎可以原封不動，即運用到帝堯上去。看來：光與熱是一體的兩面，它們「彰顯」了存有，也賦予

17 加藤常賢，《真古文尚書集》（東京：明治書院，1964），頁195。

18 同前註，頁196。

19 徐元誥撰，王樹民、沈長雲點校，《國語集解·鄭語》，（北京：中華書局，2002），卷16，頁465-466。

了一切存在生命。[20]

　　光明與火熱的故事說來話長，這個來自於太陽的意象，後來普遍運用到上帝與人帝的身上，因此，我們看到了皇矣上帝固然意指光明之上帝之義，我們看到五帝及商周之先王，往往也從陽光燭火之處，借得籠罩一身之光芒。[21]但也有少數帝王運氣比較差，他們沒辦法得到太多的陽光普照，他們或許只能沾落日之餘光，甚至只能遁入暗中，期待另一次新開闢的黎明。殷商先王的冥、昏微很不幸的就是背負著黯淡的聲名，他們的存在乃是依附在陽光之不在。[22]

　　在與不在，其實還是依附於光明之架構下所得到的人格模態。從神話象徵入手，我們如再仔細作先公先王、先帝先皇的語義考古學，應當是可以有所斬獲的。但對後代儒學思想產生重要影響的，乃是這些來自太陽火熱光明之意象。它們後來被整編到儒家的經典裡，被視為理想人格重要的特質。《尚書》中，「光」字14見，如「光被四表」、「光宅天下」（〈堯典〉）、「光於四方」（〈泰誓〉）、「惟公德明光於上下」（〈洛誥〉）、「文王之耿光」（〈立政〉）、「對揚文武之光命」（〈君牙〉），此中「光」字無一不美，明君無一不光。

---

20 上述所說，參見御手洗勝，《古代中國の神々——古代伝説の研究》，頁409-476。

21 關於三皇、五帝及先王之光明義，參見何新，《中國遠古神話與歷史新探》（黑龍江教育出版社，1988），頁48-73；蕭兵，《太陽英雄神話的奇蹟》（台北：桂冠圖書公司，1992），頁30-44；楊希枚，〈中國古代太陽崇拜研究〉（語言篇）、（生活篇），《先秦文化史論集》（北京：中國社會科學出版社，1995），頁738-783。

22 關於冥、昏微及其他先王如昭明、昌若等之象徵，參見吳其昌，〈卜辭所見殷先公先王三續考〉，《燕京學報》第14期（1933年12月），頁1-58。

「明」字亦然，但哲學趣味更濃。《尚書》中「明」字118見，其中雖間有些日常用語，不值得細論。但大部分的用語都是勝義字，都是用以表現人神之光明俊偉，如言「克明俊德」、「明明揚側陋」（〈堯典〉）、「厥後惟明明」（〈胤征〉）、「顧諟天之明命」（〈太甲上〉）、「受天明命」（〈咸有一德〉）、「保受王威命明德」（〈召誥〉）、「惟天明畏」（〈多士〉）、「明德惟馨」（〈君陳〉）、「克慎明德」（〈文侯之命〉）等等。在這些句子中，特別值得留意的是「明德」、「明命」的語彙已經出現了。姜亮夫釋〈堯典〉「明德」義曰：「明德即內聖之道，帝王得之自天明明之德也。其源起於古人對光明崇拜之宗教思想，為中土上古政治至高至要之一概括，亦即政治上對帝王至高道德標準之要求。古書言明德者至多，儒家經典無不言之。」[23] 姜亮夫之言頗有理據，下節再申論之。

《尚書》的「光明」敘述極強，不須喋喋不休，再加論證。我們且舉儒家文化另一源頭的《詩經》為證，以示光明之於《六經》，無所不在。《詩經》「明」字42見，除了少數「明」字作狀詞用，價值中立外，絕大部分的「明」字都是好的意思。如言「以我齊明」（〈甫田〉）、「界爾昭明」、「昭明有融」（〈既醉〉）、「克共明刑」（〈抑〉）、「敬恭明神」（〈雲漢〉）、「昊天曰明」（〈板〉）、「既明且哲」（〈蒸民〉）、「赫赫明明」（〈常武〉）、「明昭上帝」（〈臣工〉）、「在公明明」（〈有駜〉）。這些「明」字就像《尚書》中的夥伴字詞一樣，表現了崇高、壯美、鮮亮的語感。至於「明」字的同胞兄弟，如「昭」、「昊」、

---

23 姜亮夫，〈〈堯典〉新議〉，收入杭州大學古籍研究所編，《探》（上海：上海社科院出版社，1988），頁10。

「顯」、「旦」等，其意象同樣是「休有烈光」（〈載見〉），它們都表達了類似的來自陽光普照的明亮崇偉的蘊含。

《易傳》是溝通天人之際的重要典籍，它是儒家形上學一次突破性的飛躍。和其他形上學著作相比之下，《易傳》含有更多原始精神的因素，也含有更多豐富的意象。黑格爾認為蘊含感性的思維是幼稚的，我們毋寧認為：能夠含有原型感性意象的思維，才是最深刻的思維活動，因為它直入無意識深處。學者透過原型意象，將私密性的精神意象轉化為可感的物之意象，打動人人皆具有的共感。《易傳》所用的原型之感性意象中赫赫有名者，有中、圓、龍等，光明自然也是其中極重要的一種。

《易傳》和《中庸》一樣，揭舉天道，依天道以明人事，而天道是光明的。《易傳》開卷首卦〈乾〉卦之〈彖傳〉曰：

> 大哉乾元，萬物資始，乃統天。雲行雨施，品物流形。大明始終，六位時成，時乘六龍以御天。乾道變化，各正性命，保合太和，乃利貞。首出庶物，萬國咸寧。

「乾元」實即道，用本體論的語言表達，即為道體。它是存有的依據，世界的源頭，所以萬物才能資之以始。道體不孤立，即在變化之中，遍布一切。時間的開展即是道之翕闢，所以雲雨變化，無非至道。道不但創造萬物，它們還內在於萬物，成為其性，使萬物皆得其存有之保證。所以說「各正性命，保合太和」。我們注意在開闔變化的歷程中，大道徹頭徹尾是彰顯的，〈彖傳〉作者用光明的意象形容此事，他說此歷程是「大明終始」，道與光明同體同在。光明所照，道即展開。

道體大明終始，而且，遍於一切存在以為其性，因此，任何

個體之性也都是光明的，沒有一物是無體之偶然，也沒有一物能自外於道體之明光。所以說：

> 天下雷行，物與無妄，先王以茂對時育萬物。（〈無妄・象傳〉）

〈無妄〉卦的組成是〈乾〉上〈震〉下，卦象是天下雷行。雷代表震動，生機的突現。但雷行通常也伴隨著火，伴隨著光，此〈謙卦〉所以說「天道下濟而光明」。天道下濟，萬物各得明光以為性，天道的前身或元神可說即是太陽，是神話學的太陽，而非天文物理學的太陽。〈彖傳〉述及〈無妄〉此卦之卦象道：「剛自外來而為主於內，動而健，剛中而應，大亨以正，天之命也。」〈無妄〉卦將「天命」的問題帶進來，「無妄」即「誠」，戰國時期的儒家不管子思、孟、荀，皆將「誠」視為宇宙的真實，「誠」是戰國儒家留給後世極大的禮物。〈無妄〉此卦可以視為萬物存在的充足理由定律，它是〈乾〉卦的補充。一從道體論，一從萬物論。道貫萬物，萬物依道，道器一如，物物無妄，而其道光明則殊無二致。易傳的形上學，乃是道氣、天人、體用一如的開展。始終是彰著的形上學，光明的形上學。

　　道體如是，存在如是，學者之心性與行事更應如是。《易傳》作者論〈同人〉卦說道：「文明以健，中正而應，君子正也」；論〈大有〉卦說道：「其德剛健而文明，應乎天而時行，是以元亨」；論〈大畜〉卦：「剛健篤實輝光，日新其德，剛上而尚賢」；論〈離〉卦則曰：「離，麗也。日月麗乎天，百穀草木麗乎土，重明以麗乎正，乃化成天下。柔麗乎中正，故亨」；論及〈艮〉卦則曰：「艮，止也。時止則止，時行則行，動靜不

失其時，其道光明。」《易傳》論學者之行事，其理論依據大體類似。卦象不同，取譬不同，學者的行事自然也不同。但在不同的行事中，卻有一相同的道德人格作支柱，而這種光明俊偉道德人格的意識構造是繼承光明的天道而來的。

以上引述五卦，詞義俱美，這種美就像《易經》整體的風格一樣，它顯現了剛健不息的形貌，典型的壯美。我們如再仔細檢析這種壯美的構成因素，不難發現它是由一些原型意象貫通而成的：〈同人〉卦是「文明」、「中正」；〈大有〉卦是「大中」、「文明」；〈大畜〉卦是「輝光」、「大正」；〈離〉卦是「火」與「正」；〈艮〉卦又是「光明」。「中」與「光」貫穿了這五組卦的根本精神。「中」與「光」，這種原型不是憑空而起的，它們是道體展現的模式，也是心體開展的形式，其源頭可以確定應當來自遂古之初的太陽崇拜與宇宙軸的中之宗教象徵。光明與中正結合，這組象徵成為兩千年來儒家形上學的基本骨幹。

六、明德與明命

上述儒家經典的文字提供了不少重要的德目，筆者認為其中最重要的德目是「明德」與「明命」的觀念。雅、頌中「明德」之言一再出現，如言「帝遷明德」、「其德克明」、「予懷明德」（〈皇矣〉）、「明爾德」（〈蕩〉）、「敬明其德」（〈泮水〉）、「克明其德」（同上）等等。因為有了這種明德，所以人才可以「日就月將，學有緝熙於光明」（〈敬之〉）。這裡的「德」字是否可以往超越的概念解釋，固然可疑。但至少就德行而言，它披上了來自於太陽神話的神聖性質時，即有初民時代太初本體論的價值。當此神聖性質一旦內化，並與深刻的意識經驗結合在一起

時，「明德」即有可能轉化成人性論的概念。而論及「明德」之源，即不能不有來自上天（太陽）的「天命」之說，「天命」昭昭，即是「明命」。「明德」、「明命」的概念原為原始宗教語彙，隨著文化日盛，主體奮起，乃發生質的變化。

「明德」、「明命」是經典中的老名詞，它在後世儒學史上的重要意義乃因超越的人性論的介入，「明德」等成了理學工夫論的拱心石。但它們的起源很早，值得探索。出土的禮器中，「明德」概念間可見到，它傳達了來自遙遠的上天與遙遠的先祖的訊息，且看下面兩則敘述，茲節引其文如下：

> 丕顯高祖、亞祖、文考，克明厥心，疋尹厥威儀，用辟先王。瘋不敢弗帥祖考秉明德，夙夕佐尹氏。（〈瘋鐘〉）[24]
> 丕顯皇考惠叔穆穆秉元明德，御于昏闢，渾沌亡愍，旅敢啟帥型皇考威儀，御於天子。（〈虢叔旅鐘〉）[25]

這兩件禮器的製作年代當在西周，兩件都是鐘。禮器中鐘用以溝通神人的功能最明顯，因為樂器之感通無形無象，卻可配合宇宙及人身的韻律，達到聲入心通之效果，商周的樂器是傳遞此岸禮義、彼岸訊息的法器。這兩件禮器銘文終了，皆言及鐘聲「豐豐熊熊」，「豐豐熊熊」當是擬聲字，表鐘聲之宏亮悠遠。祖先及大神聽到鐘聲，受到感召，「其嚴其翼」乃降格降福。

在這種莊嚴神聖的祭禮中，後代子孫在大神及祖靈面前宣誓

---

24 〈瘋鐘〉釋文及釋義，參見高明，《中國古文字學通論》（北京：文物出版社，1987），頁461-463。

25 釋文參見郭沫若，《兩周金文辭大系圖錄考釋》（上海：上海書店，1999），下冊，頁127。

道：他要效法先祖的「威儀」，遵從他的「明德」，這樣的誓言
是極肅穆的。雖然由上下文看來，我們認為西周時期的「明德」
概念不見得有嚴格意義的「性善」的意涵，這裡的「明德」恐怕
還是一種果德的狀詞。諸子興起前的「明德」該如何解，學者言
之不一，「明德」大概還是祭祀共同體中顯現出來的德行之狀
詞。它與「威儀」及敬穆的情感同時呈現，它們同是商周禮樂文
明中一種具有文化架構指涉意義的倫理詞彙，它們不是深層內省
的心性語彙。但就像宗教經驗是心性經驗的孿生兄弟一樣，禮樂
共同體中光明的、莊嚴的「明德」概念在諸緣成熟時，很快就會
轉為人的本質之狀詞。

　　《大學》、《中庸》即接受了「明德」以及「明命」的語詞，
並賦予嶄新的意義。《大學》首章云：「大學之道，在明明德，
在親民，在止於至善。」這就是所謂的大學三綱。三綱中，「明
明德」居首。上一個「明」字作動詞，下一個「明」字是狀詞，
用以形容「德」。但「在明明德」是什麼意義呢？朱子注曰：

　　　大學者，大人之學也。明，明之也。明德者，人之所得乎
　　天，而虛靈不昧，以具眾理而應萬事者也。但為氣稟所拘，
　　人欲所蔽，則有時而昏；然其本體之明，則有未嘗息者。故
　　學者當因其所發而遂明之，以復其初也。[26]

在朱子定為〈傳〉之首章，有言曰：「顧諟天之明命。」朱子又
注曰：「天之明命，即天之所以與我，而我之所以為德者也。」[27]

---

26 趙順孫纂疏，《四書纂疏‧大學纂疏》（台北：新興書局，1972），頁1-2。
27 同前註，頁28。

《大學》中另有「克明德」、「克明峻德」諸語，朱子的注解基本相似，無德不明。

「明德」和「明命」的意思實質上是同層的，朱子的注解雖有程朱學派特有的風味，但不管程朱陸王，他們都是將「明德」視為「本體」，他們都認為人之超越本性是虛靈不昧（亦即「明」）的。換言之，「明德」一詞已經不再是社會性倫理的語彙，它是心性論的語彙，它預設了性善的觀念。「明德」不但具足價值之善，它同時也兼有「虛靈不昧」的光明屬性。它雖然具足在我身上，但它的本源卻是超越的，乃「天之所以命我，而至善之所存也。是其全體大用蓋無時而不發見於日用之間」。[28]朱子這裡說光明之德來自「天」，其實真正意義乃指「明德」是先天的，它不因修習而得，不因氣稟而有本質上的增損。「明德」在神話時代借到太陽的明光；到了西周春秋時期則得到祖宗神祇的護佑；到了晚周，它終於成為心性的真正本質。孟子提出了性善論，《大學》給此論補充了明亮光潔的屬性。

《大學》文簡字約，其人性論的真正旨歸不能沒有異論，但人性為善，其善為明的主旨應當還是有的。《中庸》論「明」，其義理結構則殊為皎白，更無隱遁。《中庸》論聖人之德，其德皆明白光暢，如言：「故至誠無息，不息則久，久則徵，徵則悠遠，悠遠則博厚，博厚則高明。博厚所以載物也，高明所以覆物也，悠久所以成物也。博厚配地，高明配天，悠久無疆。」（〈第二十六章〉）又如言：「唯天下至聖……溥博如天，淵泉如淵。見而民莫不敬，言而民莫不信，行而民莫不說，是以聲名洋溢乎中國，施及蠻貊。舟車所至，人力所通，天之所覆，地之所載，

---

28 同前註，頁29。

日月所照，霜露所隊，凡有血氣者，莫不尊親，故曰配天。」
（〈第三十一章〉）一種崇高的敘述，悠久的敘述，動力不斷生起
的敘述。光明朗耀，充塞乾坤，若此之言，貫穿全篇。

　　子思論聖人之德，喜歡言「如天」、「配天」、「與天地
參」。「天」之意象固多，但眾多意象中，「光明」乃是「天」之
意象中特別鮮明者。在芸芸萬物之中，大約只有天可以拉開與大
地之子隔離的廣闊空間，大約也只有天可以容納日、月、星辰這
些發光體於己身。由於天的意象之崇高明亮，所以子思更常用
「高明」這類的語言，形容道體或聖人之俊德，所謂「高明所以
覆物」、「高明配天」、「極高明而道中庸」等等皆是。

　　高明固蒼天之德也，高明之德又稱「明德」。《中庸》終章
曰：

　　　詩云：「予懷明德，不大聲以色」。子曰：「聲色之於以化
　　民，末也」。詩曰：「德輶如毛」。毛猶有倫，上天之載，無
　　聲無臭，至矣！

這裡說的「明德」當是一種全體盡暢之果德，其相光明。然而，
此德之「明」所從來？我們不妨看〈第二十一章〉所述：「自誠
明謂之性，自明誠謂之教。誠則明矣，明則誠矣！」朱注：
「自，由也。德無不實，而明無不照者，聖人之德所性而有者
也，天道也。先明乎善，爾後能實其善者，賢人之學，由教而入
者，人道也。」[29]「性」與「教」是兩種境界，其語如孟子所謂
「性之者也，反之者也」，兩層的修行等第的敘述。又如王陽明

29　趙順孫纂疏，《四書纂疏·中庸纂疏》，頁24。

所謂「即本體即工夫，即工夫即本體」，一體而兩端的修養模式。從本體之基中，我們看到人之本體是「德無不實，而明無不照」。此處的「明」顯然是種性光，或如前引《莊子》所謂「天光」，這是種洞徹一切的存有之彰顯。誠是本體，故承體起用，自誠而明。但用不離體，所以洞徹本源後，明則誠矣！

　　《中庸》因為自首章「天命之謂性，率性之謂道，修道之謂教」以下，對天道性命貫通有種明確的規定，所以人性之德，本相光明，此義遂無可逃。《中庸》之「誠明」配上《大學》之「明德」，後來成為理學家人性論的光明意象之主要來源。如果說理學家人性論的光明意象主要來自《中庸》、《大學》，天道光明之主張之大宗則來自《易傳》。《易傳》的「光明」之語特多，如前所述，不再徵引。

　　《易經》的光明意象特別彰顯，此經事實上是構成儒家太陽教之說的主要依據。《易經》所以有特別多的光明意象，此特徵與《易經》的結構有關，《易經》此書由八八六十四卦組成，八卦取自自然界的八種主要意象：天、地、水、火、風、雷、山、澤，八個意象之卦又可統合在天地意象的乾坤兩卦之下，乾坤兩卦和作為統一原理的乾元又有一而二、二而一的關係。二而一、一而二的關係換個表達方式，也就是太極與陰陽的詭譎同一的關係。如換成自然現象，也就是天與天地的關係。乾元的意象在《易經》中的系統，實質是以「大明終始」的太陽明光朗現出來的。《易經》上承遂古之初的太陽神話，下開宋明儒的本體宇宙論，其義甚宏。

七、理智之光的兩種解讀：老莊與荀子

在普世性格濃厚的儒道諸子中，明暗的意象通常和道體、心體的屬性結合在一起顯現，這種明暗意象的表述可以理解當是出自古老的太陽神話。然而，就像上帝和世界的關係，到底上帝在世界之外？或上帝在世界之中？想像不同，理解的模式也會有所不同。心體與理智的關係也類似，心體到底在理智之中？或在理智之外？也有不同的解讀。「光」到底是否可用於理智的功用，或有幾種光，問題就不能不出現。

如前所述，老子因為強調道體的絕對性，所以喜歡黑暗、深谷、大海的意象。即使他談及體道時，因為強調的是「損之又損」的歷程，最後進入無分別的意識底層，所以他依然側重黑暗的意象，它代表絕對在其自體的「無」。莊子也重體道，他常偏向突顯開悟明覺的光明；但未始有物的意識是既有亦無，亦黑亦白，所以他會明暗兩者兼用。《大學》、《中庸》、《易傳》則強調天道性命下貫，縱貫的道德意識只會開展到人文世界來，所以它們雖然也說道體、心體，但它們幾乎一面倒地偏向於心性的功能面、陽剛面、縱貫面，所以光明的意象遠遠壓過黑暗的意象。

然而，明暗的意象除了可以上提到心體，從超越面加以論述以外，它也可以指向理智的功能。這種尾隨下談的明暗之價值等第，因為思想家重點不同，其評價也就跟著不同。光用以象徵上帝的創造，這事可以理解，因為這是「有」的彰顯；它可以用來象徵心體，這事也可以理解，因為這是心靈全幅的展現；但它為什麼也可以形容理智呢？此事其實也不難理解，因為光與理智有功能上的類似性。威爾賴特（P. Wheelwright）說道：

心的本質是難以捉摸和含混不清的，沒有任何一種分析方法能夠使人們準確地理解它。但是我們知道它的一個不可或缺的方面——辨別力。不論在行動的領域裡還是在沉思冥想中，辨別能力都是心靈的一個本質標記，而這一能力首先是光所象徵的東西。[30]

威爾賴特所說，乃從意象的相似性著眼，照耀的功能連結了理智與光明，照耀的功能也連結了心體與光明。兩者的差別在於心體的照耀是種全體的展現，它是天光、性光，其間沒有陰影的減殺；至於理智的明光則是對於世界的選擇性分別，它照出了某部分的價值，但也使得未照耀到的部分落入黑暗中。因為每位哲學家的整體的思想體系有別，所以先秦諸子對理智的明光之價值判斷也不一樣。

道家諸子不喜歡來自理智的小明小光。理智之光從性體明光中流出，但如果流而不返，它往往又會成為性體明光的減殺。依道家思想通義，這種分析性的理智之光不是呈現了不離根本的萬物，而是割裂了存在與本根的連繫，造成了世界根源性的異化。道家諸子書中，若此之義處處可見，但最具體的，也最令人難安的莫過於《莊子·知北遊》裡記載的「光曜」與「無有」對話的寓言。「光曜」代表理智的明光，「無有」代表實際理境。依據典型的道家諸子寓言，「光曜」無論如何努力，總無法契近理境。〈知北遊〉由數則寓言組成，這些寓言的旨趣大體皆意指道不對感性智性開放。此篇第一則寓言「知謂無為謂曰」，其旨趣

---

30 威爾賴特（P. Wheelwright），〈原型性的象徵〉，收入葉舒憲選編，《神話——原型批評》（陝西：陝西師範大學出版社，1987），頁226。

與表現手法和「光曜問乎無有曰」尤其相近。兩者其實可以互訓，「無有」即是「無為謂」，「光曜」即是「知」，其文具在，檢索甚易，故不錄。

「光曜」一詞是貶義，但「光」與「曜」如拆開來對照用，則「光」即成為性體明光，「曜」則成為理智之光，或炫耀之光，兩者的價值相去天壤。炫耀之光是種減殺，所以體道之士必須作一種還滅的工夫，使燦耀的理智還滅到此體自呈的性光，這就是「光而不曜」（《老子・第五十七章》）。光而不曜即是「葆光」，莊子說「葆光」之境乃「注焉而不滿，酌焉而不竭，而不知其所由來」（《莊子・齊物論》）。莊子之說可能承自遙遠的北斗神話，斗杓第七星謂之瑤光，瑤光之光不定而明，若渾圓的滑稽之耀。[31]「葆光」另有一解，據成玄英疏：「葆，蔽也。至忘而照，即照而忘，故能韜蔽其光，其光彌朗。」其解亦通。「韜蔽其光，其光彌朗」之注解，莊子未必不能同意，他自己即說過「去小知而大知明」（《莊子・外物》）。[32]老子如果看到了，也理當贊成。因為他主張「用其光，復歸其明」（《老子・第五十二章》）。

老子在這裡把「光—曜」的語式改成「明—光」的語式，兩句中的「光」之語義不相同，但兩者想傳達的訊息是相同

---

31 參見劉武，《莊子集解內篇補正》（台北：木鐸出版社，1988），頁61-62。

32 莊子這句話是假神龜之口說出的，神龜極靈，它能解讀各種占卜的訊息，它甚至能靈應到和別人的夢感通。結果卻不免剖腸而死，所以說「去小知而大知明」，成玄英疏解此句道：「小知取捨於心，大知無分別。遣閒奪之情，故無分別，則大知光明也。」光與曜的關係，就像大知與小知的關係，後者則自前者出，但後者出來並自行運轉後，卻損傷了前者。因此，學者唯有反曜入光，反小知入大知，才可以重新恢復整全的人格。

的。[33]〈第五十二章〉所傳達的，其實非常明顯。因為他這句話是承接著「塞其兌，閉其門，終身不勤。開其兌，濟其事，終身不救」這樣的工夫來的。「兌」、「門」這兩個隱喻當指感性、智性的竅口或管道。學者如果順感性智性發展，使用小光小曜，其人必定「終身不救」；如果逆其傾向發展，展現性光，則可行若無事。

老子、莊子人格形態不同，按照《莊子‧天下》的說法，莊子的體道比老子還深。如果老子代表一種未分化的一；莊子則代表一種具體的一，道在分殊性原理的語言、技藝中展開。他們兩人使用「光」的意象時，也不能說沒有差異。老子因為重「滌除玄覽」，強調人需深潛地扎根於深層意識，所以重凝寂的、默照的性光；莊子重氣化流行，所以特別突顯性光通於神氣之作用。依莊子整體思想定位，他應該可以發展出光耀相容、性光理智同體異同的理論，事實上，我們從〈養生主〉、〈達生〉諸篇，也可抽繹出類似的論點。[34] 但或許世人容易迷用忘體，所以我們更常見到的乃是莊子對理智之光的不信任，他也常強調「轉理智之光，成就性光」的逆返工夫，老、莊在這點上是一致的。

荀子和道家諸子就不一致了，而且恰好站在反面。因為荀子的心的概念和老子的心不一樣，而且也是站在對立面。老子的心是種典型的無限心之心，是後世所謂作為本體之心，它超越於經驗世界之上，也落在人的主體之極深處。荀子的心是種統類心，

---

33 吳澄注解此句道：「水鏡能照物謂之光，光之體謂之明。用其照外之光，回光照內，復返而歸藏於其內體之明也。」此注甚明。參見吳澄，《道德真經註》（台北：藝文印書館，1965），下冊，卷3，頁21。

34 莊子特別著重由技進道，由技進道的前提要先有對物的客觀性之「天理」之認識，以及主體對此「天理」之熟化。

它是具有能動性的、秩序性的知識心，但也有自我轉化的能量。荀子可能接受了道家虛靜的觀念，但在心的超越性這一面，兩者始終有距離。荀子接受道家的心之虛靈義，但此虛靈落在玄妙的氣化層次，能否「上與造物者遊，而下與外生死、無終始者為友」？只能存疑，和超越層恐仍有一間。如果我們以佛教真常唯心系所說的如來藏自性清淨心，或以陸王心學所說的本心為準，荀子的心靈概念是不屬此類的。所以荀子的心靈所具備的朗照功能，就不可能是全體大用的性體明光，它只能是種理智的照耀。然而，荀子的統類心連著氣的活動而言，這種心靈除了認知功能外，它也背負了主體轉化的實踐功能，這種理智的照耀遂也有種極高的朗現心的本質之屬性。荀子的統類心也是氣化心，他的氣化心也可美身，可至誠獨行，荀子的心靈概念很容易讓我們聯想到他與朱子的關係。

　　荀子稱呼這種具有轉化主體性質的統類心為「大清明心」，他解釋其義道：

> 　　虛壹而靜，謂之大清明。萬物莫形而不見，莫見而不論，莫論而失位。坐于室而見四海，處於今而論久遠。疏觀萬物而知其情，參稽治亂而通其度，經緯天地而材官萬物，制割大理而宇宙裡矣。[35]（《荀子・解蔽》）

荀子一方面從材質主義觀點界定人性，這樣的人性具有感性的慾望，它自然容易流於惡。但身為儒者，荀子卻又認定人可以成聖，世界也有人文化成的機會，這當中的訣竅在於人的心是「大

清明心」。「大清明心」的功能無疑是認知性的，但認知性的
「大清明心」不僅止於技術性的認知功能而已，它有規範世界並
使世界秩序化的能力，它也有透過日漸清明的心之氣化功能，使
整體人格產生質的突破，遂也有極高明的聖之人格意識於焉產
生。

　　由於心靈的朗照並辨別的能力乃是「光明」隱喻的來源，而
這種朗照辨別的能力之解讀也可以是很複雜的，所以我們有必要
稍進一解。荀子界定人心，最主要的一點無疑地是它有認識並且
統類的能力。但規範生活世界的心靈是「虛」的，是「一」的，
是「靜」的，它用以歸類整理世界，化繁為簡，化多為一，而主
體始終寧靜安祥。荀子的認知心比休姆（D. Hume）所說的心具
有更重要的作用，因為它是主動的構成世界，而不是被動地反映
世界。它可以依照禮樂的形式，或者說：在內在的禮樂生命形式
與生活世界的禮樂規範合謀之下，整理出一個完美的人文世界。
心靈與世界，兩者互相需要，缺一不可。世界所以需要，因為它
提供了材質，或者提供了綰結社會實體的禮樂之文。但材質需要
加工，樸散為器，材質才可以成為成品。荀子讚美大清明心「萬
物莫形而不見，莫見而不論，莫論而失位……經緯天地而材官萬
物，制割大理而宇宙裡矣！」「宇宙裡」即「宇宙理」，宇宙欽
明文思安安矣！這是對於心靈充分發展導致的文明安定世界最高
的讚美。理智的明辨能力被提升到極高的層次，可說前無古人，
後世除朱子等少數人外，對理智上參造化的功能似亦缺少可以與
之比垺者。

　　荀子愛好明亮光潔、秩序井然的世界，這是他思想的一大特
色。他重人心，即重人心之明；他重禮義，亦重禮義可以使世界
秩序化，亦即使世界由暗到明，所以說：「在天者莫明於日月，

在地者莫明於水火，在物者莫明於珠玉，在人者莫明於禮義。」
（〈天論〉）禮義是秩序原理，荀子界定人，人一定是社會性的，
社會性的人之所以得成為人，乃因他的主體雖受限於慾望的基本
人性，但人的主體在本質上即有與世界共構的禮義之生命形式。
接著再透過大清明心消化生活世界的禮義，使自己的人格與行事
明確化、架構化起來，此後，學者才有明確的自我意識。所以，
世界之明亮有則，乃因人心的照耀功能加上整編了主體與生活世
界中的禮義的內容，兩者相合，才有合理的人文世界產生。如果
沒有了禮義，則世界不成世界，所以說：「水行者表深，表不明
則陷。治民者表道，表不明則亂。禮者，表也。非禮，昏世也。
昏世，大亂也。」（〈天論〉）荀子用明亂形容有無禮義這種
「表」的狀態，有禮則明，無禮則昏。這裡的「禮」已經不僅是
文明的內容，它事實上已經化成用以規範內容的形式，也就是近
於「理」。

　　荀子是國史上少見的對理智興趣特濃的思想家，他徹頭徹尾
具備了理性論者的心靈。他重視光明，這是相當顯著的，我們觀
《荀子》一書，發現只要他一言及光明處，無一不表示道德之善
之義。如言「稱善成德而神明自得，聖心備焉」、「無冥冥之志
者，無昭昭之明：無惛惛之事者，無赫赫之功」、「天見其明，
地見其光，君子貴其全也」（〈勸學〉）、「由禮治則通」（〈修
身〉）、「名聲若日月」、「通則文而明」、「誠心行義則理，理則
明，明則能變矣」、「公生明」（〈不苟〉）、「順明王」（〈非
相〉）、「貴名起於日月，天下應之如雷霆」、「炤炤兮其用知之
明也，修修兮其用統類之行也」、「並一而不二，則通於神明，
參於天地矣」（〈儒效〉）、「名聲若日月，功績如天地，天下之
人應之如景響」、「主能治明則幽者化」、「道德誠明，利澤誠厚」

（〈王霸〉）、「易知則明」、「主道利明不利幽」、「智惠甚明」
（〈正論〉）、「虛壹而靜，謂之大清明」、「心者，形之君也而神
明之主也」、「危微之幾，惟明君子爾後能知之」、「人心譬如槃
水，正錯而勿動，則湛濁在下，而清明在上，則足以見鬚眉而察
理矣」、「上明而下化」（〈解蔽〉）、「積善而不息，則通於神
明，參於天地矣」（〈性惡〉）、「重義輕利，行顯明」、「請成
相，言治方，君論有五約以明」、「君法明，論有常」、「請牧
基，明有祺」（〈成相〉）。[36]若此之言，未及備載，陽春德澤，綿
延流長，一路光明，朗耀荀卿全體之書。

　　由荀子的大清明心及禮義觀念，我們可以理解他為什麼特別
喜歡〈大雅・皇矣〉「其德克明，克明克類」的意象。「克明克
類」譯成現代的哲學詞語，它正是唐君毅先生所說的統類心。反
過來說，凡是不能「克明克類」的思想、概念、行事，荀子一定
反對。〈不苟〉言：「公生明，偏生暗；端愨生通，詐偽生塞；
誠信生神，夸誕生惑。」荀子在此處列了一組明暗意象的系譜
學，公─明─端愨─通─誠信─神六者一組，偏─暗─詐偽─塞
─夸誕─惑一組，前組是光明─理性，後者則是黑暗─凌亂的。
在黑暗的這一系列文字之中，我們還可以加上「端」、「蔽」、
「曲」等等帶有偏頗義的詞語，這些詞語是荀子道德思想的對立
面，荀子將它們投到他家異派身上。

　　荀子批判當時的諸子百家，認為他們都有蔽，有蔽即有陰
影，即有照不到之處，「故為蔽；欲為蔽，惡為蔽。始為蔽，終

---

36 參見蔣年豐，〈荀子「隆禮義而殺詩書」涵義之重探〉，收入東海大學文學
　　院編，《第一屆中國思想史研討會──先秦儒法道思想之交融及其影響》
　　（臺中：東海大學文學院，1989），頁123-143。

為蔽。遠為蔽，近為蔽。博為蔽，淺為蔽。古為蔽，今為蔽。凡萬物異則莫不相為蔽，此心術之公患也」（〈解蔽〉）。換言之，一般人只要有陳述的地方，一定就會有遮蔽，這就是「蔽於一曲，而暗於天理」。荀子批評當時的諸子百家，都說他們蔽於一端，有見於此，無見於彼。明於一端，暗於全體。荀子在這點上的用語和莊子極相近，《莊子‧天下》也說當時的諸子百家皆有所見，但可惜蔽於一端，不曉得「古人」之全體大用。但莊荀兩人所說「天理」、「大體」的內容相差就甚遠了，真是各理其理，各體其體。

孔老之後，善言光明意象者，莫過孟、莊、荀三子。「克明克類」的荀子和「宇泰天光」的莊子與「充實而有光輝之謂大，大而化之之謂聖」的孟子，三人皆禮讚光明，但三人的光明之內涵是不一樣的。荀子批判莊子「蔽於天而不知人」，意即：此種光不是聖人、大儒、君子該發出的理性之光。雖然莊子也不能說「不知人」，我們看他在〈養生主〉、〈達生〉諸篇中所透露出來的訊息，明顯地是天人相融，理智與性體的作用是貫穿的，但荀子不看莊子這一面，因為看不到。荀子討厭子思、孟子，批判他們兩人「僻違而無類，幽隱而無說，閉約而無解」（〈非十二子〉）其理亦同。「僻違」、「幽隱」、「閉約」這些語彙正是黑暗的意象；「無類」、「無說」、「無解」這些正是統類心最不能忍受的錯亂表徵。思、孟承體起用，另開儒家生面，荀子就是不喜歡思、孟這種直接承體起用的實踐方向，他討厭無辯證過程的直接呈現心體之模式。思、孟其實不僻違幽隱，他們也常用克明克類的意象。但因為思想的定位不同，所以荀子看不到。

然而，身為戰國末期最重要的大儒，荀子到底還是吸收了一向批判甚厲的老莊、思孟學說的精義，荀子也強力主張大清明心

的「誠」、「神」、「化」，[37]雖然心學系統者可能主張其誠其神化都仍是有限的，其實並無神化可言，因為荀子並沒有將成聖的依據建立在超越的性體之基礎上。荀子的成聖論畢竟緊緊地依附在禮義與大清明心相互支撐的架構中，主體因此產生參贊造化的經驗所致。然而，從荀子的觀點看，他可以質疑：何以要立超越的依據？正因現實的人性有太多的缺陷，但人人卻都具足統類心的轉化功能，所以我們才有了向上一機，而且可層層上升，直至理清明如天之境。過此以往，凡不能依統類心的運作而實踐者，即「惡矣」、「愚暗矣」！這是荀子另類的思考。

八、結論：陰陽的興起

明暗的意象在先秦儒道的思想中確實占據相當重要的位置，我們不妨將上述所說略加整理如下：

1. 明暗的意象來自於宇宙開闢的神話，宇宙原是渾沌幽暗，後來才有明暗之分。明暗之大分來自太陽與太陰之破除黝暗陰陽形成了思維模式之大宗。
2. 太陽神話提供了光明的道德象徵，這種神話構成了儒家道德意識的象徵性表述，一種承體起用的形上學說與太陽神話的彰顯功用也有連續性的關係。
3. 道家主張意識之返本歸根，所以重意識之在其自體之不可

---

37 〈勸學〉言：「積善成德，神明自得，聖心備焉。」〈不苟〉言：「君子養心莫善於誠……誠心守仁則形，形則神，神則能化矣。」荀子誠、神、化之道，尚可發揮，當專文立論。

表述，因此重幽暗面。但此不可表述之幽暗意識有自我表述之純粹統一，所以也重視一種未分化的純粹光明。老子的明暗意象既指向宇宙論的開闢，也指向心體同時具足的意象。莊子重心性工夫，但更突顯心氣流行的彰顯功能。所以他用的意象雖然也是明暗並舉，但體驗突破之述語更喜歡運用光明意象。在學派的劃分上，莊子介於儒道之間。

4. 《中庸》、《大學》、《易傳》等晚周的儒家經典都彰顯一種具有本體論向度的文化哲學，詩書禮樂成了道的具體內容。這些經典都是「文」，都是「道之顯」。這些經典蘊含的道體心體的內涵常可見到「明德」、「明命」等光明的意象，這種光明意象奠定了理學家體用論的文化哲學的基礎。

5. 道散為器，形上之源生成了文化的表現，始源的光源也不能不散為理智之光。道家否定理智之光的價值，視之為異化的小光小明，也就是「光而不曜」的「曜」。荀子則大力宣揚理智之光的價值，理智之光不但構成天生人成的工夫論的前提，它也有轉化經驗之我以趨近形上理境的「化」之能力。

根據上述所列，我們發現先秦儒道兩家學術鉅子，除了荀子以外，他們用的明暗意象之主要功能，乃是指向後世所說的道體與心體。由於儒道兩家的道體語言與體道語言往往不易分別，因此，我們時常不易判斷它是主體性的境界語言，還是客觀性的理論語言。主體的境界語與客體的論述語兩者重疊，這是體驗的形上學一種特別的現象。

　　我們如果把上述使用明暗意象大宗的兩個領域合併起來，稱作心性形上學語言的話，我們發現心性形上學使用的道之創生或本心發展的意象，和宇宙開闢的神話所用的明暗意象很難分別。大體說來，明暗可視為儒道兩家思想根源性的隱喻。我們看到「黑白雙玄偏於黑」一直是道家心性形上學的主色彩，「玄之又玄」的重玄教甚至成為六朝隋唐一支很有思辨力道的道家宗派；而「光明剛健」則是儒家不管論道德意識發展或論道體自身的活動時，都會一再反覆重述的論點。儒道兩家偏好的光澤不同，這當與兩者強調的意識之展現位置不一樣有關。道家重逆覺反證，儒家重擴充日新。遮撥的歷程必然會走向玄默深淵的回歸，擴充的歷程則是道體明光不斷地向前湧現。至於明暗意象會被道家視為貶義，那是因為這些明暗意象已經是意識分化以後的產物。這樣的明暗不是始源的、存有論意識的明暗，而是操控的、概念的理智之了別作用。但荀子因為重視文化世界架構與人格成長的本質繫連，所以他自然會大加讚美理智之明光。

　　如果明暗真是一種原型的象徵，它是道體心體展現出來的表現形式。那麼，我們很自然會追問：明暗既然這麼重要，那麼，我們要置陰陽概念於何地？陰陽是貫穿哲學、宗教的大傳統與醫卜星相的小傳統的核心概念，它的重要性不言可喻。這種質疑很重要，就秦漢以後思想的發展而言，我們發現真正成為中國思想重要的兩元對立之哲學概念，乃是陰陽，而不是明暗。陰陽與明暗，必有分矣！

　　明暗的意象很重要，它是貫穿人類精神發展的一條主幹。「光明與黑暗，晝與夜相互交替的球體，是他（地球居民）思維能力的最早推動和最終歸宿。不僅我們的地球，還有我們自己，我們的精神自我……不斷發展的、對晝與夜、光明與黑暗之區別

的見解，是一切人類文化發展的最深層的活力」。[38]由於晝夜的輪替是構成人類時間最明確的刻度，中文的「日」字兼指太陽與時間單位的每一天。人類的秩序，從簡單的晝興夜寐，到畋獵的季節狩獵，農耕的春耕秋收，無一不建立在原初的晝夜對分的基礎上。光明與黑暗之分既是自然界的現象，也是人類生活世界的運作框架，它構成了秩序的基礎。我們有理由相信：人的生命構造也有與之相應的明暗起伏的訊息。

　　無疑地，在諸子百家興起時，「陰陽」卻成了一種根源性的二分法之範疇，而不是「明暗」兩字。《老子・第四十二章》云：「萬物負陰而抱陽，沖氣以為和。」《易傳》云：「一陰一陽之謂道。」不管是空間性的構造，或是時間性的構造，我們皆可看到陰陽對立或陰陽代換的二分模式。這種二分法的陰陽概念出現後，它與作為統體原理或基礎原理的道、太極、一、無、元之間的關係，也就是一而二、二而一的結構如何理解，構成了思想史上一組極玄奧但也極吸引人的理論難題。

　　「明暗」的意象如何或何時被「陰陽」取代？這種問題確實需要作更仔細的考量，筆者認為就結構功能的關係而論，明暗的意象與概念後來專精化了，它一大部分的功能被併入「陰陽」一詞，這個代換的關係是可以確定的。因為「陰陽」概念的起源本來就是源於明暗的意識，許慎注「陰」曰：「闇也，水之南山之北也，從阜，會聲。」注「陽」曰：「高明也，從阜，易聲。」「陰陽」之義即明暗之義。兩字字形乃「假雲日山阜以見其

38　特路爾斯・倫德（T. Lund）話語，引自卡西勒（E. Cassirer）著，黃龍保等譯，《神話思維》，頁110。

義」，段玉裁有是說。[39]「陰陽」的概念和「明暗」並行不悖，但成為重要的哲學術語可能在東周後。然而，在陰陽概念普遍使用之前，明暗的意象還是常被用來解釋宇宙、道的創造與人心的展現。只是當時重隱喻、圖像，所以找不出一組可以嚴格和陰陽並舉的概念，但相應的象徵是有的。等陰陽概念成熟後，因為它的解釋性更強，使用者更多，意象性強的明暗隱喻終於從哲學的第一線撤退，陰陽成了中國文化最基本的概念。

後出的陰陽概念吸收了光熱與玄奧，它的內涵增加了，解釋能力增強了。由於「陰」「陽」的語音易上口，相關的圖像（如太極圖）易動人，滲透到民間生活的醫、卜、星、相、武術等領域甚深，它的勝出不難想像。而由於二分法不管在人性的構造上，或者在文明的建構上，都有極深的淵源，二分法與超越者的「一」的關係如何理解，更是許多哲學派別都出現過的玄之又玄的議題。所以隨著人類各區域知識交流的普及化，「陰陽」變成了普世性的「一而二二而一的詭譎性」的最佳代號。

陰陽概念代替明暗意象，成為更流行的中國哲學的概念，這種代換結果並不令人意外。語音是有魔咒力道的，漢字字形也是有魔咒力道的。「陰陽」兩字不管就讀音言，或就視覺言，都很容易產生一組既對立而又緊密相關的聯想。但陰陽取代明暗並不是全面性的，到底「陰陽」一詞包山包海，廣泛解釋諸多現象後，它的抽象性即不能不趨於濃稠，而日月作為天體最顯著的代表又人人共見，亙古亙今，不會因時減殺，所以即使到了後代，我們還是時常可以看到以明暗形容天道人性之述詞。在內丹道教

---

39 《說文解字》「陰」、「陽」兩字的相關說法參見丁福保編，《說文解字詁林正補合編》（台北：鼎文書局，1983），冊11，頁448-451。

及宋明理學家的著作中，我們都可以看到明暗的意象不斷出現。王夫之乾脆就主張儒家是太陽教，而佛老是太陰教。陽光到底普照那家，信仰人人不同，當然不可能會有絕對的答案。但這至少表示明暗的魅力是從來不曾消失的，以後大概也不會。[40]

---

40 比如牟宗三先生判教時，也使用了明暗這樣的一組對照意象。參見牟宗三，《才性與玄理》（台北：臺灣學生書局，1975），頁375-378。

伍

刑—法、冶煉與不朽
金的原型象徵

一、前言

「五行」概念源遠流長，它在後世的用法是和「陰陽」概念結合在一起的，這種結合很可能成於陰陽家之手。鄒衍等陰陽家曾高舉「五德終始」之說，暢論五行在政治上的作用。[1]五行說在後世似乎成了陰陽家的標幟，但在九流十家分立之前，「五行」其實早為國人所熟悉，它是公共財。中國的五行要素中，水、火、土也見於古希臘及印度的思想之要素，金與木則為華夏哲人所偏重。金與木在中國古代可以和水、火、土並列，應該有特別的思想風土的因素，並非湊數使然。「木」的象徵可能可以追溯到中國早期薩滿文化的通天教義，有關「木」與宇宙樹、通天及其文化意義的關聯，筆者已撰有專文探討其義，茲不贅

1　詳細的考證參見王夢鷗，《鄒衍遺說考》（台北：臺灣商務印書館，1966），
　　頁1-15。

敘。[2]本文中的「金」行特重義道、永恆、轉化諸義之象徵，此間意蘊，待發覆者仍多，本文可算是試探之作。

「金」和其他四行相比之下，其語義較含糊。木、水、火、土四行皆作通名用，木為一切木屬植物之總稱，沒有專稱「木」的木本植物；水也是一切水之總稱，沒有一種作專有名詞用的水；其他的火、土兩行亦然。「金」的涵義則有廣狹之分，狹義之「金」乃指「金銀銅鐵」此類別中的金，亦即黃金之義。廣義的「金」則包括各金屬在內，其義一如其他四行之名與其指涉物之關係。中國五行理論中的金作廣義的用法，它意指金屬之總稱，但最重要的指涉則是金屬類的青銅與黃金。本文的用法大抵取廣義的意義，除非特別注明，通常指稱的是青銅或黃金。由於取義有別，分辨甚易，所以不再注明。

二、兵神與文明

製造工具是人之為人的主要特色，金屬的使用則是人類歷史進步的一大標幟，石器時代、青銅（金）器時代、鐵器時代的劃分是極常見的歷史發展階段之分法。這種分法雖為現代史家所用的框架，但古人依其素樸的知識，多少也作過類似的分類。晚近學者論歷史的分段時，常引用成於漢代的《越絕書》的觀點。此書記載風胡子與楚王的對話，提到上古有「以石為兵」、「以玉為兵」、「以銅為兵」及「以鐵為兵」四個階段。[3]「石兵、玉兵、

2　參見拙作，〈太極與正直──木的通天象徵〉，《臺大中文學報》第22期（2005年6月），頁215-250。

3　參見袁康，《越絕書・外傳記寶劍第十三》（台北：臺灣商務印書館，1965），卷11，頁93-94。

銅兵、鐵兵」之分，雖為武器的發展而設，基本上也反映了類似的歷史發展之認識。比起隨手可得的天然木石，從土石中發現金屬的成分，煉之，鍛之，使之成器，其難度高多了。冶煉而成的青銅器比起採擷製成的木石之器，在效能上無疑有極大的飛躍。在早期國家執行最重要的國家功能時，不管是「國之大事，在祀與戎」的祭祀與軍事，或是作為國本的「農戰」，亦即農耕與軍事事業，青銅器的出現都是劃時代意義的，代表著歷史已翻開新的一頁。作為新工具材料的「金」發揮的能量，不管在質或在量上，都與初民先前使用的初級的自然器物有極大的差別。

金屬作為重器所使用的材料可能起源於新時代，中國考古首見之金屬製品當是馬家窯文化時期的一把青銅刀。[4]可想見的金屬製品的使用應當更早，只因歷史悠遠飄渺，本文無能追蹤其始末。但我們觀察中國最早的一部準地理書《山海經》，發現其時五金已廣受注意。總計其時出現的「金」共達156處（金106處，黃金29處，赤金13處，白金8處）、銀14處（銀13處，赤銀1處）、銅31處（赤銅10處，銅10處，加上銅山11處）、鐵40處、錫3處（錫、赤錫、錫山各一）。[5]五金廣受注意，五金中的「金」出現更是頻繁，其次數之高，遠超過其他的特產。《山海經》的成書年代就像先秦許多古籍一樣，難免有爭議。但其內容基本上可視為先秦時期的材料，這應當是可以備一說的看法。「金」在先秦這般受到重視，顯示它具有特殊的功能，所以當時

4　1975年馬家窯出土銅刀，年代為西元前3000年左右，這是中國發現年代最早的青銅器物。參見李學勤，《青銅器與古代史》（台北：聯經出版事業公司，2005），頁2。

5　筆者的統計根據袁珂注，《山海經校注》（台北：里仁書局，1982）所附的檢索。

最權威的地理書上才會記載這麼多產金的地方。

　　對金的重視也見之於《管子・地數》的記載：「上有丹砂者，下有黃金。上有慈石者，下有銅金。上有陵石者，下有鉛錫赤銅。上有赭者，下有鐵。此山之見榮者也。茍山之見其榮者，君謹封而祭之，距封十里而為一壇。是則使乘者下行，行者趨，若犯令者，罪死不赦。」[6]〈地數〉所說可謂是原始的礦冶學，原始的礦冶學半技術，半神話。丹砂之於黃金，慈石之於銅金，似乎類似礦床之於礦苗。但人君對「山有榮者」，要「封而祭之」，要十里一壇，這明顯的是將蘊有金礦的山神祕化了。榮者，精華外顯之貌，《管子》一書常用的語彙。[7]山因為有了「金」，所以有榮，所以和其他的山不一樣，它變成了聖物，需享受聖物的待遇。聖物是權力的來源，根據《管子》的說法，有榮之山乃「天財所出，地利所在」，周文王、武王以此「立功成名於天下」。

　　由《山海經》載錄的產金地域之廣，以及《管子・地數》篇顯示的「金」之神聖化，我們不難理解青銅器、天命與國家權力的密切關係。有關青銅器與天命的關係，留待下文再談。此處我們只要想到國家的介入，再想到歷史上金屬的使用，很容易就聯想到此器物與暴力的關係。事實上，我們目前所知中國最早的金屬製品即是青銅刀。金屬器物的出現代表一種新的利向性（in-order-to）結構的現身，[8]它是人力、也是主體意志的延伸。由於有

6　黎翔鳳撰，梁運華整理，《管子校注・地數》（北京：中華書局，2004），下冊，卷23，頁1355。

7　《管子・戒》有「道之榮」之說，〈內業〉也說：「精存自生，其外安榮，內藏以為泉源。」兩者的「榮」皆有精華外顯之義。

8　此處的用語「利向性」（in-order-to）借自海德格（M. Heidegger）*Being &*

了金屬器物帶來的力之突破，連帶的才有財富與人力的集中，才有了國家。

　　國家是暴力的產物，也是壟斷暴力最重要的機制，作為形成國家的黏著劑的「金」的主要象徵意義之一即是權力。而金的權力最集中的表現正是在《左傳》所謂的兩件「國之大事」：祭禮（祀）與軍事（戎）上面。對於禮器與兵器的經營則是「祀」與「戎」的具體內容。有了兵器與禮器，因此，有了文明，國家從此掌控了歷史前進的機制。

　　「金」在推動文明進展的過程中，扮演了關鍵性的角色。創造華夏文明的「始祖」何人？史書的記載有各種的版本。大體說來，儒家主帝堯，黃老道家則主黃帝，兩說各有支持者，但在歷史的流變中，也常糾結互入，模糊難分。儒家主帝堯，主要是出自倫理的關懷與禪讓的政治主張，此點姑且不論。黃老道家主黃帝，乃以黃帝為理想天子的原型，黃帝是文化英雄，是氏祖神，但又保留了上天在人間代理人的角色。黃帝作為典範式的天子，其圖像與帝堯極不相同者，乃在黃帝成為天下共主的歷程中，不忌諱使用暴力，更恰當地說，乃是他藉著以戈止武，一統天下。

　　黃帝雖號稱文明之祖，但他的一生如果抽離掉戰爭的因素，即蒼白一片，了無可觀。他與炎帝戰於阪泉，與蚩尤戰於涿鹿，又與四帝戰於四方。在邁往天子的寶座之途中，中原大地層層浸漬了征戰雙方濺灑的鮮血。即使黃帝後來成了仙話人物，他一生最重要的活動仍是「且戰且學仙」。征戰不忘學仙，學仙不忘征

---

　　*Time*一書對「器物」的解釋，中譯本《存在與時間》譯為「為了作……之用」，本文的譯語為筆者意譯，藉以突顯其哲學蘊含。海德格的「利向性」參見陳嘉映等譯，《存在與時間》（北京：三聯書店，1987），頁85。

戰，黃老道家的黃帝就是為此一大事因緣而出世的。在一系列的戰役中，衝突最激烈的，乃是與蚩尤的爭戰。

　　黃帝與蚩尤之戰是中國傳說史上最激烈的一戰，連天界諸神、四方動物都參與其事，這是中土的特洛伊之戰。黃帝與蚩尤之戰自從《史記》將它載入典籍之後，變成赫赫史實，雙方呼風喚雨、驚天動地的場面不必細論，本文關心的乃是雙方主帥的象徵意義。蚩尤是太初時期最顯耀的要角之一，他與黃帝的關係頗有神話論述中太初兄弟之爭的模態（見後文）。但就文化的意義著眼，筆者認為蚩尤最重要的一種身分乃是兵神，戰國、秦漢君王出兵時，都要祭祀蚩尤圖像。秦始皇到了東方海濱，祭祀八神，八神中有兵主，兵主即蚩尤是也。更奇特的是天上的星象，如果號稱蚩尤旗的星辰突然出現，全天下必有兵災。蚩尤在漢代畫像石的圖像就是執五兵之怪物，[9] 這些敘述都顯示蚩尤是兵神。

　　蚩尤是兵神，更直接了當地說，蚩尤乃是「金」的體現者。我們看戰國兩漢出現的蚩尤圖像，莫不充滿金戈鐵馬的鏗鏘意味。傳說黃帝攝政前，「有蚩尤兄弟八十一人，並獸身人語，銅頭鐵額，食沙石子，造立兵仗刀戟大弩，威振天下，誅殺無道，不仁不慈」。[10] 這個傳說的另一版本寫道：「黃帝之初，有蚩尤兄弟七十二人，銅頭鐵額，食沙石，制五兵之氣，變化雲霧。」[11] 八十一當九九相乘之數，七十二當九八相乘之數，八十一與七十二為中國古代流傳極廣的神祕數字，兩者都是數之極，皆為天意之

9　詳細的解說參見劉銘恕，〈武梁祠後石室所見黃帝蚩尤戰圖考〉，《金陵齊魯華西三大學中國文化研究彙刊》1942年第2期，頁339-365。

10　參見黃奭，《龍魚河圖》，《漢學堂知足齋叢書》（北京：書目文獻出版社，1992），下冊，頁1185。

11　同前註。

顯現。蚩尤兄弟不管是八十一人或是七十二人，其義皆指蚩尤為一種深不可測的命運之體現者。觀看蚩尤的意象，隱約之間，我們可看到後世梁山泊三十六天罡、七十二地煞的造反者之圖式。

上述的敘述出自神話，神話多少需要解碼，《管子·地數》的語言就白話多了，它說得更加透徹：「葛廬之山，發而出水，金從之，蚩尤受而製之，以為劍鎧矛戟，是歲相兼者諸侯九。雍狐之山，發而出水，金從之，蚩尤受而製之，以為雍狐之戟、芮戈，是歲相兼者諸侯十二。」蚩尤凶葛廬之山之金製成劍鎧矛戟，因雍狐之山之金製成戟戈，兩次事件都引發了諸侯大規模的「相兼」。很明顯的，蚩尤此兵神既是冶煉師，也是戰神。

上面這些敘述不管是出自哲人的正典敘述或出自稗官野史，其內容都指向蚩尤是和冶煉兵器的意義結合在一起的。當礦金被層層煉掉砂石後，作為武器原料的「金」就出現了。各種「金」混合使用，再加提煉，即有兵器。蚩尤不止握有五種兵器，銅頭鐵額、食沙石子的蚩尤本身事實上就是兵器。

全身皆可視為兵器的蚩尤，正是「金」行最佳的體現者。在後代成熟的五行的圖式中，我們發現蚩尤即曾被定位為佐少昊「治西方……主金」。[12]亦即他是金行的佐助神，是另一位蓐收，就像勾芒為東方木行的佐助神一樣。「蓐收」據《國語·晉語》的記載，乃是「人面、白毛、虎爪、執鉞」，此神很顯然是秋金的神格化，但由「執鉞」此特色，我們看出蓐收作為「刑神」的特色已經呼之欲出。事實上，依據〈晉語〉的記載，虢公因為夢到蓐收，蓐收警告晉國將來襲，虢公不聽，國遂以亡。蓐收此「刑神」，隱約之間，也具備了戰神的身分。刑神與戰神，一主

---

12 袁康，《越絕書·計倪內經第五》，卷4，頁33。

內，一主外，兩者所司固多為殺伐之事。蚩收「虎爪、執鉞」，他的形貌轉成神話的語言，即是手執五兵的蚩尤，兩人可視為同一神祇的分化。

古書中的蚩尤與兵器的關係極為密切，從蚩尤作為暴力象徵的兵器（金）的體現者來看，黃帝征討蚩尤，這樣的傳說是有深層意義的。黃帝好不容易將蚩尤打敗，傳說蚩尤還被馴服了，成為黃帝的六相之一。[13] 這顯示代表天命的天子（黃帝）如果要取得天下，他必須馴服作為暴力工具的「金」，征服之，吸收之，轉化之。誰能取得金的控制權，誰就能控制天下。黃帝之所以能打敗兵神蚩尤，其來有故，因為他也有兵神的嫌疑，他取得天下共主的方式頗有「以戈止武」的意味。黃帝四面，形象多重，因此，也可說沒有一種唯一的面貌。他垂衣裳，拱坐，眾生隨類各得解。但他至少有一個面向和蚩尤長得很像，亦即兩人都可視為兵神的化身。而蚩尤雖說兵敗被殺，但他仍能化身為天界之星，地界之神，受人禮敬，這也反映了「金」頑強的生命力，它不可能憑空消失的。

三、刑—型的矛盾統一

「金」轉為「兵」（武器），這樣的轉換可以視為權力意志中暴力的一面。然而暴力與非暴力、破壞與秩序間總有複雜的辯證關係。我們現在看到最早也可算是最完整的蚩尤之載錄乃是《逸周書・嘗麥》與《尚書・呂刑》這兩篇文章。前書記載：宇宙開

---

13 依據《管子》的說法：「黃帝得蚩尤而明于天道。」黎翔鳳撰，梁運華整理，《管子校注・五行》，中冊，卷14，頁865。

關之初，有赤黃兩帝，平分世界的統治權。後來蚩尤作亂，黃帝征伐之，蚩尤被殺於中冀。黃帝「順天思序」，「乃命少昊清司馬鳥師以正五帝之官，故名曰質，天用大成，至於今不亂」。[14]《逸周書》的版本是將蚩尤和太初的二帝相爭，黃帝殺之，以及爾後的鳥師紀官之傳說連結在一起。〈嘗麥〉文字古樸，其文應當曲折地反映了部分的史實，有史料價值。[15]

《尚書・呂刑》則另有解釋。此解釋來自正統的經書，它傳達了更多的訊息。〈呂刑〉此篇文章假借「王」的口吻說出：「若古有訓，蚩尤惟始作亂，延及于平民。罔不寇賊，鴟義姦宄，奪攘矯虔。苗民弗用靈，制以刑；惟作五虐之刑曰法，殺戮無辜。爰始淫為劓刵椓黥；越茲麗刑並制，罔差有辭。」[16]蚩尤不但是兵神，他還是一位惡劣的刑法之祖。對外用兵，對內用刑。「兵」為境外之「刑」，「刑」為境內之「兵」。上帝看見地下秩序大亂，罔有馨香之德，惟聞刑發腥臭，所以他就命重黎「絕地天通，罔有降格」。接著，上帝再命「伯夷降典」、「禹平水土，主名山川」、「稷降播種」，世界重上軌道。

〈嘗麥〉與〈呂刑〉的版本不同，但它們都是用神話的語言表達秩序與暴力的關係。依據神話思維，最「原始」的法有一起源，它源於最原始的秩序遭到了破壞。「昔天之初」，世界原本和諧，天上地下相通，東方西方和融，可惜蚩尤作亂，上帝乃命重黎「絕地天通」，原有的秩序頓時消失無蹤。爾後，隨著蚩尤被殺，世界再度獲得秩序。秩序—渾沌—再秩序的構造反映了文

14　朱右曾，《逸周書集訓校釋》（台北：世界書局，1967），頁165-166。

15　關於〈嘗麥〉的年代及內容之價值，參見徐旭生，《中國古史的傳說時代》（台北：仲信出版社，1958），頁93-101。

16　屈萬里，《尚書集釋》（台北：聯經出版事業公司，1983），頁253。

化英雄神話暴力的本質，而作為懲罰力量的刑終於躍上了歷史的
舞臺，刑以「兵」及「法」之雙重面貌出現。自原始的神話事件
開始，正義、法制與軍事即是三位一體，不可割離。中國刑法的
神話具體地表現在《尚書・呂刑》及《逸周書・嘗麥》兩篇之
中。

　　《尚書・呂刑》與《逸周書・嘗麥》傳達了一項訊息：法的
建立與宇宙秩序的恢復及生命之重獲生機同時生起。〈呂刑〉言
蚩尤被征服，世界絕地天通之後，「伯夷降典」、「禹平水土」、
「稷降播種」之事相續而起。虐刑換成了正典（降典），世界透
過命名（名山川）取得新的本質，生命接著啟動（播種）。〈嘗
麥〉亦將刑兵之事與嘗新祭典相提並論，農作的前提是宇宙性的
大肅殺之後，大自然重新走上軌道。「刑」既意味兵刑，也意味
典型，絕滅與生成並肩而至，這是個值得玩味的現象。

　　如果黃帝四面，蚩尤至少也具備了兩面。一方面他代表兵
神，兵代表破壞，蚩尤連自己的名字本身都指向一種「亂」源。
《廣雅》釋「蚩」曰「亂也」；釋「尤」曰「異也」。「蚩尤」兩
字意味著「反秩序」，他是「反義逆時」、「反義背宗」的代表。
一言以蔽之，蚩尤可視為破壞原理。[17]但破壞要為重建秩序作準
備，原始的破壞其實是一種初階的秩序，這又是另一義。蚩尤是
破壞世界秩序的「原始渾沌」，它的負面形象是很清楚的。但唯
有此渾沌被支解了，世界秩序才得以建立，這種正面的功能就很
少受到正視了。渾沌不死，五兵永存，蚩尤作為「兵主、兵
神」，它雖然需要調伏，但它不可能被毀滅，因為刑兵與律法是
一體的兩面。沒有律法的刑兵乃是原始的惡魔，它需要被克服。

---

17 蚩尤作為破壞原理的下場，《黃老帛書》有詳細的解說。

但沒有刑兵的律法是缺乏動力因的純粹形式，它無法介入任何秩序的重組，律法必須建立在刑兵的基礎上。《管子·五行》篇說蚩尤明於天道，黃帝後來將他收編了，以治理天下。《管子》此處的蚩尤形象與大部分的古書之記載不同，卻有另一層深刻的涵義。

　　集「惡」之大成的蚩尤可能不是那麼惡，他就像見之於神話主題的原始巨靈，如西亞的 Tiamat 或印度的 Atman 一樣，都是兼具正負兩種面向，善惡聚於一身。[18]蚩尤的雙面性如果再以人格的形式顯現，此雙面性即化身為黃帝─蚩尤的構造。黃帝─蚩尤構造可視為神話中的「原始兄弟」之類型，此構造通常以黃帝─炎帝構造的形式表現出來，賈誼說：「黃帝者，炎帝之兄也。炎帝無道，黃帝伐之涿鹿之野。」[19]古書中的炎帝與蚩尤事跡常相混淆，涿鹿之戰只是其中之一個個案。炎黃為兄弟，蚩尤與黃帝也可視為兄弟。既是兄弟，則顯性的蚩尤既然仍扮演負面的角色，黃帝自然不得不分工配合，經常扮演隱性而正面性的蚩尤的角色。古籍常言始作兵者為蚩尤，但黃帝也善兵，且其臣始作弓矢。《周禮·春官宗伯·肆師》：「祭表貉，則為位。」鄭玄注：「貉，師祭也。……於所立表之處為師祭，祭造軍灋者，禱氣勢之增倍也。其神蓋蚩蚘，或曰黃帝。」[20]戰神或言蚩尤，或言黃帝，兩者混淆了，也可以說兩者本來就是同一種功能神的分化。

18　Alan W. Watts, *The Two Hands of God* (New York: George Braziller, 1963), pp. 189-238。

19　賈誼之語出自《新書·益壤》（台北：臺灣商務印書館，1965），卷1，頁16。

20　鄭玄注，賈公彥疏，《周禮注疏·春官宗伯·肆師》，收入李學勤主編，《十三經注疏整理本》（台北：臺灣古籍出版公司，2001），冊62，卷19，頁596。

難怪劉邦出兵時，也是黃帝與蚩尤一齊祭祀。我們如從律法與刑兵，或從亂兼治，亂二重義、或從蚩尤與黃帝乃一體兩面的關係著眼，則知劉邦的舉動並不難理解。[21]

四、冶煉與轉化

　　大概很少金屬製品不需要提煉的過程，合金製品固不待論，即使單一金屬的製品也無法避免冶煉的手續，中國上古最具代表性的金器如鼎、如劍、如鏡，因為製作精良，滓質淨盡，因此，提煉的手續尤為繁複。當冶煉還不被當作一種抽象的理性化的勞動的時候，一件金屬製品的製作往往帶有神祕化的作用。原始材料由粗礦石轉化到純金屬，再由幾種純金屬交相混合，冶煉成劍、鏡等製品，這樣的勞作至少會經歷兩次的轉化歷程。由於這兩次歷程會帶來兩次幾近革命性的物質變化，與日常經驗所知者大不相同，因此，前近代的人往往將這種歷程視為「聖顯」（hierophany）的歷程，或視為「力顯」（kratophany）的過程，而「聖顯」或「力顯」可視為一種「神聖意識」的分殊性展現，兩者其實一體兩面，同時而來。[22]本節將以劍及鏡這兩種製品為

---

21 原始的矛盾統一是神話中極普遍而又深刻的洞見，參見 M. Eliade, "Mephistopheles and the Androgyne or the Mystery of the Whole," in *The Two and the One* (Chicago: University of Chicago Press, 1962), pp. 78-122。

22 「聖顯」、「力顯」的觀念借自耶律亞德，前者參見伊利亞德（M. Eliade），楊素娥譯，《聖與俗——宗教的本質》（台北：桂冠圖書公司，2001），頁61-64。「力顯」（kratophany）意指 Manifestation of Power，參見 M. Eliade, *Patterns in Comparative Religion* (New York: New American Library, 1974), pp. 14-18.

例，探討冶煉與聖顯過程的關係。

劍是宗教的聖器，也是殺人的利器。在戰國時期，煉劍技術突飛猛進，有多種名劍傳聞於世，如干將、莫邪、鉅闕、辟閭等等，皆有名於時，干將、莫邪後來還演變為利劍之代稱。他們鑄的劍據說：「觀其鈲，爛如列星之行；觀其光，渾渾如水之溢於塘；觀其斷，巖巖如瑣石；觀其才，煥煥如冰釋。」[23]晚近大陸出土不少越王州句劍與吳王夫差劍，[24]雖時隔兩千多年，然出土時，其劍仍然寒光照人，鋒利異常。戰國冶劍技術大幅飛躍的記載，看來不假。

戰國諸種兵器中，名聲最響亮、傳聞最久遠的當是干將、莫邪這兩把名劍。戰國兩漢有關這兩把劍的傳聞不少，《吳越春秋》記載吳人干將製劍時，「採五山之鐵精，六合之金英。候天祠地，陰陽同光，百神臨觀，天氣下降」，規模之壯觀，前所未見。可惜，「金鐵之精不銷淪流」。干將技窮，無所適從。干將妻莫邪提醒他「夫神物之化，須人而成」的法則。干將回想道：「昔吾師作冶，金鐵之類不銷，夫妻俱入冶爐中，然後成物」的歷史。於是莫邪乃「斷髮剪爪，投於爐中。使童女童男三百人鼓橐裝炭，金鐵乃濡，遂以成劍」。劍成，共得兩把，陽劍名為干將，作龜文。陰劍名為莫邪，作鰻文。[25]「龜文」、「鰻文」很容易令我們聯想到「玄武」的圖像，《吳越春秋》的敘述看起來與玄

---

23 袁康，《越絕書·外傳記寶劍第十三》，卷11，頁90-91。

24 李學勤先生在1993年寫的一篇文章中，統計可考的出土吳王夫差劍有8把，越王州句劍有10把。參見李學勤，〈台北古越閣所藏青銅器叢談〉，《四海尋珍》（北京：清華大學出版社，1998），頁120-133。

25 上述內容見趙曄，《吳越春秋》（台北：臺灣商務印書館，1965），卷上，頁23-24。

武的象徵恐怕不無瓜葛。

　　干將、莫邪的故事最令人怵目驚心的段落當是莫邪「斷髮剪爪，投於爐中」，金鐵之精乃得流動、融合，鑄成名劍。「斷髮剪爪」顯然是作為活人的代替品，以人祭劍。對前近代的社會而言，髮鬚爪是常被認為帶有神祕的能量的。在有名的商湯禱於桑林，祈求降雨的故事中，商湯早已使用過髮鬚爪，代替自己，作為「犧牲」之用。[26] 事實上，在流傳年代較晚的一個版本中，莫邪不是「斷髮剪爪，投於爐中」，而是自身躍入爐中，嫁給爐神，才鑄成名劍的。[27] 不管是親身犧牲，或是以髮爪代之，兩種敘述的意義都是相同的：宇宙間有個能量平衡的法則，神物之成需要另一種同樣珍貴的生命作為轉嫁，生命的能量由彼處（工匠莫邪）流向此處（神劍莫邪），彼此轉換交接之後，神物乃得大功告成。

　　干將、莫邪的故事流傳兩千多年，可見此敘述浸入人心之深。此故事在「金的原型象徵」研究上之所以特顯重要，乃因「冶金」的歷程在此被類比為宇宙創造的歷程。科學家為證明物理定律，將家中所有的東西一一投入爐中，最後連僅存的家具、

---

26 湯禱桑林之事原見《呂氏春秋・季秋紀・順民》及《淮南子・主術訓》。詳細情況參見鄭振鐸，〈湯禱篇〉，《鄭振鐸文集》（北京：人民文學出版社，1985），卷4，頁468-495。另參見江紹原，《髮鬚爪——關於它們的風俗》（上海：上海文藝出版社，1987），頁138-141。

27 根據陸廣微《吳地記》所述：「干將曰：『先師歐冶鑄劍之穎，不銷，□□耳。以□□成物，□□可女人聘爐神，當得之。』莫邪聞語，□入爐中，鐵汁出，遂成二劍，雄號干將，作龜文；雌號莫邪，鰻文；餘鑄得三千竝號□□劍。干將進雄劍於吳王而藏雌劍，時時悲鳴，憶其雄也。」引自陸廣微，《吳地記》，收入王謨輯，《漢唐地理書鈔》（北京：中華書局，1961），頁308。

衣物也一併投入，這樣的舉動被視為可以類比宗教獻身之狂熱。干將、莫邪煉劍，投盡一切可用的資源之後，最後獻上自己的性命，這樣的敘述則是一種可以比擬上帝創世的偉大行徑。尤其莫邪在成劍之最後一剎那，縱身入爐（即使是儀式性的用髮鬚爪代替），將生命力轉到神劍上，更像極了殉道的義舉。他的模式與上帝創造人類，最後向土偶吹上一口氣，將生機灌入其身軀中，兩者的結構如出一轍。

干將、莫邪的故事傳說久遠，越演越烈，它是少數青春永駐的上古神話，文人居間扮演了推波助瀾的角色。但冶煉需要犧牲人身，這樣的神話不只見於干將、莫邪的案例，也見於印度的Asur、Munda諸民族，見於非洲的Nyasaland的Achewa，這是種流傳很廣、也很古老的神話母題。這種母題的神話通常有模仿開天闢地的神話事件的意義，犧牲人身以成就冶煉事業，這種行為模式也見於另一種犧牲儀式：農耕儀式中的犧牲人身以促成穀物豐收，兩者頗有異曲同工之效。上述的論點在耶律亞德（M. Eliade）論冶煉神話的大作中皆已出現過，[28] 可惜他對內涵最豐富的干將、莫邪神話點到為止，著墨不深，因此，一個最足以支持其說的案例竟無法成為強而有力的盟軍。

筆者認為吳越的冶煉神話不能只是從傳奇的觀點定位，無疑地，從蚩尤造兵到干將冶煉，其間都有開天闢地、乾坤定位的因素，明乎此，我們可以了解老子談及道的創造性時，為什麼會運用橐籥（鼓風爐）的隱喻，藉以表示「虛而不屈，動而愈出」（《老子‧第五章》）。我們也可以了解莊子論及人與造化的關係

---

28 M. Eliade, *The Forge and the Crucible* (Chicago: University of Chicago Press, 1978), pp. 61-70。

時，所以主張「以天地為大鑪，以造化為大冶，惡乎往而不可」（《莊子·大宗師》）。製陶與冶煉這兩種在初民社會最重要的製造業，為什麼後來都變作了極根源性的象徵，象徵天地的創造，因此，有「陶冶天下」、「陶鑄萬物」、「冶煉天下」之說，應該也不難了解。

　　和「兵」之神話最堪相比者，當是「鏡」的象徵意義。「兵」的起源傳說和黃帝、蚩尤有關，「鏡」據說也是黃帝首先創造的。在神祕的王屋山，黃帝和另一位眾多傳說薈集的西王母會面了，他製成了大鏡十二面，隨月用之。[29]黃帝製鏡的傳聞就和許多事物起源的傳說一樣，片斷、單薄，不成系統。但比較之下，製鏡的傳說由於具備了黃帝、西王母、十二月這三項顯性的神話因素，因此，鏡的神祕內涵多少可以揭露出來。

　　大自然大概沒有現成的鏡，所有的鏡都是加工製成的。目前所知最早的銅鏡是分別出土於甘肅及青海的兩面新石器時代齊家文化的銅鏡，殷墟也出土過幾面。這幾面銅鏡雖然談不上精緻，但沒有一面是天然生成的，都是經加工製造的。青銅鏡的原料為銅、錫、鉛，此種合金一般都是銅占的比重最高，錫次之，鉛又次之。銅鏡初步製成後，往往又要加上「玄錫」、「白旃」施工的手續，鏡面乃能反映發光。在出土的銅鏡中，我們不時可看到這種加工的敘述：

　　　　漢有善銅出丹陽，和以銀錫清且明。
　　　　七言之始自有紀，湅冶銅錫去其滓，辟除不祥宜賈市。

29《軒轅內傳》之說，引自馬驌，《繹史》（台北：臺灣商務印書館，1968），
　　冊4，卷5，頁59。

　　吾作明鏡，幽湅三商，周刻無極，配象無疆。[30]

　　上述的鏡銘幾成套語，出土銅鏡的銘文不時可見工匠透過冶煉銅、錫、鉛，使錫流金熔，化為一體。上述所錄銘文，即言及此事。但鏡要發揮反映的作用，需再鋪陳水銀，始能有光。台北故宮所藏八卦鏡的銘文即記載此一內容，銘文曰：「水銀是陰精，百煉得此鏡。八卦氣象備，衛神永長命。」[31]

　　在技術與巫術未分化的年代，由粗礦石到一片明光，這樣的過程可想像的，會給工匠帶來情感上極大的震撼。類似的冶煉過程，以及類似的情感衝擊，也見於其他青銅器的製造。一件青銅器銘文說道：「余擇其吉金黃鑪，余用自作旅簠。以征以行，用盛稻粱，用孝用享于我皇祖文考，天賜之福。」[32] 一件合金的樂器完成後，器物主人和祖先及上天溝通管道就打通了。冶煉就像一場莊嚴的祭典一樣，這樣的冶煉過程與其視為一種技術的突破，不如視為一種本體論新價值的創造。其規模與價值位階雖不如始源性的開天闢地，但就意義而言，卻也有一脈相承之處。

---

30 「七」原作「黍」，「祥」原作「羊」，「賈」原作「古」，為理解方便起見，改成本字。銅鏡是工藝用品，出自匠人之手，其銘文多代代相傳，成為套語。這些鏡銘不能算是作者個人性的創造，而當算作一種集體的意識的反映。因此，也可以說更反映了普遍的精神。上述銘文參見王士倫編，《浙江出土銅鏡》（北京：文物出版社，1987），頁35第58條、頁36第67條、頁41第170條。

31 參見國立故宮博物院編輯委員會編，《故宮銅鏡特展圖錄》（台北：國立故宮博物院，1986），頁230-231。

32 引自于省吾，〈曾伯霥簠銘〉，《雙劍誃吉金文選》（北京：中華書局，1998），頁207。

銅鏡的本質在於光，光的根源依據乃在於三光——日、月、星辰，尤其是日、月兩者。日月兩者中，陽光更是重要。陽光在神話思維中往往具有本體論的優先地位，有了陽光劃破了黑暗，才有原初的世界秩序之程式。[33] 銅鏡有個重要的功能即在於它保存了光，它的巫術作用有部分即與此功能相同。在初民社會，銅鏡的光不是用物理法則可以解釋的，它有超越的源頭。因此，如何藉助於來自天界的明光，乃成了製鏡行為中最重要的關鍵。《禮記·內則》有用「金燧」服侍父母的經文，孫希旦注解道：「冬至日子時，鑄銅為鑒，謂之陽燧。夏至日午時，鑄銅為鑒，謂之陰鑒。」[34] 王充有更精準的解釋：「陽燧取火於天，五月丙午日中之時，消煉五石，鑄以為器。磨礪生光，仰以向日，則火來至。」[35] 陽燧與陰燧的光並非自體發生，而是取自天界。由於事關天界，因此，製器的時間之選擇也不能不慎重，工匠通常選在每年時令交錯最關鍵性的兩個時間點：冬至子時與夏至午時，這兩個時間點正是陰陽消長的轉折點。

兩「至」當中，冬至子時的神祕性更強，幽淶銅鏡的時機似乎也常選在此時。「幽淶三商」的「三商」當指日落後、日出前的時間，匠人製鏡，選在此黑漆的天地中，「周刻無極，配象無疆」，亦即將無窮的時間（無極）與無邊的空間（無疆），鏇收在銅鏡中。一面典型的銅鏡（如四方規矩鏡），其鏡鈕象徵宇宙中心的崑崙山，四角象徵通天的四柱或八柱。圓鏡象徵圓天，鏡

33　參見卡西勒（E. Cassirer）著，黃龍保等譯，《神話思維》（北京：中國社會科學出版社，1992），頁109-110。

34　孫希旦，《禮記集解》，《續修四庫全書》（上海：上海古籍出版社，1995），冊104，卷27，頁4。

35　王充，《論衡》（台北：臺灣商務印書館，1965），卷2，頁18。

面的矩方象徵大地。即使不是規矩鏡，筆者認為：隋唐以前的古
鏡大體都有非現實性的神祕意味。在所有器物中，似乎沒有比銅
鏡更富有宇宙性的象徵意味了。[36]

　　不只器物本身具神祕內涵，筆者認為：在所有器物中，似乎
沒有任何一種器物的銘文比銅鏡更能突顯冶煉過程的神祕。在銅
鏡銘文中，我們不時看到「冶煉」、「幽涷」的語詞，不時看到
幽涷的時間要配合上宇宙的度數，極度的神祕化。幽涷的歷程因
為敘述者絕少，其具體內涵固難得知，但後世有些記載顯示鑄銅
時，有「鬚髮皓白、眉如絲、垂耳至肩」的老人及「衣黑衣」的
十歲兒童突然降臨，玉成其事。這樣的老人隱隱然有榮格（C.
G. Jung）所謂的「智慧老人」的意味了。在道教的鑄鏡傳統中，
更有將人身靈魂與鏡合鑄之說，[37]古鏡與人身彷如有種主體性的
流通、轉換，其意義與莫邪和寶劍的生命可互通，可說沒什麼兩
樣。冶煉往往帶有祕儀的性質，也帶有神祕的傳說，這種現象是
很常見的。耶律亞德在論冶煉師、煉丹術的名著中，即提到古代
的礦山常被視為許多妖魔精怪聚集之區，所以冶煉師一般會帶有
神魔的性格，也有召喚神魔的能力。此外，冶煉時還要配合「神
婚」等等的儀式，神器乃得有成。[38]耶律亞德所寫的內容很多出

---

36 關於中國銅鏡宗教內涵，參見福永光司，〈道教における鏡と劍──その思
　　想の源流〉，《東方学報》1973年第45卷，頁59-120。中譯本見劉俊文編，
　　許洋主譯，〈道教的鏡與劍：其思想的源流〉，《日本學者研究中國史論著選
　　譯》（北京：中華書局，1993），卷7，頁386-445。陳珏先生的〈《古鏡記》
　　中之「古鏡」考〉一文也多所探討，參見《初唐傳奇文鉤沉》（上海：上海
　　古籍出版社，2005），頁158-203。

37 《靈寶無量度人上經大法》、《地祇溫太保傳》中皆有記載，引自劉藝，《鏡
　　與中國傳統文化》（成都：巴蜀書社，2004），頁164-166。

38 參見M. Eliade, *The Forge and the Crucible*, pp. 53-70.

自民俗學的材料，但我們從後世民俗所透露的消息大體可想見昔日初民看待冶煉的意識。

冶煉「金」的過程可想見的遠較其他器物複雜，其脫胎換骨的效果也遠較其他諸行的製品為甚。銅鏡經由幾道冶煉的程式後，最後呈現的是可以比美陽光的鏡光：光亮、透明、反映、無限。在兩漢的銅鏡中，我們不時可以看到「見日之光，天下大明」、「內清質以昭明，光輝象夫日月」這類的敘述。這類敘述的文字直接以鏡光比日月之光，他們的比喻恐怕不僅止於文學的技巧，而是認定鏡光承自日月之光。隋唐鏡銘中，其描述鏡光之文字尤為傑出，有些鏡銘可視為其時已極少人創作的四言詩。如〈美哉四瑞獸銘帶鏡銘〉：「美哉靈鑑，妙極神工，明疑積水，淨若澄空，光應晉殿，影照秦宮，防奸集祉，應物無窮，懸書玉篆，永鏤青銅。」〈光流五瑞獸銘帶鏡銘〉：「光流素月，質稟玄精，澄空鑑水，照回凝清，終古永固，瑩此心靈。」〈練行六瑞獸銘帶鏡銘〉：「練形神冶，瑩質良工，如珠出匣，似月停空，當眉寫翠，對臉傳紅，綺窗繡幌，俱含影中。」[39]這些句子文簡義豐，言近旨遠。一方面既富文學情趣，一方面又帶有廣袤神祕的意涵，其傳情達意的效果遠勝於一般宗教詩歌的頌讚。類似的冶煉成功境界也見於刀劍的鑄造。劍由各種金屬熔鑄而成，它須不斷提煉，最後亦可達到光明、堅硬、犀利的境地，傳說中的第一名山（昆吾）冶煉出來的劍據說即可「光明洞照如水精狀，割玉物如割泥」。[40]

39　上述銘文參見孫祥呈、劉一曼編，《中國銅鏡圖典》（北京：文物出版社，1992），頁509、514、515。

40　東方朔，《海內十洲記》（台北：藝文印書館，1966），頁4。

就「金」的象徵而言,「冶煉」本身的轉化過程就是極重要的象徵財,此象徵財的重要性不下於它所發揮的經濟效應。沒有一種器物會像金屬製品那般需要大費周章地提煉、熔合、鑄成。這樣的一種提煉過程固然是種物理現象,但「內清質以昭明,光輝象夫日月」說是詠物(銅鏡)固可,說是詠心亦可。物理與心理現象在此有種奇特的混合,後世道教煉丹文獻中常有內丹、外丹模糊難分的情況,這樣的現象在銅鏡銘文中已經出現了。

五、悠久與不知老

比起五行中的其他四行,原始礦石中的金(銅)本來即有較強的硬度,它可以抵擋較大的外力的衝擊,當然也更能抗拒時間的侵蝕。礦石的粗銅一經提煉後,不管是變成青銅禮器,或是變為刀劍兵器,其硬度、密度更是脫胎換骨,今非昔比。青春會流逝,美人會遲暮,草木必朽,水火如幻,唯有金之容顏未改,始終倔強如初。由於金的硬度特高,不易受外力改變,金自然而然的即帶有悠久的與不知老的象徵。

金的「悠久」象徵最明顯的見於三代的青銅器,青銅器作為三代文明的象徵,其主要的象徵權力之來源即在於金的抵抗時間流逝的悠久之本質。這樣的質性如是明顯,所以我們看到三代貴族在其鑄造之青銅器銘文中,總不忘提及斯義。我們且就《兩周金文辭大系圖錄考釋》,隨機抽取,舉一則內容精簡、文字較易釐定的銘文為例,以茲說明:

> 唯十年四月吉日,命瓜君嗣子作鑄尊壺。東東肅肅,康樂我家。遲遲康淑,承受純德。旂無疆,至于萬億年,子之

子，孫之孫，其永用之。[41]（〈嗣子壺銘〉）

嗣子壺之名在商周諸多青銅器中，不甚響亮。銘文內容普通，銘器造型平平。但也正因為如此其貌不揚，此器的銘文恰好可以當作平均值看待，它反映青銅器的一個共相：一種悠久的歷史意識。這樣的歷史意識和家族的命運（子子孫孫）、家族得以長治久安的資格（純德）結合在一起。在其他的銅器中，銘文通常還結合了人的壽命（以介眉壽）這個因素。人命、天命、家運、國運四種悠久的時間因素因此全聚集在青銅禮器上了，嗣子壺這類的禮器遂擁有其他器物難以承受之文化重量。

商周青銅器有關「悠久意識」的套語特別多，隨手翻閱金文考釋文獻，即可看到「旅其萬年，子子孫孫，永寶用享」（〈虢叔旅鐘〉）、「登於上下□□、聞於四旁、子子孫孫，永保是尚」（〈者減鐘〉）、「孫孫子子，其永亡終」（〈麥尊〉）、「受茲永命，無疆純右，康其萬年眉壽，永寶茲毀，用夙夜無怠」（〈伯康毀銘〉）。[42]「永命」、「永保」、「永亡終」、「無疆」、「無期」，這類表示時間無限的詞語在周代的青銅器銘文中特別擁擠。我們很有理由說：周民族有種強烈而特殊的歷史意識，我們如果用銅器銘文的用法，可稱之為「萬年意識」或「永之意識」，但更好的用法也許是「永命意識」。「永命意識」所以比另兩個用語恰當，乃因「萬年意識」只突顯了時間的悠久。但時間再怎麼悠久，「萬年」之語總有期限，而且對此悠久意識的來源沒有說明。

---

41 參見郭沫若，《兩周金文辭大系圖錄考釋》（上海：上海書店，1999），下冊，頁239。另參見于省吾著，《雙劍誃吉金文選》，頁156-157。

42 前三條分別見於郭沫若，《兩周金文辭大系圖錄考釋》，下冊，頁127、153、40。〈伯康毀銘〉銘文見於于省吾，《雙劍誃吉金文選》，頁193。

「永之意識」比起「萬年意識」來，更能突顯時間之無盡、無期。而且其語族繁茂，不及備載。周器銘文一再言及「永保」、「永寶」、「永亡終」、「永用」、「永保用」、「永壽用」。「永」字迢遞，綿綿無絕期，這些語詞顯現了作器者對後代子孫永無了期的關注與永無止境的期待。

但比起「永命意識」，「永之意識」仍嫌不足。因為周人的悠久的歷史意識並非憑空發生，它和「天命觀」分不開。周初「天命觀」是東方歷史上一次極具革命性的突破性概念，有了天命觀，因此，有了「天命有德」的概念，有了超出於偶然性質的血緣、傳統、運氣之上的道德理則之概念。對於天命的敬畏之情普見於兩周的文獻，金文所見與《詩》、《書》所載，恰可相互發揮。「維天之命，於穆不已，於乎不顯，文王之德之純」，《中庸》曾引此段《大雅》的詩句以證道體之創新不已，《中庸》之解當依《中庸》義理衡定之，不一定是《詩經》原義，也不一定與宋儒的解釋一致。但《中庸》所以援引此詩，亦非無據。因為周初這首詩描述在事變之流之上有一股生生不息的生機之源，「於穆不已」這樣的概念引發了子思的靈感，使他可以借題發揮。「天命」不必一定要依照宋儒的道體的概念去詮釋，但「天命」無疑帶有理則、敬畏，以及一種超越於時間之流上的恆久之感。[43]青銅禮器的製作原本即含有抗拒時間的信念，周人更因將「天命」的觀念帶進製作之中，青銅器遂有了文化的「永命」的象徵意義。

---

[43]「天命」一詞在宋代之後的思想史上扮演極重要的角色，朱子學「從理界定天命」是爾後大部分爭辯的核心，中國的氣學學者以及日本的古學派學者抨擊其說甚厲。筆者同意：西周時期大概沒有程朱理學那種超越的性理概念，但此時未必沒有宗教義的超越性以及創生性。

　　青銅器式樣不少，而最能突顯青銅器的永命性質者莫過於「鼎」此一重器。中國歷代如有寶鼎出土，一朝君臣往往欣喜若狂。西元前116年，漢武帝因汾陰的魏脽后土營傳有周鼎出土，群臣欣喜，紛紛稱賀，漢武乃下詔改元，年號名為「元鼎」，並大赦天下，與民更新。[44]其時，獨有吾丘壽王力持異議，不主出土之鼎為周鼎，他解釋道：「周有明德，上天報應，鼎為周出，故為周寶。今陛下恢崇大業，天瑞並至。昔秦始皇出鼎於彭城而不能得，天祚有德，而寶鼎自出，此天所以與漢，乃漢寶，非周寶。」[45]天子聞之，當然大悅，結果只有吾丘壽王獨得其賞。吾丘壽王透過曲線的智慧，投君所好，可謂善禱善頌。元鼎元年被視為時間重新起算的新紀元，萬象更新。

　　漢武帝聽到寶鼎出土，欣喜若狂，是有歷史原因的。因為最近且相關的歷史記憶就發生在他的祖父文帝在位時。文帝曾到汾陰南的黃河旁，「欲祠出周鼎」，結果不成。而文帝所以會到汾陰求鼎，還有更深的歷史因素。因為正如吾丘壽王所說，在漢武帝即位的百年前，雄心勃勃的絕代梟雄秦始皇剛削平六國，一統華夏。其時泗水傳說有寶鼎出現，秦始皇乃命人到泗水打撈。據說當一切就緒，寶鼎即將出水之際，忽有潛龍出現，咬斷打撈寶鼎的繩索，寶鼎於是再度沉入深淵。漢武帝聽到寶鼎出土，恐怕很難不想到前代的這兩樁歷史事件。

　　秦皇、漢武是霸主的代表，他們對寶鼎的患得患失已到痴迷

44　根據《漢書》、《資治通鑑》等書的記載順序，大赦天下在先，得鼎在後。筆者認為前後順序倒過來，理路較順。但合理路不一定符合史實，筆者的猜測只能聊備一說。

45　參見荀悅，《前漢紀》，《景印文淵閣四庫全書》（台北：臺灣商務印書館，1983），卷13，頁11。

的程度。他們的痴迷並非不可解，因為在秦漢時期，寶鼎是被視為天命的代表的，誰擁有了寶鼎，誰就擁有了天卜。寶鼎＝天命＝國家的傳說之來源甚早，就史料而言，或言黃帝，或言夏禹。黃帝據說曾製三鼎，以象天、地、人，此三鼎每在天命鼎革之際，即會應運而生。[46]但鼎所以變成天命的象徵，「夏鼎」的傳說才是造成後代君王狂熱追逐的源頭。夏鼎一說是夏后啟命令傳說中的風神蜚廉「折金於山川」，並在產金的神祕地點「昆吾」陶鑄其金之後所得。鼎成，「四足而方，不炊而自烹，不舉而自藏，不遷而自行」，並且其行藏與天下興亡相應，神祕的不得了。[47]但夏鼎傳說的重心還不在啟，而在禹。禹鑄九鼎的故事不但更赫赫有名，它對鼎、天命與國家正當性的關係也有更合理的解釋。在《左傳》一書中，王孫滿面對來勢洶洶、不懷好意的楚國軍隊，談及夏禹當時如何從「遠方圖物，貢金九牧」的冶煉材料中鑄造九鼎，使天下百姓皆知九州神姦，「魑魅魍魎，莫能逢之」。根據王孫滿的解說，能不能得天下的關鍵「在德不在鼎」。周王室天命未改，「鼎之輕重，未可問也」。[48]王孫滿的解說雖是外交辭令，但充滿了儒家政治哲學的精神，內容自有理路。但我們如果將政權正當性的議題還原到太初的年代之價值體系，王孫滿的話恐得稍加修正。得天下的祕密應當在鼎亦在德，因為鼎德一體，能所不分。

　　鼎的故事很難看成史實，只能視為傳說，但傳說追溯到黃

46　參見司馬遷撰，《史記・封禪書》（北京：中華書局，1959），冊4，卷28，頁1392。

47　參見墨翟，《墨子・耕柱》（台北：臺灣商務印書館，1965），卷11，頁11。

48　參見左丘明傳，杜預注，孔穎達正義，《春秋左傳正義・宣公三年》，收入李學勤主編，《十三經注疏整理本》，冊81，卷21，頁693-695。

帝、夏禹卻非偶然。黃帝是文化英雄，也是傳說中的共祖，司馬遷論歷史的起源即始於黃帝。夏禹治水，其業績不只是治理了水患而已。洪水事實上被視為一種宇宙性的大災難，世界被毀滅了。大禹治水後隨山刊木，為之命名；劃分九州，立定賦則。《尚書》說：這是「地平天成」的工作，「地平天成」也就是宇宙的重新創造。禹功甚偉，上帝因此在水患平定之後，賜給他「玄圭」，以表功績。「玄圭」是「玄」與美玉之「圭」的結合，這是另一組的象徵故事。除玄圭外，九州之牧各進貢其州之金，鑄成九鼎，九鼎因此成了九州的象徵。鼎（金）與始源之帝的黃帝、夏禹同在，它的象徵意義是很清楚的。

由於鼎的出身不凡，所以比起我們上文所舉的鐘、簋、尊、壺等禮器金文所顯現的歷史悠久之情，筆者認為周人的「永命意識」似乎更集中地顯現於鼎銘上。〈大盂鼎銘〉曰：「盂，丕顯文王，受天有大命。在武王，嗣文王作邦，闢厥慝，撫有四方，畯正厥民，在于御事。徂！酒無敢□，有柴蒸祀，無敢擾。故天翼臨子，廢保先王，□有四方。」[49]〈大盂鼎銘〉的銘文文字鏗鏘，情理醇厚，其價值真抵得上《詩》、《書》的一篇名章。若此美文在金文中雖也少見，但相對之下，鼎一般來說似乎更能將周人「永命意識」所涵蓋的諸要項：天命、明德、邦國、人民、永恆等等包含進來。因此，也可以說是更典型地反映了周人精神的寶物。

三代吉金的永命意識是後代儒者終生嚮往的道德典範，就像三代吉金的器物是後代藝匠難以企及的美感典範一樣，因為滋養

---

49 金文異字甚多，不便排版，故取通行字。原文參考郭沫若，《兩周金文辭大系圖錄考釋》，下冊，頁33-34。

這種器物與意識的文化土壤因各種因緣聚合而成，是一次性的，時移境轉之後，在後代已不易再現。但「金」作為一種綿延的存在，或作為一種抵拒時間腐蝕性的象徵，就感官的現實而言，應當是不變的。事實上，在作為後代主要「金器」的銅鏡或銅劍上，我們依然看到一種悠遠的時間意識凝聚其中，只是「天命有德」的意識沒有了，因此，凝聚在青銅禮器上的古典的道德意識也變得極稀薄了。取而代之，占據主導性的時間意識是私人性的，它或表現為對個體生命之無限延伸之渴望，或表現出一種對「人爵」的長久維持之期待，或表現出一種強烈執著於個體性情感的永久維繫。

　　第一種主題是渴望私人性的個體生命之無限延伸，此主題最常見的是見於四方規矩鏡中有關神仙、神獸的銘文，如「上大山，見神人，食玉英，飲澧泉，得天道，物自然，駕交龍，乘浮雲，白虎引兮直上天。受長命，壽萬年。宣官秩，保子孫」、「尚方作鏡真大好，上有仙人不知老，渴飲玉泉飢食棗，浮游天下敖四海，壽如金石為國保」。[50] 神人、玉英、澧泉、仙棗等等構成一幅異質的世界圖像，企望長生不老是這類銅鏡的主導性思想。第二種，企求「人爵」綿延不絕的想法也普見於銅鏡中，「積善之家，天錫永昌」、「壽如金石，累世未央」、「三羊作鏡大毋傷，令人富貴樂未央」，諸如此類的銘文顯現了一種徹底俗世的價值顯現，希望榮華富貴永世未央。第三種的永世之感表現出個人性情感之永久維繫，如言「與天無極，與地相長，歡樂未央，長勿相忘」。典型的清白鏡也有類似情感的銘文：「潔情白

---

50 以上引文的文字參見王士倫、王牧編，《浙江出土銅鏡》（北京：文物出版社，2006），頁35-36。

而事君，怨污歡之弅明，煥玄錫之流澤，恐疏遠而日忘。慎糜美之窮嘻，外承歡之可說。慕窈窕之靈景，願永思而毋絕。」[51]這樣的銘文即使擺在漢魏樂府中看待，也不遜色。論情思綿密，恐怕還可算是箇中之佼佼者。

以上三種悠久之情所求者不同，或為壽命，或為爵祿，或為感情，但同樣是私人性的。無關乎天命，也無關於邦國，因此，缺少三代吉金特別彰顯的嚴肅之宗教情感與倫理性格，卻多了一分人間性的意味。但不管是三代吉金或是後代銅鏡，只要鑄造者或委託鑄造者對「永恆」、「不變」有心理上的要求，他們即會訴諸於金屬製品表達這樣的情感。「金」總是扮演有限之人對抗無限之時永不缺席的同盟軍之角色。

六、金丹的追求

在各種自然物中，金的不朽性質最為殊勝。唯一可堪比較者，厥為石。金與石不管在硬度、持久度方面，都有近似之處。三代人物言時計功，昭告神明，或想傳達任何可以傳諸久遠的行動時，常假借「金」以行之，青銅禮器是典型的代表。三代後，則常以石代之，盟誓立言，勒功記事，常假石碑表達之。金與石因而常連用，藉以表達悠遠連綿之追思。蔡邕〈銘論〉說：「物不朽者，莫不朽於金石。」[52]其說良有以也。金石之學在後代自成

---

51 清白鏡就像其他類型的漢鏡銘文一樣，常有簡字，且省字，此處所引是文義較完整者。相關訊息參見李學勤，〈論西伯利亞出土的兩面漢鏡〉，《四海尋珍》，頁288-293。

52 引見張溥編，《蔡邕集》，《漢魏六朝百三家集》，《景印文淵閣四庫全書》（台北：臺灣商務印書館，1983），冊1412，卷18，頁43。

一門學問，此門學問專門研究刊布於青銅等「金器」與石碑、石鼓、摩崖等等「石器」上的文字或圖式。金石之學是門喚起歷史記憶之學，也是抗衡時間流逝之學。[53]

　　金石落在邦國宗族層次上，有延長歷史記憶的青銅器、石碑。落在個人追求肉體長生的層次上，即有煉丹之學。我們現在知道煉丹以求長生最早的一條資料當是西漢李少君所言用黃金器飲食可得長生，成仙遨遊：「致物而丹沙可化為黃金，黃金成以為飲食器則益壽，益壽而海中蓬萊僊者乃可見。」[54]之後的桓寬則明言秦始皇求仙方，當時燕齊之士爭趨咸陽，「言仙人食金飲珠，然後壽與天地相保」。[55]李少君此人頗有郎中的嫌疑，效法他的行徑的少翁、欒大皆因其術不靈，因而慘遭殺生之禍。李少君在煉丹史上很重要，他的「煉黃金、成仙長生」的觀點是煉丹術的核心因素，比任何煉丹家派都要早。[56]但不管李少君所說黃金為器可得長生，或桓寬所說「食金飲珠，然後壽與天地相保」，這樣的理論恐怕都是前有所承，並非憑空杜撰的。事實上，丹沙因為被視為帶有神祕的生命基質，所以李少君才會要求先「致

53　關於金石與歷史記憶的關係，一個極顯明的例子是中國歷史上所以多有石經與摩崖文字，其原因通常是佛教僧侶或佛弟子因怕佛教受到政治迫害，正法滅亡，所以才會「託以高山，永留不絕」，因為「縑竹易銷，金石難滅」，鐵山摩崖的〈石頌〉有此說。〈石頌〉拓文見山東石刻藝術博物館編，《山東北朝摩崖刻經全集》（濟南：齊魯書社，1992），頁1-189。

54　司馬遷撰，《史記·封禪書》，冊4，卷28，頁1385。

55　桓寬著，王利器注，《鹽鐵論校注》（上海：古典文學出版社，1958），頁208。

56　參見李約瑟（J. Needham）著，陳立夫主譯，《中國之科學與文明——煉丹術和化學（續）》（台北：臺灣商務印書館，1985），冊15，頁37。然而，如依據前文桓寬所說，至少秦朝時的燕齊方士已經開始傳播丹道了。

物」，丹沙乃能發揮作用，「物」大致為非自然之類的靈異之物之義。致物—丹沙—黃金—成仙這樣的信念恐怕早見於新石器時代的墓葬。而以金縷玉衣作為保護貴族屍體、以求長生的習尚，在漢代已頗為流行，晚近出土實物，間可見到。[57] 這種流傳於喪葬行為的生命儀式具有頑強的生命力，不隨時代興亡而興亡，它的來源有可能很早。

石之美者為玉，金與玉在修煉密術中常連用，《黃庭經》說「含漱金醴吞玉英」，即以金、玉兩者作為服食修煉主要的材料。對前近代許多人而言，金石或金玉不僅可外在於軀體，佩之，戴之，如金縷玉衣一般，使肉身保持長久。他們更相信如果能服食金玉，應該可從服食者內在的形軀面改造人的生理結構，以得長生。服食金玉以求長生的技術不知始於何人，《山海經・西山經》說：「稷澤，其中多白玉，是有玉膏，其原沸沸湯湯，黃帝是食是饗。」[58] 黃帝被視為歷史的肇始者，也是傳說中的伏煉之祖。《楚辭・遠遊》說：「吸飛泉之微液兮，懷琬琰之華英。」「琬琰之華英」即王逸注所說的「玉英」，此詞與「金華」恰可相互發揮。〈遠遊〉論服食遊仙之術，出自赤松子、王子喬所教。以上兩則所說都是服食之事，[59] 或者說：服食與行氣兼備，[60] 內外兼顧。黃帝、赤松子、王子喬的年代悠邈難定，但可

---

57 最著名者如滿城中山靖王劉勝夫婦墓所見的金縷玉衣即是，漢墓中出土文物中偶見金縷玉衣，可見一時之風氣。

58 袁珂注，《山海經校注》，頁41。

59 「懷琬琰之華英」據王逸注，乃是「咀嚼玉英，以養神也」。洪興祖，《楚辭補注》（台北：大安出版社，1995），卷5，頁254。「懷」者，不是懷藏，而是服食。

60 蒙文通於〈晚周道儒分三派考〉一文中，力主赤松子、王子喬之教為「行

想像的,服食求仙的風氣早已有之。

金、玉兩者皆有魔咒之力,在先秦時期,玉的魔力似乎超過金,玉的魔力可能和「精」的信仰有關,玉一般相信是「水之精」或「精」的化身。但兩漢後的服食傳統,金的地位有日漸上升之勢,這個傳統和淮南王劉安應該有密切的關係,往上也許可以追溯到鄒衍。[61]服金以求長生最密集的記載見於《抱朴子‧金丹》一篇:「夫金丹之為物,燒之愈久,變化愈妙。黃金入火,百鍊不消,埋之,畢天不朽。服此二物,鍊人身體,故能令人不老不死。此蓋假求外物以自堅固,有如脂之養火而不可滅,銅青塗腳,入水不腐,此是借銅之勁以扞其肉也。金丹入身中,沾洽榮衛,非但銅青之外傅矣!」[62]這是全文的總綱領,接著是九丹之鍊法及說明,接著又有一大堆的丹法,加上各種煉丹的神祕規矩,〈金丹〉篇可視為前此煉丹術之集大成之作。葛洪無疑費了很大的工夫創作斯篇,但誠如他自己所說:《抱朴子‧金丹》的內容不是葛洪個人的創見,而是來自一種神祕久遠的傳承。

服食金玉會和外丹的概念結合,除了《抱朴子》外,我們不會忘記《周易參同契》這麼重要的一環。此書〈第十章〉說:

氣」,而不是「藥餌」,但就文獻看來,當是兩者兼具。蒙文收入《古學甄微》(成都:巴蜀書社,1987),卷1,頁335-342。

61 鄒衍常被視為中國煉丹術之祖,參見李約瑟(J. Needham)著,陳立夫主譯,《中國之科學與文明──煉丹術和化學(續)》,冊15,頁8-16。比較李少君與鄒衍的例子,我們不妨說:前者是明文記載,後者是逆推所得。後者的逆推雖是推論,但其檢證標準卻包含了煉丹術的諸元素,這是比較嚴格的學術要求。由服食求仙的相關記載來看,原始的煉丹術年代當更早。道教傳統所說的伏煉之祖為黃帝,雖然很難說是史實,但放在本節的脈絡看,卻有理路。

62 參見王明,《抱朴子內篇校釋》(北京:中華書局,1985),頁71-72。

「金入於猛水，色不奪精光。自開闢以來，日月不虧明。金不失
其重，日月形如常。金本從日生，朔旦日受符。金返歸其母，月
晦日相包。隱藏其匡廓，沉浮於洞虛。金復其故性，威光鼎乃
熺。」〈第十一章〉也說：「巨勝尚延年，還丹可入口，金性不敗
朽，故為萬物寶，術士服食之，壽命得長久。」就「金」與「外
丹」的關係而言，這兩章當是最典型的論述。外丹所以得以長生
者，乃因巫術的兩項原理而來，一是「聖顯」的加持，亦即來自
於天界的日光下貫於「金」，使其發光，「金」因此也帶有來自
天界的神聖性質。這種天光與「金光」的本體論關聯，絕非罕
見，我們前文論冶劍的意義時，已見過類似的觀點了。如果要再
往前追溯，我們不會忘了《易經‧說卦》所說「乾為金」此名
言。在其他的文明裡，也有類似的思考模式；[63] 其次則是相似法
則使然。《周易參同契》說「類同者相從」，即是此巫術法則的
另一說辭。金煉至最純的境地，即所謂的九轉還丹。學者服食不
朽之純金，吃物補物，[64] 理所當然地認為會帶來不朽之金身。

　　《周易參同契》向來有內丹、外丹的詮釋之別，上述兩章前
賢亦有作內丹解者。筆者傾向此書為內、外丹混合之典籍，很難
以單一觀點一以貫之地通讀。即便我們採彭曉、俞琰的內丹學詮
釋觀點，將外丹文字完全化為內丹的論述。但至少這些外丹語言

---

63 就「金」的象徵而言，其素材來自於天界的殞石，是更常見的另一種「聖
　　顯」方式。兩者的材料雖然不同，但「光來自天界」與「石來自天界」，其
　　運作原理是一致的。參見 M. Eliade, *The Forge and the Crucible*（Chicago:
　　University of Chicago Press, 1978），pp. 19-26。

64 後代的一位道士張隱居曾引俗語「食金如金，食玉如玉」以證金丹理論。參
　　見張隱居，《張真人金石靈砂論‧黃金篇》，《正統道藏》（台北：新文豐出
　　版公司，1977），冊31，頁690。

仍須被視為內丹的比喻，既然是比喻，此比喻的喻依仍有獨立的認知意義，因為它有來自於外丹的源頭。而可想見的，在當時修煉的人士當中，頗有人相信「還丹可入口，金性不敗朽」者。

金石之學是門抵抗時間的學問，中國的金丹之學（煉丹術）依席文（N. Sivin）的解釋，恰恰好也是「控制時間」的一門學問。[65]時間控制到了極至，即是與時間同極，與時間同極的存在者即是所謂的「仙人」。然而，時間就像《薄伽梵歌》所描繪的是吞噬萬有的巨靈，一切的存在皆無從逃脫被吞噬的命運。[66]「幾回天上葬神仙，漏聲相將無斷絕」（〈官街鼓〉），李賀的詩道出了時間之威力無窮，人無所逃於天地之間。何況，服食金丹是否可在身體上顯現「金性不敗朽」，許多經驗性的案子無情地粉碎了這來自於「類同相從」的巫術信仰：「服食求神仙，多為藥所誤。」（《古詩十九首・驅車上東門》）服食金丹，可得長生？越來越多人相信這只是一則無稽的神話。

外丹死而內丹生，金的不朽意義慢慢地從物相的流動中，轉移到人的生命因素。內丹的成立一般溯源到隋代的蘇元朗或再上追溯到陳朝的慧文，就「內丹」一詞的成立而言，這樣的溯源是可以接受的。但就內丹之實考量，源頭可以更早。至少我們如就

---

65 參見N. Sivin, "Chinese Alchemy and the Manipulation of Time," *Science and Technology in East Asia* 64/4（Dec. 1976）: 512-526.

66 且看《薄伽梵歌》第十一章，第二十七、二十八、三十二節所述：不管王侯將士，「皆匆遽入君唇吻兮，可愕可怖之斷齦，見有留掛于齒隙兮，其頭皆碎為齏粉」、「如江河眾流，唯奔于海兮！此輩人世英雄，皆匯入君之口，騰光彩兮」、「『我』為『時間』兮，滅群生而崚起！『我』來盡毀此諸世！」徐梵澄譯，《薄伽梵歌論・附薄伽梵歌》（北京：商務印書館，2003），頁571-572。

金的「不朽」象徵著眼，金從外服的丹藥變成內在生命（精）的代稱早就發生了，而且正是在《周易參同契》此書上，我們看到最明顯的換軌的機制。

　　《周易參同契》提及生命（精）的不朽象徵，用到「黃芽」、「金華」、「黃中」三個明顯可和「金」代換的術語。此書說：「王陽嘉黃芽」，「黃芽」得到王陽這位著名的古煉丹師之保證。[67]「黃芽」也者，生命之芽之狀態，白玉蟾說：「心地開花，謂之黃芽。」[68] 黃芽實為內丹之異名。「金華」意指黃金之華，修煉有成的狀詞，此一詞語流傳到後世，聲勢極為顯赫，幾乎變成道教修煉的專有語彙。《周易參同契》說：「黃帝美金華。」偉大的詞語自然要得到偉大人物的背書。「黃中」一詞的象徵意味也極強，此詞語結合了「中」此神聖方位與「金之黃」此神聖顏色，早在《易傳》成立的年代，它即意指生命的貞定原理，所謂「黃中通理，正位居體」是也。[69]「黃芽」、「金華」、「黃中」三者在後世的內丹修煉傳統中，都變成了極重要的術語。真正的不朽之因素已不在自然世界中的黃金，而是內在於人的一種精微的生命之元素。追求性命之學的學者之首務即在喚醒此金之質素，催化之，促成之，以期開花結果，黃中通理。

　　不朽的召喚由物質的服食轉往內在精神的喚醒，此一巨大工程的變遷之歷史脈絡仍有糾結不明之處。但可以確定的是：「金」的不朽意義之載體已有轉變，而轉變的歷程是和一種廣義

67　王陽居廉用奢，世傳王陽能作黃金。參見應劭撰，王利器校注，《風俗通義校注・正失》（北京：中華書局，2010），上冊，卷2，頁119。

68　引自趙臺鼎，《脈望》，收入陳繼儒編，《寶顏堂秘笈》，卷3，頁13。

69　語出〈坤文言〉。依據孔穎達的疏，這兩句話只是形式上的泛指至中至正之義，不是心性論語彙。

的性命之學之興起息息相關的。六朝之後，道教的修煉之學與精氣神的身體圖式理論越發成熟，「金華」盛開的園地自然而然地轉向了人的內在之精微的身體。丹不在外，而在內。所以採食、伏煉，不必求諸名山的黃金與丹砂，只要往內自求即可。但內要內到什麼程度才算數？依據長期的身體技術之修煉所得，一種深入生命的底層，撞擊到意識與氣交接的層面之學說就浮現了，性命雙修的煉丹理論終於變為主流，甚至連「金丹」一詞都變成內丹的意義了。[70]

　　丹道的性命雙修發源於隋唐，後來成為金元道教的重要主張。但修煉既然不會只有丹道的模式，金的象徵意義之旅途也就還沒走完。「金」是漢文化共同的象徵財，它的意義自然會被其他的學派吸收、轉化，我們僅舉儒學的發展為例。我們發現相對於兩漢六朝重視事功、倫理的儒家思潮，唐代中葉後，儒家對性命之學的需求越來越強烈，「金的不朽象徵之內在化」也逐漸在儒門的著作中出現，王學的傳統可以找到較多的材料足作印證。至少我們在《傳習錄》書中看到王陽明以黃金的純度與斤兩比擬聖人之境界，[71] 其高弟王龍溪也以煉丹比良知，[72] 這些都是眾所共

---

70 此《悟真篇》所以有「學仙須是學天仙，惟有金丹最的端」之語。張伯端的「金丹」是內丹，葛洪的「金丹」是外丹，兩者的關係可以說是後出轉精，是一種質的飛躍。但就葛洪的觀點看，張伯端的用語不免有「乞丐趕廟公」的嫌疑。張伯端之語參見仇兆鰲，《悟真篇集注》（上海：上海古籍出版社，1989），卷上，頁62。

71 聖人的金之成色之論，參見王陽明，《語錄一‧傳習錄上》，「希淵問」條。收入吳光等編校，《王陽明全集》（杭州：浙江古籍出版社，2010），卷1，頁30-31。

72 「良知與煉丹」之喻，參見王畿，〈易測授張叔學〉，《王畿集》（南京：鳳凰出版社，2007），頁418-419。王龍溪還以金在礦比喻良知在纏，良知全體朗

知的例子。這樣的比擬可以看出：金的「物質性」變得極為稀薄，它的不朽象徵早已和儒門的詮釋活動緊密地結合一起，成為心性論王國的成員了。

七、結論

　　金帶給感官的消息是堅硬（觸覺）、清冷（觸覺）、光白（視覺）、清脆（聽覺），以及一種身體收斂內聚的肅穆感，[73]這些不同的知覺相互支援，形成相當一致的聯覺系統。和木、水、火、土相比之下，金行提供的感覺作用以及象徵意義相當清晰、獨特，和其他四行的作用可以清楚的區隔。五行意義固定化後，金行在時間、空間、身體等各種向度上，更確切地說，也就是在全體世界的分類系統上，占有五分之一的比重，其內容不免因為指涉過多而日漸稀釋。但我們一看到此行擁有的基本質性：禁也、義也、白也、秋也、商也、刑也，卻有似曾相識之感。很明顯地，定型化的這些質性乃沿襲三代以下金的原型象徵而來。[74]

現，其景象則為「管取全收大地金」，同上，頁559。

73 筆者想到對「金行」最好的敘述不是來自理論論證，而是詩賦。宋玉〈九辯〉首章云：「悲哉！秋之為氣也，蕭瑟兮草木搖落而變衰，憭慄兮若在遠行。登山臨水兮送將歸。泬寥兮天高而氣清，寂寥兮收潦而水清。」此章詠秋，視之為詠金亦未嘗不可。宋玉無意傳達五行思想，但金行所要傳遞的情感：蕭瑟、憭慄、寂寥卻可於此賦見出。

74 最完整而制式的五行理論當是隋代蕭吉的《五行大義》，此書內容太繁，不便討論。我們且以《呂氏春秋》討論五行說較早的文字為例，略進一解。在〈孟秋紀〉篇中，此書提到金與天時人事的種種呼應關係。這些關係中除了天子要行「嘗新」禮，先薦寢廟之外，另外有兩個要目。一是金行適用的範圍：秋，其日庚辛、其數九、其蟲毛、其音商、其味辛、其色白、其帝少

換言之，金行的「物性」與感知者的「感性」最為一致，金行的象徵和我們的原始經驗很能相呼應，其他四行在這點上就比較不是那麼明顯。

上述所說的「物性」、「感性」云云，牽涉到洛克（J. Locke）所謂的「初性」與「次性」之分。「金」作為五行之一，它的象徵意義自然是多面向的。它會引發人的沉重、寒冷之感等，如李賀詩中常見的色澤即多清冷沉鈍之感，這種金的屬性可視為洛克義的次性，它當然有美學上的意義。金為五行之一，它與其他諸行的關係當然也很值得探究。如金由土出，這是流傳相當廣的神話主題，中國的文獻也不乏這樣的記載，漢代婁敬甚至有種金於地之傳說。又如言及修煉，不管是外丹、內丹，金、火總是相連，箇中的機關也仍有待發覆。

金的象徵義雖多，但筆者認為最具文化意義的當是刑—法、冶煉與不朽，刑—法的性質來自於金之硬度，冶煉的意義來自於金之由粗礦石轉為貴重金屬，不朽的象徵則來自於金在時間上的綿延性質。金性堅硬，利斷萬物，中國的青銅兵器和青銅禮器一樣出色，它帶來的摧毀的效果也特別顯著。但在上古，金的神話傳遞的訊息有兩面性，摧毀從來不單獨出現，它與秩序同時而來。刑—法意味著刑殺與法制，刑與法兩者是連體嬰，兩者在發

昊、其神蓐收。二是天子要對外征伐不義，對內修法制，繕圖圄。金和空間的西方、時間的秋天與庚辛之間連在一起，這是時空形成的大架構。「其蟲毛」，據注家注解，指的是虎。龍虎對配，分配東西，此事可推到新石器時代。「其音商」，根據傳統的音樂理論，「商」代表悲哀內斂之聲，其聲嗚嗚然，如怨如慕，如泣如訴，此固秋聲也。辛在味覺當中，意指爽利，非甜美苦辣等強烈之味。其色白，白為素色，一切顏色的基質，與金最親。上述這些論點與金行給人的感覺顯然頗近似。

生的次序與結構的位置上，緊密相連。刑殺與法制的相生相殺，我們可視為金行一個很明顯的悖論表現，這種悖論性格顯現在我們對正義的要求上面。我們依法則為的是要制裁（摧毀）不義，我們制裁不義為的是要維繫法則。在各種德目中，與金的性質最接近的道德德目即為「義」。

在儒家的德目之光譜中，「義」總是作為「仁」的補充法則而出現。儒家論道德，仁的首出性是無庸置疑的，仁通常與「生命」、「創造」、「本體」、「愛之情」等等價值連結在一起，有了「仁」，才有爾後一切德目的呈顯。但「仁」如果是首出性的創生原理的話，它在秩序的構成方面則不免有所欠缺，所以需要「義」此秩序原理之補充。朱子說：「義，便是慘烈剛斷底意思」、「義是肅殺果斷底」、「義如利刀相似，都割斷了許多牽絆」。[75] 和「仁」的聯綿、統屬相對照，「義」的分別、剛斷是很明顯的。而凡由義衍生出來的語彙，如義兵、義氣、公義、正義，也都帶有類似的內涵。仁是慈母原則，義是嚴父原則，《易傳》說：「立人之道，曰仁曰義。」「義」雖是「仁」的補充原則，但卻是本質性的補充，兩者缺一不可。

我們論「金」與「義」的關係時，因為受到儒家用語的影響，通常會賦予「義」字明確的道德涵義。事實上，體現金行的義道之涵義較廣，「義如利刀相似」雖是朱子的解釋，卻很符合「義」的原始精神。戰國時期流行文—武、刑—德之說，「武」、「刑」都是作為金行表現的義道之變形，而文—武、刑—德的構造也可以視為仁—義此構造的另類表現。《管子·四時》說：

---

75 上述引文參見黎靖德編，《朱子語類》（北京：中華書局，1994），冊1，卷6，頁110、106、120。

「陽為德，陰為刑……德始於春，長於夏；刑始於秋，流於冬。」
《經法・君正》篇云：「因天之生也以養生，謂之文；因天之殺
也以伐死，謂之武。」我們試比較「金」、「義」、「刑」、「武」
諸概念，不難看出它們是同一概念家族的成員。

　　我們引用到《管子・四時》與黃帝帛書中的相關概念，不是
偶然的。筆者認為在先秦諸子百家中，最能體現金的刑殺—法制
之雙重面向者，厥為兵家、黃老道家與法家。[76] 兵家著作多假借
黃帝之名，或多言及黃帝與蚩尤及四帝征戰之事。黃帝與蚩尤皆
為兵神，兵家祖述黃帝，再合理不過了。而兵家可視為金行最重
要的代理人，也不難想像而知。黃老道家的「黃帝」意象與內容
與兵家關聯很深，上世紀下半葉出土的《黃老帛書》中，其內容
也多假黃帝君臣的對話，談及此義。所謂「凡諶之極，在刑與
德」，「作爭者凶，不爭者亦無成功」。[77]《鶡冠子》更乾脆說「人
道先兵」，[78] 講得再白不過了。兵家與黃老是奇特的連襟，兩者
大體都依天道以言政事及兵事。言兵事，不能不興義兵；興義兵
的目的則是為了要建立秩序。黃老道家與兵家貌離神合，它們的
精神可以說是金行的具體呈現。至於受黃老道家影響的法家也會
受到金行的影響，也是合理的事。我們現在看到談「刑—德」、
「文—武」之說最顯著的著作除黃老帛書外，即是《管子》一書

76　唐君毅先生則認為墨家最重義道。唐先生的說法有文獻的依據，因為墨家重
　　義，《墨子》書中即有〈貴義〉篇。但墨家重義，其「義」重視的是「客觀」
　　的文義，與本文從「金」行的象徵入手不同。言各有當，茲不贅述。

77　河洛圖書出版編輯部編，《帛書老子・十大經》（台北：河洛圖書公司，
　　1975），頁212、214。

78　參見陸佃，《鶡冠子・近迭第七》（台北：世界出版社，1979），卷上，頁
　　26。

了。法家因為受到秦朝施政成績的拖累，形象大壞。但它的初衷恐怕仍在刑德相濟，商鞅所說「以戰去戰、以殺去殺、以刑去刑」，[79]即為此一學風的忠實反映。

除了刑殺，「金」所以能發揮作用，乃因它被製成金器。在製成的過程中，它通常需要被提煉、融合、模鑄，乃克成物。簡言之，「金」由礦石轉到金器，要經由大規模的變形過程，這種變形過程在其他自然元素之加工中較少遇到。因為「金」之轉換的規模大，rite of passages的時間長，其成品之精與原料之粗的對照也較強烈，因此，冶煉的模態隱約之間與變形神話同化了，如出一轍。兩者同樣強調外貌極大規模的變化，但在變化中仍能維持一點不變的相同質性。金的冶煉所以常伴隨原型神話的題材，也常會帶來特多神祕因素，並非不可理解。

冶煉是項艱鉅非凡的工作，需要不同礦物的消解與融合。冶煉的過程需要身心全體捲進，情意志一體融合地躍入，它活像另一種形態的宇宙創造。煉金因此變成了一齣神聖莊嚴的事業，名劍有靈，在主客結合的冶煉事業中，物的出礦淬金和人的轉識成智（歸性復初）、金的「一泓秋水照人寒」和人的本心的「具眾理而應萬事」[80]之結構，竟彷若一種敘述的兩種版本。從榮格、耶律亞德之後，我們知道煉丹術所描述的物理變化，與其說是化學事件，毋寧是種精神轉化的物質顯像。「方正而明，萬界無塵，水天一色，犀照群倫」。[81]鏡乎？心乎？是同？是別？冶煉

---

79 商鞅，《商子・畫策第十八》（台北：臺灣商務印書館，1965），卷4，頁8。

80 參見黎靖德編，《朱子語類》，冊1，卷14，頁265。

81 故宮收藏〈薛氏方正鏡〉的銘文，參見《故宮銅鏡特展圖錄》，頁234-235。此鏡為宋代湖州薛沓侯作，湖州薛氏鏡的銘文玄味特濃，筆者懷疑此鏡風格與理學的興起有關。

的事件帶有內、外泯絕的質性，金（物）的述詞與心的述詞可交換使用，這也是金行的一大特色。[82]

在刑殺與變形之外，金的另一個基本象徵厥為不朽，人類如果有對不朽的要求，即會展現出對金的追求。西方的煉丹術以及中國的丹道，正是圍繞著金的象徵所展開的儀式，這樣的儀式或透過相似律的轉化作用（以物補物），將金之物質轉化為金身；或透過對內在的神祕身體（水中金）之體認，體現精氣神，以期超凡入聖。至於中國的金石學所顯現的對不朽的追求，那是另一種層面的事，這是在國家、天下、天命的層次上，與歷史記憶的拔河。「金丹」與「金石」都是透過「不朽」之質性，走入人類的歷史。

但「不朽」不管意指時間無限延長的長度的概念，或意指超越衡量單位的非時間性概念，一種建立在物質性基礎上的「金石」或「金丹」，怎麼能夠與之競賽呢？就「不朽」的觀點看，記憶鏤在金石上，與寫在水波上，並沒有太大的差別。服金丹（不管是外丹或內丹）所得的金剛身軀，與食五穀所成的血肉之軀，也很難講有質的價值之差異。隨著時間的遷移，一種新的不朽觀出現了。歷史記憶的載體漸由鼎銘豐碑轉到立德、立言、立

---

82 上述的說法與榮格的煉丹術理論相合。榮格對煉丹術最特別的解釋，莫過於認為煉丹術表現了原型心理學所謂的「自性化」（individuation）的歷程，席文認為榮格的假說對史家幾乎沒有發生什麼作用。筆者了解榮格在正統學科眼中，不免異端氣息，但他的煉丹術理論牽涉到心理—物理關係，確實與中國的內丹、外丹相混的事例相符合。席文之說參見 N. Sivin, *Medicine, Philosophy and Religion in Ancient China: Researches and Reflections* (Aldershot: Ashgate Publishing Limited, 1995), viii, p. 4. 榮格的假說對科學史家是否毫無作用，筆者無能贊一詞。但就意象論的角度而言，榮格的觀察有其合理性。

功的「口碑」，表現出「道德行為永續性的信念」。[83]而「金丹」也逐漸由物質義轉到精─氣─神之精微身心體構造，最後終轉到先天的心體本身。歷史記憶的不朽觀與身心體不朽觀的基礎逐漸匯流，指向了一種立基於超越向度的心性內涵。亦即人的不朽之依據在心之「體」，其歷史影響之不朽之依據則在此心體之「用」。[84]經過了這種轉換的歷程後，「金」徹底地變成了一種完美無陋的隱喻，這是不朽義發展的極致。

---

83 這是貝塚茂樹對《左傳》所說「立德、立言、立功」此三不朽的思想史意義之解釋，參見貝塚茂樹，〈不朽〉，《貝塚茂樹著作集》（東京：中央公論社，1977），卷6，頁7-22。

84 筆者認為到了宋朝，儒家的不朽觀更由「道德行為」的側面內轉到「道德行為依據的心性主體」，此程明道所以有「堯、舜知他幾千年，其心至今在」之說，參見程顥、程頤，《河南程氏遺書》，《二程集》（北京：中華書局，1981），上冊，卷7，頁96。胡五峰也有「心無死生」之說，參見胡宏，《知言·附錄》，《胡宏集》（北京：中華書局，1987），頁333。現行《知言》一書無「心無死生」此名言，大概因為朱子作〈知言疑義〉一文反對其說，張栻也覺得其語不妥，當刪。所以此說後來就被刪除了，我們讀的《知言》是淨化本。然而「心無死生」乃胡五峰論心要義，不是一時筆誤。在現行《知言》書上，我們仍可看到「宰物而不死者，心之謂歟」的論點，同上，頁28。

陸

創生、深奧與消融
水的原型象徵

一、前言：原型中的原型

　　水是占地表面積最廣之物，百分之七十由水所覆蓋。水是構成人身最重之物，它構成人身重量的一半以上。水是形成文明最根源的因素之一，古代諸大文明可以說都是河的文明，埃及的尼羅河文明、西亞的兩河文明、印度的恆河文明及中國的黃河文明皆是。水是生命的要素，也是民生重要之物，這是現代社會中一般人民的共識，但先民對此也不陌生。在遼闊的華北平原上，農耕成了華夏先民的主要產業，春耕、夏長、秋收、冬藏的循環構成了初民基本的生活教育，與農業息息相關的水因此成了其時文明的重要內涵。威特福格爾（K. A. Wittfogel）的中國文明水和社會說，未必可成定論，但卻是很重要的一種中國史的假說。

　　水是物，但不是現代科學理性意義下所說之物。對先秦諸子而言，水不僅用於民生，不僅是「利用、厚生 之物，水也是建構他們哲學想像的重要象徵。抽離掉水的因素後，我們很容易忽

略縮結他們各自思想體系的黏著力。作為人類思考的原型象徵，水的神秘功能不僅見於中國，在希臘或印度的四行說中，水都列入其中，可見其跨文化的質性。發生於中土的水之想像與其他文明地區有共相，也有殊相。本文將舉儒家、道家、陰陽家等為例，證成此義。

二、孔門之仁與水的生命象徵

先從儒家談起。《論語》一書裡有幾則與水相關的重要公案，這事很值得留意。〈先進〉記載孔子曾和他的學生子路、曾皙、冉有、公西華四個人交談，孔子問他們：假如哪天他們有機會出仕執政，他們會怎麼作。子路率先回答：「千乘之國，攝乎大國之間，加之以師旅，因之以飢饉。由也為之，比及三年，可使有勇且知方也。」孔子聽了，微笑不語。冉有與公西華也分別表示他們有意於禮樂教化之事，孔子聽了，不置可否。最後，孔子問曾皙其意何如。曾皙當時正在鼓瑟，他聽到夫子的問題後，「鼓瑟希，鏗爾，舍瑟而作。對曰：『莫春者，春服既成，冠者五、六人，童子六、七人，浴乎沂，風乎舞雩，詠而歸。』」孔子聽了，喟然歎道：「吾與點也。」[1]

〈先進〉這篇文字是《論語》一書中有名的美文，「與點」一章幾乎成了所有宋明儒必參的公案，陳白沙、王陽明對此都曾再三禮讚。但這篇有名的文字到底該怎麼解？卻極令人費解。按照儒門的精神，儒者對世界的責任是無窮無盡的，子路、冉有、

1　引自趙順孫纂疏，《四書纂疏・論語纂疏》（台北：新興書局，1972），卷6，頁20。

公西華三人的抱負或許大小有別，但他們都想治國、興禮樂、以人文化成政治，這不是孔子一再勸導學生亹勉從事的事業嗎？當子路、冉有、公西華這三位學生走了以後，孔子和曾皙有段簡短的對話，孔子表示他為什麼沒有讚美他們的理由。孔子的評語相當溫和，而且批評中時見讚許之義。但主要問題不在這裡，而在孔子為什麼讚美曾皙？孔子是位了不起的藝術家，他喜歡歌唱，自己會彈琴作曲，對詩歌也非常內行，他還認為仁者智者一定喜歡山水。因此，孔子能欣賞自然，他多少具有一些隱士的生命情調，這都是可以理解的。但為什麼他特別贊同曾皙的話語？為什麼生命情趣的鑑賞判斷其地位可以超出嚴肅、正統的政治倫理判斷之上？是否曾皙的美感命題其實也是另一種的政治命題？是否舞雩是祭天禱雨之所，雨水是農業文明的基礎，是真正的「下層建築」，雨水不足，一切免談。所以曾皙的話語其實還是反映著他對時政的關懷？[2] 還是曾皙的話既歌詠了先王之志，又表達願意回來重新跟夫子學習，溫故知新，所以孔子特別讚美他呢？[3]以上的設想都有可能，但這麼一設想，曾皙的話語即與其他三位同門的話語同化了，看不出其特質何在。

　　前代經學家的注釋都不饜人意，所以朱子就另出新解了：「曾點之學蓋有以見夫人欲盡處，天理流行，隨處充滿，無少欠闕，故其動靜之際從容如此。而其言志則又不過即其所居之位，

2　這是格拉耐（M. Granet）反諷式的設想，參見格拉耐（M. Granet）著，張銘遠譯，《中國古代的祭禮與歌謠》，（上海：上海文藝出版社，1989），頁149。

3　何晏注云：「歌詠先王之道，而歸夫子之門。」參見何晏注，邢昺疏，《論語注疏・先進》，收入李學勤主編，《十三經注疏整理本》，冊91，卷11，頁173。

樂其日用之常，初無舍己為人之義，而其胸次悠然，直與天地萬物上下同流，各得其所之妙，隱然自見於言外。」[4]曾晳這席美妙的語言經過朱子一解，字字句句都反映了「天理流行」的至善境界。朱子的注解是有背景的，理學家如程明道、邵雍、陳白沙、王陽明等人踐履所至，皆能於日用常行內，直詣先天未畫前。以他們的體驗為準，儒門確實有「天理流行，隨處充滿，無少欠闕」之境。而「浴乎沂，風乎舞雩，詠而歸」確實也可以作這樣的解釋。因此，同樣一種美感經驗，它可能只是美感的，但也有可能在美感的向度之外，另有深層的精神涵義。理學家解釋顯然偏向後者，筆者也同意這種解釋有部分的道理。因為如果不是這樣的境界，孔子為什麼會起了這麼深的共鳴？可是話說回來，如果境界這麼高，曾晳為何在儒學史上沒有多高的地位？孔子除了在這一章以外，似乎也沒有怎樣的讚美過他，反而他兒子曾參的地位重要多了。看來，曾晳大概還到不了程明道、陳白沙的境地，曾點（亦即曾晳）不屬於曾點傳統。孔子與曾晳同樣喜歡「浴乎沂，風乎舞雩，詠而歸」，但兩人的體驗可能還是有層次之別。

　　問題依舊是問題。孔子聽了曾晳一席話後，固然可以往天理流行的層次理解。但目擊道存，則無處不通，因此，任何觸目之物都是等價的，山山水水與瓦礫屎尿並沒有分別。如果這樣的話，孔子讚美「浴乎沂，風乎舞雩」就變成是偶然的了。可是，事情真是這樣嗎？朱子在曾晳的話語下注云：「今上巳祓除是也。」朱注可以給我們一些啟示。

　　朱子並不是最早以「上巳祓除」詮釋「浴乎沂」之事的人，

4　朱子注引自趙順孫纂疏，《四書纂疏・論語纂疏》，卷6，頁22-23。

早在漢季，即有此說。[5]上巳節為三月初三，上巳有祓除不祥之
舉，如《風俗通義・祀典・禊》所云：「周禮女巫掌歲時以祓除
釁浴。禊者，潔也……故於水上盥潔之也。巳者，祉也，邪疾已
去，祈分祉也。」[6]其例甚多，不必枚舉。然而，上巳節除了祓除
不祥外，它還具有從男女聚會、戀愛以至生子的功能。《詩經・
鄭風・溱洧》一詩描繪鄭國士子與女子在溱水與洧水嬉戲的情
狀，其言詞甚為生動。[7]《韓詩》對此有說曰：

　　鄭國之俗，三月上巳之溱洧兩水之上，招魂續魄，祓除不
　祥，故詩人願與所說者俱往也。[8]

　　「說」者，悅也。配合《韓詩》之說與〈溱洧〉一詩的內
容，我們有理由相信：所謂的「悅」，實即兩情相悅。兩情相悅
再進一步，即有男女雲雨之事。[9]《周禮・媒氏》云：「仲春之月，

5　朱子在《或問》即說：「漢志三月上巳祓除，官民潔於東流水上。而蔡邕引
　　此為證，是也。」引自趙順孫纂疏，《四書纂疏・論語纂疏》，卷6，頁22。

6　應劭撰，王利器校注，《風俗通義校注》（北京：中華書局，2010），下冊，
　　卷8，頁382。

7　《詩經・鄭風・溱洧》之言如下：「溱與洧，方渙渙兮；士與女，方秉蘭兮。
　　女曰：『觀乎？』士曰：『既且！且往觀乎？洧之外，洵訏且樂！』維士與
　　女，伊其相謔，贈之以芍藥。溱與洧，瀏其清矣；士與女，殷其盈矣！女
　　曰：『觀乎？』士曰：『既且！且往觀乎？洧之外，洵訏且樂！』維士與
　　女，伊其將謔，贈之以芍藥。」

8　參見范家相，《三家詩拾遺》（台北：藝文印書館，1966），卷5，頁6。

9　鄭玄注此詩言：「因相與戲謔，行夫婦之事。」毛亨注，鄭玄箋，孔穎達
　　疏，《毛詩正義・鄭風・溱洧》，收入李學勤主編，《十三經注疏整理本》，
　　冊55，卷4-4，頁376。為什麼「相與戲謔」就是「行夫婦之事」，就字義而
　　言，不易理解。但鄭玄是注解禮儀最翔實之經學大家，其注應當有據，或許

會令男女，于是時也，奔者不禁。」上巳雖非仲春時節，但三月初三確實接上了仲春之尾，而月日數字重疊，往往又是中國節令的習慣（如元旦、端午、七夕、重陽）。因此，上巳如果帶有高禖崇拜的涵義，此事一點也不意外。由男女雲雨再進一步，當然就是生子之事了。恰恰好，此事也與上巳節緊密相關。兩漢時期，帝王往往於三月上巳，到灞水邊或宮中的「百子池」，祓除不祥，以求多子。士子或於此月臨流浮卵或浮棗，以慶佳節。浮卵或浮棗之舉當係紀念簡逖行浴，「見玄鳥墮其卵，（遂）取吞之」的始祖誕生神話而來。[10]

　　男女的聚會、戀愛、好合、生子，其相雖殊，但都是「生殖」一事的不同發展。上巳節的功能顯然是多方面的，但它最主要的功能當是「生命的成長」。[11]即使就「祓除不祥」而論，它預設的也是「俗質」、「積澱」的袪除以及新生命的開始。新生命開始，這事如何可能？我們看看「沐蘭湯」、「沐浴」、「百子池」、「溱洧」、「浴乎沂」等等的語句，應當不難了解：這是「水」的宗教功能所致。水具有無限的潛能，生生不息，這是「水」最基本也是最普遍的象徵（見後）。「仁」（道德心）生生不息，剛健日新，這也是儒家最重要的概念的最重要面向。因此，宋儒以「天理流行，隨處充滿」解釋曾晳之說，語似唐突，在深層之義上，卻扣得極為緊密。

　　除了「吾與點也」這段著名段落外，我們可以再觀察《論

　　漢代上巳節仍殘餘桑濮之風。

10　詳細論證參見孫作雲，《詩經與周代社會研究》（北京：中華書局，1966），頁295-331。月朗，〈簡狄吞卵神話與上巳祈子習俗〉，《民間文學論壇》1991年第2期，頁7-13。

11　孫作雲甚至認為「上巳」實即「尚子」。同前註，頁322。

語》裡另一段有名的公案：

> 子在川上曰：逝者如斯夫，不舍晝夜。（〈子罕〉）

　　這段話意象極美，因此，孔子故里也就有「子在川上處」的地點。但這段話前無所承，後無所續，用朱子的話講，它是標準的「沒巴鼻」底話。就字義而論，孔子是感嘆（或讚歎）流水滔滔，永不回頭。但「逝者如斯夫」是否純是直抒胸臆的「賦」，還是有「比興」的意味呢？它只是「一句嘆惜光陰」呢？還是像「桓子野見山水佳處，則呼奈何，夫子於此，亦有一往深情」呢？[12] 參考前賢的注解時，我們還是不能不想到宋儒的解釋：

> 天地之化往者過，來者續，無一息之停，乃道體之本然也。然其可指而易見者，莫如川流，故於此發以示人，欲學者時時省察而無毫髮之間斷也。[13]

朱子這段話反映的不只是他個人的觀點，宋明儒大體都有此領會。[14] 論深造自得，體契道妙，宋明儒當然遠超出前代儒者之

---

12 「一句歎惜光陰」語出楊復所。「桓子野」云云，當是張岱之按語。此兩種注解皆引自張岱著，朱宏達點校，《四書遇》（杭州：浙江古籍出版社，1985），頁217。

13 朱子注引自趙順孫纂疏，《四書纂疏‧論語纂疏》，卷5，頁14。

14 程頤即說：「此道體也，天運而不已，日往則月來，寒往則暑來，水流而不息，物生而不窮，皆與道為體，運乎晝夜，未嘗已也，是以君子法之自強不息，及其至也，純亦不已焉。」同前註。另參見同卷，頁14-15引用程朱及其門人的論點。

上。從體驗哲學的角度著眼，他們對孔子思想的理解是很值得重視的。

但論者如果不接受這樣的解釋，他們硬要宋儒拿出更可靠的證據來，那麼，問題依然沒有解決。因為孔子這席話固然可以往道體生生不息，無片刻停留的方向解釋，但我們怎麼知道聖人看到水流不停，即可生起這樣的聯想？如說目擊道存，為什麼「富貴於我如浮雲」的浮雲、夫子「與弟子習禮大樹下」的大樹，不會引發類似的聯想呢？水流不停，此意象是否有特別的涵義？

上述的質疑很難「實證的」予以取消，我們確實找不到足夠的文字，足以支持朱子的注解是可靠的。但直接的證據如果不足的話，我們不妨迂迴前進，從「水」的象徵意義著眼，看看能否從另一種角度再度確認宋明儒的洞見。事實上，孔子喜歡流水是有名的，荀子曾述及此義，其言如下：

> 孔子觀於東流之水。子貢問於孔子曰：「君子之所以見大水必觀焉者，是何？」孔子曰：「夫水徧與諸生而無為也，似德。其流也埤下，裾拘必循其理，似義。其洸洸乎不淈盡，似道。若有決行之，其應佚若聲響，其赴百仞之谷不懼，似勇。主量必平，似法。盈不求概，似正。淖約微達，似察。以出以入以就鮮絜，似善化。其萬折也必東，似志。是故見大水必觀。」（〈宥坐〉）

類似的話也見於《大戴禮記》、《說苑》及《孔子家語》，[15]孟子及

---

15 四篇文字略有出入，參見李滌生，《荀子集釋》（台北：臺灣學生書局，1979），頁646。

其門人也都了解孔子對水一往情深（見下文）。上述這種現象固然可以用古書所說的名人逸事多陳陳相因解釋，但我們如果配合上引《論語》章節及思孟荀子也一再引用水的意象看來，孔子將水當作一種主要的象徵，這是可以肯定的。

《荀子·宥坐》所言，多少有些漢代經生的氣息。但我們如再仔細思量，不難發現這些制式的語言背後其實還是透露了一些可靠的訊息。「夫水徧與諸生而無為也，似德」，這句話表示水具有創生性，但其創生不是出自有限者的意志，而是出自無為。「其洸洸乎不淈盡，似道」，這句話顯示了水具有無限的潛能，它的能量是無窮盡的，與道相似。「其流也埤下，裾拘必循其理，似義」，這句話表示水無固定的本質，它有無限隨勢轉化（自我轉化）的能量。以上三點是「君子見大水必觀」的三個主要理由。我們如果將這三點和孔子論仁作一比較，不難發現：兩者極端相似。「仁」是孔子思想的核心，這個概念的實質內涵可以說主要是由孔子一手建立起來的。「仁」是種道德情感的真機，它具有生生不息之生意，學者最怕的即是麻木不仁，程顥說得好：

> 醫書言手足痿痺為不仁，此言最善名狀。仁者，以天地萬物為一體，莫非己也。認得為己，何所不至？若不有諸己，自不與己相干。如手足不仁，氣已不貫，皆不屬己。故「博施濟眾」，乃聖之功用。[16]

---

16 程顥、程頤，《河南程氏遺書》，《二程集》（北京：中華書局，1981），上冊，卷2上，頁15。

仁人這種盈滿生機的心靈表現在行為上，即是一種「無適也，無莫也，義之與比」、「無可無不可」的「聖之時」之態度。這是否「其流也埤下，裾拘必循其理」呢？

由於「仁」不只是行為的事件，它還指向道德心靈的向度。而道德主體在實踐的歷程中，它勢必不斷地擴充、展現，日新又新，愈動愈出。依據儒家的傳統，「仁」的概念不只是一種表德，它具有無窮的奧祕及潛能。因此，原則上說來，我們無法窮盡「仁」的內涵，因為它通向於無限層的天道性命，由此看來，仁不是「洸洸乎不淈盡」嗎？

儒門的「仁」與《荀子・宥坐》的「水」，其內涵竟相似一至於斯，這難道是偶然的嗎？我們回過頭來重新探看宋明儒解釋「浴乎沂，風乎舞雩，詠而歸」及「子在川上」兩章，乍看之下，這些文字似乎理學氣息過重，理學家可能無意間將自己的思想成分讀進了聖人的典籍中。但依據上文所說，我們認為《論語》兩章如果沒有明文表示大道流行之義，但至少它隱含了這樣的內涵。《論語》這種隱含還不僅僅是種類比，而是「水」這個意象在當時的文化體系裡面即有這樣的質素，因此，當孔子很自然地使用「水」這種意象表達他的內心深層一種具有宇宙性意味的情感時，我們可以理解：他雖然沒有作理智型的哲學論述，但他事實上參與了當時共同的文化象徵符號，他的抒情語言內部濃縮了「水」這個意象一脈相承的文化傳統，尤其是它的創造性、變遷性、深奧性。

孔子見大水必觀，子思、孟子恐怕也有此嗜好，這是孔門家法。現行《中庸》一書不管是否全部為子思所作，但此書可以代表子思學派的思想，這點應該是可以成立的。據朱子的編排，《中庸》一書首尾不過三十三章，但在儒家思想史上卻具有舉足

輕重的地位。它是先秦儒家形上學的代表，也是爾後宋明儒學形上學的濫觴。此書建立在孔子「仁」學說的基礎上，仁是道德心生生不已之真機，《中庸》由此更進一步，揭露宇宙生生不息之真相。《中庸》「生物不測」和《易傳》「生生之謂易」的思想攜手，共創一種宇宙性的生命哲學。這種生命哲學後來與《論語》、《孟子》的道德哲學同列，成為儒家永世不替的核心石。《中庸》怎麼建構生生思想的形上學論點呢？它當然有論述，《中庸》首章「天命之謂性，率性之謂道，修道之謂教」即是此書的核心綱領。

　　但我們如果仔細觀察《中庸》的論述，不難發現《中庸》在主要的章節處用了「水」的隱喻，這種情況於此書後半部尤其密集。我們都知道《中庸》後半部的主要概念為「誠」，誠是真實無妄。《中庸》主張道的創生是存有的真實，世間萬物無一物可少，無一物不納道體之創造性以為己性。這種「天德」落實到人身上來即成為「人德」，學者唯有真實無妄，承體起用，才算與道同構，同步運作。道是深潛莫測的本體，誠是永恆不已的真實創造，落到人身上來，人的道德創造也是永恆不已，愈動愈出的。然而，這種道德的創造性要怎樣表現出來呢？最好的隱喻恐怕非「水」莫屬了。〈第二十六章〉論「至誠無息」處，子思言誠體悠遠、博厚、高明，因此，可以載物、覆物、成物，天地之道一言以蔽之，即是「其為物不貳，則其生物不測」。底下，就引喻說明此事，其中有言：「今天水，一勺之多，及其不測，蛟龍魚鱉生焉！」這裡的「水」當然具有創生義、無限潛能義。但子思此章因為將水與天、地、山並列，天地山水都是原型象徵，都是活之物質，因此，子思這裡用的水的意象雖然潑辣生動，但它的特殊質性相形之下並不特別顯著。

底下所說，恐怕就大有文章了。

　　仲尼祖述堯舜，憲章文武，上律天時，下襲水土……萬物
並育而不相害，道並行而不相悖。小德川流，大德敦化。
（〈第三十章〉）
　　唯天下至聖為能聰明睿智，足以有臨也……溥博淵泉，而
時出之。溥博如天，淵泉如淵。（〈第三十一章〉）
　　唯天下至誠為能經綸天下之大經，立天下之大本，知天地
之化育。夫焉有所倚，肫肫其仁，淵淵其淵，浩浩其天。
（〈第三十二章〉）

這三章所述的主詞為「仲尼」、「至聖」、「至誠」，換言之，也
就是道成肉身的果地境界之事。此時「人力窮而天心見，徑路絕
而風雲通」。就傳統的工夫論講，學者只能禮讚，而不能論述。
因為此時所見，乃是不可思議的超越界、神聖界、無限界。很值
得玩味的，子思此時自然而然地就用了「水」的象徵。〈第三十
章〉言及「小德」、「大德」，語若有別，其實相去惟是一間。因
敦化也者，所指為超言說界，這也是《中庸》結穴所言：「上天
之載，無聲無臭，至矣！」之境。語言論及此處，很難再增添一
絲一毫，象徵、比喻云云，自然也該歸入掃除之列。但我們如仍
要用言說表達，則「如何表現道」的問題就跟著出現，而「水」
的象徵也就浮現上來了。換言之，「川流」再加速、加強的話，
它就會「敦化」了。準此，「小德」、「大德」境界誠然有別，但
如論其指涉，其實所指涉者仍是連續的，袁了凡云：

　　流者，出也。川流者如水分於萬川，滴滴各全水味也。化

者，融也。敦化者，如大爐火，釵釧鐶鐘，無不融化而歸一也。一隨萬而出，則縷縷分析而不窮。萬得一而融，則重重攝入而無礙。[17]

　　依據注解，「滴滴各全水味」的「川流之水」，與「無不融化而歸一」的「敦化」，兩者的語義指涉雖有廣狹之別，但其內容卻都是相同的，這是華嚴世界因陀羅網境界門的展示，是種化境語言。袁了凡所說，我們還可以在〈第三十一章〉與〈第三十二章〉得到印證。當子思想到「至聖」萬德皆備、無能名焉的人格時，他也是想到用不時湧現的泉水以比喻之。淵泉時出，這表示體現道的聖人人格不斷地創生，表示他有無限的潛能，不可能用盡；這同時還表示他玄妙莫測，所以如淵又如水。同理也見於〈第三十二章〉的「至誠」之論：「肫肫其仁，淵淵其淵，浩浩其天。」語言極美，其以「水」象徵綰結人德（仁）與天德（天）尤其顯著。子思甚至形容「天」時，都忘不了使用水之意象的「浩浩」兩字。

　　「浩浩」如果用以形容「至誠者」人格之既深且廣的話，「洋洋」則進一步強調聖人人格如華嚴義海，魚龍盡現：「大哉！聖人之道！洋洋乎發育萬物，峻極於天。優優大哉！禮儀三百，威儀三千，待其人爾後行。」（〈第二十七章〉）儒家的聖人之道不會只是萬物一體、毫無內容，相反地，它總是強調一多相容，動靜並蓄，即俗即真，道器一如，儒家的聖人之道即表現在生命的展現處。由此，我們最後可以過渡到《中庸》裡既玄且美的一章：

---

17 張岱著，朱宏達點校，《四書遇》，頁62。

> 君子語大，天下莫能載焉；語小，莫能破焉。詩云：鳶飛
> 戾天，魚躍于淵，言其上下察也。君子之道，造端乎夫婦，
> 及其至也，察乎天地。（〈第十二章〉）

這段話一向被宋明儒視為「子思喫緊為人處」。這段話受到重視
是可以理解的，因為它代表一種「活潑潑」的精神，這是「天地
生物氣象」最好的寫照。建立在水豐富象徵意義之上的「鳶飛魚
躍」概念，一向與「喜怒哀樂未發前」氣象並列，同是宋明儒重
視的核心概念。事實上，這兩套工夫一向被認為是互補的，連續
的。學者只有透過慎獨的工夫、知大本的位階後，才可體證活潑
潑的氣象，淵淵其淵，浩浩其天。仁—小—天的內在關聯亦由此
可見矣！

三、動能之水與平準之水：孟荀的例子

　　子思和孟子在學派歸屬上時常連在一起，這是有道理的。他
們兩人喜歡用「水」形容活潑潑的道，這點也是一致的。孟子的
弟子徐辟問孟子道：「仲尼亟稱於水曰：水哉！水哉！何取於水
也？」這個問題問得好，為什麼孔子老是讚揚水呢？《孟子》一
書沒有明說徐辟為什麼問這個問題，但我們很容易感受到徐辟的
不解。孟子的回答是這樣的：

> 孟子曰：原泉混混，不舍晝夜，盈科爾後進，放乎四海，
> 有本者如是，是之取爾。苟為無本，七八月之間雨集，溝澮
> 皆盈，其涸也，可立而待也。故聲聞過情，君子恥之。
> （〈離婁下〉）

「原泉混混」一語令我們聯想到前文已提過的「溥博淵泉，而時出之」，但《中庸》所言，重在果地；孟子所言，則從道德有本有源這個觀點著眼。

　　孟子的思想重點為性善，但他所說的「性善」不只是個倫理法則，它是安置在身心連續體上面的一個述詞。孟子在這點上和康德、甚至程朱大不相同，後者不能接受道德可以扎根於具體化的身心氣狀態，但孟子主張的人性雖然不能化約為心理學或生理學的語彙，可是它卻非得在身心氣上展現、成長、超越不可。毫無疑問，孟子的人性理論帶著一種「機體的」性格，它是整體的，不可能與道德意識活動背後的身心向度、社會向度、自然向度、超越向度分開；它也是成長的，道德不由外塑，它雖然要在「他者」的身體、社會、自然之結構中展現，但展現的動力源自人格內部，所以道德只能「由仁義行」，而不是「行仁義」。孟子怎麼樣表現這種機體的道德觀呢？很自然地，他會聯想到具有成長、整體、生命、深奧涵義的隱喻，「樹木」即是其中之一；[18]「麰麥」又是其中之一，[19]孟子用麰麥及樹木形容道德，這樣的意象確實很妥貼。每棵樹木及麰麥成長時，都需要陽光、水、空氣的輔助，但每棵樹木及麰麥都有內在的生命力，它的生命力貫穿到全身的每一枝葉。

　　「樹木」、「麰麥」的意象很好，比起「螺絲釘」、「鐵鎚」等

---

18 〈告子上〉云：「牛山之木嘗美矣，以其郊於大國也，斧斤伐之，可以為美乎？是其日夜之所息，雨露之所潤，非無萌蘗之生焉，牛羊又從而牧之，是以若彼濯濯也。人見其濯濯也，以為未嘗有材焉，此豈山之性也哉！」

19 〈告子上〉又云：「今夫麰麥播種而耰之，其地同，樹之時又同，浡然而生，至於日至之時，皆熟矣。雖有不同，則地有肥磽，雨露之養，人事之不齊也。」

等現代偉大的、光榮的、正確的政黨喜歡運用的倫理學語彙，它
親切可人多了。但「樹木」及「麰麥」在表現深奧、超越、無限
方面，功能欠佳，此時，「水」的意象就派上用場了。孟子每次
提及人的四端不斷成長、成效甚快時，總喜歡用「如火始燃，如
泉始達」形容。「如火始燃」主要形容其速甚快，甚猛，其用法
主要是種類比的關係。「如泉始達」則不僅於此，「泉水」是種
原型的意象，它深層地與人性及根源的自然結構結合在一起。準
此，我們可以理解《孟子》底下這兩段話：

> 孔子登東山而小魯，登太山而小天下，故觀於海者，難為
> 水，遊於聖人之門者，難為言。觀水有術，必觀其瀾，日月
> 有明，容光必照焉。流水之為物也，不盈科不行，君子之志
> 於道也，不成章不達。（〈盡心上〉）
> 舜居深山之中，與木石居，與鹿豕遊，其所以異於深山之
> 野人者，幾希。及其聞一善言，見一善行，若決江河，沛然
> 莫之能禦也。（〈盡心上〉）

流水潺潺等於四端發動，江海萬頃等於修身有成。《孟子》一書
還沒有提出類似熊十力所說的「即本體即工夫」、「即現象即本
體」、「即大海即波漚」的本末不二、一多不二的圓融觀，但始
末同質、人人皆具成聖成賢之潛能、江海即由水滴「盈科而行」
而成，這些概念在《孟子》裡是很清楚的。

　　「若決江河」、「觀於海水」即是人格充分體現的境界，這樣
的境界如果再回到道德主體上解釋，即是「浩然之氣」盈滿天地
的層次。孟子談的道德不只是道德規範，也不僅是道德情感，它
是連著道德規範、道德情感並帶動人存有性格的轉變，而存有性

格的轉變是建立在身心連續體的轉換上的。孟子認為人身底層是由氣組成的，「氣」是身體活動的構成因，也是意識活動的隱闇之身體向度，所以說「志至焉，氣至焉」。理論上講，氣、血是人身結構上的兩種不同指謂。就自然思想而言，氣和水也分別隸屬不同的範疇。但當孟子形容道德心「上下與天地同流」時，他卻用到了「浩然」這種「江海浩浩」的語彙。[20]我們幾乎忘了：孟子講君子過化存神的不可思議境界時，用了「上下與天地同流」這樣的語彙，這語彙運用的不正是大水的意象嗎！

　　讀《孟子》一書，一而再，再而三的，我們老是看到前水復後水，意象相續流。「天下之言性也，則故而已矣。故者以利為本，性者，人物所得以生之理也。故者，其已然之跡，若所謂天下之故者也。所惡於智者，為其鑿也，如智者若禹之行水也，則無惡於智矣！禹之行水也，行其所無事也，如智者亦行其所無事，則智亦大矣！」（〈離婁下〉）在孟子看來，大禹超過水利工程師的層次，他是善於修身養性的大聖人。當時談性的人多矣，但沒有一位好好地從水中悟出大道理來，「人性之善也，猶水之就下也。人無有不善，水無有不下」（〈告子下〉）。水具有自然、生機、動能、深奧諸性能，它幾乎可以視為人性結構在自然界的投影。和孟子同代的思想家如告子、公都子等人如果不是不看水，要不然就是看錯水，他們誤以為性猶湍水，無分東西。孟子有沒有規勸這些思想家觀看水或觀想水，我們不得而知。但顯然，他和孔子一樣，也是「水哉！水哉！」的「亟稱於水」。

---

20 引自黎靖德編，《朱子語類》（北京：中華書局，1994），冊4，卷52，頁1247。同卷，頁1243「浩然之氣，清明不足以言之」條，朱子復云：「浩然，便有簡廣大剛果意思，如長江大河，浩浩而來也。」

　　荀子和孟子性格不對路，思想難接榫，但有一點相同的，荀子也是逢水必觀，亟稱於水。不過，兩人所讚揚的水之質性並不完全一樣。首先，荀子也同意水是可以成長的，這點和他的人性觀相同。表面上看來，孟子的主張也是如此。實際上，兩者的依據卻大不一樣。孟子說水可以成長，乃意指水有內在的動力，這是種源頭活水觀。荀子強調的水可以成長，重視的乃是種後天經驗的積累，這是種聚水成海觀。他說：

> 　積土成山，風雨興焉；積水成淵，蛟龍生焉；積善成德，而神明自得，聖心備焉。故不積跬步，無以致千里；不積小流，無以成江海。（〈勸學〉）
> 　雨小，漢故潛。夫盡小者大，積微者著，德至者色澤洽，行盡而聲問遠。（〈大略〉）

　　「積」是荀子好用的語彙，荀子的道德離不開知識，知識離不開積累。他承認聖人有種神聖的性質，所謂「神明自得，聖心備焉」，「誠心守仁則形，形則神，神則能化矣！」（〈不苟〉）這樣的聖人性格也可在身體上顯現出來，所以荀子有「美身」之說，「美身」是「君子之學」、「入乎耳，著乎心，布乎四體，形乎動靜」（〈勸學〉）。荀子這些概念與孟子的「誠」、「踐形」之說何其相肖！他喜歡用「水」類比知識的成長，此知識癖好與孟子又何其相似。但這種種的相似卻抵不過一個根本的差異，此即荀子思想中缺少一種「道德內在、天人相通」的道德情感理論。荀子顯然承認學者努力到一個程度，是可以有所突破，體證到某種特別的境界的。但「盡性」、「知天」這種可能性是不會有的，因為超越的性體概念在他的思想中是不存在的。他也談

「神」，但「神」不會是《易傳》或周敦頤所說的本體之妙用，它毋寧是種描述禮義兼備的人格之狀詞罷了。[21]

　　荀子所說的道德如是，他所說的水之象徵也是如此。「積水成淵，蛟龍生焉」，這顯然是水的功能之一大突破，但水累積至江海，其過程仍是「積」。江海為「總」，其「總」由各滴水組成。荀子沒有「源頭活水」的概念，就像知識的積累是無限的漸教的歷程之延伸，水滴可以衍為江海，漸教的無限拉長歷程也是不可少的。為什麼孟荀同樣認為水可以成長，前者主張的是有機的成果，爾後者卻只能用「累積」的工夫呢？

　　談到孟子用有機的源頭活水，荀子用的是水滴積累之隱喻，[22]我們由此可以進一步確定荀子的水譬喻之另一特性，此即荀子的「水」不是有機的，它缺乏歌德（J. W. Goethe）「形態學」（morphology）觀念底下所說的有機體「完整」、「成長」、「形式內容同質」的因素，[23]孟子談到道德意識如江河之流、原泉混混，及其至也，浩然之氣瀰漫兩間時，我們注意到泉水、江水本身不是我們現在所說的「物質」之水的概念，水是自生自長、自具規範、完整無缺的，荀子不認為如此，他說：

---

21 參見朱曉海，《荀子之心性論》（香港：香港大學中國文學系博士論文，1993），頁106-115、186-201。

22 陳白沙云：「渺哉一勺水，積累成大川，亦有非積累，源泉自涓涓。」參見陳獻章，〈答張內翰廷祥書，括而成詩，呈胡希仁提學〉，《陳獻章集》（北京：中華書局，1987），卷4，頁279。白沙詩中提到的「積累成川」及「源泉涓涓」兩種水，實即荀子與孟子的水觀。

23 歌德這些想法基本上是反牛頓（I. Newton）的機械論及林奈（C. Linnaeus）的「屬類學的」生物學觀點，參見卡西勒（E. Cassirer）著，孟祥森譯，《盧梭康德與歌德》（台北：龍田出版社，1978），頁101-128。

　　君，考槃也，民者，水也，槃圓而水圓。君者，盂也，盂
　　方而水方。（〈君道〉）

荀子的思想缺乏「內在的動能」的主體這樣的概念，他強調的都
是後天的、積累的、學習的、塑造的面向，其倫理學、政治學、
知識論、人性論等等，所說皆是如此，我們看到他用的「水」之
意象也是如此。水隨物變形，這固然是水的質性。道家諸子看
了，他們會強調水之無為、無執、在方法方、在圓法圓。荀子看
了，卻強調水內在沒有法則，它是受外在力量規範的——荀子看
待人性，亦同此模式。至於人如何「化」，以達聖人之境，這是
另一層面之事。

　　除了「積累」、「受塑造」這兩樣特點外，荀子的「水」意
象另有一較為特殊的質性，此即它的「光明、客觀反映」。荀子
最反對幽暗、隱晦、渾沌，他喜歡的是光明、條理、客觀。[24] 他
說：「在天者莫明於日月，在地者莫明於水火，在物者莫明於珠
玉，在人者莫明於禮義。故日月不高，則光明不赫；水火不積，
則暉潤不博。」（〈天論〉）一連串光明的意象串連成荀子喜歡的
世界圖像：日月、水火、珠玉、禮義。當然，光明的東西之所以
能大放光明，還是要透過「積」的歷程。水火的「火」姑且不
論，水的光明意象是怎麼來的呢？荀子在〈解蔽〉這篇重要的篇
章中，說明其義如下：

24　參見蔣年豐，〈荀子「隆禮義而殺詩書」涵義之重探——從「克明克類」的
　　世界著眼〉，收入東海大學文學院編，《第一屆中國思想史研討會——先秦儒
　　法道思想之交融及其影響》（臺中：東海大學文學院，1989），頁123-143。

人心譬如槃水，正錯而勿動，則湛濁在下，而清明在上，則足以見鬢眉而察理矣。微風過之，湛濁動乎下，清明亂於上，則不可得大形之正也。心亦如是矣。故導之以理，養之以清，物莫之傾，則足以定是非決嫌疑矣。

荀子在這裡將心和水作比。荀子認識論的核心概念是「心」，心最理想的狀態是「虛一而靜」，這就是「大清明心」。在大清明心的朗照之下，「萬物莫形而不見，莫見而不論，莫論而失位。坐於室而見四海，處於今而論久遠。疏觀萬物而知其情，參稽治亂而通其度，經緯天地而材官萬物，制割大理而宇宙裡矣」（〈解蔽〉）。一言以蔽之，心正則世界正，心亂則世界亂，心是世界秩序化、再創造化的主宰。但荀子的心可以「秩序化」、「再創造化」世界，並非取其心性形上學本體義，而是取一種統合虛靜、理智、好禮義之道的統類心，[25]它能「經緯天地而材官萬物，制割大理而宇宙裡矣」之先決條件，乃是它能不夾雜任何私欲的因素，客觀呈現世界如其自如的模態。怎麼樣表現這種獨特的心境呢？荀子用了鏡與水為喻，他在這點上和莊子非常相似，[26]水、鏡都是中國哲人喜歡用來形容道體、心體的象徵。[27]但

25 關於荀子的統類心，參見唐君毅，《中國哲學原論・導論篇》（台北：臺灣學生書局，1986），頁131-141。

26 《莊子・天道》也說：「水靜則明燭眉，平中準，大匠取焉。水靜猶明，而況精神？聖人之心靜乎！天地之鑑也，萬物之鏡也。」郭慶藩輯，《莊子集釋》（台北：河洛圖書公司，1974），頁457。以下引《莊子》文字，皆依此版本。

27 參見 Julia Ching, "The Mirror Symbol Revisited：Confucian and Taoist Mysticism," in Steven T. Katz ed. *Mysticism and Religious Traditions*（New York: Oxford University Press, 1983），pp. 226-246.

鏡、水相較，鏡似乎還不如水。鏡、水都可表現「客觀呈顯萬物」意，但鏡缺乏水的流動感帶來的活動義。[28]事實上，「大清明」三字很容易就會讓我們聯想千頃水碧的意象。

我們第一節引用〈宥坐〉「孔子觀於東流之水」之章。此章言子貢問孔子：「君子之所以見大水必觀者，何故？」孔子回答了一段話，其中有言：「其流也埤下，裾拘必循其理，似義……主量必平，似法。盈不求概，似正。淖約微達，似察。」水的意象確實可以有「義」、「道」、「勇」、「法」、「正」、「察」諸義，但透過我們上文對孔子與荀子「水」意象的解析，我們發現〈宥坐〉的孔子話語恐怕還是荀子使用的「重言」。「義」、「道」、「勇」、「法」、「正」、「察」的水意象應當是荀子的成分多於孔子的成分。

四、道家「水」的玄奧之義

先秦諸子重視水的另一大家厥為道家的老莊。老子重視水，這點是很清楚的，且看下列三章文字：

上善若水，水善利萬物而不爭，處眾人之所惡，故幾於「道」。居善地，心善淵，與善仁，言善信，正善治，事善能，動善時。夫唯不爭，故無尤。（〈第八章〉）

江海之所以能為百谷王者，以其善下之，故能百谷王。是

---

28 我們不妨聽聽巴舍拉（G. Bachelard）的解釋：「水提供的意象更自然，它比較天真淳樸……鏡子太文明化了，太幾何形式了，也太容易被操控為一種對象。」E. R. Farrell, tr., *Water and Dreams: An Essay on the Imagination of Matter* (Dallas, TX: The Dallas Institute of Humanities and Culture, 1983), p. 5.

以「聖人」欲上民，必以言下之；欲先民，必以身後之。是以「聖人」處上而民不重，處前而民不害。是以天下樂推而不厭。以其不爭，故天下莫能與之爭。(〈第六十六章〉)

天下莫柔弱於水，而攻堅強者莫之能勝，以其無以易之。弱之勝強，柔之勝剛，天下莫不知，莫能行。是以聖人云：「受國之垢，是謂社稷主；受國不祥，是為天下王。」正言若反。(〈第七十八章〉)

水低下、柔弱、不爭，結果卻能統攝一切、至剛至強。論能量之大，天下萬物沒有任何東西比得上水。老子這裡作了個經驗的類比，道無為而無不為，就像水柔弱卻可以洞穿最堅強的金石一樣。如果孤立來看，老子這般操控水的意象，一方面固然突顯了水的無限能量，但一方面也加深了老子陰柔、深沉的分量。得失之間，固是難言。

然而，老子用的比喻往往不僅止於工具性的外在類比關係而已。就像老子的道普遍應用在人事上，其根源卻非得扎根於形上的真實不可；老子的水類比也是普遍應用在人事上，但它的根源深多了。且看下面所述：

道沖而用之，或不盈。淵兮似萬物之宗。(〈第四章〉)

谷神不死，是謂玄牝。玄牝之門，是謂天地根。綿綿若存，用之不勤。(〈第六章〉)

大道氾兮，其可左右。萬物恃之以生而不辭，功成而不有。衣養萬物而不為主，可名於小；萬物歸焉而不為主，可名為大。以其終不自為大，故能成其大。(〈第三十四章〉)

「谷神」為川谷之神，用以喻道，「谷神」可能兼具水與女性隱喻兩種。[29]《老子》一書，水意象與女性意象皆可隱喻道，兩者分開使用，但偶爾也一齊出現。老子的道是否有創造性，學者的觀點並不一致。但我們如以他使用的水之意象為準，那麼，老子的道是有創造的意義的——至少有創造的意象在內。〈第四章〉雖然沒有明言水，但「沖而用之，或不盈，淵兮似萬物之宗」，這樣的語彙顯然與「谷神」意義相通，同時指涉淵深與動能二義。而且其淵深與動能還不同前引〈第八章〉、〈第六十六章〉、〈第七十八章〉諸章的倫理學用法，它這裡用的是始源義，是本體義。「沖而用之」的道、「不死」之「谷神」的創造義也反映在〈第三十四章〉的文字中。「大道氾兮」很容易令我們聯想到柏拉提諾（Plotinus），柏拉提諾的「上帝」具有無限的動能，祂不斷地從自身內部湧現能量，溢出外界，衍成世界。[30]老子的「道」亦猶是，它既像鼓風爐一樣虛而不屈，動而愈出；它也像大水一樣，在秩序沒有形成之前，先溢出渾沌世界化的基質，隨後才有世界的展開。

　　老子大概是中國思想史上首位將水與女性意象結合，同時指涉道的思想家，這點很值得玩味。水與女性意象結合，這個現象在先秦諸子的著作中或許較為罕見，但從神話學的眼光看來，水與女性結合毋寧是種常態。水最重要的象徵就是它是一切潛能之總合，是一切存在之根源，它是圓融未分之渾沌。就潛能與存在

---

29 老子道的女性生殖隱喻，參見加藤常賢、水上靜夫，《中国の修驗道——翻訳老子原義》（東京：雄山閣，1982），頁38-62。加藤常賢強調的是女性生殖功能，其實他引用的章句中也時常見到「水」的意象。

30 參見史泰司（W. T. Stace）著，譯者不詳，《希臘哲學史》（台北：雙葉書店，1964），頁306-310。

關係而言，這種關係很容易就轉變為母─子的意象。由水湧現了萬物，就像由母生出子一樣。紐曼（E. Neumann）在《大母神》一書中，提到許多神話都強調女神的創生性，這些女神往往以圓杯形的容器盛水象徵之。

> 容器中的水是生命的原始胚胎，許許多多的神話告訴我們：生命就是從中產生的。這是種「深奧」之水，一種深之又深的基層之水，它可以是汪洋與湖泊。但母性水不僅含攝一切，它也滋養成長，促使轉形，因為一切生物如要苗壯，維持生命，它們必須仰賴大地之水或牛乳不可。由於水的象徵可以繫連乳房與子宮，因此，雨水可視為天界之牛之乳，地上之水可視為大地之乳。[31]

紐曼此處提到女性、圓深容器、水三者合在一起，象徵一種根源的創生能力。而且萬物被創生以後，它們仍需時時仰賴此根源的「水」或「乳」滋養。我們幾乎不必深思，即可在《老子》一書中找到對應的概念，前引〈第六章〉：「谷神不死，是謂玄牝。玄牝之母，是謂天地根。綿綿不存，用之不竭。」所說正是此義。

老子書中提到女性、圓深容器及水的意象極多。圍繞著女性意象的語彙有靜、下、陰、柔、雌、牝等字；圍繞著圓深容器的意象有橐籥、埏埴之器、谿、谷；圍繞著水意象的有谿、谷、江、海、甘露等等，這三組意象是相容的，它們或單獨出現，如言：「天門開闔，能為雌乎？」（〈第十章〉）、「天下有始，以為

31　E. Neumann, *The Great Mother* (Princeton: Princeton University, 1972), pp. 47-48.

天下母。」（〈第五十二章〉）；或兩者並列，如言：「大國者下流，天下之交，天下之牝，牝常以靜勝牡，以靜為下。」（〈第六十一章〉）偶爾我們還可看到三者並列的，如〈第二十八章〉云：「知其雄，守其雌，為天下谿。」谿當含水與圓深二義，所以〈第二十八章〉此段話可說兼具老子的三種重要的道之隱喻。

老子的道以水、圓深、女性之象徵展現出來，這是可以理解的。水因縕攝一切潛能，它被設想可以生出萬物，所以與母生子的女性意象相通。然生殖的女性意象為子宮，範圍大一點來說，是腹部，它位於人身下半部，其形為圓深，深這種意象至少又可和深不可測之水的意象相通。由於這三者的意象環環相扣，所以它們往往被聯合運用，用以象徵太初的創造實體。

老子運用了這組意象比較特別的地方，在於他不僅從神話處借來這組意象，用以形容深邃之道。而且還在於當他由客觀的論道進而提出主體性的體道時，他還是運用了圓深、女性、水之意象。這當中一個關鍵性的因素是他的工夫論提供了他這種想法，而老子的工夫論主要又集中在逆覺遮撥的歷程，「致虛極，守靜篤」（〈第十六章〉）、「為道日損，損之又損，以至於無為」（〈第四十八章〉）、「塞其兌，閉其門，終身不勤」（〈第五十二章〉）。學者去除感性、智性的執著，守靜，致虛，其結果是造成意識的反身流向，更確實地說，乃是人的意識往下滲透，直至感性不起、智性不作的身心連續體底層，在此連續體底層處，意識與無意識合一，人是以「全體」的方式與物交通，其狀況有如江河歸海一般，頓入無分別界。莊子形容此境最好：「視乎冥冥，聽乎無聲。冥冥之中，獨見曉焉；無聲之中，獨聞和焉。故深之又深！而能物焉；神之又神，而能精焉。」（《莊子・天地》）這種意識下降的歷程及其所得，恰好也驗證了體道境界可

用圓深、水、女性的意象形容它，所以說：「古之善為士者，微
妙玄通，深不可識……曠兮其若谷，混兮其若濁，澹兮其若海，
飂兮若無止。」（〈第十五章〉）「我愚人之心也哉！沌沌兮。俗
人昭昭，我獨昏昏。俗人察察，我獨悶悶。眾人皆有以，而我獨
頑且鄙。我獨異於人，而貴食母。」（〈第二十章〉）意識下降直
至無分別後，老子竟然可體驗到「若谷」、「若海」、「貴食母」
之感。我們相信：老子的夫子自道也是一般體道者的寫照。[32]「我
愚人之心也哉！沌沌兮」此句另有玄機，容後再論。

　　「水」在《老子》書中透露出處世的智慧與形上的奧義，但
基本上它是非情感性的，非私人性的。在《莊子》書中，除了上
述的特殊性質外，它變成了可遊可觀的自然，它是人文世界的延
伸，但這種由人文世界延伸過來的自然並沒有喪失掉它原始的質
性，相反地，它與莊子提倡的精神風貌（逍遙的精神、神話、寓
言的幻構空間）結合一起，造成一種奇妙的轉型。比如說：莊子
與惠施遊於濠梁之上，兩者辯論「儵魚出遊從容」，到底是否魚
樂？或者人有沒有可能知道魚樂？此段雋永小品的主角是莊子、
惠施與遊魚，水僅是背景。但就像《中庸》鳶飛魚躍的化境離不
開水的象徵之背景一樣，此地「從容」的儵魚也脫離不了南方文
化中的「水」之象徵意義。濠水已不是野性的自然，它可遊、可
觀、可論，它變成了莊子生活世界的成分。但濠水在這種人文之
轉型中，它也注進了「觀物的方式」（有沒有可能「知」物？
「知魚樂」的「知」到底是什麼「知」？）的意義向度，這種向

---

32 關於意識下降的歷程與水、谷、女性意象的關係，另參見山縣三千雄，〈神
　　秘主義者としての老子の新解〉，《人文論集》第12號（1975年2月），頁
　　23-66。

度又和「水」原本即具有的生機、深奧、無區別的神祕功能縮結
在一起，共同鑄造了濠水的文化意義。

　　詮釋學上有「效應歷史」（effective history）的說法，[33] 任何
文字意義都不可能是字典的、對應的，它一定會承載以往的傳
統，並成長變化。我們了解它一定也是處在某種不完全透明的情
境去理解，不可能掌握當中完全的意義。當然，如果意義的變化
太瑣碎（trivial），那麼「效應」云云也沒有多大的意思。但水在
《莊子》書中，其意義確實有很大的改變，它由野性的、神話的
變為一種深層意識化的、逍遙化的「水」之意象。這兩個階段的
意象不是斷層的，而是一種辯證轉化，早期的豐富意義被「道」
（精神）馴化後，仍保存在後者的意象中。現在既然說到了逍
遙，我們不妨即以〈逍遙遊〉之水為例。此篇以「北冥有魚」開
卷，以惠施與莊子論「有用」、「無用」之兩則對話終卷。其中
一則對話提到惠施謂莊子曰：「魏王賜我大瓠之種，我樹之成，
而實五石；以盛水漿，其堅不能自舉也。剖之以為瓢，則瓠落無
所容，非不呺然大也，吾為其無用而掊之。」「大瓠」是南方民
族常見的象徵，它用以象徵創造、神聖、生殖等等，[34] 莊子借用

---

33 參見 Gadamer, G. Barden and J. Cumming trs., *Truth and Method*（London: Sheed & Ward, 1975), p. 267-274.

34 聞一多早在他的名文〈伏羲考〉已指出葫蘆與西南各民族的創造神話、始祖
神話的密切關係。參見聞一多，〈伏羲考〉，《神話與詩》，收入朱自清、郭
沫若等編，《聞一多全集》（台北：里仁書局，2000），冊1，頁3-68。劉堯
漢，〈中華民族旳原始葫蘆文化〉，《彝族社會歷史調查研究文集》（北京：
民族出版社，1980），頁218-237。及〈中華民族龍虎文化論──聯結中國各
族的龍虎文化紐帶淵源於遠古女媧、伏羲的合體葫蘆〉，《中國文明源頭新
探──道家與彝族虎宇宙觀》（昆明：雲南人民出版社，1993），頁216-
277。更踵事發揮此義，並指出葫蘆文化與中原文化的密切關係，以及彝族

此義。但他將它嵌鑲在「有用／無用」的論述下，而「有用／無用」的論述顯然又是「逍遙遊」精神下的一個子題。果不其然，莊子即批評惠施不知「用」，他並建議道：「今子有五石之瓠，何不慮以為大樽，而浮乎江湖，而憂其瓠落無所容，則夫子猶有蓬之心也夫！」將葫蘆編為大樽，浮遊江湖，這樣的意象極美。但莊子這裡顯然結合了「葫蘆」及「水」這兩組來自宗教傳統的神聖意象，但放在「道即自然」（如「道在屎尿」）的脈絡下重新解釋，這些意象表現出莊了所欲追求的逍遙遊之精神。莊子這般使用水之意象，無疑為後世的山水文學、隱逸文學開了先鋒，但我們不宜忘掉：它與原始宗教的「水」之象徵意義仍有緊密的繫連。因此，莊子雖然開拓了許多水的意象，或者說：增加了許多的水的空間，但這些水的空間之意義不能從地理學的觀點來看，也不能從文學的技巧之觀點定位，而當從水的原始象徵意義及莊子的精神化之道的象徵意義，此兩者結合所造成的轉型效果考慮。

　　我們不妨再以〈逍遙遊〉開宗明義的「北冥有魚」之名文為例。「北冥有魚，其名為鯤。鯤之大不知幾千里也。化而為鳥，其名為鵬。鵬之背，不知幾千里也……怒而飛，其翼若垂天之雲。是鳥也，海運則將徙於南冥；南冥者，天地也」。這段文章中有神話中的動物：鯤與鵬；有神話的主要素材：鯤化為（變形）鵬；也有神話的地理：北冥與南冥。冥者，海也，「取其溟

對中華文化母體的重大影響。最近的研究參見 V. H. Mair，〈Southern Bottle-Gourd（*hu-lu* 葫蘆）Myths in China and Their Appropriation by Taoism〉，收入李亦園、王秋桂主編，《中國神話與傳說學術研討會論文集》（台北：漢學研究中心，1996），頁185-228。

漠無涯」。[35] 由無涯之大海中有鯤鵬之變化，這意味著由海水之原始存有（being）而有生物之變化（becoming）。莊子借用這種神話母題（至少是神話意象）象徵至人境界提升→臻乎逍遙→引發存有秩序的轉變。〈天地〉言「諄芒」將東往「大壑」，在東海之遇到「苑風」。「苑風」問「諄芒」為什麼要東遊以觀大壑，諄芒答道：「夫大壑物也，注焉而不滿，酌焉而不竭，吾將遊焉。」大壑即為尾閭，即為歸墟，歸墟中有石，其名為沃焦。傳說其石闊四萬里，厚四萬里，乃羿射九日，墜落所致。[36] 大壑為萬流歸宗之地，是代表大自然能量不斷注入與不斷蒸發的平衡處，因此，它是「絕對」、「無限」，而諄芒「遊焉」。諄芒這裡的「遊焉」就像孔子、荀子所說的見大水必「觀焉」的「觀焉」，在一遊一觀之間，遊者觀者即可汲取水的神聖意義。所以當苑風接著問「聖治」如何？「德人」如何？「神人」如何時，諄芒皆有以答之。而最後以「上神乘光，與形滅亡，此謂照曠。致命盡情，天地樂而萬事銷亡，萬物復情，此之謂混冥」結束此章。顯然，神話中的「尾閭」此一地理空間已和「混冥」的心性形上境界結合一起，它莊子化了，但仍保有神話中的奧義。[37]《莊子》書中與水相關的地理意象，往往皆有此義。〈天地〉言「黃帝遊於赤水之北，登於崑崙之邱。而南望還歸，遺其玄珠」、〈知北遊〉言「知北遊於玄水之上，登隱弅之丘，而適遭無為謂

35　郭慶藩輯，《莊子集釋》（台北：河洛圖書公司，1974），頁2。

36　沃焦神話，參見泰民校刻，《錦繡萬花谷》（台北：新興書局，1974），卷5，頁160。

37「尾閭」其實是中國神話地理學相當重要的一個概念，詳細的論述參見御手洗勝，〈「尾閭」という語の原義について〉，《広島大学文学部紀要》第47號（1988年1月），頁43-51。

焉」等等，皆可依同一方式，解析其中的義理。

　　莊子的水意象（或許該包含山在內，山水連用）無疑是後來山水文學的濫觴，但和後者不一樣的地方，在於前者不只是美感的意義，它含有「由神話轉化的哲學」涵義在內；然而，莊子的水意象也不再是神話的水之作用而已，其差別主要在於莊子的水已是辯證的精神化之產物，它是與人的世界相融的水，而不是「他者的、絕對玄奧的」水。開啟後來山水文學的這位不世出的大師，他其實不屬於他開創出來的傳統。他活在神話、神祕的因素仍是自然有機的成分的時代，加上他天才的創發，因此，他看山是山，看水是水；但其山水卻無一不超出詩人所看到的山山水水。

　　莊子描述的自然之水之意象往往具有神話、神祕、逍遙的意味，但很值得玩味的，莊子描述的水這些質性同時也見於他對心性的論述。莊子和老子在外貌上不太相同的地方，莫過於莊子論「道」很少客觀地從宇宙論立言，他是從「主體轉換所呈顯的境界」著眼。而主體只要一轉換，心性的底層境界一呈顯，水的意象也就跟著來了。〈應帝王〉記載鄭國有神巫季咸，其人神相，臆則屢中，列子為之神迷不已。列子的老師壺子敦請季咸給自己看相，事實上就是鬥法。初相，季咸認為壺子已無生機，必死無疑，因壺子示之以「杜德機」的「地文」。再相，季咸認為壺子有生機點，其實，這是壺子故意示之以「善者機」的「天壤」。明日，季咸又見壺子。季咸：

　　　出而謂列子曰：「子之先生不齊，吾無得而相焉。試齊，且復相之。」列子入，以告壺子。壺子曰：「吾鄉示之以太沖莫勝，是殆見吾衡氣機也。鯢桓之審為淵，止水之審為

淵，流水之審為淵。淵有九名，此處三焉。嘗又與來。」明
日，又與之見壺子，立未定，自失而走。壺子曰：「追之！」
列子追之不及，反以報壺子曰：「已滅矣，已失矣，吾弗及
已。」壺子曰：「鄉吾示之以未始出吾宗。吾與之虛而委
蛇，不知其誰何，因以為弟靡，因以為波流，故逃也。」

　　神巫看相不看外表，他直入意識深層的神氣流行處，亦即他
是以直覺感通得到訊息的。「地文」、「天壤」境界仍低，所以季
咸得窺伺其機（雖然是壺子故意「示」的）。但一到「太沖莫
勝」之境，季咸就束手無策了，所謂「太沖」，乃是「聰明雖
用，必反為神，謂之太沖」，[38] 這已是「循五官內通而外於心知」
的神妙心境。等到「衡氣機」時，更是心氣相依，諸念不起，全
然止息。莊子此處就用洄流、止水、流水比喻心境了。水態不
同，其體則一，正如心氣流行雖異，心體湛然則一。最後，壺子
使出「未始出吾宗」的撒手鐧，季咸遂不得不落荒而逃。因為他
感知的心境竟是「因以為弟靡，因以為波流」。此處的「波流」
自然指涉心靈之化境，縱橫自在，其地位似乎還超過「知天樂
者，其生也天行，其死也物化。靜而與陰同德，動而與陽同波」
（〈天道〉）的境界，反而與雲門三句的「隨波逐流」相當。

　　莊子以水喻道，以意識下沉、精而又精、深而又深體道，這
些基本上是承自老子的。「淵」老子用之，莊子也用之，除「九
淵」外，莊子也說：「夫道淵乎其居也，漻乎其清也。」（〈天

---

38 劉文典撰，馮逸、喬華點校，《淮南鴻烈集解‧詮言訓》（北京：中華書局，
　　1989），下冊，卷14，頁488。《文子‧符言》亦言：「聰明雖用，必反諸神，
　　謂之大通。」徐慧君、李定生校注，《文子要詮》（上海：復旦大學，1988），
　　頁94。兩書文字稍有出入，但都主張感官知覺逆反為一種創造性的直覺。

地〉)「海」,老子用之,莊子也用之,除象徵的用法外,他也
說:「淵淵乎其若海,魏魏乎其終則復始也。」(〈知北遊〉)莊
子的「心養」理論與「心齋」理論,都是重要的體證工夫,莊子
說道其過程如下:

> 心養。汝徒處無為,而物自化,墮爾形體,吐爾聰明;倫
> 與物忘,大同乎涬溟;解心釋神,莫然無魂;萬物云云,各
> 復其根。各復其根而不知,渾渾沌沌,終身不離。(〈在宥〉)

「涬溟」注家言是「自然之氣」,但由其義玄冥萬象,差異歸於
大同,我們可以推知莊子這裡用的還是水的意象。

　　我們當然不是否認莊子用「氣」來界定心靈流通之效用,心
氣合一是莊子的基本設定,這是沒問題的。但莊子在這點上和孟
子有點類似,當他們提到心氣之奇妙莫測時,往往用了水的意象
及其象徵作用,所以才會有「浩然之氣」及「涬溟」之「自然之
氣」。[39] 當然,「心養論」最可以勾引我們興趣的,還是「渾渾沌
沌,終身不離」的意象,此處,我們又碰到「渾沌」了,這是筆
者要處理的另一個主題。

五、五行學說與《管子》的水思想

　　孔孟老莊使用水的意象,它的意義淵遠流長,其源頭恐怕非

---

39 很湊巧的,宣穎注解「涬溟」即說是「浩氣」,參見宣穎注,《南華經解》,
　收入嚴靈峯輯,《無求備齋莊子集成續編》(台北:藝文印書館,1974),冊
　32,卷11,頁227。

得追溯到上古的神話不可。但先秦諸子的水意象最接近神話的巫術源頭的，恐非陰陽家莫屬。只可惜陰陽家雖然一度聲勢顯赫，鄒衍的著作之數量及影響力更是驚人，但現在除了一些零金碎玉外，他們的作品幾乎零落殆盡。[40]不過，就秦漢時期一些與陰陽家相關的思想來看，我們大體還可知道陰陽家的「水」的意象是什麼模態。

陰陽家的水的概念最重要的特徵，莫過於它把水當成五行的宇宙圖式中的一行，定型化了。它的質性從此即與五行宇宙圖式中的時間、空間、聲音、顏色、身體、動物、植物的分配連在一起，此「行」中的事物互相指涉，大家同是此行大家族中的成員。茲以底下兩則文字為例：

> 孟冬之月，日在尾，昏危中，旦七星中。其日壬癸。其帝顓頊，其神玄冥，其蟲介，其音羽，律中應鐘，其數六。其味鹹，其臭朽，其祀行，祭先腎，水始冰，地始凍，雉入大水為蜃，虹藏不見，天子居玄堂左个，乘玄輅，駕鐵驪，載玄旂，衣黑衣，服玄玉，食黍與彘，其器宏以弇。[41]
>
> 三寒同事。六行時節，君服黑色，味鹹味，聽徵聲，治陰氣，用六數，飲於黑后之井，以鱗獸之火爨。藏慈厚，行薄純，坦氣修通。[42]

---

40 依據王夢鷗先生所說，鄒衍遺說只有兩條是可靠的，一條講四時改火，一條講四代更迭。王夢鷗，《鄒衍遺說考》（台北：臺灣商務印書館，1966），頁54。

41 許維遹撰、梁運華整理，《呂氏春秋集釋・孟冬記》（北京：中華書局，2009），上冊，卷10，頁215-216。

42 黎翔鳳撰，梁運華整理，《管子校注・幼官圖》（北京：中華書局，2004），上冊，卷3，頁185。

以上所引，是我們目前所知年代較早的兩條陰陽家思想資料。到了漢代，陰陽家與儒家思想合流，相關的資料就更多了。上引《呂氏春秋》與《管子》兩條資料，其內容間有齟齬，但大的原則非常清楚，那就是「水」被視為五行中的一行，它在宏觀的宇宙圖式中占據了五分之一的比重。它與空間的北方、時間的冬季、五色的黑色、五味的鹹味、五音的徵聲、數字的六、動物的「介蟲」、五穀的黍、五帝的顓頊、北方之神的玄冥等等結合起來。這些從現代分類學觀點看來無一相關的要素，在五行學說的「關聯式思考」模式籠罩下，[43] 它們卻被視為共同分享了「水」行的共同成分。在許多神話裡，水都是被視為始源的創造泉源，它在一切存在之先，即使在中國殘缺的神話素材裡，我們都可以看到類似的想法。但在陰陽家的宇宙圖式裡，水變成了五行之一，它的地位基本上和金木火土四行相當。雖然我們有理由相信五行的起源不會太晚，至少比鄒衍的時代要早許多，但五行的關係弄得這麼秩序井然，這個業績應該算是鄒衍的。否則，「怪迂之變」、「閎大不經」之談，就不知要從何說起。而梁惠王、平原君、燕昭王對鄒衍的百般禮遇，[44] 也就無從談起了。

其次，水兼始終、生死相悖二義，水這種悖論（paradox）性格至此確定下來。在五行學說的模式解釋下，水是和北方、冬天連結起來。而在許多神話傳統中，季節的冬天與方位的北方，

---

43 「關聯式的思考」之義參見李約瑟（Joseph Needham）著，陳立夫主譯，《中國之科學與文明——中國科學思想史（上）》（台北：臺灣商務印書館，1973），冊2，頁465-491。

44 鄒衍的傳記資料極為缺乏，目前可見，唯一比較完整也較可靠的，仍是司馬遷的敘述。以上所說，參見司馬遷撰，《史記·孟子荀卿列傳》（北京：中華書局，1959），冊7，卷74，頁2344-2345。

本來都具有「死亡」之義，現在水行既然與冬季及北方同質並列，因此，水自然也就帶有終結之義。但水具有創生義，這又是水最重要的一項特徵，東西方傳統皆如此說。陰陽家剛好連結了水的生死二義，且看下面兩條資料。

> 天之道，終而復始。故北方者，天之所終始也，陰陽之所合別也。[45]
> 水位在北方。北方者陰氣，在黃泉之下，任養萬物。水之為言准也。養物平均，有准則也。木在東方。東方者，陽氣始動，萬物始生。木之為言觸也。陽氣動躍觸地而出也。火在南方。南方者，陽在上，萬物垂枝。[46]

《白虎通》言：「陰氣，在黃泉之下，任養萬物。」此句話透露水行為什麼可以兼具始終、生死二義。「黃泉」本來即是個原始宗教的概念，它位於黃土之下，是人死歸往之所。但很奇特的，作為死亡之所的黃泉居然也是陽氣萌生之處。換言之，它是陰陽交會之處：

> 黃鐘者，陽氣踵黃泉而出也。其於十二子為子。子者，滋也；滋者，言萬物滋於下也。其於十母為壬癸，壬之為言任也，言陽氣任養萬物於下也。癸之為言揆也，言萬物可揆

---

45 董仲舒，《春秋繁露・陰陽終始》（台北：臺灣商務印書館，1965），卷12，頁1。

46 陳立撰，吳則虞點校，《白虎通疏證・五行》（北京：中華書局，1994），上冊，卷4，頁167。

度。[47]

黃鐘：黃者，中之色，君之服也；鐘者，種也。天之中數
五，五為聲，聲上宮，五聲莫大焉。地之中數六，六為律，
律有形有色，色上黃，五色莫盛焉。故陽氣施種於黃泉，孳
萌萬物，為六氣元也。[48]

陽氣既可踵「黃泉」而出，萬物又可從中孳萌，這樣的黃泉
實在不像死亡之水，而是生命之泉了。但確確實實，中國典籍中
的黃泉兼具生死二義。[49] 乍看之下，此事有些怪異，一生一死，
當有一誤。然而，水具生死，這是普遍的，不是具有中國特色的
神話母題。耶律亞德（M. Eliade）說得好：「水是無形無狀、潛

---

47 司馬遷撰，《史記・律書》，冊4，卷25，頁1244。
48 班固，《漢書・律曆志》，（台北：鼎文出版社，1979），卷21，頁959。
49 關於「黃泉」的討論，參見中鉢雅量，〈崑崙とその下の水界〉，《中國の祭
　祀と文學》，（東京：創文社，1989），頁19-38；江頭広，〈黃泉につい
　て〉，《左伝民俗考》（東京：二松學舍大學出版部，1987）。江頭広認為先
　秦時期的「黃泉」一詞只是地理的意義，有如杜預注《左傳・隱公元年》
　「不及黃泉無相見也」云：「地中之泉。」然先秦時期的「黃泉」一語雖沒有
　「冥府」的涵義，筆者認為它未必即沒有「死亡」或「他界」的涵義。這當
　中的問題當然牽涉到如何界定「他界」？如果某地區為人死後「某物」之所
　歸，此「物」不是人格性的亡魂觀念，而只是類同「陰氣」、「魄」這類的
　元素，那麼，此一地區是否亦可稱為「他界」？如果先秦時期的材料出現某
　詞語，其具體內涵在兩漢才見到，這是否表示先秦時期這個概念不可能有兩
　漢時期材料裡的內涵？造成這種現象的原因有沒有可能是先秦時期的材料散
　佚太多了，我們不能以偏概全。或者有沒有可能是當時的人認為這個概念太
　清楚了，根本不需要解釋？柯慶明先生從神話象徵的意義解釋「鄭伯克段於
　鄢」裡的「黃泉」意象，也透露其結構有「死而再生」之義。參見齊鐵恨主
　編，《古今文選》（台北：國語日報社，1983），第8集，頁1699。

能十足的原則，它是萬有展現的根基，它包含一切種子。它象徵
原初的本質，一切形式由此生出；一切形式也會因為自身的衰陵
或大災難，而回歸於它。它立於肇端之初，而在每一宇宙或歷史
的週期結束之際，它又將再度回來。」[50] 水可以滋養萬物，也可
以湮沒一切，對初民來說，它這種又可愛又可憎的特性一點都不
奇特，它毋寧是靠採擷、農作生活的初期農業住民一種滲入骨髓
的常識。這種常識如果神聖化、神祕化的話，它就變成水兼具生
死、始終兩義。我們如果用哲學的語彙加以翻譯的話，它就是
「陰陽之所合別也」；我們如果再用宗教圖誌學表達的話，它就是
由代表陽氣的蛇與代表陰氣的龜合成的玄武圖象。如果我們可以
再用神話事件申述其義的話，那麼，它就是兼具「湮滅九州」與
「平治水土」雙義的洪水神話。

　　由於水本來即具有生死雙義，因此，它與「黃泉」概念可以
說是重疊的，而且可以說是同源的。如就發生的時間順序來講，
我們毋寧認為「水」這種雙義相悖質性可能還在前面。儒道兩家
思想雖說都重視生死一體，陰陽互參，但死與陰在它們的思想體
系中顯然是隱性的因素，儒家由於重視廣生、大生，這種重生輕
死的傾向尤其嚴重。陰陽家雖然「成家」比儒道兩家晚，[51] 但它
所提出的水為「陰陽之所合別」，兼生死，攝始末，這種理念卻
是相當原始的。

---

50 M. Eliade, *Patterns in Comparative Religion*, p. 188.

51 嚴格說來，先秦時期真正學派意識較強的只有儒、墨兩家，其餘各家的名號
都是秦漢時期學者回頭反思先秦學術後，整理、分類的結果。但無其名，不
一定無其實，事情要看證據而定。陰陽家著作流傳到漢代的極多，如果鄒衍
沒有許多門徒、再傳門徒、私淑門徒發揚師說的話，這種盛況是無從想像
的。

先秦諸子水思想最接近神話思維者除陰陽家外，另有《管子・水地》一篇。〈水地〉篇作者不知何人，其學派歸屬亦不易確定，《管子》書中似乎也找不到和它類似思想的篇章，但這篇文章卻是先秦水思想最獨特的一朵奇葩。

〈水地〉最重要的原則厥為破題所說：「地者，萬物之本原，諸生之根菀也，美惡賢不肖愚俊之所生也。水者，地之血氣，如筋脈之通流者也，故曰：水具材也。」〈水地〉之得名當即本於此。此段話所說，與農業文明初期的精神形態非常的接近。當人類文明由狩獵時期進入農作時期後，土地作為糧食生產的母胎，以及作為一切生命的象徵，此義才正式確立起來。而隨著土地神祕性、生殖性的確立，與「土地」、「生產」、「豐饒」這些概念連著而來的一些自然象徵也就跟著出現，我們比較容易看到的這些自然象徵有水及女性，事實上，一種豐乳（乳與水的象徵其義相同）厚臀的大母神（great mother、earth mother，後者或譯為地母）可以視為農業生殖儀式最重要的象徵。〈水地〉所說雖然缺乏原始宗教儀式那種強烈的激情、感性、動能的色彩，但它無疑地可以視為初期農業神話儀式的一種概念式的架構。

〈水地〉的概念架構是建立在「水地一體」的前提上，但它敘述的重點卻落在「水」的象徵意義。它的論證如下：

第一，它認為水具備諸德：「夫水淖弱以清，而好洒人之惡，仁也。視之黑而白，精也。」其語言類似我們前文引用《荀子・大略》的引語。

第二，它認為水是一切判斷架構的基準，它具備「準」、「素」、「淡」諸種特質，而「準也者，五量之宗也；素也者，五色之質也；淡也者，五味之中也」。因此，水可視為「萬物之

準」。

　　第三，水構成萬物的本質，它認為水「集於天地，而藏於萬物」。草木的根、花、實，鳥獸的形體羽毛，都因水而成。甚至「玉」這種珍貴的東西——周代君子及君王比德的象徵——也是「水集於玉」所致。《管子》這裡的語言與〈內業〉篇的精氣說有些類似。

　　第四，龜、龍、蟡、慶忌這些神物或神怪亦生於水。

　　第五，人的本質也是由精氣和合而成之水，它說：「人，水也，男女精氣合而水流形。」接著，它對人身的成形過程有個簡略的分析，由水而五藏、五肉、九竅、五慮，這些身心功能次第成形。

　　第六，由於人的身心結構依水而成，因此，聖人施政之樞紐在水，管子相信不同地區的水產生了不同性格的人，所以誰只要能夠掌握水，那麼，他自然也就掌握了人，這可說是種獨特的「水文政治學」。但奇特歸奇特，先秦兩漢時期相信此說的人並不少。

　　以上六條還可再歸併，一、二、三、五這四條可以歸併為「水具足潛能，它是一切存在的本質」此義，第六條可以視為此義的補充。只有第四條比較奇特，但我們試著觀察龜、龍、蟡、慶忌的質性，不難發現它們其實就是水的具象化。龍「欲上則凌於雲氣，欲下則入於深泉，變化無日，上下無時」。這描述的不正是水的變化嗎？蟡，人「以其名呼之，可以取魚鱉」，這不是分享了水可以影響水中生物的基本特性嗎？我們如果把〈水地〉篇描述的內容放在廣闊的範圍看的話，不難發現各個文化裡的水精、湖靈、川爽、海怪往往都是水神話的副產物，這些非人文化之物都具體而微地呈現了水的一些面貌：「因為它們藏在海水深

處，所以自然會被深淵的神聖力量滲透。當它們安靜地徜徉在湖
上或游過川河時，它們會帶來水氣雲霧，甚至招來洪水。因此，
它們也就管領了人世能否豐饒。」[52]

由於水決定了人的特性，也決定了一切存在的面貌，政治、
國族特性也可以說是肇因於它，所以管子最後總結水意義說道：
「水者，何也？萬物之本原也，諸生之宗室也，美惡賢不肖愚俊
之所產也。」我們如將此段定義與前引「地者，萬物之本原，諸
生之根菀也，美惡賢不肖愚俊之所生也」作一對照，立刻可以發
現兩者簡直如出一轍。水土的功能不但近似，管子形容它們所用
的語言也幾乎沒有兩樣。顯然，〈水地〉顧名思義，仍是以水土
並列，兩者同樣被視為萬物的根源，被視為一切潛能的綜結。

〈水地〉一方面強調水與土性質相似，兩者功能不可分離。
另一方面，它也強調兩者有分，只是其分乃是一體情況下的分
殊。管子這種分法很細微，不過，讀者讀了，可能還是覺得很模
糊，不容易分得清楚。在這點上，也許我們不該責怪管子，筆者
毋寧認為：管子含糊，這是有理由的，因為在神話學的範圍內，
水和地往往都被視為生命的泉源，它們的功能要怎麼劃分，此事
確實棘手。耶律亞德說：

　　水孕育萬物種子，土也孕育萬物種子。但在土中，萬物種
　　子成長結實比較迅速。潛能與種子在水中也許要經歷多少週
　　期以後，才可貫然成形。但在土中，潛能與種子從來不曾停
　　止活動。土永恆不停的創生，它賦給回歸到土中的死寂之物
　　生命與形式。職是之故，水可視為位於每一宇宙週期之始，

52　M. Eliade, *Patterns in Comparative Religion*, p. 207.

同時也位於其終；土則是位於每一個體生命之始及其終。任
何事物只有冒出水面後，才能紛紜成形，但一旦歷史災難
（如洪水）或宇宙災難降臨，它們仍舊要回歸渾沌。任何生
命的展現皆因大地豐饒所致，它在土地中出生、成長，有朝
一日生機已盡，它會再度回歸……水「先於」任何創造、任
何形式；土則「產生」活生生的形式。神話學上水的命運是
開展宇宙週期，同時也終結宇宙週期；土則是位於任何生物
形式或任何立足於歷史位置形式的開端與結尾。[53]

　　依據耶律亞德所說，水和土同具創生及毀滅功能，但前者的
功能是「宇宙性的」，後者則是「個體性的」，差別不在性質，
而在範圍大小的不同而已。耶律亞德這樣的區分有神話學的依
據，在水的象徵及洪水神話的架構底下，水當然含有「宇宙性」
的奧祕性質，它是在三光、四方、五行、八風之先的潛能在其自
己的模態。而與土相關的意義或大母神、地母神之儀式或神話，
它們很明顯地與農業生長的訊息相關，它們的意義自然要扣在每
一種植物的生長上面。所以和水「總體」的創生潛能相比之下，
土的創生就比較「分殊化」了。

　　水和土的創生性是連續的，但有存有秩序的位差。不過，耶
律亞德也同意這是「神話學的」觀點才會導致的結論，而靜態的
理論的存有觀往往與實有的秩序相互齟齬。現象學的就事論事，
任何生物如想生成、茁長，它們除了需要土以外，一樣也需要
水。事實上，在這種背景下，土和水不但在功能上難以分別，在
農業生長需要配合的四時、土地、陽光、水、空氣的「整合」作

---

53 M. Eliade, *Patterns in Comparative Religion*, p. 254.

用情況下，土和水外貌的差別也會變得若有若無，它們雖然不致於「同化」了，但至少是「滲化」了。我們不妨再回想〈水地〉裡的水、地之意象：「地者，萬物之本原，諸生之根菀也……水者，地之血氣，如筋脈之通流者也。」我們前文已說過：管子這裡使用了身體的隱喻。大地就像人的身軀，而水就像流遍全身的經脈一樣，軀體與經脈構成了完整的生命。早在兩周時期，周朝的賢君子虢文公論及籍田的意義時，已說道：「古者，太史順時覗土，陽癉憤盈，土氣震發，農祥晨正，日月底於天廟，土乃脈發。先時九日，太史告稷曰：『自今至於初吉，陽氣俱蒸，土膏其動。弗震弗渝，脈其滿眚，穀乃不殖。』」[54]虢文公所說，仍是使用了身體的隱喻。川水密布大地，不停地輸送水分至每一大地的角落，這種情況就像人的經脈遍布全身，它隨時可將身體所需要的養分輸送到身體的每一細微處。種種的資料顯示：在先秦時期，有種名符其實的「一體觀」，這種觀點認為大地是萬物的母體；大地上流動的川河泉水及貯藏的湖泊沼澤被視為提供生存的養料；縱橫密布的河道、谷地則被視為大地的經脈及子宮；在空中飄流滾動的空氣也被視為大地、山川、雲霞、草木不斷交換訊息的生命氣息。〈水地〉雖然沒有囊括這種一體觀的全部「物質」（此處意指類似「五行」的「行」字）因素，但兩者的距離確實是相當近了。

---

54 徐元誥撰，王樹民、沈長雲點校，《國語集解·周語上》，（北京：中華書局，2002），卷1，頁16-17。韋昭注「土乃脈發」句云：「脈，理也。」然由下文「脈其滿眚」看來，此處的「脈」字恐仍宜作經脈之脈解。

六、結論

綜合上面四節所述，我們發現先秦諸子裡的水思想具有下列的特性：創生、深奧、女性、自由、客觀、消融（摧毀）等等，各個思想家汲取的特性並不相同，我們不妨稍加整理如下：

創生：孔子、孟子、子思、老子、管子。
深奧：子思、老子、莊子、鄒衍。
女性：老子。
自由：孔子、孟子、莊子。
客觀：荀子。
消融：鄒衍、老子。

水具備創生、深奧、女性、消融這些象徵意義，這個命題可以說是普遍的，而且這些意象往往連環相生，其意義相涉相入。神話學母題「水」這個概念條目下，通常即可見到上述的諸種屬性。至於水象徵人的精神之自由，這點似乎是先秦儒道思想家較偏重的一個面向，孔、孟、子思以「水」象徵道德生命的日新又新，自作主宰。莊子以水象徵人的精神無限，遊乎方外。至於以水象徵標準客觀公正，這似乎是荀子的思想的一大特色。法家諸子對「水」的發揮不夠多，如果有的話，依據他們的學派精神，其取義應該和荀子較為接近。[55]

---

55 許慎云：「灋，刑也。平之如水。从水，廌所以觸不直者去之，从去，会意。」「灋」為「法」之異體字。引自段玉裁，《說文解字注・第十篇注上》（台北：藝文印書館，1979），卷18，頁474。法家取「去」之義，亦取水之公平、正直、客觀義。

　　在先秦諸子的水的光譜中，「創生」義是最明顯的，儒家的孔、孟、子思固然備言此義，道家的老子、《管子・水地》的作者也一再申論此中內涵。儒家、道家、《管子》都曾由此得到啟發，它們分別開展出一套與生命──生機──性命相關的心性形上學，其中，儒家諸宗師的思想被水滲透地尤深。儒者當中亟稱於水、一再讚歎「水哉！水哉！」的絕不只孔子一人，子思、孟子、《易傳》作者、甚至荀子本人，都深深地被水的意象迷住了。

　　但「創生」不可能永遠的只有「創生」的一面，在宗教學上，生和死這對孿生兄弟是難分難解的，其死結纏繞絕不下於善和惡這對連體手足。生、死、善、惡如何解決，這不是筆者能夠處理的問題。但放在水思想的範圍內解釋，這意義恰好對反的兩者必然會同時出現，這是無可懷疑的。換言之，水的曖昧性是水的本質，是它必然的命運。水不斷地流動，它帶出了生命；但我們不宜忘掉：水不斷地流動，它也融解了一切的形式，它使得有再歸於無。就消融存在的形式而言，水、火同樣都有這樣的本事，但相形之下，水的功能尤其明顯。誠如巴舍拉（G. Bachelard）所說，水還可以軟化一切經由火加工而成的堅硬物質，它可以軟化火土合作的陶器，它可以「馴服其他的元素（tempers the other elements）」。我們的意識活動只有集中在這種流動的、消融的意象聯想上面，我們才可以進一步想到水的聯繫萬有、創生不已的功能。這也是巴舍拉為什麼主張：「我們夢想的水竟是它的活動之曖昧，因為沒有任何的想像沒有曖昧，沒有任何的曖昧沒有想像。我們的水之夢想之焦點集中在它軟化（soften）及擴充（agglomerate）的能力上面，水消融一切，水也融合一切。」[56]

56　參見M. M. Jones, ed., *Gaston Bachelard, Subversive Humanist: Text and Readings*（Madison: University of Wisconsin Press, 1991），p. 102.

我們不宜忘了：水最基本的特性是它的液體流動的性質（viscosity），這是無意識之所愛，在液體流動中有生死離合這組無所逃於天地之間的曖昧性質。

道家、陰陽家言及水的消融、毀滅性質，其語雖有以萬物為芻狗的味道。但就事論事，儒家的生命哲學也不能排斥此義。任何思想家如果用了水這個意象來形容道體、上帝、第一因這類的偉大名詞，或用來形容創生、無動之動、原始創造這類的偉大事件，它們恐怕也不得不同時接收水的消融、毀滅，因為曖昧正是水的本質。

水具足生死兩相，水的另一種性質「深奧」也是如此，與水的深奧性質可以互換的幽谷之象徵也是如此。我們前文業已提過：水可視為一切潛能的母胎，它是可能性的本體。既是可能性，這表示它幽巧深邃，不可能化為完全的現實。不管多少事物已由潛存湧現為存在，但作為可能性本體的水一定還有深不可測的能量潛存著。這無限的潛能它一方面不斷地釋出，但它一方面也不斷地吸納，它如果不是幽深至極，它就不可能無限地消化由「有」返「無」的一切事物。在道家與陰陽家的思想中，水與黑（玄、冥）北方連結在一起，這樣的「水」顯然比較類似「北冥」、「南冥」的幽深海水，而不是「一泓碧水照人寒」的湖水，也不是「為有源頭活水來」的清澈流泉。山谷具備生死二義，其理亦若是。

水具有的幽深、創生的性質，以及水、山谷這類的意象，它很容易令我們聯想到母親的象徵，因為她會「生」子，她的子宮幽深，其中藏有「可能性」、「潛能」、「生機」。但很奇怪的，先秦諸子提到道、水與女性的關係時，只有老子一人談得較多，其義也較為深入。可能是春秋戰國時期，以男性意象為中心的價

值體系已初步確立，因此，除了遠離中心思想較遠的老子外，其他諸子百家較少論及女性的重要意義。我們前文業已提出女性和水的創造性所以相關的理由，乃因兩者在功能上類似。女性乳豐、腹大、子宮深，這點與水、山谷的意象及功能相似。在「相似律」的巫術思維模式作用下，相似者即可歸為同類，其作用也被視為大體相同。除乳豐、腹大、子宮深這些類似點外，我們不妨再強調豐乳的「乳汁」這項因素，我們前文也提過這項特徵，但重點不同。現在我們將「乳」放在「女性」的這個名目下，它的養育功能似乎應當更加受到重視，誠如巴舍拉所說：水的物象化中最突顯、最強而有力的意象，可能是「乳」此一流質飲料的意象。我們從西洋哲學、宗教、文學作品中可以看到「此一流質因素顯現為超級之乳，它是從母親之母流出之乳」。[57]

　　水具客觀義，這是荀子最喜歡的意象。荀子認為人的大清明心既可容納萬物，又可客觀地反映萬物的實際狀態。水有多相，海水的特質顯然偏向玄冥幽深；泉水成湖（池），其意象則顯然偏向清澈、平正、客觀。整體說來，水因此同時具有幽黑與清白這兩種象徵，這是它同時具足生死二相以外，另外一組引人注目的悖論。但水具「清白」、「客觀」面向，此義在後代儒、釋、道三家思想中並不少見。我們都知道光明與黑暗同具，這是東洋體證形上學常用的比喻。但這種系統底下的黑白，乃是具有無限縱深的象徵。其黑非混亂之謂，而是潛能無限之幽冥；其白非條理區隔之明晰，而是全體朗照之清澈。但荀子的水就像他的心一樣，是無法由有限累積至無限的——雖然他同意相當程度內可以

57　G. Bachelard, E. R. Farrell, tr., *Water and Dreams*: *An Essay on the Imagination of Matter*, p. 125.

達到「化」的境界——因此，他喜歡的水的清澈、客觀、平準，我們只能把它視為統類心顯現出來的一種秩序化、操控化的圖像，其義與體驗形上學的光明、清澈意象之意義迥然不同。

荀子的水的意義被拘囿在客觀、理智面向上，由此，我們反而可以知道為什麼儒道兩家的水意象會和精神的自由、逍遙、自我完成連結在一起。子思、孟子思想中的人性是種承體起用的精神活動，它顯現在意識層上雖然只是個苗頭，但苗頭的後援無窮。孟子、子思說：這就像泉水湧現出來的樣子，表面看到的只是那些分量，但源頭活水卻可源源不斷地供應水流。孟子、子思這種說法不只是類比，他們理解的心性活動確實是流動的、消融的、生生不息的。莊子的心性論與子思、孟子不同，大體而言，「生生不息」這種帶有生物學機體論之感覺較為貧乏，但心氣合一的精神活動帶有流動、無限之感，這點與子思、孟子理解的沒有什麼不同。

如果說人的想像活動絕缺不了基本元素（elements）的話，那麼，水無疑提供了自然界元素與人類意識活動最緊密相關的意象。透過上述對於水的意象的解析，我們應該可以理解先秦心性形上學思想與水的象徵關係，至少，我們可以從形象思維的角度，看待儒家的生生哲學如何透過水的意象折射出來。也許，水具有的那種「同化意象」（isomorphic image）真的扮演了關鍵性的角色。

但是，水的意象也不是抽象的，它有歷史的源頭，也有空間的對應物。一種意象如果在特定的歷史社會條件下找不到對應關係，那麼，這種意象到底能發揮作用到什麼程度，此事不無可疑。我們以上所舉的孔子、孟子、子思、老子、莊子、管子、鄒衍等人，他們的生活空間究竟怎麼回事？他們喜歡運用水的意

象，此事究竟有無社會的根源？書缺有間，筆者所知也很有限，因此，很難妄下斷言。但據說春秋戰國時期是國史上的暖冬期，當時華北的氣候普遍要比現在暖和。[58]而本篇論文中除了老莊以外的思想家，他們生長、活動的主要地點是山東省，此省當時的雨量比現在豐富，河川水量比現在充沛，湖泊面積比現在大很多，森林覆蓋面積比現在不知多多少倍，這些點也是可以肯定的。孟子曾感慨「牛山之木嘗美矣！」這表示戰國時期齊國首都臨淄（它有可能是當時中國第一大都會）的生態環境是受到破壞了，但由孟子的話，我們知道時人對美好環境的記憶還是很鮮活的。而且，離開臨淄都會區，當時的華北地區還是森林、河川、沼澤密布的。據說黃河以南，滎陽──中牟之間是個群湖區，湖泊的面積頗大。在山東西部、河南東部以及徐淮之間也是一個低窪湖澤地區。而且當時河南、山東的山地大部分都覆蓋著茂盛的森林，平原上也有大面積的林地，考古學上發現平原上木本孢粉散布的地區竟達到20%。這表示此地曾有豐富的森林，而豐富的森林往往會帶來較為豐富的雨量；豐富的降雨又會促成植物的成長，這是生態學的良性循環。[59]我們的儒家大師、稷下學者就是在這樣的自然環境下成長的，他們對水的情感應當比我們深多了。

　　道家老莊的家鄉位於何處，至今學界仍有爭議，但籠統地說，他們的活動區域位於淮河地區，他們的思想反映的格局是另類的文化，這應當是講得通的。老莊書中有許多與水相關的敘

---

58 參見竺可楨，〈中國近五千年來氣候變遷的初步研究〉，《考古學報》1972年第1期，頁168-189；陳良佐，〈從春秋到兩漢我國古代的氣候變遷──兼論「管子輕重」著作的年代〉，《新史學》第2卷第1期（1991年3月），頁1-49。
59 詳細的論證，參見陳良佐，〈從氣候、水文、土壤探討戰國時代河濟地區的農業〉，尤其第5、6兩節，未刊稿。

述，上善若水，水成了老子思想的喻根。莊子也大量運用了水的隱喻，其中有些是相當私人性質的，如〈秋水〉記載的莊子與惠施觀魚濠梁的故事，由此可見他們與水的密切關係。莊子還用到不少與神話相關的水的傳說，〈逍遙遊〉破題所說「北冥有魚，其名為鯤」，即是開門見山的案例。莊子用到那麼多海洋神話的題材，筆者懷疑這是莊子出生地所在的宋國流傳的東方海濱的遠祖神話。所以莊子雖然未必見過海，卻有相當多的海洋神話題材蘊藏其間。[60]

戰國群雄間，最具豐富水資源的國家當是楚國，楚國「南卷沅、湘，北繞穎、泗，西包巴、蜀，東裹郯、淮，穎、汝以為洫，江、漢以為池……山高尋雲，溪肆無景……蛟革犀兕，以為甲冑」。[61]在沅湘穎泗之間，我們知道的至少還有像長江、漢水這樣的大河川，以及雲夢大澤這樣的巨大湖泊，其餘的細支未流、淺沼小湖，那就更不用算了。而楚地下雨豐沛、氣候潮濕，這也是可以預測的。楚國入戰國後，是先秦諸子活動或想像的重要舞臺，南方溫熱的風土氣候，無疑地提供了諸子豐富的水意象。

春秋戰國時期，華北華中地區應該比現在更濕潤，更多湖泊沼澤，平野尚未完全馴化，山林仍富野性。但這種大背景到底影響諸子百家的水思想到什麼程度，還是很難講。思想家的影響來源可能是多方面的，有時住家附近的景物比起住家十里外全體大自然的總合，其影響力要大得多。但面對這些具體、私人性的因素，我們卻無著力處，這是研究先秦諸子思想無可避免的困局。

60　參見拙作，〈莊子與東方海濱的巫文化〉，《儒門內的莊子》（台北：聯經出版事業公司，2016），頁63-124。

61　劉文典撰，馮逸、喬華點校，《淮南鴻烈集解・兵略訓》，下冊，卷15，頁497。

所以說到頭來，泰山風雨、黃淮湖泊、沅湘之間的溫潤氣候、山東河南的平野森林，這些只能提供我們想像力馳騁的線索，至於這些自然因素與私人傳記間的具體掛鉤如何，我們大概不容易找到了。

　　除了橫切面的地理背景可能提供部分答案的線索外，我們也不宜忘掉傳統的積澱。我們有理由堅持：「水」思想不當只作靜態的語義解析。因為像水這麼重要的原型象徵，它如果沒有累積前代豐富的語義遺產於一身，這才是咄咄怪事。不用多想，我們也知道「水」在原始神話儀式中的特殊地位。從孔老到孟荀的年代，華夏地區的知識圈裡其實還是浮動著一些與「水」息息相關的宗教「知識」的。孔孟老莊大概都聽過大禹治水的故事，他們知道洪水的湮沒，息壤的生成，鯀禹的父子恩仇；他們大概也知道泰山、崑崙山、海外仙山的生命之水的傳說；他們對渾沌、水與宇宙山的關係，了解得應該比我們深刻，至少道家諸子在這方面是非常熟稔的。這些神話都傳達了初民原初的洞見，它們也許不夠哲學化，但不見得沒有深邃的哲學內涵；它們也許太戲劇化、太情動性了，但這不表示它們與後來的先秦諸子百家沒有內在的傳承關係。筆者相信鯀禹洪水傳說與渾沌神話分別對儒道兩家產生過重要的影響，這樣的假說當然有待進一步的仔細檢證。

柒

太極、通天與正直
木的原型象徵

　　在印度及希臘的文化體系中，木沒有占據核心的位置，不得
與氣、水、火、土並列。但在中國的五行範式裡，木卻占據重要
的一環，昂然列為五行之一行。在《尚書·洪範》裡，「木」的
特質被視為「曲直」，亦即木可使曲，使直，以配合製器作物的
需要。〈洪範〉此一解釋固有其理，但這是從實用的立場，對五
行所作的判斷，不見得是「木」行象徵最重要的部位。另外，從
秦漢以後，它往往被定位在東方—春天這樣的時空位置點上，並
帶有一連串相關的意象。筆者認為「東方木」之說有部分的道
理，但「東方木」及其相關意象恐怕還是衍生出來的（見下
文）。「木」在定型化之前，已走了一段相當長的文化歷程，累
積了不少的象徵意涵。本文即想從原始的意象中釋放出這些重要
的內涵，並用理論的語言轉譯之，這項工程可以說是象徵考古學
的事業。

一、通天之柱

　　耶律亞德（M. Eliade）論及初民的宗教心態時，提及遍布各文明、各民族的一個重要宗教象徵，乃是「中」的象徵。「中」是「宇宙軸」，是此世之人通向超越界的「唯一」通道。這種「唯一」的管道擁有各種不同的形態，它或以彩虹、或以箭、或以碑柱等等的形式出現，但最常出現的形式當為宇宙山和宇宙樹。宇宙山姑且不論，宇宙樹是一種通天之樹，它連接了聖俗兩界。「聖」、「俗」兩字如果我們還原成「太初存有論」（archaic ontology）的語言，[1]它最顯著的形象大概就是此世與天界。

　　談及中國傳統中「木」的象徵，筆者首先想到的也是「通天」的功能。首先想到並不意味「通天」的載錄特別多，而是這樣的象徵功能可能最古老，而且它背後所關聯到的文化意義也特別廣。中國古籍記載的巨木不算少，但明確顯示宇宙樹性質的巨木厥為建木，《山海經・海內經》記載建木情況如下：

> 　　有木，青葉紫莖，玄華黃實，名曰建木，百仞無枝，上有九欘，下有九枸，其實如麻，其葉如芒，大皞爰過，黃帝所為。[2]

1　「太初存有論」意指一種藉助神話、傳說、儀式以表達存有論意義的方式，它與哲學論證的存有論所要傳達的內容近似，但媒介及效果都不相同，初民一般表達他們的宇宙情懷時，皆依「太初存有論」的方式。此用語為耶律亞德所用，參見耶律亞德（M. Eliade）著，拙譯，《宇宙與歷史──永恆回歸的神話》（台北：聯經出版事業公司，2000），頁1-4。

2　參見袁珂注，《山海經校注》（台北：里仁書局，1981），頁448。以下引《山海經》，皆依此版本。

「玄華黃實」當是天地的象徵，花在上，玄花意表玄天；實在下，黃實意表黃土。九欘、九枸的「九」字當表九大，九是有名的神祕數字，中亞與北亞的宇宙樹都有九枝、九欘之類的形狀，其義皆表九天，[3]建木當亦屬於此類。「其實如麻」，麻是神仙食物，宇宙樹之實如麻，固其宜也。「其葉如芒」，「芒」的象徵不好理解，筆者懷疑後世五行圖式東方木神的勾芒，或者是取義於此失落象徵環節的芒。《海內經》說建木乃「大皞爰過，黃帝所為」，此處的「過」也是上下天地兩界的意思。「大皞爰過」意指大皞從此神樹登天。[4]

　　《山海經》建木的宇宙樹性質乃以象徵的形式表之，其顏色、其形狀、其數字皆指向了神聖物。《呂氏春秋・有始覽》與《淮南子・地形訓》則明確描述此樹特質如下：

　　　　白民之南，建木之下，日中無影，呼而無響，蓋天地之中也。[5]
　　　　建木在都廣，眾帝所自上下，日中無景，呼而無響，蓋天地之中也。[6]

　　這裡所說的「上下」，就像《山海經》或《楚辭》裡常見的

3　參見エリアーデ（M. Eliade）著，前田耕作譯，《イメージとシンボル》（東京：せりか書房，1974），頁 61-63。

4　袁珂對此句的解釋，參見袁珂注，《山海經校注》，頁 450-452。

5　許維遹撰、梁運華整理，《呂氏春秋集釋・有始覽》（北京：中華書局，2009），上冊，卷 13，頁 283。

6　劉文典撰，馮逸、喬華點校，《淮南鴻烈集解・地形訓》（北京：中華書局，1989），上冊，頁 136。

情況，其義指的是天上地下這種價值異質性的兩界，而不只是空間位置的轉移。「日中無景，呼而無響」，這是天地之中的特殊景象，它是能量的流出地，也是流入口，是宇宙的大黑洞，光響到此都失掉它們的性質。[7] 據《山海經》的記載，建木位在都廣（今四川成都），都廣則位於西南黑水間，乃在「天地之中」也。[8] 何以今日的四川成都會是天地之中，此事不可解。放在古代華夏的觀點解釋，亦不可解。筆者認為這種地理象徵有可能是古巴蜀地區的遺風，任何地區的人看到他們居住地區的宇宙山或宇宙樹，都可能認定它們位於天地之中。東夷人以泰山為宇宙山，位天地之中；河洛地區民族以洛陽或嵩山為天地之中，宇宙軸之所在；西部的遊牧民族以祁連山為天山，認為此山為天地相連之宇宙山。《山海經》的載錄是神話地理的敘述，它反映了巴蜀人民遠古的記憶。[9]

　　除了建木是極典型的宇宙樹外，扶桑也有通天的資格。扶桑可能是古代中國名氣最響亮的巨木，古籍記載此樹的文字頗繁，

7　「日中無影，呼而無響」也是成仙的一種條件，《山海經·大荒西經》中的「壽麻」、《列仙傳》中的「玄俗」皆有此仙質，參見袁珂注，《山海經校注》，頁410-411，「有壽麻之國」條及其註3引文。《抱朴子》內篇也記載韓終丹法所製的丹可「延年久視，立日中無影」。參見王明撰，《抱朴子內篇校釋·金丹》（北京：中華書局，1985），卷4，頁82。神仙所以有此特性，筆者認為乃因他們得「天地之中」所致。

8　《海內經》云：「西南黑水間，有都廣之野，后稷葬焉。」郭璞注云：「其城方三百里，蓋天下之中。」袁珂考訂此注原為經文誤入郭注者，惟王逸注引此經經文，「天下之中」作「天地之中」。參見袁珂注，《山海經校注》，頁445。

9　晚近四川三星堆出土青銅神樹，有些學者認為這是古代蜀人具通天觀念、神人交往的具體物證，因為神樹即是宇宙樹，此可備一說。參見黃劍華，〈古代蜀人的通天神樹〉，《四川大學學報（哲學社會科學版）》2001年第4期，頁72-80。

《山海經・海外東經》云：

> 下有湯谷，湯谷上有扶桑，十日所浴。在黑齒北，居水
> 中，有大木，九日居下枝，一日居上枝。

湯谷當是尾閭，亦即沃焦，傳說后羿射日，九日下墜於東海某
處。其地「焦炎而峙，高深莫測，蓋稟至陽之為質也。海中激浪
投其上，嚼然而盡。計其晝夜，嚼攝無極，若熬鼎受其灑汁
耳」。[10]其言生動鮮活，恍若實境報導，其實只能是想像之作。
「湯谷—十日—扶桑」這組意象明顯的是太陽神話的反映，扶桑
支撐了十日，溝通了天海，規畫了時間，它擁有宇宙樹許多的特
質。但最核心的「中」的象徵呢？

　　扶桑是太陽的住所，太陽從東起，所以我們如從地理的觀點
考量，《山海經》中的扶桑，可以確定它不會位在天地之中。但
神話的地理不是經驗科學的地理，我們有種種的理由相信扶桑是
株宇宙樹。首先，《山海經》的記載不見得完整，這部巫書的功
能不是為了翔實的神話地理書而存在的，它所敘述的內容往往需
要其他的典籍配合，才能構成完整的圖像。扶桑的情況即是如
此，它原有的「天地之中」之性質仍保留在其他的子書中，且看
《玄中記》所言：

> 天下之高者，有扶桑無枝木焉。上至於天，盤蜿而下屈，
> 通三泉。[11]

---

10 東方朔，《神異經・東荒經》（台北：藝文印書館，1966），頁2b。

11 參見郭璞，《玄中記》，《續修四庫全書》（上海：上海古籍出版社，1995），

《玄中記》固是後起之書，但其記載卻符合神話的邏輯，非懸想虛構所致。三泉當是湯谷、黃泉之屬，地底之水也。[12]中國的黃泉落在宇宙的中心軸上，就像希臘、西亞的地底之水位在天地之中線一樣。一種能通天入地以達黃泉之樹，它如果不是位在天地之中的宇宙樹，很難再作其他的解釋。

　　扶桑既在天地之中，又在東海之中，此事看似矛盾，然實有理路可說。扶桑作為通天之樹的資格始終是存在的，因此，此樹具有「太初存有論」的「中」的性質，這點也是可以確定的。我們看到即使它被安排在東海之中的位置後，仍然具有下列特殊的性質：（一）貫通三界的功能；（二）司管時間之神的羲和亦出於此樹；（三）空間實亦縮結於此，所謂「空桑之蒼蒼，八極之既張」。[13]貫通三界與縮結時空這兩種功能乃是座落於天地之中宇宙樹的專利，[14]扶桑兼而有之，它的宇宙樹形象其實比建木還要強。它之所以不能立於天地之中，這顯然是原始天文學介入的結果。太陽由東而西，每日太陽西落，但每日太陽也新生，每日都是一個新的宇宙的開始，所以東方非得有宇宙樹承擔起太陽新生的責任不可。

冊1264，頁282。

12　中鉢雅量有此說。見中鉢雅量，《中國の祭祀と文學》（東京：創文社，1989），頁48-49。

13　郭璞引《啟筮》注「羲和」語，參見袁珂注，《山海經校注》，頁381。

14　我們且看《周禮・大司徒》對「地中」的敘述：「日至之景尺有五寸，謂之地中：天地之所合也，四時之所交也，風雨之所會也，陰陽之所和也。」參見鄭玄注，賈公彥疏，《周禮注疏》，收入李學勤主編，《十三經注疏整理本》（台北：臺灣古籍出版公司，2001），冊61，卷10，頁298。「地中」既是宇宙軸，而且也位於時空的交會點。

太陽由東而西,東極有扶桑撐起天、海兩處的交界,西極也非有宇宙樹平均負擔不可,西極的宇宙樹即是若木。若木的「若」字原本即具有神祕的巫教氣息,[15]它有溝通聖、俗兩界的意涵。若木和扶桑一樣,都是日木,它實際上很可能就是扶桑的分化,是宇宙樹配合原始天文學所產生的結果。[16]更確切地說,扶桑—若木乃是太陽神話模式下的兩極之宇宙樹構造。到了漢代,更有扶桑—東王公、若木—西王母的配置,至此以下,就不用多說了。

原為天地之中的宇宙樹構造為了配合太陽自東而西的行程,遂有兩極之構造。如配合其他模式,亦可有另外的變形之宇宙樹,戰國晚期流行陰陽五行之說,宇宙樹遂亦有青、紅、白、黑之樹,此記載見於抗戰時期長沙子彈庫出土之楚帛書。楚帛書甲篇言及楚人的宇宙開闢論故事,它從有熊氏、伏羲開始談起,其中有言:「未有日月,四神相代,乃步以為歲,是隹四時:長曰青榦,二曰朱四單,三曰白皇然,四曰濆墨榦。」四神的名字甚怪,其中兩者有「榦」之名,此自是取義樹木。白皇然者,白皇燃也,燃為棗木。朱四單者,即朱樕檀也。準上所說,則四神之名皆取自樹木,四神實為四木之神格化。四神生出後,經千百歲,不知經歷何種過程,大概洪水平了,九州不再波湧,山陵從此清靜。「炎帝乃命祝融以四神降,奠三天,累思保,奠四

---

15 參見加藤常賢,〈王若曰考〉,《中國古代文化の研究》(東京:二松學舍大學出版部,1980),頁387-416。

16 參見杉本直治郎、御手洗勝,〈古代中國における太陽神話——特に扶桑傳說について〉,《民族學研究》第15卷第3、4號(1951年3月),頁24;水上靜夫,〈桑樹信仰論〉,《日本中国学会報》第13集(1961年10月),頁1-18。

極」，在山陵清靜之後，帛書另有一行文字，言及「青木、赤木、黃木、白木、墨木之精」。[17]大概是重整宇宙，需要神聖質量，所以炎帝乃賦予祝融五木之精，以重造乾坤。

　　筆者上述的講述，頗多跳躍，由於帛書的細節尚多爭議，筆者亦無能論斷其是非。但就文字解釋無疑義者，我們已看到五行之木，也看到四神皆取象於樹木，而奠定四極的「四極」，應該就是四種通天之樹。子彈庫帛書四隅繪有四時之木，施以顏色，看圖說話，其義了然。「四極」即「四神木」所撐起的通天之柱。「四柱」在戰國秦漢之際並非罕見的概念，李零說：「四木的作用與古代出土占盤上面的四維相同（四獸鏡當中的四瓣花也是起同一作用）。馬王堆帛書《十六經》：『夫天有幹，地有恒常』、《行守》：『天有恒幹，地有恒常』，四木也就是四天幹。」[18]漢鏡亦多「四極之狀」。如果我們要將「四極」的概念往上推，殷商的「亞」室標誌應該已有這樣的涵義。[19]四隅之木如再加上圖中未見的黃木，[20]這就是標準的五行學說在宇宙樹上的反映。式盤、銅鏡、帛書反映的都是同一種的曼荼羅（mandala）

17　子彈庫帛書底本不清，文字古拙，後世釋其文釋其義者多有出入。以上釋文參見饒宗頤、曾憲通，《楚地出土文獻三種研究》（北京：中華書局，1993），頁240-242。

18　李零，《長沙子彈庫戰國楚帛書研究》（北京：中華書局，1985），頁70。

19　參見張光直，〈說殷代的「亞形」〉，《中國青銅時代（第二集）》（台北：聯經出版事業公司，1983），頁81-89。

20　楊寬說「奠三天」的「三天」指的是崑崙三丘，亦即登天所經的三重天之構造。如果此說可以成立的話，筆者認為三天的意義和黃木的功能就重合了，因此，也就可以不列黃木。另一種可能是中無定位，分配四行，所以黃木就不列出來了。參見楊寬，〈楚帛書的四季神像及其創世神話〉，《文學遺產》1997年第4期，頁4-12。

思維，中無定位，隨通天的象徵而轉。

四極之木就像扶桑─若木的兩極之木一樣，它們不可能座落在地理學意義上的天地之中。然而，唯一處在天地之中的建木也罷，東西兩極的扶桑─若木也罷，青、赤、白、黑的四極之木也罷，甚至於「八極」[21]或更多的「極」也罷，它們的功能都是要通天，也就是要作為聯繫天界與地界的管道。「一極」、「兩極」、「四極」、「八極」之「極」雖各不相同，但同樣有維持宇宙秩序之義。數目不同，只因秩序所安置的參考架構不一樣而已。

宇宙樹的核心意義在於「通天」，「天」是宇宙樹存在的目的。古代中國的群眾就像許多初民社會的人一樣，他們有對「天」的信仰。「天」最明顯的物質形象即是蒼蒼之天，那穹遠不可及的奧祕之區。耶律亞德說：對初民而言，默思蒼天，最容易引發他們神聖的宗教經驗。因為蒼天是全然的他者，至高無上且帶有神聖的屬性，這是「人所無法達到的高處、群星所在之處，具有超越者、絕對實體與永恆的重要性」。對初民而言，這樣的天之自然屬性和神性是無從分別的。耶律亞德繼續說道：「這一切並非邏輯與理性的運作可以掌握。崇高的、超越世俗的、無限的超驗範疇，顯現在整個人身上，包括他的心智與靈魂。對天的注視與驚歎，占據了人整個的意識，人同時也發現到，天的神聖性與人在宇宙中的情境，根本是無從比較。因為蒼

---

21 「八極」之說為《淮南子》所提，參見劉文典撰，馮逸、喬華點校，《淮南鴻烈集解・精神訓》（北京：中華書局，1989），上冊，卷7，頁218。根據注解，此「八極」為宇宙山，非宇宙木。但即使如此，「八極」之「極」的原始意義仍取自通天巨木。

天以它自身存在的模式，顯示出它的超越性、能力，及它的永恆性來。蒼天絕對性地存在，因著它崇高、無限、永恆、充滿能力。」[22]

　　上天神聖如是，很不幸的，我們卻不是活在與天同在的時代，因為自蚩尤作亂以後，此世早已「絕地天通」。在這之前，世界的性質不是這樣的，早期傳說中的歲月是個樂園的時代，是神人不分的時代，是人類一切慾望都得以化為真實存在的時代。然而現在，天人斷裂，樂園消逝，美好的光陰永遠不再。儘管如此，上天總會留給墮落的人子「向上一機」的，所以祂留下了貫通天地的宇宙山與宇宙樹，只要夠資格的文化英雄如太皞或后羿有意於斯，即可從此山此樹「上下」天界，重新覓得人在神話時代所享有的本質。

　　宇宙樹的主題反映了一樁墮落與救贖的宇宙性劇場事件，它蘊含了悲慘的絕地天通的神話於其間，也反映了人們即使已活在「除魅」的年代，對超越的價值仍心嚮往之。孤挺的建木、兩極之木的扶桑和若木、楚地流傳的四極之木，其功能皆在此。而楚帛書所述祝融取青木、赤木、黃木、白木、墨木之精，以「奠三天」、「立四極」，此說前史未見，它可補《國語‧楚語》及《尚書‧呂刑》所描繪的絕地天通的情節，「木」的意義由此更加顯著。我們不妨說：女媧斷鼇足，立四極以補天；祝融取五木之精，立四極以通天，兩者同是神話時代最令人目眩神馳的史詩事件。

22　此段引文參見伊利亞德（M. Eliade）著，楊素娥譯，《聖與俗——宗教的本質》（台北：桂冠圖書公司，2001），頁161。

二、皇極—太極

　　建木、若木、扶桑見之於文獻的記載也許不見得特別早，但它們反映的文化精神可以確定非常邈遠。木的通天象徵落在空間的設計上即有四極、八極之說，女媧的鼇足四極、祝融的神木四極與《淮南子》的八極，同樣是預設著天地以四柱或八柱相交，四柱、八柱撐起撕裂的天地之後的溝通管道。「極」是通天神木的具體化，四極是「通天之中」化為最遙遠的四隅之巨柱，但座落在世界四週最邊緣（四隅）的巨柱仍是「通天之中」，只是這樣的「中」不會是地理學空間意義的，它是一種「部分代替整體」（pars pro toto）的神話思維模式之「中」。[23] 每一極的神木都是立於中央的建木，八極的情況亦依同一種模式推演可知。

　　考「極」字原為居屋正中棟梁。《說文》云：「極，棟也。從木，亟聲。」朱駿聲說：「按：在屋之正中至高處。至者，下之極；極者，高之至也。」[24] 聞一多〈天問釋天〉註解「天極焉加」云：

> 《說文》棟極互訓。程瑤田曰，古者初有宮室時，易複穴為蓋構，未必遽為兩下屋與四注屋，不過為窿然之物，以覆於上，如車蓋然，中高而四周漸下以至於地。中高者棟，四周漸下者宇，所謂上棟下宇者是也。今之蒙古包，如無柄傘，可張可斂，得地則張之，將遷則斂而束之以去，即古棟

23　卡西勒（E. Cassirer）認為這條法則是神話隱喻的基本原則，「全部神話運思都受著這條原則的支配，都滲透著這條原則」。參見卡西勒（E. Cassirer）著，于曉等譯，《語言與神話》（台北：桂冠圖書公司，1990），頁79。

24　朱駿聲，《說文通訓定聲·頤部第五》（台北：藝文印書館，1975），頁259。

> 宇之遺象。按，程說至確。《論衡·說日篇》引鄒衍說曰
> 「天極為天中」，《太玄·玄瑩篇》曰「天圜地方，極植中
> 央」，此與程說遠古室屋之制適合。蓋古屋中高者曰棟，一
> 曰極，天帝所居紫微者星，取象古屋，故其極亦在中央也。
> 極為屋之中，故極訓中，《詩·思文》「莫匪爾極」傳，《周
> 禮·序官》「以為民極」注皆云「極，中也。」[25]

我們看到屋棟在「正中至高」處，甚至連天帝所居的紫微星的形
狀也仿照人間的住屋，而其極亦在中央。很明顯的，作為屋棟的
「極」的概念來自通天巨木，神話是現實的原型。我們只有放在
這樣的背景下考量，它的真實性才得以展現。但就內涵樣式而
言，天帝的居屋反而是取法塵世住屋的模子，天界之屋是世間之
屋的倒影，現實是神話的原型。天界之極與人世之極互為原型，
這種對照顯現出神話世界中「理型」與「存在」的相互依存性。

　　朱駿聲與聞一多上述的解釋皆非常透徹，聞一多能將屋棟、
天中、天極串連起來詮釋，其義尤弘。值得注意的是，朱、聞兩
人大概都不知道耶律亞德其人其學，但兩人的觀察竟與後者一
致。朱駿聲說「極」是房屋的「正中至高處」；聞一多說「古屋
中高者曰棟，一曰極。」這樣的詮釋我們不會太陌生，更不會訝
異。耶律亞德在〈聖構與象徵〉一文中，廣為搜羅各民族、各地
區的建築物，尤其與宗教相關的神聖建築物的材料，結果發現這
些建築物都有些特殊的設計，這些設計使得世人得以和方外之界
具有的超越的真實溝通。這些設計都被設想位在宇宙之中，它是

---

25 參見聞一多，〈天問釋天〉，《古典新義》，收入朱自清、郭沫若等編，《聞一
多全集》（台北：里仁書局，2000），冊2，頁320-321。

個通道，永遠指向真實，指向超越。在此超越界有神祇，有祖先，有此界沒有的神聖物。這個設計使得此一建築和周遭環境有一本體論的斷層，它是滾滾塵世中的淨土，是世俗救贖的唯一向上一線。[26]我們上文所討論的「極」的功能顯然也是如此。

「極」字重要的家族成員有「皇極」與「太極」，前者出自《尚書》，後者出自《易經》，這兩個用語是六經中極重要的語彙，影響後代思想甚大。兩者皆從「天地之中」的木之象徵轉化而來。

「皇極」一詞首見《尚書・洪範》，〈洪範〉此篇記述武王伐紂成功後，向殷遺民箕子請教治國大道。箕子為他陳述天地之大法，其法有九，這就是有名的洪範九疇。九疇的範圍泛及天文、農事、決斷、德行以及很難歸類的「五行」、「皇極」、「威用六極」等。關於「建用皇極」的具體內容，箕子說明如下：「皇建其有極，斂時五福，用敷錫厥庶民。惟時厥庶民于汝極，錫汝保極。凡厥庶民，無有淫朋，人無有比德，惟皇作極。」[27]《尚書》詰屈聱牙，個別字句的文意有時不好懂。但引文所述，無疑地是指向君民共安「極」道。本文所以不嫌詞費，將「皇極」放在洪範九疇中看待，正是想突顯它在治國的九條大法中占據著「意義建構」的角色，亦即占據著「正當性」的位置，它發揮的作用類似「天命說」。「天命」乃天之所命，此命要廣布給下民，仍須

---

26 M. Eliade, *Symbolism, the Sacred and the Arts*（New York: The Crossroad Publishing Company, 1986），pp. 105-129。這個論點在他的許多著作中都可以看到，比如耶律亞德（M. Eliade）著，拙譯，《宇宙與歷史——永恆回歸的神話》，頁4-13。

27 孔安國傳，孔穎達疏，《尚書正義》，收入李學勤主編，《十三經注疏整理本》，冊54，卷12，頁364。

有布達的管道，「天命」實際上是順沿「皇極」的管道才下降人
世的。

為什麼「天命」需要藉助「皇極」的管道呢？我們且看前人
的解釋。孔傳釋「建用皇極」云：「皇，大也；極，中也。凡立
事當用大中之道。」孔傳的解釋也是漢儒一般的解釋，《詩》「莫
匪爾極」，鄭玄注「極」為「中」；《周禮・天官》：「設官分職，
以為民極。」鄭玄注云：「極，中也。令天下之人各得其中，不
失其所。」所以「建用皇極」，就是建立大中之道，而且使他們
大得其中，「眾民皆效上所為，無不於汝人君取其中道而行。積
久漸以成性，乃更與汝人君以安中之道」，最後達到「天下眾民
盡得中也」。[28]

君王要有大中之道，以惠百姓；百姓要得此大中之道，與君
共守；最後，君臣一體，盡得其中。《尚書・洪範》這種語式頗
似《老子・第三十九章》「天得一以清，地得一以寧，神得一以
靈，谷得一以盈，萬物得一以生，侯王得一以為天下貞」；或
《管子・內業》所說「凡物之精，此則為生。下生五穀，上為列
星。流於天地之間，謂之鬼神。藏於胸中，謂之聖人」[29]之類的
話語。這樣的「一」、「精」或「大中」顯然還保留了上古神聖
且神祕的象徵作用，它們的語言意義不會一樣，但我們如果不從
「外延」的方向考量，而是從這些語式的心理層面著眼，或從本
體論意義的觀點考量，也許可以發現它們都保留了類似「瑪納」

28　鄭玄注，賈公彥疏，《周禮注疏》，收入李學勤主編，《十三經注疏整理
　　本》，冊60，卷1，頁6。

29　黎翔鳳撰，梁運華整理，《管子校注・內業》（北京：中華書局，2004），中
　　冊，卷16，頁931。

（mana）這樣的神祕力量，[30]只是「皇極」更偏向於神祕力量的流通管道之義。

「皇極」一詞在宋代以後偏於政治的用法，類似「人君之道」之義。[31]然而，早期的「皇極」的文義原為通天的大中之道，它如何被人使用，這樁政治工程自然會牽涉到權力的壟斷問題。但本質上，它是個宗教的語彙，它的作用即是通天。我們知道在中國遠古的傳說裡，天地原本是相連的，神人也是不分家的。可惜「世人」犯錯，[32]上帝大怒，乃命重黎絕地天通。之後，宇宙軸就斷了，它已不對一般人開放，只有少數天賦異稟的巫覡才可以找到管道升天入地。但箕子卻釋放了這條為少數巫覡所把持的通天之道，他認為原則上，每個人都可以得到「大中」，因此，也就可以通天。我們如果知道洪範九疇的來源，就更可以了解這則敘述的旨義。據〈洪範〉的說法，在遙遠的上古，世界發生大洪水，天地毀壞，山川湮滅，鯀治水無成，乾坤更加混亂。等大禹嗣興，平定水患，上帝才賦予大禹「洪範九疇」，擘劃天地。準此，「皇極」有重造乾坤的作用，而且，此時重造乾坤的資格已落在每位可能得到「大中之道」的人民身上，而不再是巫覡的專利品。我們從這則半神話、半史實的載錄，隱約看到孟子「性善說」的影子。

「皇極」解作大中，它有訓詁上的根據，也有神話學上的依

30　郭啟傳解釋「一」、「精」有此說，參見《太初之道──聖在世界秩序的展開》（新竹：國立清華大學中國文學研究所博士論文，2001）。

31　參見蔡沈，《書集傳》，收入杜松柏編，《尚書類聚初集》（台北：新文豐出版公司，1984），冊1，卷4，頁416-417。蔡沈所引諸家之說，亦同此義。此書代表朱子學派的觀點，元明之後，影響極大。

32　依據《國語‧楚語》等文獻所述，此「世人」指的是「蚩尤」。

據。但朱子對此另有解釋，他訓「皇」為君，「極」為標準。「皇極」等於人君之標準，或是人君之道。

朱子不採「大中」之說，很可能有政治上的考量。[33] 但他的解釋和他整體的思想也是相容的，我們知道朱子解釋「太極」的最大特色，乃是從「理」的觀點來看。[34] 標準即是理，因此，他也從「理」的觀點解釋「皇極」，為人君者必須遵行他應當遵行的理則，否者，天下秩序即會大亂。朱子此義並非不可理解，也不一定會與「大中」之說相互矛盾。事實上，我們可以把他的「人君標準說」視為「大中說」的哲學轉化，這是原始「大中說」隱藏的另一層意思，詳見下文。

除了「皇極」外，「太極」又是個影響極深遠的語彙。《易‧繫辭上》云：「易有太極。」韓康伯注「太極」為「無稱之稱，不可得而名」，這顯然是將王弼玄學的觀點帶進來了。[35] 孔穎達《正義》則訓「太極」為「天地未分之前，元氣混而為一」，[36] 這種解釋又太受到漢唐元氣論的約束了。我們且不管後儒的詮釋，暫時先將目光直接貫注到經典文本。首先，我們比較「皇極」與「太極」，赫然發現「皇」、「太」一樣可訓作「大」，而且石經本、岳珂本的「太極」皆作「大極」。答案出來了，

---

33 參見余英時，《朱熹的歷史世界——宋代士大夫政治文化的研究》（台北：允晨文化公司，2003），下冊，頁532-576。

34 朱子說：「太極只是一箇『理』字。」語見黎靖德編，《朱子語類》（北京：中華書局，1994），冊1，卷1，頁2。

35 《老子‧第二十五章》言「道法自然」，王弼注：「自然者，無稱之言，窮極之辭也。」參見王弼注，樓宇烈校釋，《老子周易王弼注校釋》（台北：華正書局，1983），頁65。

36 韓、孔的解釋，參見王弼注，孔穎達疏，《周易正義》，收入李學勤主編，《十三經注疏整理本》，冊52，卷7，頁340。

「太極」的原始意象實為「皇極」，同樣是大中之道，同樣是來自「通天之木」的轉化。韓康伯的注與孔穎達的正義都有埋趣，他們可以說都在某個層次上在「天」和「太極」之間作了意義轉換的工程，只可惜「通天之柱」的意象卻給模糊掉了。

我們將「太極」釋為「大中」，這在《易經》一書裡可以找到相當多的文獻作佐證。事實上，《易經·大有》一卦即有「大中」一詞：「柔得尊位大中而上下應之，曰大有。」「中」是《易經》的重要概念，而且是個吉祥的概念。《易經》有些地方單言「中」，如〈臨·象〉言：「大君之宜，行中之謂也」；或言「黃中」，如〈坤〉說「君子黃中通理」；或言「正中」，〈乾〉言「龍德而正中」，〈需〉言「位乎天位，以正中也」；「正中」或倒過來，成了「中正」，如〈乾〉言「剛健中正」、〈訟〉言「利見大人，尚中正也」、〈履〉言「剛中正，履帝位而不疚」、〈觀〉言「中正以觀天下」；或言「中道」，如〈離〉言「黃離元吉，得中道也」、〈夬〉言「有戎勿恤，得中道也」；或言「中行」，如〈泰〉言「包荒，得尚于中行」、〈復〉言「中行獨復，以從道也」。《易經》重視「中」位，這種解釋傾向自然和占卜的爻位有關。這是自有卜筮活動以來，《易經》專家共同的看法。但我們如追究為什麼「中」的意義幾乎都是正面的？而且與「中」有關的複合詞如「中行」、「中道」、「正中」、「黃中」、「中正」這些詞語除帶方位之「中」的意象外，它們都還兼帶著強烈的價值意識；而且這樣的價值意識都還是放在陰陽與八卦之象徵：天、地、水、火、風、雷、山、澤這樣壯闊的自然意象下定位的，當中難道沒有蘊含更深層的訊息嗎？

如果「皇極」、「太極」以及「中正」、「中道」、「中行」這些詞語除了帶著「中」的意象外，也兼賦著價值的意涵，那麼，

我們可以反過頭來重看朱子的公案。朱子釋「太極」為「理」，「皇極」為人君之標準，其理解自然和漢代以下主流的解釋不同，但兩說不一定矛盾。因為連朱子本人都不一定反對「極」有「中」的意象，只是他所謂的「中」，依他所說，乃是「在中，乃至極之所，為四向所標準，故因以為中。如屋極，亦只是在中，為四向所準。如建邦設都以為民極，亦只是中天下而立，為四方所標準」。[37] 亦即「極」的本質是「標準」或「理」，而「中」是附屬的。但即使採用朱子的解釋，我們如果將「極」字還原到神話象徵的意義上看，則「理」或「標準」亦未嘗不可說。因為依「太初存有論」的思維模式，後世精緻哲學化的語言當時是要用感性的象徵顯示出來的。「大中」既然可以通天，因此，天所帶有的神聖、理則、豐饒之質性自然也會灌注到「大中」的象徵上。換言之，「中」為形式，「理」為內容，而「內容」與「形式」在「皇極」一詞上並沒有分化，「皇極」即中即理。朱子的時代去神話時期已遠，他以較隱晦的「理則」義壓抑「大中」義，這只能說他以自己的思想體系定位了「皇極」的原始意象。但如實而論，「中」、「理」二義同出而異名，同為眾妙之門。

如上所說，「中」與「理」應可構成通天之木隱藏意義的兩翼。頗堪玩味的是，宋代「皇極」語義之爭的兩造，無意之間也就秉持這樣的觀點。我們看到朱子有些語言，如云「極，如屋極，陰陽造化之總會樞紐」，[38] 實可視為對「大中」的解釋。《周禮·大司徒》描繪「地中」之景如下：「天地之所合也，四時之

---

37 黎靖德編，《朱子語類》，冊5，卷79，頁2046。

38 同前註，頁2046。

所交也，風雨之所會也，陰陽之所和也。」[39]兩者比較，不是很像嗎？同樣地，主張以「中」釋「極」的陸九淵在實質的內容上也沒有反對「極」為「理」之說，不但沒有反對，而且可以說強烈支持此義。他的反對完全是站在經義語言層次上立說而已。他與朱子辯論「無極而太極」的問題時，說道：「太極、皇極，乃是實字，所指之實，豈容有二。充塞宇宙，無非此理，豈容以字義拘之乎？中即至理，何嘗不兼至義？《大學》、《文言》，皆言「知至」，所謂至者，即此理也……蓋同指此理。則曰極、曰中、曰至，其實一也。」[40]朱、陸辯「無極而太極」的問題，出入甚大，但有些爭辯之點其實主要在語言字義層次，「極」字的解釋之爭應是如此。陸九淵和朱子兩人大概都不反對「極」有「中」與「理」雙義，只是放在經文的文脈上考量時，該如何解，陸九淵不能同意朱子的解釋而已。

　　朱子的「理、標準」說可以視為「通天之木」的另一翼，朱子當時的解釋並沒有援引太多訓詁學上的材料。然而，事有湊巧，我們從晚近馬王堆出土的材料，竟然可以得到一些新的啟示。馬王堆出土帛書《周易·繫辭傳》，其中「易有太極」一語作「易有大恒」。恒者，常也。《易經》有〈恒〉，其〈象傳〉說：「雷風恒，君子以立不易方。」〈繫辭·下〉言「九德」，其中之一為恒，「恒，德之固也」。「易有大恒」一語乍看新穎，但它不是不可以得到《易傳》文本的支持，也不是不可以獲得義理

---

39 鄭玄注，賈公彥疏，《周禮注疏》，收入李學勤主編，《十三經注疏整理本》，冊61，卷10，頁298。

40 陸九淵著，鍾哲點校，〈與朱元晦二〉，《陸九淵集》（北京：中華書局，1980），卷1，頁28。

的支撐，而且也不是不可以得到相關文獻作為佐助的。春秋戰國時期，「恒」字是極流行的概念，儒、道、陰陽諸家皆雅言之。[41]這樣的「易有大恒」之說，顯然與朱子對「極」的解釋貼近，這也可以算是另一種意義的「冥契」。

　　本節最後，筆者想藉饒宗頤先生對「太極」與「大恒」的文字解釋再推進一步遐想。我們上文說「極」兼具「理」、「中」雙義，這樣的傾向在「太極」、「大恒」的異文裡已可看出趨勢。但我們不要忘了：它們的原始字義仍蘊含「人在天地之間，如何通天」的內涵。《說文》解釋「極」字所出的「亟」字及「恒」字的意義如下：

　　　　亟，敏疾也。從人，從口，從又，會意從二。二，天地也。

　　　　恒，常也。從心從舟，在二之間。上下心以舟施，恒也。

　　　　古文恒，從月。

古文恒從月，甲骨文恒字作𠄞。二者，天地也，契文恒字意指月在上天下地之間，乃月恒之本字。「亟」的契文作𠄞，從人在天地之間。「恒」字與「亟」字構造相似，〈易大傳〉「易有太極」一詞竟有「大恒」此異文，這大概不是偶然的，因為兩者同樣有「立於天地之中」之義。[42]「恒常」（亦即理則、標準）則是從此「中」分化出來的。

41　參見饒宗頤，〈帛書《繫辭傳》「大恒」說〉，收入單周堯等編，《饒宗頤二十世紀學術文集》（台北：新文豐出版公司，2003），冊5，卷3，頁68-86。

42　以上解說參見饒宗頤，〈帛書《繫辭傳》「大恒」說〉一文。

三、社與國命

　　木最重要的象徵是通天，這種象徵意義可以想見的源自國家
建立以前的邈遠時代。等人群慢慢體制化、土著化了以後，
「中」的位置或樣態遂不得不跟著轉移。但假如天的信仰還在，
我們可以想像的，木的功能就不會被取代，它仍要承擔後代人類
組織和天溝通的功能。筆者認為在有歷史記憶的中國文明初階，
「社」扮演的就是這個角色。關於「社」的內涵為何，當代學者
的解釋極為紛歧。根據鐵井慶紀與凌純聲先生的解釋，社的意義
可得十五種。[43]如果我們從「社」之特徵及功能分類，這十五種
解釋大致又可簡化為下面四種：（一）樹木說；（二）土地說；
（三）生殖說；（四）政治社會功能說。以上四種解釋並不互
斥，所以我們的選擇當然不必非此即彼。格爾茲（C. Geertz）批
判以往對文化現象的解釋，就像剝水果一樣，層層剝掉，最後才

---

43 這十五種假說的內容簡要及提出者姓名如下：（1）沙畹（Chavannes）：叢林
　崇拜說。（2）出石誠彥：叢林崇拜與樹木崇拜結合說。（3）橋本增吉、佐
　藤匡玄、傅斯年：土地神說。（4）津田左右吉：實行民間巫術儀式之場所
　說。（5）郭沫若：生殖崇拜說。（6）新見寬、重澤俊郎、藤枝了英：原始
　社會集團之聖所與保護神說。（7）守屋美都雄：顯示原始聚落之標識說。
　（8）李則綱：圖騰說。（9）陳夢家：高禖神說。（10）池田末利：源於祖先
　崇拜之地母神說。（11）凌純聲：西亞壇文化影響所得說。（12）赤塚忠：
　與殷商「土」儀禮相關聯說。（13）白川靜：滿蒙來源說。（14）葛蘭言
　（M. Granet）：聖地聖力之象徵說。（15）孔令穀：社稷神為天地人之神說。
　其中前面十三條已見於鐵井慶紀的歸納，最後兩條是凌純聲先生加上的。參
　見鐵井慶紀，〈「社」についての一試論〉，《東方学》第61號（1981年1
　月），頁1-16；凌純聲，〈中國古代社之源流〉，《中國邊疆民族與環太平洋
　文化：凌純聲先生論文集》（台北：聯經出版事業公司，1979），下冊，頁
　1417-1418。

露出核心，這樣的解釋很容易將問題過分簡化。對重要文化的解釋最好採「重層的描述」（thick description）才能盡其義。[44]筆者相信上述對「社」的各種詮釋都言之成理，因為筆者不認為「社」這個概念可以抽離歷史形成的過程，而抽象地論其本質。「社」無疑地具有多層次的意涵，其中的一個重要意涵即是「木」的象徵功能，它將「社」所有的功能串連了起來。

　　上述第二點的土地說的理據是很強的，「社」字從示從土，它和「土」字原本即為同一字。土地崇拜和天神崇拜一樣，其源頭皆極為古老。「社」的主要功能之一即是土地崇拜，《白虎通》說：「王者所以有社稷何？為天下求福報功。人非土不立，非穀不食。土地廣博，不可徧敬也。五穀眾多，不可一一祭也。故封土立社，示有土也。稷，五穀之長，故立稷而祭之也。」[45]《白虎通》的解釋雖代表漢人的觀點，但「求福報功」、「人非土不立」之說，應當符合「社」的功能，這樣的功能淵遠流長，即使遲至今日，我們依然可以從遍布鄉野的土地公廟，看出其流風餘韻。

　　「社」的核心意義是土地崇拜，此事自無可疑。但它和泛泛而論的土地崇拜有一顯著的差異點，此即「社」預設了人類社群的概念，這個社群可以小至鄉里，大至天下，但它總意味著「社」屬於「社會秩序」，而秩序又意味著區隔。《禮記·祭法》云：「王為群姓立社，曰大社。王自為立社，曰王社。諸侯為百姓立社，曰國社。諸侯自為立社，曰侯社。大夫以下成群立社，

---

44 參見格爾茲（C. Geertz）著，納日碧力戈等譯，《文化的解釋》（上海：上海人民出版社，1999），頁3-36。

45 陳立撰，吳則虞點校，《白虎通疏證·社稷》（北京：中華書局，1994），上冊，卷3，頁83。

曰置社。」[46]〈祭法〉所述「社」的各種形態頗有體系，這應當是整理加工過的。然而，「社」有大小，反映它所代表的祭禮者權力之大小，或其社會組織之大小，這應當是可以確定的。換言之，「社」雖為土地崇拜，但它所崇拜的土地不是大地自身，而是政治權力下被區隔的領土。相對之下，類似大母神或地母之類的土地崇拜則不一定有這樣的政治意涵，它是自然崇拜的一部分，是人類政治組織尚未發達前對大地的一種尊崇。大母神崇拜與「社」或「社稷崇拜」雖然兩者的性質是相連續的，但卻分屬於兩個不同的歷史發展階段。

　　當土地自身的崇拜被轉換成「社」的崇拜時，木扮演了區隔的角色。《周禮·地官·大司徒》云：「設其社稷之壝，而樹之田主，各以其野之所宜木，遂以名其社與其野。」鄭玄在此有注：「社稷，后土及田正之神。壝，壇與堳埒也。田主、田神，后土、田正之所依也，詩人謂之田祖。所宜木，謂若松柏栗也，若以松為社者，則名松社之野，以別方面。」[47]不同的「社」即有不同的社樹，不同的社樹反映了當地不同的風土文化，社樹成了「社」及其所屬的邦家的標記。三代時，舉凡一國之大事，如征討、祈雨、止雨、搶救日蝕等等，無不在「社」中舉行。這些大事都是一鄉一國之事，「社」則為一鄉一國之社，社樹亦為一鄉一國之社樹，社樹扮演了捍衛領土範圍的宣誓者。

　　但社樹最主要的功能不在區隔，而依然是在通天。更確切地說：是區隔裡的通天。社中置土，土上立樹，劉向說這是因為

46　鄭玄注，孔穎達疏，《禮記正義》，收入李學勤主編，《十三經注疏整理本》，冊77，卷46，頁1520。

47　鄭玄注，賈公彥疏，《周禮注疏》，收入李學勤主編，《十三經注疏整理本》，冊61，卷10，頁285。

「土主生萬物，萬物莫善於木，故樹木也」。[48]劉向這種解釋很難說不對，但他的意思飄忽不定，還需要進一步地澄清，我們且看《墨子‧明鬼》篇的一則記載：

> 昔者虞夏商周三代之聖王，其始建國營都日，必擇國之正壇，置以為宗廟，必擇木之修茂者，立以為菆社。

「菆社」原作「菆位」，孫詒讓認為「位」為「社」字之誤，[49]此說可從。

　　《墨子》這則記載讓我們聯想到《逸周書‧作雒》描述周公輔佐武王伐紂，繼而輔佐成王，平定三叔之亂。在致政前，他「畏周室不延俾中天下」，所以決意在東方另立新都。周人東西尋覓，卜筮相地，費盡苦心，其工程頗為浩大。這項工程的一個主要環節是建包含東青土、西白土、南赤土、北驪土、中黃土在內的「大社」。[50]新都成周原本即被視為「地中」。周公在百廢待舉之際，首先想到的國之大事，竟然是在天地之中營建新都，讓都城和秩序化的總樞紐連上關係，亦即讓新都參與了宇宙軸，取得存在意義的保障──這樣的設計在許多古老文明的營建行為中都是可以見到的。而依據《墨子‧明鬼》及《白虎通》所示，我們有理由認定新都的「大社」乃是地中之中，它通天的功能更

---

48 劉向撰，《五經通義》，收入黃奭輯，《黃氏逸書考》，收入嚴一萍選輯，《叢書集成三編》（台北：藝文印書館，1971），冊65，頁4b。

49 參見孫詒讓，《墨子閒詁》，《續修四庫全書》（台北：上海古籍出版社，1995），冊1121，卷8，頁91。

50 朱右曾，《逸周書集訓校釋‧作雒》（台北：世界書局，1967），卷5，頁115-119。

強。周公不能不急建新都與大社，因為三代立國之君所以取得天
下，如依周人的觀念解釋，其關鍵在於得天命。得天命者，天意
與國君或國家命運可以相通，相通之地何在？宗廟就是一個地
方，但「社」無疑地也是上通天意的聖所。也許我們在兩者間不
必作太大的區分，因為宗廟與社稷其實常設在一起的。[51]

　　「社」此建物最大的特色乃是「有垣無屋，樹其中以木」。
「有垣」，所以「社」此一聖地才可以和周遭環境有一本體論的
區隔；無屋，所以天地可以交通，當中沒有任何的障礙。《禮
記・郊特牲》云：「天子大社，必受霜露風雨，以達天地之氣
也。是故喪國之社屋之，不受天陽也；薄社北牖，使陰明
也。」[52]蔡邕《獨斷》亦云：「亡國之社，古者天子亦取亡國之社
以分諸侯，使為社以自儆戒。屋之，奄其上，使不通天，柴其
下，使不通地，自與天地絕也。面北向陰，示滅亡也。」[53]兩書
所述，頗富戲劇性。然而，我們如果同意三代政權的正當性在於
「中」的獲取，「中」的獲取又與聖所的設計與興衰有關，那
麼，就可以了解《禮記》與《獨斷》所述再合理不過了。事實
上，人君在滅人之國後，遂亦屋其社者，並不少見。反過來說，
人君為亡國之民立社，使其精神有所依歸，這即可算是興廢國、

---

51 《周禮・春官・小宗伯》、《禮記・祭義》皆言「右社稷，左宗廟」。鄭玄
　　注，賈公彥疏，《周禮注疏》，收入李學勤主編，《十三經注疏整理本》，冊
　　62，卷19，頁573；鄭玄注，孔穎達疏，《禮記正義》，收入李學勤主編，
　　《十三經注疏整理本》，冊77，卷48，頁1569。

52 鄭玄注，孔穎達疏，《禮記正義・郊特牲》，收入李學勤主編，《十三經注疏
　　整理本》，冊75，卷25，頁917。

53 蔡邕，《獨斷》，收入嚴一萍選輯，《百部叢書集成》（台北：藝文印書館，
　　1966），冊52，卷上，頁8a。

立絕世的仁愛行徑。[54]

「社」要「受霜露風雨，以達天地之氣」，社上加屋，則表示「自與天地絕也」。由此，我們可以知道「社」中為什麼要樹木。劉向說因為「土主生萬物，萬物莫善於木」，所以才立木。我們前文說：此一說法很難說錯，但有點模糊。我們現在可以把模糊點釐清了，關鍵點不在木代表土所產的萬物中之最善者，如果這樣的話，稷麥稻粱呢？社中所以要置木，就像社所以不加蓋屋頂一樣，為的都是要通天地之氣。「不屋」是消極的無為，「樹木」是積極地引導天地之氣的流通。木扎根大地，為土所生；但木也指向天空，離天最近。社中之木實即宇宙樹，它是天命的具體化。

由於社是分殊化的土地，我們自然不能期望社中之木都像神話世紀中的宇宙樹那般高聳雲天。而且隨著封建制度的建立，天子以外的「社」能扮演的「通天」功能勢必也要受到限制。但不管怎麼受到限制，社木總是宇宙樹的分化，它畢竟帶有宇宙樹的性質。

先秦古籍實際描述社樹的情況不是很多，我們看到一個最著名的例子是宋襄公在楚丘這地區招待晉侯，用「桑林」之歌舞饗宴之。結果晉侯一看到舞中之旌旗，驚有鬼神，遂至大病一場。桑林原為商人之社，成湯曾在此社剪髮焚指甲以乞雨。顧名思義，「桑林」當與桑樹之信仰有關，而且很可能有扶桑神話的影子在內。殷商源出東夷，扶桑神話應當是中國東方海濱流傳已久

54《呂氏春秋》記武王滅殷，「立成湯之後於宋，以奉桑林」，即是一例。「桑林」，固殷商之社也。許維遹撰、梁運華整理，《呂氏春秋集釋・慎大覽》，下冊，卷15，頁357。

的神話。《左傳‧襄公十年》所描述這則故事可以使我們看到聖所通天的另一個畏怖的面向。事實上，文明早期的宗教經驗中，「畏怖」與「歆羨」是同時而生的情感。尤其如果我們想到三代時期，社中不知舉行過多少次釁血的儀式，其中以人釁之的例子還不少，我們即可了解以人的血氣換取天之福報這樣的能量轉換關係背後，正不知有多少盲動的無意識的力量流動其間。哀公問社於宰我，宰我回答說：「周人以栗，曰：使民戰栗。」孔子是神話理性化的關鍵人物，他自然不會以宰我之說為然。但我們如果從宗教心理的觀點考察，宰我的說法也許正反映了部分人對社樹的真正感受。[55]

我們現在所看到對社樹最深刻的描述，並非來自遠古史籍，而是來自《莊子》。莊子在〈人間世〉提到曲轅地方有「櫟社樹」，此樹「其大蔽牛，絜之百圍，其高臨山十仞爾後有枝，其可以為舟者，旁十數」。此社樹的形態實在像極了宇宙樹，但有一點不一樣的地方，莊子特別強調此樹「無用」，它是百無一用的散木。但我們都知道莊子的「無用」往往即是大用，越是偏離世俗標準越遠，往往越能得其生。莊子說這是櫟社樹的祕密，不得洩漏，因為它也是「直寄焉」，亦即假借社樹之形以行其「大用」之實。莊子在這裡將原始宇宙樹的形態作了大幅的修正，但其通天的意義卻沒有消失，它只是作了深層的轉化。意即「通天」轉化為「得其天命」，「天」則轉化為「道」。簡言之，櫟社

---

55 筆者此章初刊出時，有評審意見認為社既通天，又釁血，這樣的能量轉換關係似與儒家生生之道不合。筆者同意以今義觀之，確有未合；以神話思維觀之，則未見矛盾。因為「畏怖」與「歆羨」的重合乃是奧托（R. Otto）所說的「神聖」概念之連體詞組，一體的兩面。兩者分化，這是後來的發展所致。

樹固然有莊子的創造成分在內，但其喻根所出，卻是出自洪荒時代的通天巨木的神話，此節即以莊子的「社樹」終結。

四、木型人格（一）：道家的柴立中央

　　「木」的象徵在《莊子》一書中可以見到，但其形象卻又與百仞無枝、直上雲霄的宇宙樹不同。除了櫟社樹外，在同一篇〈人間世〉裡，我們看到商丘另有一株大木，它大到其蔭可以遮蔽千輛車子，可惜其枝、其根、其葉皆不中用，是株「不材之木」。〈逍遙遊〉也記載惠施有株樗樹，但其主幹、小枝也是毫無用處。這三棵樹的形態頗一致，皆是巨木，但皆不合世俗之用。莊子選擇這樣的形象，顯然是特意的。尤其〈人間世〉裡的兩棵巨木，一為社樹，一為商丘巨木，這兩樹應當都帶有初民宗教的痕跡。

　　莊子的「散木」象徵，就像他所說的「支離疏」人格，都具有雙重的構造。就表層的構造而言，它們都是世人所謂的至高標準的一種否定。「支離疏」的人格所對應的乃是儒家「威儀觀」的人格，「散木」所對應者即是通天的「宇宙樹」。但自底層的構造而言，莊子的支離疏其人及社櫟樹其樹，都還是要有「德」以「內充符」的，它們都有畸於人而侔於天的性質。[56]就像兀者王駘能行「不言之教，無形而心成」，所以求教者可「虛而往，實而歸」，收穫極大，形軀殘缺反而代表本性之完成者。同樣

---

56 費珠（M. L. von Franz）在〈個體化的過程〉一文中，即舉莊子櫟樹的故事，象徵個體化的過程，亦即象徵圓滿人格的「本我」（self）之完成。此文收入榮格（C. G. Jung）主編，龔卓軍譯，《人及其象徵：榮格思想精華的總結》（台北：立緒文化事業公司，1999），頁191-194。

地，「不中繩墨」、「不中規矩」的樗木如樹之於無何有之鄉、廣
莫之野，它即可讓人「徬徨乎無為其側，逍遙乎寢臥其下」，得
到徹底的自由。「散木」與「支離疏」皆須內充其德，事實上也
已內充其德，所以它們才可以得到正統的君子或宇宙樹才有的影
響力。

　　莊子的「散木」根本上說來也是宇宙樹，先秦諸子當中，再
也沒有人比莊子賦予宇宙樹更鮮明的「道」之涵義。不僅如此，
我們如果進一步探談，還可發現「木」是莊子思想一個根本的喻
根，這個喻根的影響極大。因為莊子在人身上發現了宇宙軸，而
且隱約之間，賦予了這條宇宙軸修煉的功能。莊子所發現的這條
宇宙軸即是人身的督脈，〈養生主〉言：「緣督以為經，可以保
身，可以全生，可以養親，可以盡年。」「督」通「裻」，《說
文》云：「裻，新衣聲。一曰背縫。」[57]督為正中之縫，在人身則
為背部中央之脈。「督」之為經，或「督」之為脈，首見於道
家。但可想見的，這個概念當來自醫家，後來成為當時諸子百家
共同接受的「共法」。「督脈」有廣、狹二義，就狹義而言，它
指奇經八脈中位於背部的督脈；如就廣義而言，它包含奇經八脈
中正中而立的兩條脈：督脈與任脈。王冰所謂：「任脈、衝脈、
腎脈者，一源三歧也，故經或謂衝脈為督脈也。何以明之？今
《甲乙》及古《經脈流注圖經》以任脈循背者，謂之督脈，自少
腹直上者謂之任脈，亦謂之督脈，是則以背腹陰陽別為名目
爾。」[58]莊子的「緣督以為經」當為「以督為主」，或「時時守中」

57　段玉裁，《說文解字注‧第八篇注上》（台北：藝文印書館，1979），卷15，
　　頁393。

58　王冰注，引自郭靄春，《黃帝內經‧素問校注》（北京，人民衛生出版社，
　　1992），頁717。關於醫學中督脈的問題，參見李建民，〈督脈與中國早期養

之義。王夫之注解此句云：

> 身後之中脈曰：督者，居靜而不倚於左右，有脈之位而無
> 形質者。緣督者，以清微纖妙之氣循虛而行，止於所不可
> 行，而行自順以適得其中。[59]

王夫之注解《莊子》自成一家，他對丹道又很熟稔，這個注解是
很恰當的。

背柱被視為宇宙軸，這在密教修煉傳統中是很常見到的意
象，它或以樹，[60]或以蛇，[61]或以河水逆流而上表之，[62]其義大概都
可被視為修煉運行的人身主幹。「中」是《莊子》一書中極注重
的意象，「道樞」、「環中」、「崑崙」、「天鈞」等等重要概念皆
表「中」之義，「緣督」亦屬此一語族，但具有更具體的修煉、
也就是後世所謂的「性命雙修」的修命的訊息。上述莊子這些概
念皆與宇宙軸的意象相關聯。

莊子的「緣督說」對後世丹道頗有影響，但他可能不是最早
提出此一概念的道家哲人。《老子·第十六章》云：「致虛極，
守靜篤。」此章在道家工夫論上也是重要的一章。1973年馬王堆

生實踐：奇經八脈的新研究之二〉，《中央研究院歷史語言研究所集刊》第
76本第2分（2005年6月），頁249-313。

59　王夫之，《莊子通·莊子解》（台北：里仁書局，1984），頁30-31。

60　參見R. Cook, *The Tree of Life*（New York: Thames and Hudson, 1988）, p. 113.

61　M. Eliade, *Yoga, Immortality and Freedom*（New York: Pantheon Books, 1958）,
p. 245.

62　參見S. Little, *Taoism and the Arts of China*（Chicago: The Art Institute of
Chicago, 2000）, p. 350.

出土《老子》帛書乙本（隸書本），這兩句話卻作「致虛，極
也；守靜，督也」，[63] 這是個有趣的版本。頗有學者認為「督」才
是正字，而老子這裡所說的「督」和莊子之「督」指的都是「至
正」、「至中」之義。[64] 可惜，他們還是不太願意觸及身體面，很
少人像王夫之說的那麼徹底。筆者引申王夫之之說，認為老莊兩
人所說的「督」既意味著「至中」，也指向同一條的督脈。馬王
堆帛書異文通假字很多，「守靜篤」解作「守靜督」，就文字學
意義而言，或未可必。但「致虛極」一詞如放在馬王堆帛書中考
量，卻可以給我們很大的啟示。馬王堆黃老帛書〈經法〉云：
「虛無刑（形），其裻（督）冥冥，萬物之所從生。」（頁193）
這樣的「督」字看起來不會是虛字，太虛中之「督」就像人身中
之「督」，兩者都是有創生能力的中體，所以萬物才可以從中而
生。

「極」字也不宜輕易放過，我們前文已提到「四極」這類概
念是從宇宙樹輾轉引申而來的。馬王堆黃老帛書中常見「天極」
一詞，如〈經法〉云：「不盡天極，衰者復昌。誅禁不當，反受
其央（殃）」（頁194）；「唯聖人能盡天極，能用天當。」（頁
195）；又云：「帝王者，執此道也。是以守天地之極，與天俱
見，盡□□四極之中，執六枋（柄）以令天下。」（頁203）；
〈稱〉篇云：「毋失天極，廄（究）數而止。」（頁229）；〈道原〉
篇則有「察稽知□極，聖王用此，天下服」（頁236）之說。〈原

---

63 河洛圖書出版社編輯部編，《帛書老子》（台北：河洛圖書出版社，1975），
 頁80。以下引黃老帛書文字，亦依此版本，引文後列頁數，其餘省略。

64 參見鄭良樹，〈論帛書《老子》〉，《竹簡帛書論文集》（北京：中華書局，
 1982），頁10；饒宗頤，〈郭店楚簡本《老子》新義舉例〉，《饒宗頤二十世
 紀學術文集》，冊5，卷3，頁12-15。

道〉引文的「極」字之前一字脫落不明，其字縱然不是「天」字，但其意義終究不會相去太遠。在〈十六經〉中，「天極」一詞一變而為「天有恒幹，地有恒常」之說，而且，兩見之（見頁214、222）。更值得留意的，郭店出土老子楚簡，「致虛極，守靜篤」作「至虛恒，獸（守）中篤」，考慮到「太極」為「太恒」之說，則知老子的「虛極」作「虛恒」或許不是誤字，[65] 而是實字。「守靜」作「守中」，應該也不是誤字，而是正字，至少是另一版本的文本。看起來「守中篤」具有實質的修行意味。[66] 總而言之，老子的「致虛極，守靜篤」之說很可能可以追溯到遠古洪荒的「宇宙軸（中心）的追求」，哲人的工夫論有巫教的源頭，老子的工夫當然講得更細緻了。

　　郭店楚簡《老子》「致虛恒，守中篤」緊接在「天地之間其猶橐籥乎，虛而不屈，動而愈出」之後，這兩章節在目前的《道德經》版本中並不相連，前者在第十六章，後者在第五章。但目前的分章不見得是《道德經》的原本，在此書沒有定本化之前，很可能有幾種不同的版本流傳著。郭店本值得注意的地方是：「致虛恒，守中篤」是在「天地之間」定位的。「天地之間」的「橐籥」如果指的是道之創造的話，「致虛恒，守中篤」則是人在天地之間，透過虛中之修養，重新與天地之道取得和諧。

　　「人在天地之間、與天地通」是道家思想一個很顯著的意

65　荊門市博物館編，《郭店楚墓竹簡》（北京：文物出版社，1998），頁112。

66　徐兢注解《老子・第十六章》說：「從老子的『守靜督』到莊子的『緣督』，一直到後世的『小周天』（內丹術），其發展脈絡是斑斑可考的。」這是丹道人士對此章的解釋，這種解釋有實證的基礎，恐不宜漠然視之。徐說見《氣功》雜誌編輯部主編，《中國氣功四大經典講解》（杭州：浙江古籍出版社，1989），頁30。

象，而這樣的意象有相當大的成分取自宇宙樹的原型，我們且看下列這些《莊子》著名的句子所說為何：

> 仲尼曰：無入而藏，無出而陽，柴立其中央。三者若得，其名必極。(〈達生〉)

> 伯昏無人曰：夫至人者，上闚青天，下潛黃泉。揮斥八極，神氣不變。(〈田子方〉)

> 孔子見老聃。老聃新沐，方將披髮而乾，慹然似非人。孔子便而待之。少焉，見曰：「丘也眩與！其信然與！向者先生形體掘若槁木，似遺物離人而立於獨也。」老聃曰：「吾遊於物之初。」(〈田子方〉)

> 老子曰：中國有人焉，非陰非陽，處於天地之間。直且為人，將反於宗。(〈知北遊〉)

上述這幾則意象都含有（一）人處天地間；（二）直立中央之義。「中」是先秦思想極重要的一個概念，它的本源非常古老，古老到可以追溯到最早階段的「宇宙軸」神話思維。後來隨著思想不斷地演化，宇宙軸的意象可以和「氣」結合，和「心」結合，其義不變，隱喻則遷，所以作為隱喻載體的「木」的形象遂不免模糊。但我們上述引用的四則重要段落，卻都含有明顯的通天巨木之宇宙軸意涵。伯昏無人所說「夫至人者，上闚青天，下潛黃泉」，他的話語是典型的貫通三界之宇宙樹模子。〈知北遊〉所述老子的「非陰非陽，處於天地之間，直且為人，將反於宗」的「中國之人」，我們也有理由認為它來自宇宙樹的形象。

　　但更明確的意象來自上引〈達生〉「無入而藏，無出而陽，柴立其中央」，以及〈田子方〉所述老子「形體掘若槁木，似遺

物離人而立於獨也」。它們都很確切地用到「木」的意象。「柴木」、「槁木」這樣的詞語在《莊子》書中往往具有「得道」的內涵，或者說，它們是體道之士的身體表徵。我們在有名的南郭子綦「隱机而坐，仰天而噓，荅焉似喪其耦」（〈齊物論〉）；〈知北遊〉所述「齧缺問道乎被衣」；以及〈徐無鬼〉所述「南伯子綦隱几而坐，仰天而噓」這些段落，都看到「形若槁木，心若死灰」這類的敘述。甚至在〈達生〉中，我們看到莊子用來比喻體道之士的痀僂承蜩者，也說：他抓蟬時，「處身若蹶株拘」。同篇描述「德全」之雞，亦以「木」形容之，「呆若木雞」變成了鬥雞的理想原型。若此種種，我們都可看到即使遲至戰國中葉，宇宙樹的魔力仍不斷地召喚著道家巨子使用之，整編之，即使連遊心物外、睥睨俗世的莊子都深為宇宙樹之意象所迷。

五、木型人格（二）：儒家的中通正直

　　宇宙樹迷倒的哲人不只道家中人，其他的諸子百家或多或少也都感染其風。最著名的例子是《左傳·成公十三年》所述劉子的名言：

> 民受天地之中以生，所謂命也；是以有動作禮義威儀之則，以定命也。

此段話的後半部帶著濃厚的儒家文化的氣息，無疑地已作了創造性的轉化，但前半部所言是不折不扣的「宇宙軸」論述。劉子這段話在中國思想史上具有無比重要的意義，它是「太初存有論」轉到「天道性命說」的關鍵性環節。往上看，我們可以看出初民

對「人的存在」與「宇宙軸」間的關係是如何的注重；往下看，我們也可以看出「宇宙軸」如何落實到人的存在上來，成為人的「命」，亦即成為他爾後行事不應偏離的規定。我們不妨稱呼這樣的論述是種神話版的「天命之謂性」，甚至可視為神話版的「性善說」，筆者相信神話版的敘述和儒家版的命題有明確的傳承關係。

　　「民受天地之中以生」這樣的想法流傳到經書時代，即有「三才之道」與「參贊天地」的命題。「三才」一詞見於《易經・繫辭下》第十章：「易之為書也，廣大悉備。有天道焉，有人道焉，有地道焉。兼三才而兩之，故六。」又見於〈說卦傳〉第二章：「立天地之道，曰陰曰陽；立地之道，曰柔曰剛；立人之道，曰仁曰義。兼三才而兩之。」三才之道亦曰「三極」，〈繫辭上〉第二章云：「六爻之動，三極之道也。」朱子注：「三極，天地人至理，三才各一太極也。」《易經》將天地人並列，人居其中，永續天地之道，這樣的三才圖式是《易經》的根本架構。《易經》的聖人或大人永遠面對神聖的天地，合德之，承續之，而不是在隔絕的體證中，大悟「易者，己也，非有他也……天地，我之天地；變化，我之變化」。[67] 以主體意識為核心的「心」之易學觀和以存在為核心的「道」之易學觀，兩者的定位差距頗大──雖然不一定矛盾。

　　三才之道的修養觀講究的是：（一）配合天地，參贊天地；（二）得大中之道。就前者而言，我們看到《易經》描述的聖人或大人德行，皆具此風味，如〈文言〉所謂「大人者與天地合其

---

[67] 引文是楊簡〈己易〉說的名言。參見楊簡，《慈湖遺書》，《景印文淵閣四庫全書》（台北：臺灣商務印書館，1983），卷7，頁2a。

德，與日月合其明」；〈繫辭‧上〉第四章言：「易與天地準，故
能彌綸天地之道。仰以觀於天文，俯以察於地理，是故知幽明之
故……與天地相似，故不違」；〈繫辭‧上〉第七章：「聖人所以
崇德而廣業也，知崇禮卑。崇效天，卑法地」；〈繫辭‧下〉第
二章云：「包犧氏之王天下也，仰則觀象於天，俯則觀法於地。」
若此之言，不勝抄錄。這些語言都顯示「天地」在存在時間上的
優先性，以及道德法則上的優位性，但其意義則有待人將它們體
現出來，所以天地人基本上處在平行的位置，這也就是他們所以
被共稱三才之道的原因所在。天、地、人三才並列的格式固然與
陸王的易學不同，即使北宋理學多從易道的觀點立下學問根基，
但他們的易學觀點很多還是發展出來的。像程頤所說「心、性、
天，只是一理」，這類語詞和《易經》的原始風味恐怕是有差距
的。

　　天、地、人三才，人與天地合其德，類此之語應該是先秦思
想的主流論述，而且其源頭甚遠。道家思想的模式已略如前
述，[68]我們且再看先秦儒家最富形上意味的另一本著作《中庸》，
看它如何界定聖人的性格：

---

68 我們不妨再參考底下四段帶有黃老色彩的思想家之論點。（1）《黃老帛書‧
　　經法‧六分》：「王天下之道，有天焉，有人焉，又（有）地焉，三者參用
　　之。」（2）《十六經‧前道》：「王者不以幸治國，治國固有前道，上知天
　　時，下知地利，中知人事。」（3）《管子‧宙合》：「天不一時，地不一利，
　　人不一事，是以著業不得不多分，名位不得不殊方。」（4）《鶡冠子‧博
　　選》：「道凡四稽：一曰天，二曰地，三曰人，四曰命。」黃老之道特重天地
　　人的構造，參見胡家聰，〈道家黃老學的「天、地、人」一體觀〉，《道家文
　　化研究》（上海：上海古籍出版社，1995），第八輯，頁18-30；陳麗桂，
　　《戰國時期的黃老思想》（台北：聯經出版事業公司，1991），頁51-72。

> 唯天下至誠……可以贊天地之化育，可以贊天地之化育，
> 則可以與天地參矣。(〈第二十二章〉)
>
> 博厚配地，高明配天，悠久無疆。(〈第二十五章〉)
>
> 仲尼祖述堯舜，憲章文武。上律天時，下襲水土。辟如天
> 地之無不持載，無不覆幬。(〈第二十九章〉)
>
> 唯天下至誠，能經綸天下之大經，立天下之大本，知天地
> 之化育。(〈第三十一章〉)

另外郭店出土竹簡中，有一篇很可能是出自《子思子》篇的佚文
〈唐虞之道〉，它也說道：

> 聖人上事天，教民有尊也；下事地，教民有親也。

這些語言都是將聖人擺在天地之間看待，它背後預設了天、地、
人三才的概念，而且，人對天地是要「事」、要「法」、要
「參」、要「贊」的，這幾個動詞都有受詞「天地」存焉，所以
聖人才要參之、贊之。《中庸》的天地人關係，應該和《易經》
的三才之道一樣，天地與人的地位是平行，而且互補的。宋明儒
者對《中庸》的解釋帶有他們特殊的觀點，簡單地說，乃是「本
體」、「本心」這類觀點的介入，帶來整個詮釋的主軸往主體性
（雖然是天道性命相貫通的主體性）的一端傾斜。即使包括《中
庸》最重要的「致中和，天地位焉」，其意義是否如理學家意指
的超越的本性之恢復，恐怕也還大有討論的空間，[69] 箇中細節就

---

69 《中庸》首章名言：「喜怒哀樂之未發，謂之中。發而皆中節，謂之和。中也
者，天下之大本也。和也者，天下之達道也。致中和，天地位焉，萬物育

不必再解釋了。

　　參贊得其法，即是「中」的狀態，「中」或言「中和」，或言「中正」、「正中」、「黃中」。《易經》言「君子黃中通理，正位居體，美在其中，而暢於四肢」（〈坤〉）、「大哉乾乎，剛健中正，純粹精也」（〈乾〉）、「同人曰：同人于野亨，利涉大川，乾行也。文明以健，中正而應，君子正也。唯君子為能通天下之志。」（〈同人〉）「中」在《易經》裡的重要意義，我們前文已提過了。我們在此只是要強調：《易經》的「天地」（或「乾坤」）是最根源的架構，用〈說〉的話講，即是「天地定位」；用《周易參同契》的話講，即是「易之門戶，眾卦之父母」。定位也者，宇宙軸下貫到人身上來，使他成為縱貫型的人格形態，亦即成了中正剛健之人。

　　從宇宙軸的觀點考量，我們也可了解為什麼在孔孟思想中，「剛」、「直」是極重要的人格特質。孔子認為人的本質在「剛」、「直」，他說，他未見「剛」者，這顯示「剛」不易做到。「剛」配上「毅」，兩者顯示一種持久堅忍的精神，易契近仁道，所以說「剛毅木訥近於仁」。無欲才能剛，所以說：「棖也欲，焉得剛。」至於「直」，孔子更加重視，他說「人之生也直，罔之生也幸而免」，「直」是人的本性。大臣該作的準則是

焉。」如果依據宋明理學家的解釋，這些話語傳達的乃是一種超越論的天道性命相貫通的哲學。但如果依據漢儒的解釋，《中庸》所說的恐怕仍是兼含「氣化論」與「太初存有論」的一種天人之學。《周禮・大宗伯》有言：「以天產作陰德，以中禮防之；以地產作陽德，以和樂防之。」也許這是戰國時期較流行的一種對「中和」的解釋。進一步的討論參見拙作，〈《中庸》、《大學》變成經典的歷程——從性命之書的觀點立論〉，《臺灣大學歷史學報》第24期（1999年12月），頁29-66。

「直道而事人」,「質直而好義」,而且要「舉直錯諸枉」。「直」
是正直,但不是莽撞,所以真正的正直者,父為子隱,子為父
隱,「直在其中矣」。相反地,像微生高那般慷他人之慨、成就
自己美名者,自然談不上「直」字。「直」在《論語》一書中始
終是個極美好的字眼,《易經》的用法亦然,「直方大」是它描
繪的典型君子人格。

　　相對之下,孟子較少用到這樣的語彙,但實質上卻是一樣
的。他說:「仰不愧於天,俯不怍於人」,「中天下而立,定四海
之民」,所說也是這個意思。即使他用以形容浩然之氣的語言
「至大至剛,以直養而無害,則塞於天地之間」,也暗合宇宙樹
的形象。孟子的「剛」、「直」顯然繼承孔子而來,至於這種剛
健正直的個性最顯著的體現,當然莫過於孟子所說的大丈夫了。

　　「直」不但是孔孟極重視的道德概念,它事實上還可提升到
「道德」本身的層次上來。考「德」字的古文由「直」此聲符與
「行」符組成。《說文》說:「直,正見也。」「直」字的構造像
以目視直懸之物。直懸者為何,固未可必。但「直」字意味著中
通正直,一種縱貫軸式的德性,這是可以確定的。由「直」字而
有「植」字,《管子‧版法解》說:「凡將立事,正彼天植。」這
句話大概是〈版法〉原文,其〈解〉則說:「天植者,心也。」
〈解〉所釋大概是後來的解釋,它的用法和「德」字的另一寫法
「悳」相似,強調道德的主體性或存在性,所謂「心之行」是
也。但筆者懷疑「正彼天植」的「天植」可能其義更為古老,它
不無可能保留宇宙樹的涵義。而這樣的「天植」,也許就是
「直」字所描繪的以眼「正看」之所以可能的基礎。

　　本節最後且以屈原的例子作結,屈原沒有明確的學派歸屬,
他不是沒有哲思,卻是以中國第一位大詩人的身分走上了歷史的

舞臺。筆者認為他的生命傾向大概是出入儒道之間或儒巫之間，但他的表現方式不是哲學式的，而是詩歌式的，所以他對天人問題不見得會作太多個人意見的推衍，他身上顯現的天人之學反而因此更有代表性，更可以反映出當時的文化內涵。我們看他從出生、取名到行事，無不依天地之中道而行。《離騷》破題言「帝高陽之苗裔兮」，高陽即顓頊，令重黎絕地天通的「帝」，也是「宇宙軸」象徵所以興起的關鍵人物。屈原既而提及他的出生：「攝提貞於孟陬兮，惟庚寅吾以降。」洪興祖補注：「寅為陽正，庚為陰正，得陰陽之正中也。」[70]再接著屈原說及他父親如何為他命名：「名余曰正則兮，字余曰靈均。」屈原名平，王逸注云：「言正平可法則者，莫過於天；養物均調者，莫神於地。高平曰原，故父伯庸名我為平以法天，字我為原以法地。」戰國時期，「天主正，地主平」（《管子‧內業》）的觀念非常流行，屈原的名字反映了「人與天地參」的一代思潮。屈原從出生一路走來，都是在天地中和之氣中成長，這就是他的「內美」，[71]他的「得此中正」，這是他一生的驕傲。但「中正」雖為天地之正則，卻不一定為世俗之所好，屈原天寵的出身背景卻注定要走上悲劇的命運。

---

70 洪興祖，《楚辭補注》（台北：大安出版社，1995），卷1，頁4。以下引王逸注，版本亦同。

71 屈原說他自己「有此內美，又重之以修能」，王逸注云：「言己之生，內含天地之美氣，又重有絕遠之能，與眾異也。」屈原如果沒有「絕遠之能」，他大概就到不了神話世界中作為宇宙軸的崑崙山。屈原的「內美」、「修能」大概都意味著某種巫教的天人之學。

六、結語：宇宙樹的萎絕與新生

我們在前言處提及後世五行說將「木」列為東方、春季之「行」，並帶有一連串相關的性質，這樣的安排是後起的。雖然後起，卻非不相干，我們在此簡單說明如下。

「木」確實是個常見的象徵，當代論「木」之象徵者，往往從生命的觀點著眼，[72]這樣的著眼點是有道理的。〈舊約〉說：「上帝在東方的伊甸立了一個園子，把所造的人安置在那裡。上帝使各樣的樹從地裡長出來，可以悅人的眼目，其上的果子好作食物。園子當中又有生命樹和分別善惡的樹。」[73]神話中的原始樂園原本是人類理想或慾望的異化，是深層意識的彼界投影。如果生老病死是人存在的根本之惡，而且是不可避免的噩運，那麼，生命的象徵勢必會在彼界顯現，其中最常見的就是生命樹與生命水。

伊甸園是傳說的人類始祖的樂園，此間有生命樹，而此生命樹又當立於天地之中，此義確然。中國的生命樹也見於原始樂園，中國最大的原始樂園即是崑崙，此山亦有使人生命常存的神木生焉。

> 崑崙開明北有不死樹，食之常壽。（《山海經・海內西經》）

---

72 筆者見到兩本討論「木」象徵的書，都以生命樹作為書名。一是靳之林著，《生命之樹》（北京：中國社會科學出版社，1994）；一是前面引文已提及的 R. Cook, *The Tree of Life*（New York: Thames and Hudson, 1974）.

73 〈創世紀・第二章〉，《新舊約全書》（台北：聖經公會印，1978），頁2。

食之常壽的樹木，其實可稱作「壽木」。壽木可泛稱，也可專稱。就專稱而言，崑崙山上，確有食之不死之壽木。

> 壽木，崑崙山上木也；華，實也；食其實者不死，故曰壽木。

不死樹都在崑崙山區，這點是可以理解的，因為崑崙山是宇宙山。然而，我們前文已提過，當宇宙軸的神話配合了太陽運行的原始天文學的架構後，宇宙樹即分化為二，一乃東極的扶桑，一為西極的若木。東極的扶桑在東方，它被預設負載著每日太陽的新生，因此，東方、生命的意象就和扶桑的神話緊密結合起來。我們看先秦典籍論及聖賢人物出生時，多有出自空桑的記載，這大概也是扶桑生殖神話的一個變形。

扶桑東方生命之樹的意象來自宇宙軸的東移，這點大概是可以確定的。在遙遠的東方，宇宙山、宇宙樹這種宇宙軸的敘述應當不是太罕聞的，對東夷子民或殷人後裔而言，這種「與天溝通」的管道之訊息，應該是更加熟稔。然而，傳統中的宇宙軸可供「眾帝」及賢明如后羿者由此上下，但對現實界的哲人而言，「與天通氣」是否可能？即使可能，是否會產生什麼樣劇烈的改變，使新樂園得以重降人世，此蓋亦難言。我們前文看到莊子使用到的通天巨木意象，它們雖然被莊子視為「道」之象徵，但卻是以「無用」成其大用，以不合世人的實用價值得其天年。我們也看到與莊子並世而生的孟子，也一再感嘆「牛山之木」曾經如何茂密，而今卻牛山濯濯。看來，遠古的神話象徵對戰國時期的人而言，大概已經變成了遠古的一縷雲煙；現實的苦難層層地壓了下來，沒有宇宙樹的實質幫助，人們終究還是要將這些苦難承

擔下來。

　　宇宙樹的象徵作用退出歷史大傳統的舞臺，當然不是遲至戰國才發生，它是慢慢消逝的。魯哀公十六年，西元前479年，孔子七十二歲。他當時已經走遍天涯，歷盡滄桑，現在退居到家鄉的老宅，成為曲阜城傳奇的國之大老。那年春天的某日清晨，孔子早起，負手曳杖，逍遙於門，悠然唱起歌來：

　　　泰山其頹乎？梁木其壞乎？哲人其萎乎？[74]

孔子雅好音樂，喜歡唱歌，這首語帶衰颯的歌很可能是一生所唱最後的一首歌謠。因為據說他唱完這首歌七天後，即過世了，我們可以將這首詩視為他自作的「輓歌」。這首輓歌傳遞了很重要的訊息，「泰山」、「梁木」、「哲人」都隱藏了深層的意涵。泰山和崑崙山的相關性，學者早就注意到了。[75]但筆者認為與其在這兩個概念之間劃上等號，還不如認為各民族都有他們的宇宙山。崑崙山固不待論，泰山則可視為東夷族的宇宙山。「孔子登泰山而小天下」，他對泰山的神聖意義是不可能不了解的。「梁木」亦有深意，「棟梁」連用，「棟」是宇宙樹在住屋的分化。「梁」扶持棟，它亦曼荼羅式地分享了「棟」的象徵。

　　我們不要忘了：孔子先前已「夢坐奠於兩楹之間」，這樣的

---

74 參見鄭玄注，孔穎達疏，《禮記正義‧檀弓上》，收入李學勤主編，《十三經注疏整理本》，冊72，卷7，頁241。

75 參見何幼琦，〈《海經》新探〉，收入中國山海經學術討論會編輯，《山海經新探》（成都：四川省社會科學院出版社，1986），頁73-92；何新，〈古崑崙——天堂與地獄之山〉，《中國遠古神話與歷史新探》（哈爾濱：黑龍江教育出版社，1988），頁117-148。

夢是有文化內涵的「正夢」。因為「殯於兩楹之間」是殷人的習俗，所以孔子才自然地以高橫之梁表縱貫之棟。此處的「梁」之功能也可視為另一種的宇宙樹。至於孔子歌中的「哲人」自然指的是他本人，孔子一生雅好周之禮樂文明，但他本人又帶有相當神祕的一面，在他年輕的時候，魯國貴族孟僖子即已預言孔子將是「聖人」再世，所以命令他的兒子跟孔子學。孔子本人固然常懷有一種神祕的「天命」感，與他同代的智者也常將孔子比擬成醒世之木鐸或殷商象徵之鳳凰。「木鐸」、「鳳凰」或孟僖子所說的「聖人」頗有救世的彌賽亞意味。[76]但這樣的彌賽亞好像走到了生命的盡頭，而「天命」仍然茫茫渺渺。

宇宙山撐起了天地，棟梁撐起了住屋，哲人撐起了人間秩序。但在西元前479年春季的某天早晨，孔子卻唱道：宇宙山快崩了，宇宙樹快倒了，一位得到上天所降之「德」的哲人也快萎絕了。孔子之歌，可能是孔子面對蒼天的表白。他夢坐於兩楹之間，表示他將返回到原初生命的起點。果然經歷「七天」這樣的宇宙小週期之後，他回去了。孔子的死亡似乎意味著宇宙軸的崩潰，時斷時續的天人連結管道又不見了。然而，自另一方面言，當他的「仁」說被普遍性地接受以後，我們不妨說：一株更有效率的宇宙樹事實上已被設立了起來，孔子完成了宇宙軸的轉換工程，這就是他要承擔的「天命」。

---

76 參見胡適，《說儒》（台北：遠流出版社，1986），頁6-98。

捌

時間形式、禮與恥感
火的原型象徵

一、前言

孟子說：「民非水火不生活。」[1]水火是民生必需品，在人的日常生活中占有相當重要的位置。然而，在遙遠的年代，所有民生的活動都很可能神聖化，只要神聖之感所鍾之處，其物即可能鯉躍龍門，脫穎庶類而出，它與周遭世界遂有聖俗之別，這種區別是質的斷層，「聖顯」（hierophany）無所不在。[2]水火在早期居民生活中扮演這麼重要的角色，它們會被賦予相當重要的象徵意

1　朱熹，《孟子集注・盡心上》，《四書章句集注》（台北：大安出版社，1983），卷13，頁356。以下《孟子》、《論語》引文，均以此本為準，隨文附注篇章名。本文凡引《春秋左傳正義》、《周禮注疏》、《楚辭補注》、《禮記正義》、《管子》、《尚書正義》、《史記》、《荀子》、《周易正義》、《莊子集釋》皆循此原則標注。

2　「聖顯」無所不在的意義，參見伊利亞德（M. Eliade），楊素娥譯，《聖與俗——宗教的本質》（台北：桂冠圖書公司，2001），頁61-64。

涵，似可逆想而知。在希臘、在西亞、在印度，我們確實都看到「火」在彼地的象徵系統中，扮演的角色之重不下於「水」，兩者都被賦予為宇宙基礎的四行中的兩行。「火」在宗教中也扮演了重要的角色，許多神話顯示只有人類了解並控制了火，他才算是真正的人。[3]至於如祆教以「拜火」名教，火的象徵意義更不難想像而知。

相對於金、水、木、土四行，火的性質最飄渺難定。其他四行都可在大地上找到定點定位，金、木、土可以說都是大地的產物。水、火兩者皆有來自天界的淵源，但水火相較，原始之火更飄渺難測。大自然之火何所從來，何時會來，幾乎無從測定。它何時會滅，也很難猜測。火難覓，難馴，但卻又具有實際的與象徵的重要意義，所以世界各民族幾乎都有保存火種的文化，也有和火相關的宗教儀式，[4]這種普遍的文化樣式曲折地反映了火的獨特性格。

環繞著水，我們知道在古代漢文化中，它擁有創生、洗滌、變化、智慧、道諸種的意涵。相對之下，「火」與傳統價值體系的勾連卻不甚清晰，以「火」為基本象徵衍生出來的德目之面貌也較曖昧，不像水，甚至不像木、土、金等行，它們的核心象徵構成了中國早期文化中核心的精神理念，隱藏的意涵較易勾勒。然而，作為希臘與印度「四行」中的一行，而且也是中國「五行」理論中核心的一員，「火」如果沒有重要的象徵作用，這種現象毋寧是怪異的。本文嘗試透過「重層的描繪」（thick

---

3　希臘的普羅米修斯、中國的燧人氏之傳說或神話皆有此涵義。

4　參見派因（S. J. Pyne）著，梅雪芹等譯，《火之簡史》（北京：生活・讀書・新知三聯書店，2006），頁34-37。

description），解讀「火」在中國哲學的象徵意義，這種重構的工程可算是知識考古學的工作。

　　火在中國哲學的象徵意義可分早晚兩期論述，在早期經書中的「火」之意義主要是與天道相關。在哲學突破之後的文獻中，火的象徵則與修行有關。它呈現的方式是由外部而內部，由意識而行為。在和天道相關的象徵意義中，火主要是透過「改火」的儀式和歲月的衡量連上了線。由於火是「時間」的形式，時間流動不已，因此，與時更新的淨化之火是必要的，取自太陽的天火之行為遂變成了重要的儀式。另一個有關天道的涵義是透過了燎祭這類的祭天、祭祖儀式，煙火成了溝通神人的管道。國之大事，在祀與戎，而祭天、祭祖固是祭祀中之大者，也是禮制之大宗，火在德目的五行配置中，遂與禮結合在一起。

　　論及火義之大者，除「禮」之象徵外，當是修行意義之火。修煉離不開「火」，就像「煉」字所暗示的，修煉是需要用火不斷提煉，乃克有成的。我們目前所見中國最早的有關火與修行之關係者，當是源於薩滿教的火之修煉法，亦即薩滿之所以為薩滿，最主要的資格是他要有控制火的能力。對火的控制後來演變成對內在之火的經營，此時即由外丹進入內丹，再由內丹顯現為心氣之流行，並一面外顯為「勇」之行為，一面內湧為「恥感」與改過的行徑。在火的修煉義當中，鼎爐的意象成了最基本的隱喻，「冶煉」一詞實即出自鼎爐冶金的行為，修行之火實即冶煉之火。

二、天火原型

　　西元前524年（魯昭公十八年），宋國颳起了大風，一位素

稱知曉天文的裨竈警告道：如果不趕緊祭祀「大火」此星，將有火災。子產對此警告置之不理，果然不久，鄭、衛、宋、陳諸國皆有火災災情傳出。不多久，裨竈又發出了警告：希望國君趕快祭祀「大火」，以禳災禍。宋國君子子大叔勸子產不需吝惜珍寶，當速祭祀，以禳火災。子產不理，並說出「天道遠，人道邇」此一名言。子產認為裨竈前次說中，只是巧合，因話說多了，命中的機率也就高了，裨竈怎麼可能會知道天道。到了秋季，果然太平無事，沒有災情傳出。

　　《左傳・昭公十八年》記載子產論天道這段名文常被引用，以證明中國理性思想的興起。但這段話並不足以顯示出子產對天道的完整圖像，子產對他界的天道鬼神之看法其實仍有相當傳統的一面，茲不贅述。此段話另一位一向被視為代表錯誤知識的裨竈也沒有得到恰當的理解，他似乎只是作為子產的背景而存在，而且扮演負面性的角色。但裨竈其人其實也提供了我們同等重要的知識訊息，可惜注意其意義者極少。裨竈的知識是種極古老的類型，他顯然仍活在「太初存有論」（archaic ontology）的原型世界裡。[5]他相信「火」有天界的原型，天界的火之原型即是後來被命名為心宿二的「大火」之星，此「大火」和太陽可以說是人間一切火的原型，因為天界有了這種「火」的依據、來源、形式，人間的各種火之活動才得以成立。一旦天界的「大火」發出警訊時，世人如果不察，不採祓禳的儀式，地界即會有相應的火災發生。

5　「太初存有論」之語出自耶律亞德（M. Eliade），參見耶律亞德（M. Eliade）
　　著，拙譯，《宇宙與歷史──永恆回歸的神話》（台北：聯經出版事業公
　　司，2000），頁1-4。

　　發生於西元前六世紀的這件事記載於《左傳》，筆者對此文感興趣的部分是「大火」此星，還有它與「天道」之間的關係。《左傳》記載的火與天道相關的敘述不只這椿，就在子產講了這段名言的十二年（一個神祕的數字）之前，鄭國也發生了一件與火災及「大火」相關的事件。魯昭公六年三月，鄭人「鑄刑書」此事引發了兩位賢大夫叔向與子產有關「刑」、「禮」輕重的著名爭辯。但此爭辯外還有一段較少受到注意的故事，後來鄭國另一位賢大夫士文伯知道此事，他感嘆道：「『火』還沒出的時候，竟然『作火以鑄刑器』……怎麼可能不失火呢？」鄭人鑄刑書，這是中國法制史上的一件大事，表示社會已進步到非有成文法不可。[6]但士文伯的反應更值得玩味，他不對鑄刑書此事之可否直接表示意見，他關心的是「出火」的時辰對不對。在春秋時期，顯然還有「出火」、「內火」的活動，其時辰依「大火」的出沒而定。「大火」此星出現了，凡間之人才可用火燒冶陶器或銅器。「大火」不再出現了，即當「內火」，不可再作與火相關的技藝。一旦人間「出火」、「內火」的時辰與「大火」出現的韻律不合時，即有災難。鄭人鑄刑書，不依時辰運作，「人間之火」失時而先至，亦即「大火」此星尚未出現前，鄭人即先行冶火鑄器。依照「以物象物」、「以物召物」的巫術交感定律，火災恐怕難免。當年六月丙戌，鄭國果然很巧合地發生了火災。

　　上述兩則「火」的故事很值得留意，在《左傳》一書中，「天道」或「天之道」之詞彙常與「火」有關。[7]在「天」還沒被

6　參見侯外廬主編，《中國思想通史》（北京：人民出版社，1957），卷1，頁589-590。

7　茲再舉二例，以見一斑。其中一例見於《左傳·襄公九年》：「晉侯問於士弱，曰：『吾聞之，宋災，於是乎知有天道，何故？』對曰：『古之火正，

充分哲學化與物質化的春秋時期，天是一切神祕因素的儲存所，理智思維的止步處。當無因而至的火災發生時，它給下民帶來極大的震撼，火災之所以可畏，乃在其原因不可解，其威力極畏怖。在五行當中，金、木、水、土之性質大都可解，只有「火」不知源自何處？性質也較詭異。戰國時期的名家論辯中，有火熱不熱，光線（也是一種「火」）與視覺的關係等等之爭辯，[8]這些論辯反映了「火」具有更神祕的不可測性。當火的源頭不可測時，最終的收容所即是天。天界恰有一星體名為「大火」，另一更有名的星體厥為「太陽」，太陽與「大火」皆提供了人間之火的超越來源。

太陽在神話主題的系譜中占有獨特的位置，它通常被視為創造的第一步，太陽神常被視為上帝。因為只有光明展現之處，萬物才可以從渾沌模糊中現身，筆者認為太陽神話是中國陰陽思想的起源。太陽神話的內涵除了因明暗、陰陽的議題而顯出開顯的創化性題材以外，[9]我們還可從它的另一個屬性，亦即帶有生命力的熱能此角度著眼，析其要義。漢樂府〈長歌行〉有云：「陽

或食於心，或食於昧，以出內火，是故昧為鶉火，心為大火。陶唐氏之火正閼伯居商丘，祀大火，而火紀時焉。相土因之，故商主大火。商人閱其禍敗之釁，必始於火，是以日知其有天道也。」左丘明傳，杜預注，孔穎達正義，《春秋左傳正義》，收入李學勤主編，《十三經注疏整理本》，冊82，卷30，頁993-996。另一例見於《左傳・昭公九年》記鄭國裨竈之言曰：「歲五及鶉火，爾後陳卒亡，楚克有之，天之道也。」

8　惠施有「火不熱」之說，《墨子・墨經》也有「火熱，說在頓」之論。孫詒讓，《墨子閒詁》，《續修四庫全書》（上海：上海古籍出版社，1995），冊1121，卷10，頁138。

9　參見拙作，〈先秦思想的明暗象徵〉，收入何寅主編，《中國文化與世界》（上海：上海外語教育出版社，1997），第6輯，頁134-170。

春布德澤，萬物生光輝。」太陽帶著熱能，驅寒轉暖，萬物生光，這種四時轉換的經驗在前近代文明地區的人民意識中，留下極深刻的印象。而依據神話的思維，既然太陽出現的地方即有熱能即有生命，因此，不是太陽象徵生命，而是生命即在太陽裡。我們看到《尚書・堯典》或《周禮》、《禮記》裡接送四季太陽，尤其是冬至與夏至的儀式，即可了解太陽在早期文明中的重要性。其義下文還會再論。

　　太陽與大火被視為火的原型與來源，先有天界之火才有人間之火，這種思考當然是不符合概念生成的歷史次序的。事實的次序恰好相反，天壤間雖有野火此事，但文明史上的火畢竟是文明的產物，火的發現是人類文明的一大進展，中國是人類極早使用火的文明區域。早在遙遠的舊石器時代，中原地區的先民不但已懂得用火，很可能他們也懂得保存火種的方法，火也是需要經營的，漢人的先祖在很早時期即已形成了完整的火之物質文化。然而，本體論的要求會改變時間出現的次序與價值位階的安排，在一種難以用時間數字測量的理念型意義的「上古」時期，所有的「物質」在「聖寵」的光照下，都有可能形成本體論的區分，因而，有些「物質」中的「物」會具有特別的作用，它與周遭的同類型事物遂有質的差異。此種情況普見於神木之於凡木，靈石之於凡石，聖水之於常水，名山之於群山，火的情況也是如此，這些「聖物」比「凡物」在本體論意義上更有優先性。但兩種火的區別比較不像其他的物可在此世間區別開來，火的來源是個謎，所以要訴諸天界。

　　事實上，天界存在著比人間還真實的火，或者說是火的原型亦未嘗不可，這樣的想法並非罕見。顧炎武〈用火〉一文說道：古人用火，有「明火」，有「國火」。「明火」取之於日，用於祭

祀的場合；「國火」則取之於五行之木，用之於日常的烹飪活動。[10]顧炎武的觀察符合先秦文獻的記載，足以成說。弗雷澤（J. G. Frazer）論歐洲篝火節的習俗時，提到條頓民族將火分成兩種，一是重要節日的「淨火」，一是日常的「文火」；斯拉夫民族也將火分成「活火」和一般的火。[11]弗雷澤的觀察和李宗侗的說法恰可相互印證。李宗侗指古希臘、羅馬人將火分成兩種，一是取自太陽的聖火，一是其他之火；印度人也將代表聖火的「阿耆尼」與其他火分開。[12]

　　柏拉圖（Plato）在〈帝瑪歐〉對話錄中，也提到「火」有「元素之火」及「世間之火」的分別，[13]元素之火是火的原型，就象徵而言，它指的當是太陽，更廣而言之，可說是日、月、星三光。在古漢字中，從光、從火、從日的字常通用，如「耀」、「燿」、「曜」與「輝」、「煇」、「暉」等皆是。太陽被視為最純粹之火，所謂「天火」，[14]此種火的本體論位階當然是被視為首出的，它高於凡間之火。

---

10 參見顧炎武，《原抄本日知錄・用火》（台北：明倫出版社，1970），卷6，頁139-140。

11 參見弗雷澤（J. G. Frazer）著，汪培基譯，《金枝──巫術與宗教之研究》（台北：桂冠圖書公司，1991），下冊，頁915。

12 參見李宗侗，《中國古代社會史》（台北：華岡出版公司，1954），頁162-163。

13 參見柏拉圖（Plato）著，王曉朝譯，《柏拉圖全集》（台北：左岸文化出版社，2003），卷3，頁416-417。

14 「天火」一詞前人已用過，天津藝術博物館藏有漢陽燧一枚，其銘文曰：「五月五，丙午火燧，可取天火，保死祥兮。」引自龐樸，〈「五月丙午」與「正月丁亥」〉，《稂莠集──中國文化與哲學論集》（上海：人民出版社，1988），頁199。

　　由於太陽被視為天火，此火的性質特殊，因而，在宗教祭典的盛會中，從天上取得天火，以溝通神、人，遂變為極關鍵的大事。顧炎武曾引《周禮》以證成此義，《周禮·秋官·司烜氏》云：「掌以夫遂取明火於日，以鑒取明水於月，以共祭祀之明齏、明燭、共明水。」來自於天上的火即為明火，來自於天上的水即為明水（又名玄酒）。在祭天神、宗廟這些重要的祭典裡，供奉的水火不與世間的水火相同，它們來自天上。[15]取明水者為方諸，取明火者為夫遂，夫遂即陽燧。《論衡·率性》篇云：「陽遂取火於天，五月丙午，日中之時，消鍊五石，鑄以為器，磨礪生光，仰以嚮日，則火來至。」[16]陽燧通常是凹型的銅鏡，實物尚多傳世，間有銘文者，其內容多與《論衡》所述者相近。丙午是方術傳統中的吉祥日，五月丙午以陽燧取火，據說是最具靈效。陽燧自空中聚斂陽光而燃，這種火被視為最為純淨，可用以祭典。[17]至於方諸與明水之事，其理亦同，茲不細論。

　　火的起源被視為來自太陽或來自其他天體，日、月、星辰的運行有固定的軌道，在人類思維的發展過程中，對天體秩序的理解常先於對其他事物的理解。天界是秩序化的第一步，[18]是「道」

15　又見《周禮·大祝》：「凡大禮祀、肆享、祭示，則執明水火而號祝。」明水火即天水、天火，就實際的操作觀察，明水當取自方諸所召集的晨露，明火則取自陽燧從太陽聚焦而燃的火。

16　王充，《論衡·率性》（台北：臺灣商務印書館，1965），卷2，頁20。遂即燧，除原文引文外，一律作「燧」。

17　關於陽燧、方諸與吉祥時日之事，參見金祥恆，〈讀王獻堂先生釋「方諸」遺札後〉，《金祥恆先生全集》（台北：藝文印書館，1990），冊2，頁703-715。前引龐樸文繼金先生文後，重述此義。

18　卡西勒（E. Cassirer）在《人文科學的邏輯》一書破題處即指出了人類各文明普遍地對天文有「對存在之整體作廣泛的直觀」之共同現象，這是秩序化

之發軔地。因此，以來自太陽或廣義的「火星」紀年似乎是個合理的結果。龐樸先生卅年前，曾撰寫一系列的文章，[19]探討中國古代曾有以火紀年的紀歲法，此紀歲法可稱為火曆說。火曆即指以大火出現於地平線的時間作為歲首，先秦的「大火」指的是天文學所說的恆星中的「大火」（注：即心宿，特指心宿二），與五大行星的火星不相干。龐樸先生的文章蒐羅材料豐富，論證詳密，他考證出中國曾有以大火此星辰紀年的制度，這是個極有知識趣味的考察。[20]

　　龐先生的觀察啟發了我們許多值得繼續追蹤的線索。論及「火」，我們不會忘掉還有比「大火」流傳更廣更久的「火」，此即太陽此「火」，據說：「一切火的崇拜都起源於太陽崇拜。」[21]「大火」只是日、月、星「三光」中的一「光」，光實即火，三光即三火。三光在構造時間的意識上，都扮演過相當重要的角色。日月（晝夜）以明暗的方式定時輪替，一天完成一個週期，

的第一步。參見卡西勒（E. Cassirer）著，關子尹譯，《人文科學的邏輯》（台北：聯經出版事業公司，1986），頁1-3。朱子與陸象山年幼時都對天體產生過疑惑，也曾因宇宙感而生智慧，人文與天文在理學傳統中有相當緊密的關聯，茲不贅述。

19 龐樸，〈火曆初探〉、〈火曆續探〉、〈火曆三探〉，收入《稂莠集──中國文化與哲學論集》，頁141-197。

20 龐樸先生之說頗受注意，但也有學者如王小盾先生指出龐先生對材料的解釋部分有誤，「以火紀」也可指一種物候曆，不一定是星辰曆。有關火候曆是星辰曆或是物候曆，或其語言使用有前後期演變的軌道，亦即它從物候曆演變為星辰曆，其內容很值得探究，惟此事關涉到專門之學，兩說得失，俟諸通人玉裁。王小盾的觀點參見《中國早期思想與符號研究──關於四神的起源及其體系形成》（上海：上海人民出版社，2008），下冊，頁944-978。

21 利普斯（Julius E. Lips）著，汪寧生譯，《事物的起源》（蘭州：敦煌文藝出版社，2000），頁329。

這是最常見的一種時間規律；月亮以自行運轉的方式，一個月完成一個週期；太陽則以另外一種宏闊的節奏，完成了它的行程（一年）。以太陽、月亮為核心，形成的年月日的概念是相當普遍的，相對之下，「星光」作為時間的圖式，似乎黯淡多了，較少受到注意。事實上，星辰的出沒也有週期，它也可能形成時間的座標。自從人有了三光的概念、數字的概念、週期的概念以後，宇宙遂有了秩序，變得可以理解。孔、孟、老、莊皆曾從天體處得到人生的智慧，[22] 黃老道家與陰陽家對此的理解尤為透徹，所謂：「四時有度，天地之理也。日月星辰有數，天地之紀也。三時成功，一時刑殺，天地之道也。四時而定，不爽不忒，常有法式。」[23] 赫拉克利特（Heraklit）亦言：「永恆的活火，在一定的分寸上燃燒，在一定的分寸上熄滅。」[24]「永恆的火」指的當是太陽，太陽日出日沒，從初民心態的觀點來看，也可以說是日生日死，每次的生則帶來宇宙生命。[25] 但月亮與星座也是有度的，月有陰晴圓缺，也可以說是有生有死，只是其生死的週期和

---

22 《論語·為政》：「為政以德，譬如北辰。居其所而眾星共之。」《孟子·離婁下》：「千歲之日至，可坐而致也。」老、莊之言更多，茲不細引。

23 引自馬王堆黃老帛書《經法·論約》，引文的「理」、「辰」、「忒」字原作「李」、「晨」、「代」，為便閱讀，逕行隸定為通行字。

24 參見赫拉克利特（Heraklit）著作殘篇輯語30。引自仰哲出版社西洋哲學編譯小組編，《古希臘羅馬哲學資料選輯》（新竹：仰哲出版社，1981），頁21。

25 榮格在其回憶錄中提到他訪問美洲印第安部落時，發現印第安人帶有一種宇宙意識的自豪，因為他們是太陽之子，有義務透過儀式，幫助太陽升起，否則，世界終將淪為黑夜。參見榮格（C. G. Jung）著，劉國彬、楊德友譯，《回憶·夢·思考——榮格自傳》（瀋陽：遼寧人民出版社，1988），頁421-424。筆者相信榮格提到的這個案例不會是孤例，而是具有相當的普遍性。赫拉克利特即說：「太陽每天都是新的。」參見輯語6。引自仰哲出版社西洋哲學編譯小組編，《古希臘羅馬哲學資料選輯》，頁19。

太陽不同而已。[26] 由於天體有度，整個大自然因此就恍若宇宙鐘一樣，璇璣、玉衡、參、商成了宇宙座標上的時間指針或時間參數，它們依循環的規律，形成了永恆迴轉的歲月的概念。

　　「心宿二」之所以會被視為紀年之座標，其原理與太陽紀日兼紀年，太陰紀月，並無兩樣。「心宿二」此「大火」因亮度夠，且週期顯著，所以也被當成了時間的量度。當宇宙鐘的觀念形成後，作為指標性的日、月、大火等星體既規範了秩序的框架，而且也因為它們以火亮的屬性突顯了一種神祕的質性，它們彷彿具有神性的意向性，帶動宇宙韻律般地運轉。「大樂與天地同和」，《禮記·樂記》有此論述，事實上，相似的論述在莊子、柏拉圖的著作也出現過。筆者相信：一種韻律的宇宙觀可能相當普遍地出現在人類早期的文明上，因為和諧（樂）和秩序（禮）可能都是早期宇宙觀賦予天體共同的屬性。

　　龐樸先生發現大火紀歲，這是一個重要的發現，但不管龐先生或其批評者都忘了問一個問題：「大火」此星之名為何與「火」有關？也忘了問：為何心宿二此星要稱為大火？「心」、「火」相關，何所取義？直接說明的材料想來是不容易找了，所以不要說答案不容易給，連問題都被遺忘了。但我們如果透過比較神話學的角度考察，第一個問題似乎不是那麼難以回答。天界有人間的原型，這是個普遍的文化現象，[27] 人間有宮殿，天上有天宮；人間有皇帝，上天有玉皇；人間有黃河，上天有天河。同樣地，人間有「火」此重要物質，天上遂亦有「大火」，它是人

---

26 此屈原所以在〈天問〉一文中提問：「月光何德，死則又育？」

27 左派論點認為這是「異化」的結果，費爾巴哈（L. A. Feuerbach）言之尤詳。以耶律亞德為代表的宗教史學則認為此乃聖之辯證所致，天界的原型先於人間的個例而存在，而且會透過本體論的分裂，體現於靈毓所鍾的個體上。

世間火的活動的一個模型。此義在本文中一再出現，茲不贅述。

　　至於以「心宿二」名「大火」，理未易明，但觀五行圖式中，火與五臟中的心相應，心既是臟腑的概念，也是意識的概念。筆者懷疑天界的心宿與大火的關係恐亦如是，「天有心無心」是根源性的也是原始性的哲學懸疑，「天心」最顯著的聚焦當是在「三光」之「太陽」上。如果以太陽為核心的天體之有心無心，乃是初民最始源的智慧之開端，我們有理由相信「大火」之屬心宿，也依循類似的思維模式。因為任何作為框架或作為存在最根源的基質的「火」一旦形成，它很容易被設想需要有一靈或心為之轉動，心火相依。就像人間的精緻之火（気）需精微之心（如《管子‧內業》所說的心中之心）以運作，同樣地，精微之「天火」也需上天旨意之推動，乃得運轉。火與心的關係頗為巧妙，此義下節還會再談。

三、禮與時間形式

　　「天火」原型為人間之火所依循，且規範了時間的形式，我們由此可以理解一種特別的文化模式：為何早期中國的一些自然德目可以運用到道德的領域，儒家的一些道德德目為何也可運用到存有論的範圍。「五常」和「五行」的關係扣得很緊，「火」在五行論的道德光譜中總是和「禮」結合在一起的。然而，「火」、「禮」為何可以結合？此事真是費人猜疑。五行中的其他四行也都有相對應的道德項目，我們如果稍加分析它們彼此的對應關係，如仁之於木、義之於金、智之於水、信之於土，總可以找到這四行的屬性與其對應的道德項目的關係。但「火」之於「禮」，兩者的聯繫點卻不易爬梳出來，如果光明、溫度、毀滅

是火的重要屬性的話，以「別異」著稱的「禮」之理念中似乎看
不出這樣的內涵，難道「火」、「禮」相合只是僵硬的五行符應
論的湊套使然？

　　如果從「屬性」著眼，我們找不到火與禮的關聯的話，從
「功能」著眼，火與禮的關係卻不是那麼遙遠。禮是一套儀式，
吉凶軍賓嘉此五禮是後世常見的分類，但此一流行的分類既然是
文明成熟期以後形成的分類，因此，它的意義主要是成熟期文化
類型的分類作用。我們如要追溯禮的始源意義，或是其本質意
義，當另覓出路。筆者認為：就像「禮」此一漢字所顯示的原始
意義，[28] 或儀式在初民社會所扮演的主要之積極功能，禮主要是
用以溝通神人兩界，也用以分隔神人兩界，它是下民祀神必備的
神聖手段。在原初的神人溝通之儀式中，火扮演了關鍵性的角
色，「火」與「禮」在神人溝通的事件中被勾連了起來。由於在
文明發展初期，神人的繫連在一切關係中居有核心的地位，禮遂
成了五行中位屬南方的火行之德目。

　　「火」與禮的關係，首先見於它與時間的框架有關，在先秦文
獻中我們可找到「改火」制度，執行此制度者則為「司爟」此官
職。《周禮》記載「司爟」職權如下：「掌行火之政令，四時變國
火，以救時疾。季春出火，民咸從之；季秋內火，民亦如之。」
出火、內火之事，據鄭玄注，乃是用以「陶冶」，亦即冶煉製陶。
陶匠或工匠必須用火時，須考量季節時辰。季節時辰不對，不可
行火。前引《左傳·昭公六年》記載：鄭人鑄刑書，當時「大

28　王國維認為「禮」字原為「豊」，其字的原義是把雙玉置放在禮器上供奉給神
　　的意思。參見王國維，〈釋禮〉，《觀堂集林》，收入謝維揚主編，《王國維全
　　集》（杭州：浙江教育出版社，2009），冊8，卷6，頁190-191。惟觀堂之說
　　爭議仍多，未成定論。但不管字形為何，禮字原為溝通神人而立，當無疑義。

火」星尚未出來，鄭人即行火冶煉。土文伯見到此事，預言道：「鄭其火乎！」土文伯是依巫術「以物召物」的相似法則作此預言。當天界的火之原型尚未出現時，世間的人即用火製器，此舉必會引來相應的懲罰，亦即火災，先民相信這是宇宙的法則。

　　出火、內火須注重季節時辰，「大火」因此可視為神格化的時間之神，這是火的神祕化的一個案例。司爟的職務最值得注意的事項是「改火」制度，「改火」之文先秦古籍常見，很可能這是一種曾經實施過的制度。王獻唐云：「古代得火甚難，彼此授受，永燃不惜，經年而改，謂之改火，非如後世可人人隨時得火也。取火所在，官家設人掌司，火正、火師、司烜、司爟皆此類。經傳所記周制，且以季春出火，季秋納火，四時變更所用然火之木。」[29]關於四時改火之說，戰國秦漢文獻多有記載，具體的燃媒不一，但大多與時辰，尤其與四時有關，筆者認為「改火」制度與時間秩序的設定不可能脫鉤。[30]

29　王獻唐，《古文字中所見之火燭》（濟南：齊魯書社，1979），頁77-78。

30　戰國、秦、漢時期有關「改火」之說，羅列簡表：

文獻出處	節令、材料				
子彈庫楚帛書	青木	赤木	黃木	白木	墨木
《逸周書·月令》	春取榆柳木	夏取棗杏木	季夏取桑柘木	秋取柞楢木	冬取槐檀木
《管子·幼官》	春以羽獸之火爨	夏以毛獸之火爨	中央以倮蟲之火爨	秋以介蟲之火爨	冬以鱗獸之火爨
《淮南子·天文訓》	甲子受制，木用事，火煙青。七十二日	丙子受制，火用事，火煙赤。七十二日	戊子受制，土用事，火煙黃。七十二日	庚子受制，金用事，火煙白。七十二日	壬子受制，水用事，火煙黑。七十二日
《淮南子·時則訓》	春爨萁燧火	夏爨柘燧火		秋爨柘燧火	冬爨松燧火

　　「大火」是時間的神格化，比「大火」還火的太陽更有資格象徵時間，此種「火」與時間的設定中自然就有始源的禮。太陽模式的火與禮的關係在《尚書》第一篇的〈堯典〉中已可見出，〈堯典〉描述這位介於神人之間的神祕帝王如何創造了人間的秩序，據說他立下了從內心到天下太平之間的所有秩序。[31] 然而，人倫秩序或人間秩序的奠定只是秩序安頓中的一環，就歷史發生的次序而言，自然秩序的安頓可能更在前；在本體論的位階上，它也比其他的秩序更為優先。關於自然秩序的形構此事，誠如卡西勒（E. Cassirer）提出的深刻觀察，明暗所屬的太陽神話最為根本。因為只有陽光照射，黝暗才會被突破，明暗這個最根本的對分才能成立，中國形上學的核心概念之陰陽可說即是明暗的改寫。[32] 在〈堯典〉一文中，我們即看到帝堯命令四位神祕的大臣羲仲、羲叔、和仲、和叔在世界的四方之角隅，迎接太陽之升降。先是命令羲仲在東方的暘谷，「寅賓出日」；後又命和仲在西方的昧谷，「寅餞納日」。由此而有四季循環的概念，時間的向度就這樣被建立起來了，空間向度事實上也跟著建立起來。羲仲、羲叔、和仲、和叔明顯的是「羲和」一詞的分化，而「羲和」的原義很可能指的就是太陽神。[33] 換言之，在早期的神人之溝通

　　馬融的注文取自《逸周書・月令》，分類的細則不一，原因很難一一確定，但原則是一致的。

31 〈堯典〉聖典化以後，它對後世儒家最大的影響應當就是其道德政治學的內涵。《論》、《孟》、《學》、《庸》的踵事發揮，更使得道德政治成為儒家教義體系的顯著地標。〈大學〉篇所述及的修、齊、治、平理念，在〈堯典〉一文中，其實已可見到具體的輪廓。

32 參見拙作，〈先秦思想的明暗象徵〉，頁134-170。

33 陳夢家，《殷墟卜辭綜述》（北京：科學出版社，1956），頁589-590；御手洗勝，《古代中國の神々——古代伝説の研究》（東京：創文社，1984），頁

中，迎接太陽很可能是核心的禮儀之一，這是最原初的定位儀式，是一切經驗得以安置的前提。[34]從初民的眼光看來，有了這種迎火（太陽）的儀式，世界才沒有亂掉。迎火（太陽）因此成了宇宙性的事件，比起文明世界的眾多事物，此事重要得太多了。火之於禮，此為關聯點之一。

　　日、月、星「三光」皆是「火」，皆有定位時間的功能，我們有理由將「改火」與「至日」儀式相提並論，視為同一種意義的禮之不同次型。別的不說，我們單單觀看《左傳》所說「出火、內火」之語與〈堯典〉「出日、納日」之語，也可發現兩者其實是同一套敘述。但「三光」中的「日」明顯地具有更大的「火」之能量，所以迎送太陽之禮儀在一切禮儀中遂居有更高的優先性，就像太陽神話在一切神話中居有開闢的優先性一樣，這是火─禮連結的關鍵之一。時間形式的建立須藉助「火」，「火」之儀式在諸禮之中遂居有優先地位。除此之外，火─禮連結的另一個關鍵在於下民與上天溝通時，「火」是最常用的媒介。

　　同樣在〈堯典〉一篇中，我們看到舜從堯手中繼承了帝位，天子的資格被證成了，他行政的第一件事乃選擇於正月上旬，「肆類于上帝，禋于六宗」；不久，他開始巡視四方，先是東巡至於岱宗，舉行了「柴」這樣的祭典；接著南巡、西巡、北巡到各地的名山，他也都依例行了「柴」禮。若「禋」、若「柴」此類祭典，皆指積柴燒煙。《周禮・大宗伯》指出祭禮天神的方法有「禋祀、實柴、槱燎」三種，〈堯典〉與〈大宗伯〉所說顯然是

477-505。

34 太陽神話中的時空定位儀式和康德知識論建構中的時空形式之地位一樣，都具有定位的功能，它們是經驗得以成立的先行條件。

出自同樣的傳統。禮、柴、燎之名既然不同，它們的文化功能就很難同一，但這些祭禮的內涵雖略有差異，卻同樣是藉著火（煙）以溝通人神，此點則殊無兩樣。可以想像的，上天幽杳，遼闊難知，下民只有透過柴火，煙氣上升，天界之神或先祖才被設想可以透過煙氣火光，了解人間的實況。由於人神關係在一切關係中居有優先性，因此，「火」之於「禮」的臍帶遂顯得特別緊密。

在《尚書》、《周禮》的脈絡中，我們看到了「火」在報功之「禮」上的功能，但論及「火」與「禮」的關聯點，筆者覺得更顯著者當在「封禪」、「明堂」這些禮儀制度所顯現出的深層構造。「封禪」、「明堂」都帶有神祕的氣息，這些制度早期的源頭都不甚清晰，從戰國到秦漢時，卻又都成為重要的時代議題。筆者認為這兩者成立的年代不能從詞語出現的年代斷其上限，它們的源頭悠遠多了，它們代表一種古老的智慧。如果我們對傳說中的封禪稍加瀏覽的話，不難發現〈堯典〉所述的「巡狩」與「封禪」的功能，高度重疊，〈堯典〉的「巡狩」有可能是「封禪」的淵源；連帶地，我們也不難發現「燎祭」在整個封禪活動中扮演的重要角色。封禪是傳說中古聖王皆曾舉行過的重要祭典，後世秦皇、漢武皆曾仿效其壯舉而行之。封禪在秦漢以後已很難理解，具體步驟不易確定下來，但由後世人君仿效的行徑：「改正朔、易服色」等等看來，我們可合理地推測：這是一種宇宙全面更新的儀式劇。時間會老化，世界會腐朽，所以每隔一段時期，宇宙須全面更新，世界重來一趟。這種「太初存有論」的思維模式在前近代的社會中並非罕見，筆者認為：封禪即屬此類，而且是此類中的典型案例。這種制度具體實踐的年代雖遲至秦漢，但其理據卻極悠遠。比較特殊的，也可以說是比較突顯

的，乃是其全面更新的週期是以五行遞代為模式，這種宇宙性的歷史哲學帶有濃厚的陰陽家的風格。

　　宇宙全面更新，此舉等於宇宙重新創造。封禪的細節難知，但其中都有「在高處」及「燎火」兩項內容，《禮記・禮器》所謂：「因名山升中於天。」「名山」指的自然是具有宇宙軸功能的高山，離天最近。「升中」則需火的幫助，燎祭此時傳達了此一關鍵性事件之訊息。因為在宇宙全面更新後，此訊息總須被揭舉出來，向天報功。何物可向上天傳達「更新」的訊息？司馬遷《史記・封禪書》記載秦皇、漢文帝在郊祭時，都須舉「權火」。至於當代的封禪祭典更清楚了：「天子從昆侖道入，始拜明堂如郊禮。禮畢，燎堂下。而上又上泰山，有祕祠其顛。而泰山下祠五帝，各如其方，黃帝并赤帝，而有司侍祠焉。泰山上舉火，下悉應之。」「權火」原本即有祓除不祥，全面更新的涵義。至於「封禪」第一階段結束時的「燎」，終了時的「泰山上舉火」，明顯地都藉助於火的「祓潔」與「通天」的功能。詩有眼，文也有眼，構成〈封禪書〉的「眼」（主要意象）可說即是「火」之「升中於天」。「封禪」被視為一種等同於重新創世的儀式，就象徵意義而言，它是「始源」的事件。我們不會忘了：在原初的事件中，最根源的原初事件當然是宇宙的開闢，創世紀是所有事物創造之基礎。發生於創世紀時的事件自然與創世的事件同一規格，齊登原型世界中之要員。燎祭作為諸「禮」之一，因為它施用的場合特殊，「燎祭」遂可視為萬禮之摹本，「火」因此就有了「禮」之象徵意義。[35]

---

35 上述論點參見許進雄，〈燎祭、封禪與明堂建築〉，《中國文字》第19期（1966年3月），頁1-5。

　　與「巡狩」、「封禪」同等重要，但同樣曖昧難明的宗教制度厥為「明堂」，自王國維以下，論及明堂制度者多矣！後世有關「明堂」制度的設想頗多想像，但觀「明」字，也可理解此建築當是與「火」有關的宗教性殿堂。李宗侗在《中國古代社會史》此名著中，援引《說文》「主，燈中火炷也」之說，指出中國古代也行過「祀火」制度，祭祀之木主原為火焰，宗廟祀火，以象徵國命。《詩經·正月》：「燎之方揚，寧或滅之。赫赫宗周，褒姒滅之。」燎火與國運有關，就像後世的香火一線用以象徵家族命運，兩者看來都是有本的，此詩可為李說張目。不熄的燎火象徵國運綿延，這樣的燎火應當有儲存火種的聖所，李宗侗更援引羅馬的祀火場域之例，進一步主張古代所說的太室或明堂即有此一功能。[36] 明堂之火顯然不會是凡間之火，而當是來自天界之聖火，此火也具有生命的涵義，因此，「主」才可象徵國運。筆者相信圍繞著「太陽」祭典與「通天」祭典，火才有機會在根源的意義上具有「禮」之象徵涵義。「巡狩」、「封禪」與「明堂」的功能，我們都可從此角度加以定位。

四、漱正陽

　　「火」的神祕化最顯著者當是它具有摧毀舊存在物，熔化之以歸零的毀滅力量。在初民社會中，野火引發的森林大火或毀壞城市的熊熊大火，可以想見的，它們對人的感性衝撞之激烈是無與倫比的。許慎注解「火」，即以「毀」字釋之。在佛教與耶教的末日景象中，大火也是必然要見到的景象，火是破壞之神，是

36　上述說法參見李宗侗，《中國古代社會史》，頁162-177。

死亡之神。即使到了地獄，火勢綿綿無絕期，「火」仍是最常見的摧毀力量。但摧毀的力量也是轉化的力量，創造乃是汰舊生新的事件。從毀滅到創造，力量居間扮演了關鍵的角色。和其他的聖物不同，「火」作為神聖的一種象徵，其神聖中的力量因素特別明顯，因此，火的聖顯祕密之一可說是在「力顯」（kratophany）。[37]

　　從力顯的角度著眼，我們可看到普見於原始宗教中的三個與火相關之主題，一是冶煉的神話，另一是製陶的神話，第三個是薩滿教中的「制火」之修煉與傳說。「冶煉」神話通常意指工匠要煉成一件兵器或其他的銅器，他需要修行，得到神靈的幫助，[38]還需要加上一些神祕的手段，注意良辰吉日，注意孕精寶地，[39]萬事齊備，乃克有成。整個冶煉的過程之艱辛、創新，其格局不下於一件創世的行為：「宇宙論和宇宙起源論的概念，確立了煉金術理論基礎的特性……煉金術士認為存在著『宇宙神靈』（Esprit Universel）這個萬物的智慧和生命的基礎，它把生

---

37 「聖顯」意指原型具有神聖感的屬性，「力顯」意指原型具有無比的力道。參見伊利亞德（M. Eliade），楊素娥譯，《聖與俗──宗教的本質》，頁61-64。我個人認為這兩種屬性在奧托（R. Otto）論「神聖」的「歆羨」與「畏怖」時已可見其梗概。

38 隋代〈靈山孕寶團花鳥獸銅鏡〉銘文中，我們看到「靈山孕寶，神使觀爐。形圓曉月，光清夜珠」之類的語句。製造一件銅鏡，竟須動員神靈臨場監督，可見其事之慎重。「神使觀爐」這類銘文雖然常見於隋鏡，但其思想源頭可以想見的，應當相當早。本文底下引用的《吳越春秋》有「百神臨觀」之語，此語明顯地與銅鏡鑄造銘文一脈相傳。

39 唐代鑄鏡，五月丙午是常見的時辰，大江之中是常見的地點，傳世銅鏡尚可見「午日江心」、「五日江中」銘文者，惟這些時間、地點後來恐成套語，未必真在斯時斯地製造。陽燧或與時辰有關之祕義銅鏡世仍可見，銅鏡著錄或銅鏡拍賣目錄中尚多有之，茲不細列。關於冶煉之吉時，參見前引龐樸〈「五月丙午」與「正月丁亥」〉一文。

命賦予萬物……此神靈就其本質上說是被火點燃的，生來就是萬能的。」[40]事實上，在耶律亞德（M. Eliade）的《冶煉師》一書中，「冶煉」就被視為是一種可比擬宇宙開闢的創造。[41]當初民看到冶煉師能將礦石經由火煉，去蕪存菁，後來竟可煉出一種接近於質變的器物出來，這種結果一定會給他的感官帶來難以想像的刺激。冶煉師如非神界或魔界人物，焉能如此。

「冶煉」意味著對於火的經營，「製陶」也是對於火的經營，前者是金與火的對話，後者則是火與土的對話。在技術尚未理性化的時代，這兩種對於火的經營可預期的是半巫術的、半技術的，其敘述是半事實的、半神話的。製「陶器」是大母神時代重要的技藝，它的製造祕密通常掌握在女性手中。「陶器」的神祕與神聖性質一到了哲人手中，尤其在老莊思想體系裡，即化成了道的象徵。老子的「埏埴」之論與莊子的「天均」之說，皆可視為「陶」之說的道家版本。有關「製陶」與「冶煉」器材的神話及思想史意義，筆者在另文中已有探討，[42]此處不再討論。

關於火的控制之傳說，我們在《列仙傳》一書中可以找到此議題的原始版本。此書提到上古許多仙人的事蹟，其中赫赫有名的赤松子、寧封子等人，據說都可以「入火不燒」或「入火自燒」，「入火不燒」應該表示他有抗火的能力；「入火自燒」也許表示可自行引火以求升天，以後世「兵解」之語譬喻之，可謂

---

40 參見阿羅馬蒂科（A. Aromatico）著，李曉樺譯，《煉金術──偉大的奧秘》（上海：上海書店，2002），頁38-40。

41 M. Eliade, *The Forge and the Crucible*（Chicago: University of Chicago Press, 1973）.

42 「冶煉」題材的意義參見本書第五章。「製陶」題材的意義參見第九章；以及拙作，〈道與玄牝〉，《臺灣哲學研究》第2期（1999年3月），頁163- 195。

「火解」。「抗火」或「火解」這樣的敘述在此書中不時可見，嘯父、師門、陶安公這些仙人都因火成仙。仙人傳記和世間的傳記不一樣，這些仙人的傳聞很可能構成他之所以為仙的本質。換言之，仙人的資格在於他抵抗火或制火的能力。

《列仙傳》的仙人故事自然不是史實，多是荒誕之言，「傳」即「非傳」，但荒誕之言也有理路。事實上，我們如對薩滿教的理論不太陌生的話，馬上會想到：《列仙傳》中的仙人是有本的，其本就是古代的大巫，其人不無可能就是薩滿教中的大薩滿。耶律亞德在其名著《薩滿教》一書中，指出薩滿的資格之一是他要能控制火，越是古代的大巫，傳說其法術越高，控火的能力越強。[43]看到薩滿與火的關係，我們不難理解《西遊記》中孫悟空與虎力、鹿力、羊力三位大仙鬥法之一幕：入鍋火燒不死的情節從何而來。我們也不難理解：流傳世界各地的赤腳過火儀式，何以都有以肉軀抗拒火力以證虔誠的涵義——這些共同的象徵意義到底從何而來？更重要地，莊子何以特別喜歡強調至人「入火不燒」，一言再言，樂此不倦？他的敘述應當不是描述物理事實，而是運用火之象徵，以闡發至人功參造化之人格特質。[44]此種「藉著火的控管能力以說明其人之天生異質」的象徵源自何處？似乎可以不言自明矣！

「入火不燒」或「入火自燒」可能都有宗教實踐的因素在內，前者的情況可說是普見的現象，後者較難理解，也許是種極

---

43 M. Eliade, *Shamanism: Archaic Techniques of Ecstasy*（Princeton: Princeton University Press, 1972），p. 5, 257, 335, 373, 412, 438. 冶煉師與控制火的能力之關係參見同書，pp. 472-477.

44 參見拙作，〈昇天變形與不懼水火——論莊子思想中與原始宗教相關的三個主題〉，《漢學研究》第71期（1989年6月），頁223-253。

嚴苛的宗教修煉方式亦未可知。但不管是哪種情況，薩滿教中的「火」的因素比較像是外加於主體的因素。在戰國晚期，我們看到一些文獻材料，這些文獻材料指出修行者透過了一種想像力的融合作用，火可以內化，或者說：引發內在之火。屈原在〈遠遊〉篇有言：「漱正陽而含朝霞。」王逸注：「餐吞日精，食元符也。」《陵陽子明經》言：「春食朝霞，朝霞者，日始欲出赤黃氣也。秋食淪陰，淪陰者，日沒以後赤黃氣也。冬飲沆瀣，沆瀣者，北方夜半氣也。夏食正陽，正陽者，南方日中氣也。」洪興祖補注引李頤注云：「平旦為朝霞，日中為正陽，日入為飛泉，夜半為沆瀣。」[45]《陵陽子明經》的用語與李頤的注釋，都將「氣」的因素帶進來，但我們觀看其語之主體，明顯的是對太陽的冥想作用，所以這樣的氣可視為帶有太陽功能的氣，也可以說是具有火之功能的神祕之氣。只是此冥想到底須配合一天四等分或一年四等分的區別，觀想模式不同而已。

筆者相信屈原的「漱正陽而含朝霞」，應當就是一種特殊的太陽崇拜的功法，它的源頭有可能更早。觀想日、觀想月，以期身心與日月相合，這種功法在後世的道教典籍中常見。《真誥》、《雲笈七籤》與《道樞》中多言及服日月之法，底下各取一例，以見梗概。

> 君曰：欲得延年，當洗面精心，日出二丈，正面向之，口吐死炁，鼻噏日精，須鼻得嚏便止，是為炁通，亦以補精復

胎，長生之方也。46

　　常存心中有日，象大如錢，在心中赤色。又存日有九芒，
從心中出喉，至齒間而芒廻還胃中。如此良久，臨目存自見
心胃中分明，乃吐氣、漱液、服液，三十九過止。一日三為
之，行之十八年，得道，行日中無影。恆存日在心中，月在
泥丸宮。夜服月華，如服日法，存月十芒白色，從腦中下入
喉，芒亦未出齒而廻入胃。47

　　當其用事也，先淨其神，乃想其心有日焉，其大如錢，出
離于心。復想其光照于五藏百骸。次想其日狀若浮起，即鼓
口服氣二十而一嚥之。急想其氣下于十二重樓環，伏其日沈
于脾之上，鼎之左。消息既定，復想下丹田水海之內有月
焉，其大如錢。復想其光照于一身，以意浮起而至于肺，鼓
口制氣三十，以首顧左而一嚥之。急想其氣下于十二樓環，
至脾之上，入心之右，鼎之右。消息既定，爾後用事焉。48

　　筆者所取三書，年代差距頗遠，但技術上並沒有多大的差
別。引文所說的功法都是呼吸加上觀想加上行氣，它們的來源一
定是相當古老的。屈原「漱正陽而含朝霞」，觀「漱」、「含」之
語，也可想見其行氣、服嚥的內涵。〈遠遊〉的功法與後世道教
典籍所載的這些功法有可能都是來自於前史時期的薩滿教傳統。
　　「觀想日月」這種功法很可能是跨民族的，有太陽崇拜的地

46　參見陶弘景，《真誥・甄命授》（台北：藝文印書館，1966），卷5，頁12。

47　此為〈大方諸宮服日月芒法〉，參見張君房，《雲笈七籤》（台北：臺灣商務
　　印書館，1965），卷23，頁263。

48　此為〈修煉金丹〉篇所說之「行日月法」，參見曾慥，《道樞》，《續修四庫
　　全書》（上海：上海古籍出版社，1995），冊1292，卷22，頁346。

方即可見到一些蛛絲馬跡。僅再舉一例，以終止此節。對漢傳佛教區域的人而言，觀想太陽最著名者當是《佛說觀無量壽佛經》所述的「定善觀」的「日想」景象：「當起想念，正坐西向，諦觀於日。一令心堅住，專想，不一移。見日欲沒，狀如懸鼓。一既見日已，閉目開目，皆令明了，是為日想，名曰初觀。」[49] 如果論者覺得《陵陽子明經》所述的「秋食淪陰，淪陰者，日沒以後赤黃氣也」仍不夠明確的話，看看《佛說觀無量壽佛經》的經文，或許可得其入手處。反過來說，也可成立。在文明類型定型之前，歐亞大陸可能流傳一些具共相的自然宗教之信仰與身心實踐。

　　回到屈原「漱正陽而含朝霞」的主題，我們看到此一法術固然是要將太陽的熱能與光亮轉化為內在的質素，但在這種轉化的過程中，一種精微不可見的因素居間扮演了關鍵性的角色，此即「氣」的因素。在前引《陵陽子明經》與李頤的注解中，都提到「六氣」之名，亦即配合太陽四分法的修行外，再加上天地玄黃之氣，共有六種氣。筆者前文說：這是種具有火之功能的神祕之氣，據說：學者服此六氣，觀想其狀，預期的結果會是「精氣入而粗穢除」。顧名思義，「精氣」是一種提煉的純粹之氣，就像精鹽之於粗鹽，精品之於凡品。它也是一種氣，但似乎比「氣」更玄祕化些，因為它具有「火」的神祕功能。

　　屈原的「漱正陽而含朝霞」接近於後世道教的存思法，但也

49「興起意念，凜然靜坐，凝視西方落日，此時需心意堅定，毫不走作，直到獲得夕日之冥想，此際夕陽欲墜，狀如懸鼓。既經由觀想，獲得夕日後，不管爾後閉目開目，皆需使此意象清晰明瞭，毫無滑動。這就稱之為『日想』」。這是我對榮格所用英譯版本的再翻譯，《東洋冥想的心理學——從易經到禪》（台北：商鼎文化出版社，2001），頁192。

混合了行氣的功法。屈原的〈遠遊〉一篇在修煉傳統中占有承先啟後的位置，其義仍可再發覆。我們下節將轉到「行氣」、「精氣」的問題。

五、行氣與踐形

　　在中國傳統的世界圖像中，「氣」這個概念扮演了知識分類圖中最底層的一項，荀子在〈王制〉一篇曾說過：「水火有氣而無生，草木有生而無知，禽獸有知而無義，人有氣、有生、有知，亦且有義。」依據此說，氣可視為充滿世界中一切存在最基源的質素，人、動物、植物、無生物都建立在此一質素上，氣如果是一切存在的質素的話，其質素的內涵為何？通常，我們如果不是將氣解釋成最微的物質義，它彷如構成萬物最基礎的「原子」；要不然，我們就當採取「泛生論」的立場，認為宇宙是個大生命，而凡有生命流動處，即有氣之活動，這樣的氣又帶有「生命」的底蘊。中國古代思想中的「氣」確實常在「物質」與「生命」之間遊移，不同的選擇即會帶來不同的理論效果。明代理學的發展中有一支偏重自然哲學的唯氣論（如王廷相所說者），此論重視氣的物質義；也有一支偏重本體宇宙論的唯氣論（如王夫之所說者），此論偏重氣的生命義。一種氣學之名，兩種氣學之實，這種分歧的解釋在先秦即已埋下分化的種子。

　　圍繞著氣的物質義與生命義、神聖義，我們難免想到：「氣」是否可解釋人此一種屬的特殊生命現象？人身由氣組成，此說為儒道兩家通義，很可能也可視為先秦諸子共用的論述。然而，人在萬物之中具有特殊的「通天」本能，這種生命的神祕宇宙性在早期民族中都是常見的，在先秦時期亦是如此，但當時一

種較精緻的說法是人身擁有一種流通於天地間的純氣。上世紀後半時期馬王堆與郭店出土竹簡，「氣」字常寫作「炁」字，這是個值得注意的現象。「炁」字受重視其實不是始於二十世紀下半葉出土馬王堆竹簡、郭店竹簡、上博竹簡，其說乃得大顯於世。八〇年代初，朱越利已撰文討論過一個特殊的道教常用字「炁」，「炁」與「先」字相近，但「炁」字從「火」，表示其氣從根源升火之義。「炁」此字和後世道教徒常用的「炁」字相通，兩字都從「火」，同樣表示「先天之氣」的意思。[50]

「先天」一詞出自《易經·繫辭》，表示在宇宙開闢之前之義，此用語在當代常被「先驗」一詞代用，表示非經驗性的知識之義，如數學的知識或邏輯乃是「先驗知識」等等。〈繫辭〉傳的原文為「先天而天弗違」，此詞語可能指涉的也是種不是來自後天經驗的因素。然而，《易經》一向被視為是性命之學導向、而不是知識論導向的經典。「先天之氣」一詞指涉的是一種獨立於血氣之外的神祕之氣，它是身心醫學的概念，代表一種特殊的生命能力。大概在戰國時期，「氣」除了指涉「血氣」或「六氣」這類的自然之氣外，當時的知識圈慢慢地浮現了一種特殊的生命動能的理念。相對於一般的氣，它特顯精粹，所以稱作「精氣」；它純一無雜，所以稱作「純氣」；它為一切身體上的動能之源，所以也叫「氣母」；這種氣被認為在子時之際特別容易彰顯，所以又叫「夜氣」。[51]

「精氣」、「純氣」、「氣母」、「夜氣」這些概念實質上的指

50　朱越利，〈炁氣二字異同辨〉，《世界宗教研究》第1期（1982年），頁50-58。

51「精氣」見《管子·內業》；「純氣」見《列子·黃帝》；「氣母」見《莊子·大宗師》；「夜氣」見《孟子·告子》。

涉為何？由於先秦時期，這些詞彙出現的頻率都不高，內容也多
點到為止，其描述不足以讓我們建構較完整的概念體系。但我們
有理由相信這些語言既是中醫學語彙，也是密教的修煉語彙。因
此，雖然我們從現存文本上不見得可以找到恰如其分的解釋，但
從這些語彙實質的指涉看來，這些語彙都指向一種不倚賴於後天
的特殊之氣，它們不是現象世界的營氣、衛氣、血氣之類的語
彙，我們有理由相信它們都是對同一種性質的生命動能之描述。
大體上說來，這種氣被視為一種更根源性的生命動能，它具有在
分化的形—氣—神結構之前的生命本質。其次，這樣的生命動能
通常帶有神祕的宇宙性根源之氣息，一般認為由此動能處下手作
工夫，學者應該可以找到溝通天人兩界的管道。這種作為生命本
質而又可上通更高層真實的「氣」雖人人具備，甚至可說潛存於
萬物之間，但它需要經由一種修煉的歷程，最終才可如如呈現。

　　精氣不同於一般的氣，它更精鍊，而且與氣是質的差異。論
及「精氣」，我們馬上想到所謂的《管子》四篇的「精氣說」。
希臘哲學從赫拉克利特開始，火（以太）也常被詮釋為產生萬物
的種子，它賦予宇宙整個系統生命，其熱能滲透到宇宙系統的每
一個因素。柏拉圖論「氣」時，更將它分成兩種，一種是一般的
空氣，一種是純粹的火，它無形無狀，但卻是構成萬物與靈魂的
基質。人身不管如何分化，或動或息，或生或死，其靈魂皆居於
火中。[52]《管子》中的「精氣」之異於一般之氣者，似乎也在此

52　上述有關希臘哲學與柏拉圖的「火」論之說，參見貝克萊（G. Berkeley）
　　著，高新民、曹曼譯，《西利斯——關於焦油水的功效以及與之有關的、相
　　互引發的其他課題的哲學反思和探討之鏈》（北京：商務印書館，2000）一
　　書。貝克萊此書在哲學史上的地位不怎麼高，他對焦油水的神效之大力宣揚
　　似乎也成了過時的觀點，但此書如視為對希臘哲學的「火論」之闡釋典籍，

處。管子論精氣總是和「心中之心」連在一起討論，心中之心的動能可名為「心氣」，「心氣」如以生命動能名之，則可稱作「精氣」。看來晚清以來論中西哲學者，常以「以太」解釋「氣」，此種詮釋不一定是比附，箇中有些道理可說。[53]

此「氣」雖是先天的，但這樣的精微之氣仍然需要修煉，它呈顯出一種在人體內部發生的化學實驗事件。後世中國有種丹道之學，此學最重要的著作是東漢時期的一部著作《周易參同契》，此書使用了相當多的隱喻，表達了人透過服食的階段，可以高舉成仙。關於此書所說的丹學到底是表達原始的、物質性的化學提煉過程，還是它表達的是種以身體為鼎爐、以神意為火、以陰陽為鼓風、以精氣為提煉之物的身心轉換歷程，其詮釋一直有爭議。籠統而言，五代之前的詮釋基本上以外丹的解釋為主，五代的彭曉之後，內丹之學的詮釋則居上風，當代的研究又呈現內、外拉鋸的狀況。[54]

《周易參同契》是純粹的外丹？是純粹的內丹？還是假外丹

倒頗可參考。

53　在近代中國啟蒙哲學家如康有為的《大同書》或譚嗣同的《仁學》中，氣常被詮釋成「以太」。但類似的詮釋在西方也不陌生，前引貝克萊（G. Berkeley）晚年著作《西利斯——關於焦油水的功效以及與之有關的、相互引發的其他課題的哲學反思和探討之鏈》一書中即說道：「天被學問的中國人視為和崇拜為活的、有理智的以太，這也就是迦勒底人和斯多亞學派所說的活火。」同前註，頁111。

54　關於丹道的演變過程參見陳國符，《道藏源流續考》（台北：明文書局，1983）；張廣保，《唐宋內丹道教》（上海：上海人民出版社，2001）；戈國龍，《道教內丹學溯源》（北京：宗教文化出版社，2004）；蕭進銘，〈從外丹到內丹——兩種形上學的轉移〉，《清華學報》新36卷第1期（2006年6月），頁31-71；蔡林波，《神藥之殤——道教丹術轉型的文化闡釋》（成都：巴蜀書社，2008）。

之名以行內丹之實？此事真是費人猜疑。[55]但不管何者為正解，我們看到此中的理論基本上是用了「火煉」的隱喻：人軀是個火爐，神意（炁）是火，全身的器官及意識是凡鐵。凡夫俗子，身心脆弱，就像凡鐵成不了器一樣，所以需要鍛鍊。鍛鍊是個艱辛的歷程，它也許需要文火慢烤緩燉，久而久之，乃克有成，所謂「三光陸沉，溫養子珠」。它也許需要武火猛一點燒，縮短歷程，所謂「勤而行之，夙夜不休」。據說如此服食三載，可以「輕舉遠遊」。文火、武火皆意指意識引發的熱量。

　　內丹、外丹之說是後起的，恐怕得有「丹」之語，才有內、外丹之分。但內丹之實如果意指後世道教徒所謂「修命」之說，意即修煉形氣的意思的話，那麼，明顯的，先秦時期已有此祕密修煉的傳統。屈原在〈遠遊〉一篇中云：「內惟省以端操兮，求正氣之所由。漠虛靜以恬愉兮，澹無為而自得。」王夫之於此有注：「正氣，人所受於天之元氣也，元氣之所由，生於至虛之中，為萬有之始；涵於至靜之中，為萬動之基。沖和澹泊，乃我生之所自得，此玄家所謂先天氣也，守此則長生久視之道存矣。」[56]王夫之是儒門不世出的怪傑，但他對內丹道教一點都不

---

55 像《周易參同契》這種內、外丹混雜，既像內皮外骨，也像外皮內骨，兩套語言互相參差的例子其實在煉丹術（煉金術）傳統中並非罕見。榮格論煉丹術，認為此一被視為原始化學的科學其實傳達的是意識轉化的歷程，換言之，提煉的不是物質，而是意識。耶律亞德的宗教思想中也包含了煉丹術的主題，他理解的煉丹術是種宗教行為，煉丹的過程乃是種聖顯與力顯的宗教實踐之工程，也就是神話的創化事件之摹寫。兩者相較之下，耶律亞德比榮格的詮釋多保留了「物」的結構，只是他認為「物」的結構也是「神聖」（luminous）的凝集。關於榮格的煉丹術之說，他晚年的兩本巨著 *Psychology and Alchemy* 以及 *Alchemical Studies* 備言此義，茲不贅述。

56 王夫之，《楚辭通釋》（台北：廣文書局，1972），頁102。

陌生，他的情況和朱子有些類似。兩人同樣歸宗尼山，同樣有極強的護教意識，但兩者對方外伏煉之學也感興趣，可能也都有親身實踐的經驗。王夫之的注解很可能可以成立，依據〈遠遊〉篇的敘述，屈原的實踐是得自於仙人王子喬的傳授。王子喬是戰國秦漢時期流傳於密教圈子的赫赫有名之仙人，密教自有密教的傳承與詮釋，王子喬很可能可以代表先秦一支隱伏的道家傳統。

　　王子喬所代表的行氣─服氣的傳統頗接近後世傳承不絕的氣功法脈，蒙文通認為此功法可代表道家的一種流派，[57] 蒙文通的觀察很有說服力，但蒙文通將此派流傳的區域定位為「吳越」，或許還有斟酌的餘地。蒙文通當年討論戰國道家的流派時，沒注意到羅振玉收藏的〈行氣玉佩銘〉，此玉佩可能出土於齊地。如加上掛名於管子名下的〈內業〉之所述，齊地對行氣、運氣之學看來也不陌生。晚近注意中國的氣功傳統者日多，所以此銘文已廣為人所知曉，但為方便對照起見，我們不妨再羅列其文如下：

　　　行氣，深則蓄，蓄則伸，伸則下，下則定，定則固，固則萌，萌則長，長則退，退則天。天其舂在上，地其舂在下，順則生，逆則死。[58]

一般的詮釋多認為此銘文描述行氣的情景。「行氣」這種功法對外行人而言總有些神祕，但對內行人而言，此銘文的敘述卻很道地，應該是描述大周天的搬運途徑。人身如以百會穴與湧泉穴為

---

57 蒙文通，〈晚周僊道分三派考〉，《古史甄微》（成都：巴蜀書社，1987），頁 335-342。

58 引見郭沫若，〈古文字之辯證的發展〉，《考古》第3期（1972年），頁2-13。

兩極，恰好可類比天地，「天其春在上，地其春在下」，學者從
頭頂至足底行氣一圈，即是行大周天功法。

　　學者在身體內部行氣，氣暖形流，精華日顯，這樣的事件極
像冶爐的意象。如前所述，在巫教文化中，冶煉是齣宗教儀式
劇，當技術日漸日常化、理性化以後，物質冶煉的意象轉由身體
的冶煉所取代。「冶爐」是後世丹道基本的隱喻，小周天的人身
是冶爐，[59] 莊子說「至陰肅肅，至陽赫赫。肅肅出乎天，赫赫發
乎地，兩者交通成和而物生焉」，莊子這段話雖然不能說備受忽
視，但其意義確實還沒受到足夠的重視。筆者相信這段話和〈行
氣玉佩銘〉所說的是同一回事，兩者皆指向了一種內在的冶煉光
景。莊子此處所說的「至陽赫赫」，很可能是行氣煉身得「物」
的景象，亦即以「神火」運轉形氣所致之光景。在冶煉事件中，
人身的頭足常被比喻成天地，頭足間的氣流比喻成天地之氣的交
泰，人身因此成了個圓滿的整體。莊子所說的內容因此可被詮釋
為小周天搬運的意思。相對照之下，整個宇宙的冶爐則是大周
天，此即老子所說：「天地之間，其猶橐籥乎？虛而不屈，動而
愈出。」但老子所述雖是宇宙性的道之活動，很可能其說也有修
煉的涵義在內。

　　搬運、築基、進火、調息此類的工夫是丹道語言，丹道大概
也是中國諸多的精神修煉傳統中，特別以「養身」作為核心價值
的宗派。行氣治身，或說：行氣冶身，乃是戰國流行的修行方
式，儒道思想的重點不在此，但卻不是跳過不論。老、莊、列明

---

[59]「小周天」用以指義修煉功法時，常指上半身氣脈打通，從百會穴到會陰穴
　　前後繞一圈。此周天比起全身行氣通透，規模略小，所以以「小」狀之。
　　「小周天」另一義指的是和大宇宙對照的人身。

顯地對巫教的修煉方式不陌生，對所謂的仙道也不陌生，莊、列
事實上是保存最早的仙道資料的哲人。儒家倡言「踐形」（孟
子）、「美身」（荀子）、「黃中通理」（《易經》）之說，此「踐
形」、「美身」、「黃中通理」的目的不在形體本身，而是當作德
行的身體表徵。然而，他們的學說的重點不落在形體，並不表示
形體本身的意義之轉換對道德實踐沒有輔助性的價值。事實上，
我們如果把〈遠遊〉描述練氣有成的意象，如「玉色頩以脕顏
兮，精醇粹而始壯」、「神要眇以淫放」諸語譯成「美身」、「踐
形」，未嘗講不通。如果從「起因無關法則」或「目的無關法
則」來判斷，[60] 屈原與儒道諸子可以說分享了同樣的身體轉化的
思想。

　　起因與目的無關，但結果類似，並不表示類似的身體氣象即
可模糊彼此思想的歧異。無可否認的，「內丹」與儒道思想，尤
其與儒家思想的關係很難拉得太近，但我們如果不以整體論的方
式思考其間的異同，而單就兩家牽連到的身體論因素考量，也不
宜拉得太遠。在儒、道與諸子的著作中，我們常可看到由火而光
明的意象，如「至陽赫赫」、「虛室生白」（《莊子·人間世》）、
「其道光明」（《易傳》）、「大清明心」（《荀子·解蔽》）云云。
儒、道與諸子的光明意象是其工夫論的自然指標，修養有成者，
其人的外顯即有「光圈」，此光明意象最有可能是來自太陽神
話。[61] 然而，「太陽」與「火」之神話原來難分，如前所說，古

60「起因無關」意指其因或起於煉氣、服食或觀想，起因各不相同。「目的無
　　關」意指其目的或在成仙，或在成聖，或只是為了健康著想，其目的亦各不
　　相同。

61 參見楊希枚，〈中國古代太陽崇拜研究〉（語言篇）、（生活篇），《先秦文化
　　史論集》（北京：中國社會科學出版社，1995），頁738-783。

籍中，從火、從光、從日之字，率多難分。日為大火，在火的存有的位階上，太陽居有優先性；就像太陽神話在所有神話中，居有本體論上的優勢位置一樣。但光明之意象如還原為宗教修行之要素，我們有理由認定「火」行的意象更具優先性，光明是文火冶煉昇華的產物，是體道者的身軀內部在修煉之後呈現於體表的形象。

　　作為身體表徵的能指的先天之氣所以能上現於形軀，它是要實踐的，而且也是要進火的。筆者此處使用「進火」兩字，自然是將丹道的概念引渡進來，但此引渡並非非法，因為在上世紀下半葉出土的馬王堆與郭店儒簡的〈五行〉篇中，其「氣」字多作「炁」，此字從「火」，「仁炁」、「禮炁」、「義炁」、「智炁」、「聖炁」之「炁」字無一不作「炁」。「仁炁」和仁的「德形於內」分不開，也和仁德彰顯於體表分不開。仁的表現是整體的形體性的，仁表現於內心，亦即「仁之形」時，即有「仁之行」，「仁之行」即有更深藏其內的「仁炁」流動其間。我們如果對丹道理論不陌生的話，不難在「仁形／行於內」與「行氣」之間，找到對應點。顯然，所謂的思孟學派的「道德之氣」與「行氣」之目標雖然不同，但兩者之距離並沒有想像中的那麼遠。

　　在戰國時期講求主體轉化工夫的學派中，大概都有「以心引氣以轉化人的存在狀態」此義，不只思孟學派為然。這種「心之行論」不是「行氣論」，但卻有「行氣論」所要達成的效果。屈原的〈遠遊〉是先秦時期最像「行氣論」或「內丹論」的著述，其論點與老莊明顯的有重疊之處，與思孟學派也有可相互發揮之處，但分屬不同的哲學系統。蘭因絮果，不同學派的分流無礙於它們分享共同的源頭，關鍵的因素在於意識的活動是有能量的，它會引發氣的熱量，撞擊全身的結構。「神」在修行論中常以

「神火」名之，神之所以有火，乃因心氣同流，在心（神）底層的「炁」活動以後，自然帶有熱量。戰國儒道諸子的修行論所以會帶有內丹學的影子，或者說：內丹學所以會借用儒道諸子工夫論的語言，即因此故。

「火」的象徵一旦結合「心行」的論述，而「心行」論述在儒道各家的體系中又和他們的人格終極目標一致，由此推展，我們看到作為「心行」底層的「炁」之意義會逐漸淡化，作主者反而是可見的「心」之作用體。然而，「炁」之作用固然淡化，卻從來不曾退出。其淡化乃因此概念接近共法，體系間的理論區別之效果不強。說到底，「心氣同流」本來就是人的存在的規定，不因人有沒有覺知而改變其存在的地位。有關氣—炁—心與先秦諸子的關係，筆者當另撰一文細論。

六、勇

在一部年代不詳的小說《燕丹子》一書中，[62] 戰國時著名的月旦人物者田光評鑑燕太子丹的賓客及荊軻的個性道：「夏扶血勇之人，怒而面赤；宋意脈勇之人，怒而面青；武陽骨勇之人，怒而面白；光所知荊軻神勇之人，怒而色不變。」這段描述很誇張，帶有濃厚的鄉野傳奇的意味，而且不無可能是受到五行學說的影響，所以才會有三種不同臉色的敘述。正常情況下，憤怒火氣大，臉色當是赤色，青、白色之說顯然是要配「五行」之套的。但撇去離奇的成分不論，《燕丹子》一書論及憤怒與表情之

---

62 此書不太受到學界注意，但孫星衍認為此書作於劉向、司馬遷之前，不無可能是先秦著作。

間的關係倒是有中醫書的生理依據的。在中國古老的醫書《靈樞經》中即說道：「勇士者，目深以固，長衡直揚，三焦理橫，其心端直，其肝大以堅，其膽滿以傍，怒則氣盛而胸張，肝舉而膽橫，皆裂而目揚，毛起而面蒼，此勇士之由然者也。」[63] 勇士憤怒時，火氣上升，全身燥熱，精神繃緊，胸張肝舉，膽橫皆裂，這是日常生活中時時可以感受到的狀況。唯一有待檢證的是「面蒼」之語，合理的詞語恐當作「面赤」。

　　與憤怒相關的德目即是「勇」，火曰「炎上」，勇士憤怒時，氣血上衝髮冠，全身每一細胞皆要迸裂躍出，「勇」可視為火行的德目。「勇」德在春秋後大為流行，這是有時代背景的。孟子在著名的「知言養氣」章中提到戰國時期流行的幾種「養勇」的方法，其中有北宮黝「不膚撓，不目逃，思以一豪挫於人，若撻之於市朝……惡聲至，必反之」這種直接的生理反應的類型；也有孟施舍那種以「量敵爾後進，慮勝爾後會」為恥的養勇方式，他「視不勝猶勝也」，直往不懼。孟子對這兩種類型都不滿意，他選擇的是曾子那種「自反而縮，雖千萬人吾往矣」的類型，孟子認為這才是大勇。荀子在〈榮辱〉提到四種勇：狗彘之勇、賈盜之勇、小人之勇、士君子之勇。在〈性惡〉又論述三種勇：上勇、中勇、小勇。其中的大勇是「上不循於亂世之君，下不俗於亂世之民；仁之所在無貧窮，仁之所亡無富貴；天下知之，則欲與天下同苦樂之；天下不知之，則傀然獨立天地之間而不畏，是上勇也」云云，這是他讚美的類型。孟、荀論「勇」，標準相當一致。「勇」的分類如此複雜，這種現象顯示其「類」

63　參見王冰注，〈論勇第五十〉，《靈樞經》（台北：臺灣商務印書館，1965），卷8，頁10。

在當時很重要。在楊柳岸曉風殘月或杏花春雨江南的文治時代，勇士只會是遙遠時代傳來的一縷跫音，淪為傳奇。語及現實，顯然戰國時代才是講究武德、注重勇氣的時代。

「勇」最初也最常見的性格是血氣加意志的特性，它是中國傳統諸德目中，最接近於生理層面，也是最接近於人作為「智人」此種屬中與動物的連繫性最密切的德目。孔子在有名的人生三階段時已說過：「及其壯也，血氣方剛，戒之在鬥。」孔子的敘述乃通達之言，也是常識之言。人的生命有遺傳的密碼，它依生理時鐘，生、老、病依序展開，年輕時血氣方剛，荷爾蒙特別發達，好鬥，好色，好幻想，這種擴張的生命力是有生理學基礎的。項羽自年少起兵，一路戰鬥，所向無敵。即使最後潰逃到垓下時，雖已窮途末路，但見他面對緊追在後的赤泉侯怒叱一聲，赤泉侯竟然「人馬俱驚，辟易數里」。《史記》此段話雖帶點說書人敘述的意味，但司馬遷的描述一向是被視為史實的。從今日的觀點來看，血氣方剛如項羽者好鬥，可以說是有演化論的基礎的。

然而，勇之為美德雖然要有血氣的基礎，卻不能僅於血氣，更不能由血氣主導。事實上，在中國傳統主流的詮釋中，只逞血氣之勇，不但不是美德，也不是真正的勇，它還被視為離禽獸不遠，此即荀子所謂：「我欲屬之鳥鼠禽獸。」（〈榮辱〉）在戰國時期流行的「勇」之論述中，我們發現：意志居間扮演了極重要的角色。戰國是武將、刺客、游俠當令的時代，這三種人物的共同交集是皆以武勇著名。長平之戰時，白起要面對近五十萬的趙軍壓陣；[64] 荊軻告別易水進入秦宮時，要在禁衛重重中取秦王性

---

64 實際數字不詳，但長平之戰是戰國最慘烈的一場包圍戰，趙軍被圍投降後，

命，他們如沒有過人的膽識，其事絕無可為。孟子、荀子論道德皆言及「勇」，子思也論「南方之強、北方之強」，並以「勇」德鼎足「智」、「仁」兩德，我們只有把這些議題放在當時的時代背景來看，才比較容易了解何以在一向以文治之國著稱的華夏世界，「勇」曾一度成為時代的主要關懷。中國的戰國很容易令我們想起日本的戰國、[65]古希臘的斯巴達、中世紀的十字軍東征，或第一、二次大戰時的交戰各國，這些時代都是廣義的戰國時代，任何類型的戰國時代都是武人的天下，武人自有其世界觀。戰爭是勇德的溫床，火氣是引爆武國或文弱之國走向毀滅的導火線。

「勇」雖然是戰國時代各個國家宣揚的武德，也是社會崇尚的德目，但一般的武德無價值方向，在刺客與游俠這個圈子中，我們看到很多的「平生感意氣」的事蹟，他們或一時衝動，或感主子之恩惠，結果多以武犯禁，輕生一劍知。在戰國諸學派當中，法家最明確地將「勇」與國家的農戰政策合而為一，血性火氣是要受國家規範的。「勇於公戰，怯於私鬥」成為實行法家思想諸國共同遵守的圭臬，三晉（韓、趙、魏）很明顯地宣揚這種道德，商鞅治理下的秦國更是明顯。武德焰烈，勇氣激越，秦國的百姓是梁啟超心目中軍國民的典範，這些軍國民在國家制定的共同規範的引導下，一舉統一了中國。在神祕的五行終始論中，秦代表的是金德。金德講得通，不管就地理位置（秦在西方），就金的象徵（武力、刑法、秋殺），秦國的性格都很像。但如就

被坑殺四十餘萬人，只有兩百多人被故意釋回。趙軍全軍覆滅，趙國等於亡國。長平一戰，雙方動員兵力很可能超過百萬。

65「戰國」並非正式的歷史名詞，一般用來稱呼室町時代爆發之應仁之亂後到安土桃山時代之間的百多年之歷史，此際政局紛亂，群雄割據，烽火不斷。

秦帝國的偉業考量，它體現的也可以說是尚武崇勇的火德。只因以繼承堯帝自居的劉漢興起，火行有人，秦只能盤據西金，赤帝子遂不得不斬白帝子。

　　但「勇」如是帶有普遍性價值的美德，如作為一種帶有理則的動力，也就是具有一種實踐道德的力量，那麼，它即不能受限於生理的機制，也不能拘囿於與人格成長無關的外在的命令。無疑地，當勇德從血氣之勇躍升到國民的公德時，它已走向普遍化的第一步，但如果國家的目標出了偏差呢？如果勇德是二戰時軸心國的日本或德國所歌詠之、倡導之，而且全民實踐之的武德呢？這樣的武德是否還要讚美？作為國家公德的「勇」從來不能被視為最高價值的道德，而只能是區域利益的共同規範，此義可由歷代連綿不絕的國與國之戰爭見其一斑。無義戰的勇不能稱作勇，孟子早就說過：《春秋》無義戰。杭士基（N. Chomsky）論國家恐怖主義，狄德羅（D. Diderot）視愛國主義為惡棍最後的避難所，其說皆有理據，而且實例一籮筐。「愛國」一詞的流行和「國族主義」可以說是孿生兄弟，就像國族具備進步與落伍的兩面性，「愛國」亦然。

　　我們看過戰國時期儒家對戰爭的批判，即可了解為什麼孟子要將「勇」分出層次，而以「自反而縮，雖千萬人吾往矣」作為準繩；子思也以獨立不懼的人格作為真正的「強」，也就是真正的「勇」之內容。[66] 真正的「勇」既不能是純血氣的，它不是生理學的語彙；也不能純是集體性的，它也不是社會學的語彙。人

---

66 子思提出南方之強與北方之強的對照後，特別指出真正的強者乃是「中立而不倚，強哉矯！國有道，不變塞焉，強哉矯！國無道，至死不變，強哉矯！」

格的成長是個奧祕，它需要穿透社會向度的階段，也需要滲進超越的向度，這是儒家的「勇」概念極明顯的特色。公與私、群體與個人，這種對立的概念組在儒家體系中從來不是分別獨立的，毋寧相反，真正的個性是需要公共性格的，真正的公共性也是要扎根於不可測的人格深淵上之個性的。真正的勇德亦然，明顯的，只有「勇」和「義理」結合在一起而且體現為人格結構的成分時，「勇」才可成為承載道德的載體，它才是可欲的，也才獲得了火德真正的內容。

　　談到「勇」與人格的關係，我們不能不再回到「勇」的本義上來。如前所述，「勇」原本是建立在血氣衝動上的一種德行，它是盲目的意志之生理面向之屬性。但「勇」的核心價值在於它成為普遍性的道德之動能，如果還原到勇德的存在依據，我們不妨說勇德真正的指標在於身體的義理化，亦即形氣主體由義理貫穿，身體的氣血脈動完全法則化、透明化，全身各種生理與心理機能相互一致，心氣融為一體，彼此毫無扞格。這就是所謂的「聲為律，身為度」，[67] 一舉一動全由道德法則所貫穿。學者達到此境地時，「勇」近於「道」，此際的勇德雖仍需要血氣的基礎，但卻已不受限於血氣，它由「小體」的德性變為「大體」的德性。所以一旦義理之勇來臨時，年齡與生理機能皆已不再是限

67　語出《大戴禮記・五帝德》。參見王聘珍撰，王文錦點校，《大戴禮記解詁》（北京：中華書局，1983），卷7，頁124。程明道後來引申其義曰：「心是理，理是心，聲為律，身為度。」參見程顥、程頤，《河南程氏遺書》，《二程集》（北京：中華書局，1981），上冊，卷13，頁139。程伊川再申述其旨趣道：「己便是尺度，尺度便是己。」程顥、程頤，《河南程氏遺書》，《二程集》，上冊，卷15，頁156。程明道的語言是用以讚美曾子臨終易簀之舉，程伊川則用以讚美顏回，兩人之語皆可謂善解。

制，儒家所宣揚的大勇人物，其人多非青壯之輩，如「王赫斯怒」而安天下百姓的文王、[68]牧羊北海海濱的蘇武、歌詠正氣的文天祥，以及明末為漢民族守節殉國的劉宗周、黃道周。他們其時多已不年輕，他們的血氣之勇顯然是不足的，但他們的義理之勇則沛然莫之能禦，因為他們的義理即勇，勇即義理，「勇」德徹底理性化了。

七、恥與改過

論及「勇」德，我們除了會想到戰國時期的勇士外，也馬上會聯想到「知恥近乎勇」此句名言。「恥」是儒家重視的「國之四維」之一，其地位與「禮、義、廉」並列。「恥」是一種愧歉的情感，一種否定現實的自我之心理動能。由於人的自我防衛機能使然，人要反身判斷自我，知其錯，知其過，坦然面對之，這是極難的事。所以說：「恥之於人大矣，為機變之巧者，無所用恥焉；不恥不若人，何若人有？」機變之巧即是掩飾、辯解，是生命異化的開始。反過來說，學者要坦然面對行為的錯誤以及面對恥感的羞辱，這需要極大的勇氣，所以說「近乎勇」。

羞恥意味著誠實面對自己的錯誤，否定掉部分的自己，這是道德生活的起步。一位不知反省的人，他自然不會有恥感，因此，也自然就沒有新的道德生活可言。孔子論人的立身行世之道

68　見《孟子·梁惠王下》。「赫」字，《說文》云：「大赤也，從二赤。」「赤」字，從大，從火。一個「赤」字，火氣已不小；「赫」字從「二赤」，文王赫然大怒，其勇的火氣一定更大。但誠如張南軒說的：「大勇者，理義之怒也。血氣之怒不可有，理義之怒不可無。」引自朱熹，《孟子集注·梁惠王下》，《四書章句集注》（台北：大安出版社，1983），卷2，頁299。

時即言：「行己有恥」，「恥」是內在的法官，也是內在的感化師，它不斷地以使身心不安的動能迫使學者正視個人外在的行為與內在的意識狀態之存在面貌，並思求改變之。「恥」是無法外加的，它是良心的一種另類的呼喚，它只能以「禮」栽培之。[69]孟子論恥感的重要性時也說道：「人不可以無恥。」他繼而以套套邏輯（同義反覆）的語式引申說：「無恥之恥，無恥矣！」人生最大的問題，不在個別的問題本身，因為個別的問題如果問題化了，被喚醒了，其問題多可以解決。但問題如果被鈍化了，解消了，道德生命的自我檢證力道被繳械了，問題才大。一個沒有恥感的人，即不會有滌除內在凡庸面向的力道，「恥」此一德目牽涉到真實的自我能否呈現的問題。

　　在儒家的道德系譜中，德目一般都是正面表列的。在孟子學的傳統中，德目更明顯地多半出自強烈的道德意識，而不同的道德意識可以說出自同一個本心。即使在不涉及性善性惡之說的孔子或言心善性惡的荀子，他們所重視的德目仍是正面開展的類型，若仁、若禮、若義、若智，莫不皆然。相對之下，「恥」代表一種返身清滌祓濯的情感，它是種否定性的道德。如果儒家的「成人」要求學者須在文化世界中成就自體，儒者不能不正視一個連帶而來的結果，也可以說是一項常見的後果，此即人在世界中的日常生活不免庸俗化，不免在群體的價值取向中遺忘自己。此海德格（M. Heidegger）所以批判日常的生活心態；唐君毅所以慨嘆善惡之同根而發；而孔子所以特別反感「鄉愿」帶來的惡劣作風。「恥」感正是要喚醒學者躍出沉淪的非本真世界，讓心

69　所以孔子讚美禮治的政治效果道：「有恥且格」，亦即百姓可以因恥感而自　動感化。相反地，以刑治民，也可以治，但不免「民免而無恥」。

靈在返身的痛感中呈顯自己的真實面目，也就是「誠」的狀態。「恥」和「誠」彼此詮釋，互為存在。

「恥」是種返身的判斷，是種強烈的否定感覺，但它的作用不會只是心理的感覺，它會溢出人身的框架，影響禮制的建立。孟子在論喪葬的起源時，曾設想一幕原初的死亡處理方式：親人的屍體被拋棄於山谷間。有一天，為人子經過其地，發現有狐狸啃噬親人骨骸，有蠅蚋姑嘬親人骨肉。為人子見到以後，內心極為不忍，「其顙有泚，睨而不視」（《孟子・滕文公上》）。「其顙有泚」乃是不容自已的生命力量，它由不知名的深處湧現到體表膚色，為人子者於是取土而掩埋之。孟子一再言及道德的依據，或者仁政的依據在於「不忍」，「不忍」實即「忍不住」。學者面對不對的情境時，全身不安，他不忍見到此一情狀，他要改變此一情狀，這種強烈的不安情感即是「恥」感，「恥」感發出來的否定行為即是「改過」。

趙岐在上引「其顙有泚」句後有注云：「泚，汗出泚泚然也……中心慚，故汗泚泚然出於額，非為他人而慚也，自出其心。」「慚」也是一種「恥」，內在的恥感會顯現在膚表的慚愧之汗。在「恥」感與體表汗流之間，有種轉換的關係，孟子由此來說明「一本」的道理。「一本」預設著一種統一的原理，若在身體論述上講即是「身心一如」。但雖說身心一如，誠中形外，這種「一如」的內外模態還是不一樣。我們不妨說：恥感會引發一種火熱的能量，進而影響了體表的顯現。孟子曾引子路的話語：「未同而言，觀其色赧赧然，非由之所知也。」（〈滕文公下〉）其語義指與人交，言不由衷，連言者自己都會臉紅。趙岐注「赧赧然」道：「面赤心不正之貌也。」趙注說得通，但更恰當的解釋當是「心動而面赤」。《說文解字》注解「赧」字亦云：「面慙

而赤也。」羞愧之心，人皆有之，似乎不只孟子有此看法，連小學家都是如此注解的。王陽明後來講良知之色「正赤」，[70]尼采（F. W. Nietzsche）以「能雙頰發紅之動物」作為人的定義，[71]其語皆近噱，其說皆有據。學者如能隨機指點，由「羞愧會臉紅」此現象指點學子道德情感與生命能量同根而發，從教學效果看，可說是霹靂手段。

　　羞恥引發的強烈身心翻轉並不是罕見的經驗，司馬遷因替李陵申冤，竟蒙受腐刑，終身以為辱。他說道自己當時的身心狀態：「腸一日而九迴，居則忽忽若有所亡，出則不知其所往。每念斯恥，汗未嘗不發背沾衣也。」（〈報任少卿書〉）司馬遷認為自己所受的恥辱比死亡還痛苦，比任何可想像的不幸還要不幸，「最下，腐刑極矣！」恥辱的力量竟會蒸發身體的動能為滿身的汗水，其熱能強度猶不止於「其顙有泚」。乾嘉考證學的代表人物閻若璩又是一個例子，他好勝心極強，恥感特別發達，據說其人：「一物不知，以為深恥。遭人而問，少有寧日。」[72]從孟子的觀點來看，閻若璩可說是恥非所恥，有些「不知類」了，但這無礙於他經歷了真正的羞恥之事件。羞恥或因道義感而生，或因榮譽感而生，或因底下所說的「面子」問題而生，但總是存在的。

---

70 《李卓吾先生評點四書笑》：「一士從陽明學，初聞良知，不解。卒然起問曰：『良知何物？黑耶？白耶？』群弟子啞然失色，士慚而赧。先生徐語曰：『良知非白，非黑，其色正赤。』」開口世人輯，聞道下士評，《李卓吾先生評點四書笑》（台北：天一出版社，1985），此書全書無頁碼，頁碼難以判斷。此則笑話很出名，常見於晚明筆記，餘不贅述。

71 引自錢鍾書，《管錐編》（北京：中華書局，1979），頁566。

72 參見錢大昕，〈閻先生若璩傳〉，《潛研堂集》（上海：上海古籍出版社，1989），卷38，頁672。引語為閻若璩集與陶弘景、皇甫士安相關之語而成，當是自況之義。

羞恥常被認為帶來火辣辣的感覺，事實上，「恥」字確實火辣辣。「恥」字與意思為「火熱」的「奭」字原本同部同音，「奭」字原為兩火，傳寫過程中因訛誤，火字錯成了「百」字。其實一火為赤，兩火為奭，意義無別。[73]「恥」作為一種心理感覺，正指如火如焚的強烈心理驅力。

「恥」代表否定部分現實我的能量，它如火在身體內部燃燒，面對這種強烈情感傳達出來的訊息，學者要面對它，是需要極大的勇氣的。《孟子》書中提到不少不知類的故事：無名指不能伸直般的小問題日夜關心，不遠千里求醫，真正的人生大問題卻不敢碰。[74]面對真實乃是真正的勇者的行徑，《大學》一書提到人面對真正的問題，恍如被十目所視，十指所指，焉能逃避。如果儒家哲學的核心是生命的學問的話，反省—恥感—改過之說必然會興起。先秦時期，應當流傳不少「子路聞有過則喜」這類的傳聞。「恥」與「改過」在儒家道德哲學中居有核心的地位，是生命能否真實的夢覺關。

「恥」與「改過」在理學文化中發展到另一個高峰，明末尤為講究，李二曲即以「改過」作為為學之首要宗旨。顧炎武雖非理學家，但他以「行己有恥」作為士大夫之大防，這些論點反映了一時之風氣。但最足以反映恥感與改過精神者，竊以為莫過於劉宗周的《人譜》所述。《人譜》所述可說即是知過法、改過法，劉宗周省察過錯之深，可謂窮盡其源之至，開儒學工夫論前所未有之境界。最足以見出「恥」、「改過」之作用者，莫過於

---

73 以上所述參見王獻唐，《古文字中所見之火燭》，頁204。

74《孟子・告子上》曰：「今有無名之指，屈而不信。非疾痛害事也，如有能信之者，則不遠秦楚之路，為指之不若人也。指不若人，則知惡之；心不若人，則不知惡，此之謂不知類也。」

底下這段常被引用的功法：學者每日反省自我時，要在桌子上布置一炷香，一盂水，底下安置一塊蒲團。平旦以後，即行入座，底下是接續的內容：

> 交跌齊手，屏息正容。正儼威間，鑒臨有赫，呈我宿疚，炳如也。乃進而敕之曰：「爾固儼然人耳，一朝跌足，乃獸乃禽，種種墮落，嗟何及矣。」應曰：「唯唯。」復出十目十手，共指共視，皆作如是言，應曰：「唯唯。」於是方寸兀兀，痛汗微星，赤光發頰，若身親三木者。已乃躍然而奮曰：「是予之罪也夫。」則又敕之曰：「莫得姑且供認。」又應曰：「否否。」頃之，一線清明之氣徐徐來，若向太虛然，此心便與太虛同體。乃知從前都是妄緣，妄則非真。一真自若，湛湛澄澄，迎之無來，隨之無去，卻是本來真面目也。[75]

《人譜》所述者是要用來取代一時流行的〈功過格表〉的，它作日課用，不是玄想的產物。儒者自有宗教生活，他活在另類的靈性氛圍，《人譜》的懺悔顯示了一種由生命根源處湧現的一種否定現實自我、迴向本根的靈機衝動。「痛汗微星，赤光發頰，若身親三木者」之語即使放在最具苦行精神的教派下比較，其激烈程度都是相當突顯的，其懺悔之情可謂躍然紙上。劉宗周《人譜》的用語與《孟子‧滕文公》論孝子葬父的心理動機恰可相互發揮。

---

75 劉宗周，《人譜》，《劉宗周全集》（台北：中央研究院中國文哲研究所，1997），冊2，頁18-19。

從孟子到劉宗周，我們看到一種扎根於生命本質上的道德熱
情之因素。晚近論中西「恥感」之異同者，頗有人認為西方之恥
感與罪感俱，中國的恥感則與面子俱。從十九世紀末傳教士明恩
溥（A. H. Smith）開始，不斷地有人提出中國人的「面子」問
題，其中包括名氣響亮的羅素（B. Russell）、尉禮賢（R.
Wilhelm）、魯迅、林語堂等學界名人。學術意義的研究自胡先縉
在上世紀四〇年代初發其先聲以後，代有衍義者，晚近楊國樞、
黃光國繼起，更將「面子」議題推到高峰，其影響波及到改革開
放後的中國。[76] 上述社會科學學者的觀察或從社會心理學，或從
心理人類學立論，觀察各異，但似乎皆支持面子與恥感的緊密關
聯。

　　這些來自於不同職業與學術專業的人士皆指出華人社會重視
「面子」的文化現象，「面子」議題似乎成了華人地區社會科學
界的一項顯學。如就一般熟悉的華人社會現象考察，上述諸先生
之說很符合我們對中國社會的印象，報章、雜誌中要找出例證也
絕不難找。然而，筆者不相信「面子」只是華人社群的特殊現
象，因為面子是種「面具原型」。[77] 只要人的主體離不開社會的
建構，人的主體是在他人的肯認中映照而成，[78] 也是在人生的大

76　上述的研究史參見翟學偉，《中國人的臉面觀——社會心理學的一項本土研
　　究》（台北：桂冠圖書公司，1995），頁19-52。代表性的論點參見黃光國、
　　胡先縉著，《面子——中國人的權力遊戲》（北京：中國人民出版社，
　　2004）。

77　「面具原型」是筆者對榮格（C. G. Jung）的persona archetype的挪譯，此原
　　型意義參見C. G. Jung, H. G. Baynes tr., *Psychological Types*, in R. F. C. Hull
　　ed., *The Collected Works of C. G. Jung*（Princeton: Princeton University Press,
　　1976）, vol. 6, pp. 463-470.

78　庫利（C. Cooley）所說的「鏡中我」或「返照我」即是此義。人照鏡以調整

舞臺中因各種角色的相互配合而樹立起來的，[79]那麼，「面子」的作用就很難避免。在《史記》的刺客、游俠列傳中，我們看到許多「小不忍則亂大謀」的案例，真正的原因是面子掛不住。然而，日本或西方在近世之前，常有決鬥的社會習尚，決鬥的原因常也是當事者覺得被公眾羞辱了。[80]我們很難說「不能忍受公開羞辱」和「愛面子」無關，也不能說華人的「好面子」沒有主體性自覺的因素。如果人格不能脫離社會建構的歷程，不管什麼人，面子都是要的，面子掛不住時，主體會受損傷，人格會覺得被侮辱。

　　「面子」與人的社會性有關，面子受損引發恥感，不管於中於西，這都是常見的現象。然而，「面子」似乎帶有更明顯的華夏文化風土的因素，筆者認為關鍵在於儒家雖然強調道德的自主性，但也強調這種道德的自主性需要社會文化的土壤，亦即風俗或風尚，其道德才能順利修成正果。儒家的道德很重視人與人之間的「倫」之關係，合理的「倫之關係」即是「禮」，「禮」所形成的規範系統即是「禮教」。「禮」是行為語彙，它的內涵要見之於行事。但儒家從孔子以下，大概都會主張仁、禮的一致

　　全身，人也因設想中的他人對自己之印象而調整自己，人格即在此不斷的反映與回應中建構而成。

79　高夫曼（E. Goffman）從戲劇論「前臺」、「後臺」的觀點著眼，指出面子的一些要素：印象、前臺、表演、面具等，並非中國人特有，而是具有普遍性的概念。高夫曼對中國人的「面子」問題並不陌生，他的戲劇論觀點和漢學概念「面具」關係很深。參見高夫曼（E. Goffman）著，黃愛華、馮鋼譯，《日常生活中的自我呈現》（杭州：浙江人民出版社，1989）。

80　很典型的例子是發生於三百年前日本江戶時代之「赤穗義士」事件。此事件之原始導因（主人公因羞辱而自殺）、後續發展（義士報仇）、最終結局（幕府勒令義士自殺，以保其顏面），可說都與「面子」有關。

性，亦即道德行為與道德意識的緊密關聯，論及儒家的道德論述傳統，筆者相信「仁禮的一致性」大概是不分漢儒、宋儒，不分程、朱、陸、王，他們都支持這種主張。

但這種連綿不絕的理念之連續性也許可以反過來看，因為「仁禮之間的不一致」有可能才是社會的現實，所以才需要提出規範性的主張。由於儒家強調家庭、鄰里的價值，儒者需要在社群的互動中產生一種互滲互動的集體臍帶感，這種臍帶感原本意味著一種無法切割的「一體」之隱喻，但「相偶性」的人格構造加上禮制的現實卻使得「鄉愿」的可能性一直存在於儒者的道德生活當中，面子超越了真實。魯迅的吃人的禮教之說，孟德斯鳩（Montesquieu）的「中國的生活完全以禮為指南，但他們卻是地球上最為騙人的民族」之論，[81] 不會是空穴來風。

道德的條件、來源、依據為何，這是一個普遍性的倫理學議題。儒家的「仁」字或以「博愛」、或以「生生」、或以「相人偶」、或以「身心」界定之，可以說想分別從主體內部身心之間、人我之間、人與世界之間建立起本質性的關聯，從整體的角度看，不同的歷史階段所側重的面向恰好構成了完整的仁之圖像。仁的位階高於其他任何的道德概念，禮要在這個完整的仁之體系中找到位置，面子則需要在仁─禮的架構中得到較低階的定位。很明顯的，依儒家的教義，不管道德成長的構成因素為何，真正的道德判斷不能離開主體的構成，沒有仁的禮不是真正的禮。我們不宜忘掉一項明顯的事實，此即「誠」、「慎獨」是儒家極重視的德性，鄉愿則是儒家一向最急於劃清的人物類型。筆

---

81 孟德斯鳩（Montesquieu）著，張雁深譯，《論法的精神》（北京：商務印書館，1959），上冊，頁378。

者相信許多的社會科學家從廣義的社會制約論的角度論中西社會的面子與恥感的關係，這種觀察應當有參考的價值，但社會科學的經驗性考察之歸納所得有其適用的範圍。從儒家的道德哲學來看，上述這些觀察的有效性是有限的，不宜推衍到解釋更深層的精神生活。

事實上，「恥」始終是儒門重要的德目，它不是出自耶教，與「原罪」的概念渺不相涉。「恥」出自「性善」或「良知」教的傳統，儒家人士很難不堅持：真正的恥感不能沒有道德意識的依據，道德意識和世界有迴互的關係，和人群有相偶的關係，但迴互和相偶的根源卻是出自人格構造的深淵，它不能脫主體化。說到底，只有良知才能提供道德動能與道德判斷，良知本身才是最高的審判長。它返身判斷，發現意不誠時，其知即會化作「恥」的形式，恥感會在臉色上顯現出來，通常是「赤」此種顏容之氣。儒家自有另類的睟面盎背之「面貌」哲學，此「面貌」與社會面具的「面子」同體而異用，同行而異情。

八、結論

火的使用如果追溯到北京人，其年代已逾五十萬年。如果追溯到雲南的元謀猿人，其年代據說可上溯至一百七十萬年前。[82]從中土先住民會使用火到華夏文明的出現，中土居民與火交往的時間橫跨了人類文明發展期的幾十倍甚至上百倍之長。依據榮格原型說的估算，這麼長的演變時間，而又與人的存在有這麼密切

---

82 資料見楊福泉、鄭曉雲著，《火塘文化錄》（昆明：雲南人民出版社，1991），頁3。

的關係，「火」早已有資格成為身心結構中的原型，其效能與「本能」的功能不相上下。

　　「火」自見於文獻記載以來，應該即已經歷聖化的過程。天界的太陽與大火被視為「火」的終極來源，也是人間與火相關的事件之摹本。人間事務有天上的摹本，這是典型的初民思維。從天界取火用的陽燧則是此思維的見證，陽燧所取得的「明火」（一種純淨之火）在早期的祭典中曾扮演重要的角色。陽燧、明火的時代早已過去，沒想到時序進入二十世紀下半葉之後，因能源危機、核電危機，現代天火──亦即太陽能發電竟能再度扮演歷史主角，成了被潔人類文明的救贖者。「天火」的聖顯作用顯然仍然起了作用，只是「聖」的情感恐已大為減弱。

　　「火」曾是時間的量度，也是生命與動能的來源。陽光普照，生命復甦，這兩者之間的現象被視為一種因果關係，進一步推論，即是空氣中帶有的火之因素點燃了萬物的生命力，這樣的帶火之空氣即是「炁」，可稱為精氣。精氣說在戰國業已成熟，精氣遍布一切，它是鳥之所以能飛，星之所以能耀的因素，籠統地說，它具備了動力因與物質因。更重要地，它是構成心中之心的要素，亦即它是比一般的意識與軀體還要深入，而且是構成兩者之基層的氣。「心」與「氣」因此有特殊的聯絡管道，此說在後世的丹道或儒道諸子思想中都可見到。「心」與「氣」的關係的哲學意義如何？亦即它超出中國哲學史意義之外的內涵為何？其普遍性之意義如何解釋？恐怕至今仍是有待證成的課題。

　　回到早期儒道哲學史的現場，我們看到當精氣、天火相合，構成人的基質之後，凡牽涉到生命強烈動能的德目，如勇、如恥、如慚、如愧，都不免需要吸取「火」之動能義、生命義，以作為道德實踐的動力來源。由勇、恥、慚、愧、憤悱、不忍這些

道德詞彙隱含的強烈生命動能，我們可以了解儒家的道德哲學可視為一種另類的生命哲學。這種「炁」心合一的生命哲學用以溫暖行動者，活化行動者，鼓舞行動者，心氣流動所及的作用場因此形成了一種與周遭區域區隔開來的意義場所。這種強烈意識帶著精氣流行的思想因素在思孟與陸王哲學上看得很清楚，但儒家的其他學派也不可能缺乏這些質素。代表「火」的動態精神可以說是儒門顯著的思想地標，最易與佛老切割。凡是只從「集體主義」或「道德的外在性」界定儒門道德者，可以說都是買櫝還珠，錯失了儒門核心的價值理念。

　　「火」的精神途徑與中國文明的路程把臂共行，而且仍在進行中。後世中國凡發生改朝換代的事件，「火」行即不時會從沉寂中火爆而出。清末民初這個階段尤為明顯，我們在譚嗣同的《仁學》與郭沫若等人的詩作中，都可看到這種燃爆一切現成秩序的力之衝動。但論及火德理論之發揚，筆者認為表現得最清楚者卻是見於明末的「火」之哲學家，其中，覺浪道盛、王夫之與方以智尤為著名，他們是徹徹底底的「火」精神之體現者。但我們如擴大範圍看，其時第一流的儒家學者如劉宗周、顧炎武、傅山、黃宗羲等人，其思想也都蘊含了「火」氣。這些人提供了另外一種的「火」之故事，箇中因素有的是出自時節因緣，有的是來自深刻的理論創造，不管是隸屬何種的知識類型，它們都很值得在另一個脈絡裡細談。

玖

吐生、報本與厚德
土的原型象徵

　　土是五行之一，它在中國的象徵體系中，占有重要的地位，但我們看希臘，看印度等古文明的知識分類系統，土同樣占有主導性的象徵意義，這麼普遍地被不同文明的人所接受，絕非偶然。我們只要想到初民的生活世界，尤其想到農耕文明的時期，初民從土地四時的交會中，春耕、夏長、秋收、冬藏，土提供了生命，土本身就是生命，我們即可了解何以它在初民的價值體系中，占有如許重要的地位。

　　土像其他四行一樣，在併入「五行」的圖式以前，它有個長遠發展的歷史。由於三代文明與農耕生活關係特別密切，支撐農耕形式的黃土地自然也成為支撐三代文明的深層文化氛圍。土行挾著洪荒以來被無意識隱約記憶的質性，一路收編新質性，一路也折損了些固有的家當。到了秦漢時期，「五行」思想定型化以後，土的性格也大體穩定了下來。但歷史的記憶是不會散失的，它仍會不時躍出，因為「土」是個與集體無意識及民族心靈密切相關的象徵。本文將從神話與儀式入手，探討影響先秦「土」思

想的深層結構，藉以挖掘儒道哲學思想的原始宗教之根源。

一、籍田禮與大地的復甦

「土」亙古即存，任何時期，任何經濟模式，我們都很難想像脫離土的生命形態。然而，論及華夏之土，我們恐怕還是得將它放在農耕文明的背景下定位，因為農耕文明形成的一套大、小周天相呼應的生活秩序，深刻地形塑了中華文明——尤其是儒家思想的模子。底下，我們不妨從《國語》記載的一則故事談起。周朝的名君宣王即位後，想廢止「籍田」之禮，大臣虢文公規諫他：事情不可以這樣作，因為「民之大事在於農」，百姓的生活、上帝的祭典、鄉里的倫理都要依靠它維持。「籍田」是個隆重而複雜的典禮，虢文公繼續解釋道：

> 古者，太史順時覛土，陽癉憤盈，土氣震發，農祥晨正，日月底於天廟，土乃脈發。先時九日，太史告稷曰：「自今至於初吉，陽氣俱蒸，土膏其動。弗震弗渝，脈其滿眚，穀乃不殖。」稷以告王曰：「史帥陽官以命我司事曰：『距今九日，土其俱動，王其祗被，監農不易。』」王乃使司徒咸戒公卿、百吏、庶民，司空除壇於籍，命農太夫咸戒農用。先時五日，瞽告有協風至，王即齋宮，百官御事各即其齋三日，王乃淳濯饗禮。及期，鬱人薦鬯，犧人薦醴，王裸鬯，饗醴乃行，百吏、庶民畢從。及籍，后稷監之，膳夫、農正陳籍禮，太史贊王，王敬從之。王耕一，班三之，庶民終於千畝。其后稷省功，太史監之。司徒省民，大師監之。畢，宰夫陳饗，膳宰監之。膳夫贊王，王歆太牢，班嘗之，

庶人終食。是日也，瞽師音官以省風土，稷則遍誠百姓，紀
農協功，曰：「陰陽分布，震雷出滯。」……民用莫不震
動，恪恭於農，修其疆畔，日服其鎛，不解於時，財用不
乏，民用和同。[1]

虢文公不但知道籍田之禮的意義，他也知道如何行禮。虢文公認
為這個祭典極重要，廢掉了會動搖國體，可惜周宣王不聽。據
《國語》記載，後來周宣王討伐戎狄，果然吃了敗仗。

　　籍田與軍事的關係姑且不論，周宣王此名君不行籍田之禮，
與他討伐戎狄以失敗告終，兩者之間是否如《國語》所說的有因
果關聯，從我們現在看來，很難想像。然而，虢文公的話語卻告
訴我們許多有關籍田的訊息。至少我們知道籍田是個動員人力極
多的大典，從國君以至司徒、司空，甚至庶民在內，無不參與其
事。我們還知道如下的事情：

1. 舉行典禮前，從國君以及百官等所有參與的人員皆須舉行
　 齋事三天，國君尚須於「齋宮」行之。
2. 參與祭典的人員當中，來自遙遠天文學傳統的太史、農耕
　 文明關鍵官員的稷，以及具有特殊知覺能力的瞽師、音官
　 等，是執行祭典的靈魂人物。
3. 行禮的季節是在孟春，它要配合協風、土氣、山川、雷電
　 初次的震耀，也就是大地甦醒的動作而舉行。
4. 禮成後有宴會，從國君以至庶人，分別品嘗食物。禮成而

1　徐元誥撰，王樹民、沈長雲點校，《國語集解・周語上》，（北京：中華書
　　局，2002），卷1，頁16-21。

有收穫時，國君還要舉行「嘗新」之禮。

　　三代是在黃土平原上興起的帝國，國之大事在禮與戎，對於土地的禮敬祭祀與對維持權力必備的暴力因素一向不陌生，祭祀與暴力的會合在籍田禮此農耕儀式上顯現得極清楚。「籍田」從有記載開始，它就不是私人的或家庭的事務，它至少是氏族或國家共同體的行為。從國君以下，鬱人、犧人、太史、太師、司徒、司空、庶民無一不需要參與這場祭典。這種典禮的公共性質固然反映了早期農業社會的集體性格，但它也反映了「土地」一開始即和「權力」是分不開的。籍禮是對土地的儀式化，儀式化有各種的涵義，最明顯可見的是：權力的集中與集體意識的形成。儀式自始至終，國君都扮演了領導的角色，它的角色在分工中被強化了。不特如此，在禮成的儀式中，國君嗅聞太牢的香氣，百官再依次品嘗，最後才由庶民吃完。祭典中的牲禮都是共同體神聖的象徵，共同體的成員經由分享牲禮，他們形成了集體的同儕意識。從分食的秩序中，階層的架構也形成了。

　　然而，籍田為什麼可以提供緝結群體意識的功能？籍田此祭典顯然帶有神聖的質性，這神聖的質性滲透到供奉過的牲禮中，促成牲禮的質性急遽轉變。參與祭典的共同體成員分別享用供牲後，他們凝聚成神聖共同體的成員，一種鞏固政治秩序的功能於焉形成。在初民世界，神聖感與政治權力的關係糾結難分，在早期農耕階段，對土地的經營尤為關懷的重心。「籍田」的儀禮提供了我們充分的意象。

　　「籍田」當然是有歷史源頭的，農耕的「田」本來即是初民對土地的經營，它的神聖性建立在「土」的聖化上面。殷商時期，我們已時常見到有關「土」的祭祀，而且，殷人祭土時，往

往連著山、河、祖先一併祭祀，其情況與《國語》所記的「籍田」儀式類似。如云：「辛酉卜賓貞，囗年于河。貞、囗年于土，九牛」、「己亥卜、田率、燎土豕俎、兒豕、河豕、囗（豕牛）」。土聖化，它成為祭祀的對象，但它的功能、地位似乎和其他聖化的自然景象或祖先的亡靈分不開，其中最特別的，莫過於風與土的聯繫。

籍田、風土、季節、農耕這幾個概念緊密扣連在一起，論及三代之前的土的意義，我們不可能脫離三代的「農耕文明」這個前提，「籍田」的文獻記載的「風土」一詞，以及此典禮舉行時的大自然全面甦醒的景象，不宜放過。論及「風土」，我們不會忘掉《尚書・堯典》敘述四方方位與風土的關係，其言如下：

> 分命羲仲，宅嵎夷，曰暘谷。寅賓出日，平秩東作。日中，星鳥，以殷仲春。厥民析，鳥獸孳尾。
>
> 申命羲叔，宅南交。平秩南訛，敬致。日永，星火，以正仲夏。厥民因，鳥獸希革。
>
> 分命和仲，宅西，曰昧谷。寅餞納日，平秩西成。宵中，星虛，以殷仲秋。厥民夷，鳥獸毛毨。
>
> 申命和叔，宅朔方，曰幽都。平在朔易。日短，星昴，以正仲冬。厥民隩，鳥獸氄毛。[2]

「析」、「因」、「夷」、「隩」其詞罕見，前人注解亦多紛歧。民

2　以上引文參見孔安國傳，孔穎達疏，《尚書正義・堯典》，收入李學勤主編，《十三經注疏整理本》（台北：臺灣古籍出版公司，2001），冊53，卷2，頁33-35。

國來疑古學者，或以為〈堯典〉所記四方風土人物之語出自神話，無稽可考。但隨著甲骨文出土日多，考釋日精；以及隨著神話、民俗學等新興學科的興起，《山海經》之類的書日益受到重視，學者才赫然發現：四民原來也是四方的方位神，同時是風神。〈堯典〉的成書年代是《尚書》學史的一大公案，但經由甲骨文及出土文獻的印證，我們可以確定「四方風」其來有自，商人就是這樣看待來自四方的風的。

　　〈堯典〉將大自然的變化整合成井然有序的構造，時序、方位、鳥獸、人民各居其序，共同享受堯風舜日的太平盛世歲月。〈堯典〉的圖式應當是後世的史官整理過的，此一圖式很值得玩味。因為「風」狀難摸，難捕捉。但商人卻認為四方之風各有專稱，其代表的性質互不相同。

　　風的分化顯然是隨著空間的分化而來的，有了東西南北的概念，才有東方的俊風、南方的乎風等。同樣地，有了四方的概念，它落實到大地上，即有四方土的概念，商人是祭祀四方之土的：

　　　甲午卜走貞，東土受年？
　　　甲午卜亙貞，南土受年？
　　　甲午卜韋貞，西土受年？甲午卜賓貞，西土受年？
　　　甲午卜𠧑貞，北土受年？

由「受年」的語詞看來，甲骨文這些話語是和農作的占卜相關的。四方之土，一一占卜，因為占卜時每一方的土都是具體的，產量不會一樣。然而，「土」依四方劃分，這是唯一的劃分方法嗎？

顯然不是唯一的。空間本身並沒有固定的標誌，它的區分及區分後的象徵意義是有待決定的。商人除了確立四方土外，他們還確定了「中土」的概念。中是等距，中是挺立，中是初民認知結構中一個重要的固定點，中更是貫通天地最重要的象徵。「中土」一詞出現，此事絕非偶然，它與同時期出現的「中國」、「四國」、「四巫」的意義是相連貫的。中與四方是空間的劃分，但初民的空間觀不會是抽象的、等價的空間區隔。商人將自己的位置定在四方之中，作為天命所重的殷商民族既不同於周遭民族，因此，「中土」的地位自然水漲船高，迥非其他四土所能望其項背。

「中土」的概念提供我們了解「中」的重要線索，它也提供我們有關「籍田」的背景知識。祭土與籍田，兩者儀式的規模不一樣，但性質是相通的。由於「籍田」的儀式較祭土豐富（很可能是史料性質所造成），因此，了解「籍田」的結構以後，我們反過來可以更加理解「土」為什麼會被聖化，它的獨特性在什麼地方？

我們不妨回想上引《國語》虢文公的話語，它提供一幅極奇特而生動的世界圖像，這個圖像告訴我們：春分季節，宇宙活起來了，它由冬眠甚至死亡中復甦，這是一場大規模的宇宙戲劇，這種新的生命的徵兆如下：

1. 雷電交加：它震醒了一切蟄眠的生物。
2. 協風遠至：它帶來了春氣融合的訊息。這個訊息太隱微了，但非常重要，所以只有具有特殊聽覺能力的盲人樂師才聽得到，他必須向國君透露此一消息。
3. 陽氣飄動：氣雖無形無色，但初春季節，田野中總有些似

野馬、游絲之類的氣息，它與嚴冬氣凜的感覺完全不同。

4. 川河大概也提供了生命的資訊。它就像大地的血脈一樣，血脈在寒冬時期冰凍了，隨著協風吹拂，陽氣升發，血脈開始流動了。

雷、風、氣、水共會在初春的土地上，土地甦醒了，它的生命力開始發揮了。籍田最核心的意義不在王權的鞏固，也不在集體意識的加強，[3] 後面這兩個因素當然是有的，但它的合法性是建立在對土地「死而復甦」的信仰上。土地隨著四時變化，其面貌自然不同，春夏秋冬，不斷循環，這是大部分地區的農業民族共有的經驗。而依據初民的思維，這種循環的自然現象很可能就變成神祕的生而復死、死而復生的神聖戲劇。弗雷澤（J. G. Frazer）的《金枝——巫術與宗教之研究》一書網羅了世上極多的材料，用以證明大地的死而復生，以及人們以巫術行為贊助大地之活化，這是普遍性的神話與儀式之母題。這種儀式在地中海東岸地區更是流行。著名的奧錫利斯（Osiris）、塔穆茲（Tammuz）、阿多尼斯（Adonis）和阿蒂斯（Attis）諸位大神，都表示了生命的衰亡與復甦。

「籍禮」如果不放在初期農業文明土地生產—農作—四季循環—生死代興的架構下理解，我們是無法了解它的意義的。我們已經看到土地如何與風、水、雷、氣合作，提供大自然新生命躍動的場所。「籍田」儀式完後，其意義尚未完成，它還必須經過

3　楊寬特別強調籍禮的政治功能，這個面向的意義當然是有的，但這終究是個面向而已。楊寬，〈「籍禮」新探〉，《古史新探》（北京：中華書局，1965），頁218-233。

「嘗新」之禮後，其始末意義才算告一段落。《禮記·月令》與《呂氏春秋·孟夏紀》皆有「嘗新」之說：「農乃登麥，天子乃以彘嘗麥，先薦寢廟。」「嘗新」當指麥初熟時，天子割取象徵性的一些麥穗，先提供祖先品嘗。「初生之麥」與「遠祖靈魂」連結在一起，這中間顯然有段失落的環節亟待補充。《呂氏春秋》與《禮記》皆語焉而不詳，但《逸周書·嘗麥》對此卻有個頗詳細的敘述，此文描述周成王四年舉行的一場「嘗新」禮。此文從儀式準備的供牲、祭壇的空間擺布，以至典禮結束後如何再祭祀「大暑」、「風雨」，如何分贈百官、大夫祭肉等等，皆有著墨。其間還包括一大段黃帝與蚩尤戰鬥的冒險故事。這故事雖然披掛了史實的外衣，它其實不折不扣是種發生於無何有之鄉、無時間模態之時的神話事件。這是個「始源」的獨特事件，它具有原型的意義。由於黃帝在歷史「發軔」的剎那，征服了毀壞世界秩序的蚩尤，所以爾後才有完整的世界秩序之「典範」。在這個準創世的大典範下，少昊又創設了官制這個小典範。黃帝與少昊的功績是後世有國者永恆的依歸。

〈嘗麥〉篇當作更精細的分解，[4]但由「嘗新麥」及「追溯典範」兩者皆具有始源意識，我們知道「嘗新」的儀式之內涵乃在原型的回歸。這種回歸的向度有二，一是神話時間起源前的秩序之模式，一是存在或能量的寶庫—土地及其能量象徵之初麥。「嘗新」其實也是農業民族常見的儀式，農業民族自無始以來，即擔心環繞在他周圍的能量是否有一天會消耗殆盡。如果冬天會

---

4 〈嘗麥〉篇隱藏豐富的神話資料，但論者甚少。李學勤〈《嘗麥》篇研究〉一文，頗值得參考。李學勤，〈《嘗麥》篇研究〉，《古文獻叢論》（上海：上海遠東出版社，1996），頁87-95。

來，黑夜必到，我們怎麼確定太陽明天還會再度升起？我們又怎麼確定冬天的季節不會無限延長？小麥成熟了，它是否還會有下一次？耗盡能量這種憂鬱終於引來了「初果」（first-fruits）的儀式。透過奉獻初次的果實，人們獲得與自然生命力量的和諧，儀式保證奉獻者：力量還會重生，它會隨著時間的更新再度獲得能源。我們幾乎忘了一件事實：「初果」儀式通常擺在春天或歲月交替之際，自然能源的更新與年月的更新是同步發生的。[5]

二、蜡祭與報本反始

歲月交替之際，如果用神話學的語言表達，往往也是死亡與重生之際，我們已知道「嘗新」祭乃預設著作為「存在或能量的寶庫之土地及其象徵之初麥」的禮敬，「籍田」與「嘗新」是莊嚴的邦國祭典，它們指向了一種「未來」、「生命」、「成長」的質性，代表了希望的原理。但死生一體，農耕文明的生命是四季循環結構中的一環，作為生的分身的死，既是生的變形，但它又有變形獨特的面貌。老、死、終、息這些生命實相也是宇宙的實相，它們也需要經由儀式的過程以取得安頓的作用。這種處理農耕文明中老、死、終、息的祭典見於《禮記·郊特牲》所說的「蜡祭」，蜡祭的意義是「報本反始」，〈郊特牲〉所說的「本」與「始」也是指作為一切存在根基的土地。此篇所記蜡祭的文字不長，我們不妨羅列全文如下：

5　關於「初果」儀式的內涵，參見 M. Eliade, *Patterns in Comparative Religion* （New York: New American Library, 1974）, pp. 346-347.

伊耆氏始為蜡。蜡也者，索也。歲十二月，合聚萬物而索
饗之也。蜡之祭也，主先嗇而祭司嗇也。祭百種，以報嗇
也。饗農及郵表畷、禽獸，仁之至，義之盡也。古之君子，
使之必報之。迎貓，為其食田鼠也。迎虎，為其食田豕也。
迎而祭之也。祭坊與水庸，事也。曰：「土反其宅，水歸其
壑，昆蟲毋作，草木歸其澤。」皮弁素服而祭。素服，以送
終也。葛帶、榛杖，喪殺也。蜡之祭，仁之至，義之盡也。
黃衣黃冠而祭，息田夫也。野夫黃冠。黃冠，草服也。[6]

「貓」、「虎」扮演的是陪襯的角色，它們因為捕殺戕害穀物
的田鼠、田豕有功，所以才被祭祀。我們看整個蜡祭，它具有如
下的結構：

1. 祭祀者的服裝黃衣黃冠。
2. 但有部分的人或部分的時間，行禮者皮弁、素服、葛帶、
　 榛杖，為的是「送終」、「喪殺」。
3. 祭祀的對象是神農、后稷，[7]祭祀的供禮是百穀。
4. 蜡祭時，要念篇祝辭，表達祭祀用意。

祭祀時黃衣黃冠，經文說：這是農人方便的「野服」，鄭玄
看出這當中有象徵的意義，他說：「服象其時物之色，秋季而草
木黃落。」鄭注可備一說，但筆者認為更方便的解釋，乃是黃色

6　鄭玄注，孔穎達疏，《禮記正義·郊特牲》，收入李學勤主編，《十三經注疏
　 整理本》，冊75，卷26，頁934-938。
7　鄭玄注：「先嗇，若神農者。司嗇，后稷是也。」同前註。

用以象徵土德。蠟祭時，與祭者黃衣黃冠，這是再自然不過的事
了。至於蠟祭時，某部分人或某部分時間，與祭者要素服、素
冠、葛帶、榛杖，這也可以理解。因為「素」是最原始的色澤，
它是一切顏色的底質；「葛帶」是一切「帶」中最原始的模樣，
就像「榛杖」是所有杖中最素樸的拄杖之物。冬盡春來之際，玄
酒味淡，大音聲希，萬物擺脫掉枝葉之後，本來面目適時呈現，
這是宇宙性的全面回歸自我。宇宙性的全面回歸，同時也就帶來
宇宙性的全面淨化或聖化。經文說：素服、素冠、葛帶、榛杖為
的是「送終」、「喪殺」。鄭玄注：「送終、喪殺，所謂老物也。」
鄭玄的注釋頗有理趣，我們都知道：對前近代的人而言，空間不
是等價的，任何土地如果沒有經過聖化的過程，它即是非人文
的，亦即沒有秩序化，沒有世界化，因此，亦即不能居住。但居
住久了以後，土地會再俗化，它必須再度更新，所以不定期的聖
化是必要的，而聖化土地最常見的方式乃是象徵性地驅逐代表邪
惡的妖魔鬼怪，並豎上代表神聖的聖物。[8]古代的儺祭這方面的色
彩更濃厚，[9]為免滋蔓，在此不再贅述。

　　空間需要淨化或聖化，這絕非罕見現象，別說儺這麼明顯的
例子了，舜帝不是也要驅逐四位不才子，讓他們去守住四夷嗎？
伊耆氏可能是神農的分身，他在蠟祭時要喪殺老物，這是符合他
身為土地—農業大神的舉動的。但經文所說送終、喪殺的對象，

8　參見M. Eliade, *Patterns in Comparative Religion*, pp. 369-371. 更詳細的描述參
　　見M. Eliade, *The Sacred and the Profane: The Nature of Religion*（New York:
　　Harcourt, Brace & World, Inc., 1959），pp. 20-65.

9　關於「儺」的細節，范曄的描述非常生動。參見范曄，《後漢書‧禮儀志》
　　（台北：中華書局，1984），卷15，頁9-10。「儺」的意義論者漸多，但似可
　　再深論。

似乎還不專指不合自然規律的妖精鬼怪，而是泛指一切的存在物。依據經文所說，蜡祭無疑是場宇宙性的戲劇，在歲暮時節，農業社會所有的生物皆當隨著時間的逐漸衰老，它們也要回到此段生存時期的終點。但我們不會忘了：對農業初期的人民而言，達到終點也就是回到始點，「送終喪殺」為的是「報本反始」，蜡祭反映的乃是農耕文明精神的祭典。

蜡祭「報本反始」的精神從祭辭可以清楚地看出來：土、水都要回歸到自己的安宅，它們雖然不是生物學意義的生物，但也需要休息。至於伴隨農作而來的昆蟲草木更是如此，它們要隨著歲暮的逐日凜寒，也要開始藏伏、冬眠、休息、甚或死亡。然而，農耕儀式中沒有真正的死亡，死生一體，而生卻又擁有超越死亡之外的優越性，死是生的另一種面貌，農耕文明提供了我們極深的存在之智慧。十九世紀末二十世紀初的祭典神話學派對農耕文明的季節儀式作了充分的展示，這些學者發現季節轉換所顯現的天地生死之景象是那麼的顯著，顯著到不可解，所以需要儀式以解釋之，安撫之，所以橫亙歐洲大陸上的諸神如奧錫利斯、塔穆茲、阿多尼斯等諸神不得不先後興起，這些諸神起源於同一種的神話邏輯。

且說塔穆茲神吧！在巴比倫的宗教文獻裡，塔穆茲是大母神伊希塔的情人，伊希塔當然用以象徵豐饒的生殖力。巴比倫人相信塔穆茲每年要固定死亡一次，回到陰間。大母神情婦為愛走遍黃泉，四處尋覓他。當象徵生命的伊希塔不在人間的時間，人間的一切愛情都停頓了，有情不再撫養子嗣，異性不再相吸交配，一切生命均面臨絕滅。巴比倫有首〈笛聲悼念塔穆茲〉的輓歌，內容描述大母神對情人深情的哀弔：

　　她為偉大的河流哀傷，那兒沒有生長一棵垂楊。

　　她為田地哀傷，那裡玉米、香草均不生長。

　　她為池塘哀傷，魚兒一向渺茫。

　　她為沼澤哀傷，蘆葦也不能苗壯。

　　她為森林曠野哀傷，檉柳不生，翠柏枯黃。

　　她為幽深的果園哀傷，蜜、酒均無釀。

　　她為草原哀傷，寸草不存，滿目荒涼。

　　她為宮殿哀傷，物換星移，人壽短暫。[10]

　　塔穆茲走入地府，生命死亡，這當然象徵寒冬氣凜，群生消散。但農業文明最大的智慧乃是提供死與生的辯證，死生循環，始末一體，這是宇宙的規律。死生就像日月之代明，像四時之錯行，它是萬物存在之前的自然律，也是萬物存在之後必須遵行的律則。但在死生的辯證發展中，生又具有本體論的優越位置，死是生的分身，而不是它的否定。就像塔穆茲是伊希塔的情人，是她永恆的另一半，但卻是有待救贖的另一半。所以當塔穆茲走入地府，群光黯淡，眾生靜息後，大母神伊希塔即須走入地府深處，此時陰間女王出現了，她用生命之水噴灑在伊希塔身上，讓她復甦，並隨情人塔穆茲回轉陽世。他倆回來，自然界就復甦了，生命重新發動。春天回來之前，我們相信大自然界是會有些徵兆的，比如說：陽癉憤盈，土氣震發，陰陽分布，震雷出滯。

　　塔穆茲與伊希塔神話表現的是宇宙性的生與死的劇情，這種神話固然不能不經由西亞人民的創造而顯現於世，但更合理的解

---

10 弗雷澤（J. G. Frazer）著，汪培基譯，《金枝——巫術與宗教之研究》（台北：桂冠圖書公司，1991），上冊，頁479。

釋，乃是存在的奧祕經由人的意識，宣洩於世。死生存亡一體，此矛盾的統一乃是最根源性的相偶性，論及中國農耕文明中相似的構造，似乎當指向伏羲、女媧。伏羲、女媧一體，畫像石、畫像磚中常見，此一體關係或言兄妹，或言夫婦，而女媧作為大母神的資格又是不容懷疑的。雖然在中土的文本中，我們找不到塔穆茲與伊希塔神話那麼驚心動魄的感人情節，很可能在我們的文化傳承中，或因政治的因素，或因理性化的需求，「不雅馴」的因素被過濾掉了。

蜡祭中畢竟沒有女媧苦尋伏羲的記載，我們知道的僅是：蜡祭的主祭神是神農、后稷，神農、后稷都不需要飲不死之水，因為他們本身即是不死之神。他們每年固然需要有固定的休息時間，但君子曰終不曰死，終則復始，這種休息只是精力的再補充，經過一冬的調息，來春時他們會再度復活。到時，土出其宅，水生其塹，昆蟲始作，草木萌蘗，而穀物亦開始苗壯成長。蜡祭在十二月舉行，它帶來的不是送終的輓歌，而是哀樂相生之感，萬物生死相續的一體存在之禮讚。

初春舉行的籍田儀式與歲暮舉行的蜡祭，兩者的基調表面上看來相反，一歡迎萬物從冬眠中甦醒，一歡送衰老萬物回歸它們的安宅，但兩者的功能其實是相反相成，而且是連續性的。從暮冬到早春，宇宙等於經歷了一場由死到生的復活大喜劇，這場大喜劇是在大地這個大背景上發生的，而且參加演出者包含了動物、植物、水土空氣，當然也包含了人類。筆者認為籍田與蜡祭當視為完整的農耕儀式的兩個不同側面，它們演活了生死一體、本末無端、始終循環的大地農業精神。這種情況並不怪異，它與塔穆茲、阿多尼斯、阿蒂斯等神話／儀式所表現的沒有兩樣。

為什麼環繞在土地周圍的有機物與無機物，竟可以連成統一

戰線，為「生命」下定義？貫穿生與死？土到底扮演了什麼樣的
角色？它是如何發號施令的？我們不妨看耶律亞德（M. Eliade）
怎麼解釋：

> 　　就初民的宗教意識而言，土地是最直接的經驗，當下即
> 是。大塊凝止，景色繁興，生物貫然，這些形成了生意盎然
> 的、統一的宇宙。土地首先揭露的宗教意義乃在它「渾然無
> 分」。換言之，它不只凝聚神聖於土中，更進一步，凡是自
> 然界的事物如土、石、樹、水、陰影等所展現出來的神聖質
> 性，無不被它聚攏在一起。我們不妨說，土地這個宗教「形
> 式」最根源的洞見是：豐富的神聖力量之大寶庫——它是任
> 何存在的「根基」。凡存在皆在土上，它與萬物相聯帶，它
> 們連結成為大的整體。[11]

　　土與其他原型象徵不同，它不只象徵什麼，它還是許多象徵
的縮結形式，或是承載的根基。五行中，最接近於後世哲學所說
的「本體」之地位者，非土行莫屬。《易經》說「坤卦」之德
為：「厚德載物」，「坤」為地，其地位與「乾」並稱。乾為乾
元，坤為坤元，乾坤並建也並健。《易經》充分運用了土地的象
徵，大地像寬宏的母體一樣，承載了地上的一切事物。包括生與
死，存與歿，有與無。

11　M. Eliade, *Patterns in Comparative Religion*, p. 242.

三、土地、女媧與生殖

　　談到母體，我們自然不能不聯想到土地—女人—生殖的三位一體。如後所述，土地與社是息息相關的。《春秋·莊公三十三年》「公如齊觀社」，三傳皆以為魯莊公「非禮」。「觀社」為什麼非禮？《穀梁傳》說因為當中有「尸女」的緣故。郭沫若解釋「尸女」，認為其義乃女人橫臥，通淫之義。魯國國君居然會到鄰國去觀賞社—尸女，而且其間還有些褻瀆的成分，可見這種儀式在當時是相當著名的。郭沫若、聞一多引《墨子·明鬼》：「燕之有祖，當齊之社稷，宋之桑林，楚之雲夢也，此男女之所屬而觀也。」兩人都主張祖、社稷、桑林、雲夢描述的都是高禖神，都是祭拜主司婚姻的女神。如果郭、聞兩人的解說無誤的話，燕、宋、楚這些祭祀高禖神的地方，女性是要冒一點性的風險的，女要「尸」，男女可「所屬而觀」，其間性關係之混亂，大概可想而知。[12]

　　「尸女」可能是件淫逸的行為，但這種淫逸背後應該有體制性的意義，我們且看底下兩則常被引用的材料：

　　　　中春之月，令會男女。於是時也，奔者不禁。若無故而不

---

12 先秦時期有些儀式極吸引人，「一國若狂」，「狂」到什麼地步，古書沒有明說，有意者不妨參考李豐楙先生的解析，〈由常入非常——中國節日慶典中的狂文化〉，《中外文學》第22卷3期，（1993年8月），頁116-150。歐洲五朔節有些習俗可能可以提供一點比較的線索，有篇報告提到「一百位參加樹林徹夜玩樂的姑娘當中，能夠保持清白回來的不到三分之一」。引見弗雷澤（J. G. Frazer）著，汪培基譯，《金枝——巫術與宗教之研究》，上冊，頁189。

用令者罰之。司男女之無夫家者而會之……凡男女之陰訟，
聽之於勝國之社。[13]

　仲春之月：是月也，玄鳥至。至之日，以太牢祀于高禖。
天子親往，后妃率九嬪御，乃禮天子所御，帶以弓韣，授以
弓矢于高禖之前。[14]

這兩則記載都出自儒家的經典，兩則故事的主角雖然不一樣，一
是天子，一是一般男女；地點表面上看也不同，一是高禖神社，
一是勝國之社。高禖是始妣，國族之源，其社自然不能對一般人
民開放，只宜由國君壟斷。但中春的宇宙復甦消息是全面性的，
生機的躍動無分於性別、階級。社的政治屬性不同，無礙於兩者
背後的宗教意義之相同。兩則記載都指向了在新春之際、男女透
過祭祀高禖或幽會勝國之社，而達成農作及人類生殖或自我再生
的作用。

　儒家的經典太莊嚴了，它對於「令會男女……奔者不禁」、
「天子親往，后妃率九嬪御」這類的語言不可能解釋得太清楚的
——雖然它的結構已經夠明白了。禮失求諸野，我們不妨看下面
這則記載為何：

　「新石器時代社會所最關心的是農作物收成。故而對於原
來由於女人，為著增多植物和繁殖植物，而舉行的一些圖騰
儀式方面，就更重視更予以發展。就最表特徵的是，用人的

13　鄭玄注，賈公彥疏，《周禮注疏·地官司徒·媒氏》，收入李學勤主編，《十
　三經注疏整理本》，冊61，卷14，頁427-431。

14　鄭玄注，孔穎達疏，《禮記正義·月令》，收入李學勤主編，《十三經注疏整
　理本》，冊73，卷15，頁550-555。

交配來刺激豐收的那些豐產禮節」，如印度尼西亞爪哇居民
「當稻花開時，農人夫婦每於夜間繞田間行走，並性交以促
其成熟，此風俗曾傳入我國，所謂撒種子，說村話即其變
相」。中美洲的比皮爾人在實際播種開始前一天晚上，「若
特別要求強烈效果，則是前四天（夫婦）每晚分床而眠。夫
婦們必須在實際播種期間同床共寢」。[15]

透過男女性交影響植物的生長，這是標準的巫術行為，但這樣的
巫術行為分布的地區卻意外地廣，延續的時間卻意外地久，我們
上述所引只是滄海般的資料中的一小撮而已。《周禮・媒氏》與
《禮記・月令》所述，應該也就是這麼回事。[16]這種巫術行為雖然

---

15 引自宋兆麟，《生育神與性巫術研究》（北京：文物出版社，1990），頁165-
166。

16 如果論者還懷疑的話，耶律亞德（M. Eliade）下面這些話或許可作參考：
「孟春之初，狄梅特（Demeter）與伊阿生（Iasion）交合於新近播種的土地
上（《奧德賽》，V，125），此種結合的意味甚為明顯：提升地力，使土地的
創造力更為豐碩。這種行為直至上一世紀，在北、中歐仍相當常見，夫婦在
田野作象徵性的好合。在中國，年輕夫婦趁著春光明媚之際，在草地上成就
好事，他們的行為是用來刺激『宇宙之更新』及『普世之萌蘗』。事實上，
人間之結合都以神婚、以自然力量的結合為模範與理據。《禮記》第四篇之
〈月令〉特別指出，孟春雷鳴始聞之際，皇帝的后妃當自行獻身，與皇帝合
衾。是故，宇宙範例乃君主與全體人民共遵之法則。姻緣好合與宇宙的韻律
協和，在此協和中，婚姻可天長地久。古代東方的婚姻象徵，全部可以透過
天上的模型加以解說。蘇美人在元旦慶祝自然諸因素的結合。古代東方全
境，同一個日子也是普天同慶，這不僅由於神婚的神話之因素，也由於國王
此日要與女神行好合之禮。正是在元旦這一天，伊莎塔兒（Ishtar）與大穆
茲（Tammuz）會同床共寢。所以國王必須在此日重現這場神婚，他在置有
女神新床的寺院祕廂裡與女神（由代表她的寺廟神奴充任）行儀式性的結
合。神的結合保證大地豐饒多產；大穆茲與伊莎塔兒共寢時，雨開始降落。

出自初民的原始的心理作用，但它背後反映了人與自然有種原始
統一的基本信念，我們不妨稱呼此種交感儀式為「原始的參贊天
地之化育」。[17]

　　由籍田到高禖，我們發現土—女性—生殖之間的關係越來越
緊密。前文提到聞一多的說法，春秋各國往往都有祭禮高禖神的
地區，如社稷、桑林、雲夢等地，高禖神是各國的先妣。聞一多
的解釋相當有說服力，但各國族各有先妣作為始祖，這是國族成
立以後的溯源所得。各國族的先妣無疑都管生殖之事，都和各國
的社有關，也都和各國的命運結合在一起。但生殖是生理事件，
也是宇宙事件，它的根源遠在國家的建立之前。論及高禖，我們
不能不嚴肅考慮神話年代更遙遠的大神女媧。女媧管婚姻、生
殖，她是不折不扣的高禖神，[18]但她的功能不僅於此。

　　女媧補天是流傳甚廣的神話，女媧的性格也常被定位在「補

　　同樣的豐饒多產，也可以經由君王的儀式結合或夫婦在地上結合，而獲得保
　　障。神婚每次被模仿，亦即婚禮每次被實踐，世界即隨之更新。德語
　　Hochzeit（婚禮）一詞是從Hochgezit（新年祭）一詞衍生而來的。婚姻更新
　　了『年』，結果也帶來豐饒、財富與幸福。性行為同化於農耕，在許多文化
　　中都可見到此事。Satapatha梵書裡，大地被視為女性的生殖器，種子則視同
　　精液。『汝妻即是汝之耕地，故汝當進入汝選擇之耕地』（《可蘭經》，II，
　　223）。大多數的集體狂恣祭，其儀式理由盡是為了促成草木滋長。」耶律亞
　　德不是漢學家，但他的解讀切中肯綮，《禮記》經文說的就是這一回事。引
　　文參見耶律亞德（M. Eliade）著，拙譯，《宇宙與歷史——永恆回歸的神話》
　　（台北：聯經出版事業公司，2000），頁20-21。
17 「參」、「贊」是《中庸》描述天人合德的語彙，其語當來自邃古時代的天人
　　關係，神話與儒家形上學一脈相承，其義有待另文論述。
18 《風俗通義》「女媧禱祠神，祈而為女媒，因置昏姻」、「以其載媒，是以後
　　世有國，是祀為皐禖之神」，引自羅泌，《路史·後紀二》（台北：中華書
　　局，1966），卷2，頁2-3。

天」此事上。男性神爭權力，打破了乾坤，其後果竟要女性負責，這固然足以見女媧之包容，然女媧最重要的職能實另有所在。《說文解字》釋「媧」云：「媧，古之神聖女，化萬物者也。」《楚辭・天問》：「女媧有體，孰制匠之。」王逸注云：「傳言女媧人頭蛇身，一日七十化。」這兩處的「化」字都不當作「變化」解，而當解成「創化」、「化育」之義。換言之，女媧是個創造神，她化育萬物，一天之內即可多次創生。[19]

　　女媧「化萬物」、「一日七十化」的「化」字作創生解，而不作變化解，現在研究神話的學者大體意見趨於一致。張舜徽先生甚至認為「媧」字與「化」字疊韻同義，神聖能化萬物之女媧，其實義猶如蠶化為飛蟲謂之蛾，兩者皆蘊含了變化新生之義。「媧」、「化」疊韻同義之說，證據或不免薄弱。然「媧，從女，咼聲。」我們如追究「咼」字，不難發現此字根所孳乳之字，竟都蘊含了類似的意涵，窩字從穴，其義「窋也」；鍋字從金，其義「燒器也」；楇字從木，「盛膏器也」；碢字從石，「碾輪石也」；渦字從水，「水旋流也」；堝字從土，「甘堝，所以烹煉金銀也」等若此種種，其義大抵蘊含凹圓之容器。金屬作的圓深之器為鍋，水紋圓深迴旋狀為渦，女人身上可以創生的圓深之物為何呢？答案應該已經呼之欲出了，它就是女人身上的生殖器官。「女媧」顧名思義，即是女人的生殖力。更根源的意思，乃是透過女人生殖能力之意象，表達宇宙最最根本的一種動力──生殖。[20]

---

19 「化」字及「女媧一日七十化」的解釋，參見袁珂，《古神話選釋》（台北：長安出版社，1982），頁18-19。

20 以上所說多參考藤堂明保，《漢字語源辞典》（東京：學燈社，1965），頁264；劉毓慶，〈「女媧補天」與生殖崇拜〉，《文藝研究》1998年第6期，頁91-101。

　　女媧既然是生殖的化身，她能創造萬物，她應當可以創造人。我們前文說過：所有物質當中，土是最具生產力的，「土」的原型象徵即是生命。現在，女媧既然獲得高禖的身分，她是否也可能用「土」創造萬物呢？我們這個猜想是合理的，女媧正是做了這樣的事：

> 俗說天地開闢，未有人民。女媧摶黃土作人，劇務，力不暇供，乃引繩絚於泥中，舉以為人。[21]

　　女媧是創造神，難怪屈原會驚怪道：「孰制匠之」（誰創造了她？）[22] 上引《風俗通義》之文雖短，但它蘊含的內容卻不少，至少我們了解女媧「作人」主要的步驟有二：一摶黃土，二引繩索。黃土、繩索以及「摶」、「引」、「舉」的動作給我們傳達了重要的訊息。

　　首先，女媧作人最顯目的意象當然是「摶黃土」。土既然用以象徵生命，則女媧為什麼用土造人，這事情再自然不過了。中土古籍論及「以土製人」的材料極少，但我們如果將眼光放大，立刻發現到：土地被視為含著無限生殖能力的女性，人是從土中誕生的，這樣的概念極普遍。拉丁女神蕾維娜（Levana）從土中造出小孩，從斯堪地那半島、德國、日本，以至澳洲、紐西蘭、非洲、北美等地，都流傳將初生嬰兒置於土上的習俗，用以表示

---

21 《風俗通義》所說，引自李昉，《太平御覽》（北京：中華書局，1960），冊1，卷78，頁365。

22 〈天問〉此句不好解，異說甚多，筆者採姜亮夫的解釋。姜亮夫，《屈原賦校注》（台北：華正書局，1974），頁331。

嬰兒是從大地生出，或表示嬰兒必須吸取大地之精氣，才得以順利成長。流傳得這麼普遍的習俗當然不是受到蕾維娜造人神話的影響，但無疑地是奠立在各地大母神神話的基礎上面，誠如耶律亞德所說的：「這種儀式傳播這麼廣，它的核心義無疑地是來自大地的母性。」[23]中國西南少數民族區域，用泥土造人的神話流傳得也很廣。[24]《舊約》的耶和華（Jehovah）用泥土創造人種，當是最著名的一則神話，差別只在於此創造主是為女性神而已。

　　從土裡出生嬰兒，此一傳說與「黃土作人」顯然有功能上的近似處。中國古籍記載女媧創世造人的文獻確實不多，但如以文獻為限，尤其如果我們將神話題材局限在先秦文獻的範圍，那麼，中國神話的解釋工作勢必會處處窒礙。然而，幾千年來，父權社會雖已建立，理性思維亦已扎根，女媧作為偉大的創世母神之地位亦已被其他的男性神祇取而代之。[25]但在民間，女媧的「黃土搏人」功能還是被記著的。商丘市，現仍保留女媧造人處的「遺跡」；西華女媧城仍流傳女媧站在水中，按照自己的影子捏泥人；淮陽、信陽一帶，則流傳女媧與伏羲兄妹結婚捏泥人。[26]如果我們理解「文獻」的範圍能擴大一點，女媧造人的材

23　M. Eliade, *Patterns in Comparative Religion*, p. 248.

24　參見陶陽、牟鐘秀，《中國創世神話》（台北：東華書局，1990），頁224-225。

25　女性神被男性神取代，不獨中國為然，世界其他地區的例子也大體類似。用土製器造物造人，這是大母神創造神話的主題，但有些民族神話卻讓男性神篡奪了女性神的業績。參見 M. Sjöö and B. Mor, *The Great Cosmic Mother: Rediscovering the Religion of The Earth*, 2nd edn（San Francisco: Harper and Row, 1991), pp. 50-54.

26　上述所說，參見張振犁，《中原古典神話流變論考》（上海：上海文藝出版社，1991），頁43-62；以及陶陽、牟鐘秀，《中國創世神話》，頁49-53。

料不見得那麼稀少，畫像石刻中還頗有些材料。[27]如果我們將女
媧造人的傳聞再往域外尋找，我們赫然發現：越南人亦有女媧崇
拜，他們女媧廟中的女媧多作裸體、盤坐、用手打開大陰戶之
狀。此中意涵，不言可喻。[28]

　　女媧創生，「引繩絚於泥中」。土與生命關係密切，此義不
難理解，但繩與生命有關，此事知者較少。《老子‧第十四
章》：「其上不皦，其下不昧，繩繩兮不可名，復歸於無物。」
《老子》此章形容道體超越相對，不可名狀，但它又具足無限潛
能，可衍生萬物。潛能綿延不斷，所以老子用了「繩繩」這個狀
詞。《詩經‧螽斯》：「宜爾子孫繩繩兮。」此處的「繩繩」也是
用來表達連綿不斷之義。古代婚禮的「著纓」儀式，後世流傳的
拴紅線傳說與習俗，其義多取自繩索之連綿不斷之象徵意義。[29]
繩索這種象徵意義自何而至？從神話的邏輯來看，道的創生也
罷，子孫的新生綿延也罷，兩性的好合重生也罷，它們皆當取法
神話歷史上最重要的一次開闢事件。放在本文的脈絡下考量，此
次開闢事件乃是女媧引繩泥中，摶土作人的始源創造。神聖時間
裡的繩子既然有了創生的功能，文化世界歷史時間中的繩子只要

---

27 孫作雲云：「在考古學上，女媧造人圖像，除見於漢初魯靈光殿壁畫、東漢
　　末武梁祠畫像石外，解放後，在江蘇省北部睢寧縣雙溝地區出土的畫像石，
　　有女媧人首蛇身抱子像，即女媧造人圖。又有一畫像石，在墓門之右，刻伏
　　羲、女媧人首蛇身交尾圖，在尾端兩旁刻兩小兒，以著重表示她是人類的開
　　始。」參見孫作雲，《天問研究》（北京：中華書局，1989），頁181-182。

28 參見李福清，〈從比較神話學角度再論伏羲等幾位神話人物〉，收入朱曉海
　　主編，《新古典新義：紀念聞一多先生百周年誕辰國際研討會論文集》（台
　　北：臺灣學生書局，2001），頁1-32。

29 參見何根海，〈繩化母題的文化解構和衍繹〉，《鵝湖月刊》第24卷第5期
　　（1998年11月），頁14-24。

沾上了創造的邊緣，它自然也就具有了類似的意義，女媧的「引繩」創造，變成了後世和繩子有關的創造事件之「原型」。

繩子通常用麻、稻、藤等植物纖維強的東西，絞合扭結而成，一條繩索一般擁有兩股纏繞不清的細繩。由繩索的形象，我們很難不聯想到「女媧蛇軀」的特殊造型，也很難不去聯想到漢畫像石中一再出現的伏羲女媧作交尾圖狀。蛇在神話中的象徵意義是相當清楚的，它無疑地是象徵男根：「以蛇象徵男根的生殖崇拜，已經是一件廣為周知的歷史事實，無論是歐洲的希臘、非洲的埃及、西非的原始民族、大洋洲的土著、北美的印地安人、乃至於西亞的希伯來人，都曾經以蛇象徵男根。」[30]如果蛇象徵男根，而女媧原義象徵女陰，則女媧人首蛇身，其深層結構當是「兩性同具」之人。如果蛇不只象徵男根，而是兩性同具：「在性象徵意義方面，表現既是子宮，又是男性生殖器。大量圖畫資料，無論是亞洲新石器時代的，還是美洲印地安人文化中，都已證明在這些資料裡，蛇的身體（是個男性生殖器）是以菱形（女性外陰的象徵）來裝飾的。」[31]那麼，女媧擁有「兩性同具」的身分，自然更加明顯。至於伏羲、女媧交尾圖的意義，其結構較為複雜，但此圖型最重要的一項意義乃是「兩性同具」，這也是相當清楚的。

繩索和蛇的象徵意義重合，同具生殖綿延之義，這個假說應當是站得住腳的。[32]但女媧為什麼要引繩泥中，用黃土造人呢？

---

30 趙國華，《生殖崇拜文化論》（北京：中國社會科學出版社，1990），頁336-337。

31 謝瓦利埃（J. Chevalier）、海爾布蘭特（A. Gheerbrant）合編，《世界文化象徵辭典》（長沙：湖南出版社，1994），頁800。

32 舊日端午節有「綵絲繫臂」此風俗，聞一多認為此綵絲象徵龍，聞說重點與

就神話意義而言，女媧造人是始源的創造事件，它是後世創造的摹本。但就歷史發生的立場而言，女媧造人的神話是有所本的，這個「本」相當清楚，它就是陶器的製造。陶器是初民重要的發明，它可能是人之所以為「工具人」最早的證明物之一。我們不難想像：當初民發現鬆軟的泥土竟可以脫胎換骨，搖身一變，成為可以盛物的載器，其內心當是如何的激動。由泥土轉為陶器，這也是一種變形，它與神話世界中重要的變形題材，其神聖應當沒有兩樣。中國早期的陶器中，繩紋的紋樣及草繩此工具，一直扮演相當重要的角色。目前已知最早的陶器約在一萬年前左右製成，它出土於江西仙人洞，呈九十幾塊碎片狀。據報導：「仙人洞遺存陶器器面都有粗細不同的繩紋，粗的寬約2.5毫米，細的寬為1毫米，其布局有下列7種：（1）交錯繩紋，紋較細的占多數，有的像斜格紋，有的像粗大的方格紋；（2）分段繩紋，由一組或一段壓印而成；（3）平行繩紋，紋飾較密而工整，粗細均見；（4）粗亂繩紋，且有模糊現象；（5）內外表繩紋，往往外表跟內裡不一樣，特別引人注意的是，兩面繩紋在這裡的陶器上普遍存在，這是仙人洞下層文化最突出的一個特徵；（6）其中有十三塊陶片，在繩紋之上塗朱；（7）在繩紋之上刻劃大小不一，且多不規則的格紋。」[33]繩紋如何產生，此事不太確定。[34]但

本文不同，但亦可相發揮。聞一多說法見於〈端午考〉，《神話與詩》，收入朱自清、郭沫若等編，《聞一多全集》（台北：里仁書局，2000），冊1，頁232-234。朱絲在古代民俗的意義，參見江頭広，《左伝民俗考》（東京：二松學舍大學出版社，1987），頁176-178。

33 引自熊寥，《中國陶瓷美術史》（北京：紫禁城出版社，1993），頁5-6。

34 彭適凡先生認為包含仙人洞遺址在內的早期陶器遺址，其繩紋之製造都是利用木拍等工具纏上繩子，進行拍打。參見彭適凡，《中國南方古代印紋陶》

至少繩紋的紋飾源遠流長，而我們現在所見到的仰韶彩陶之實物中，發現有些「繩紋的成因，是由於利用刻有條紋或繞有繩子的陶拍拍印出來的」。[35]陶土、繩索加上技術，一件陶器製品終於告成。女媧造人的現實社會寫本，應當就是陶器的技藝。

　　陶器在遠古時期非常神聖，遠非我們現在所能想像。初民環繞著陶器總有些神祕的儀式，而最早的製陶者幾乎清一色的由女性擔綱演出。[36]女性最大的特色在生殖，這是種創造。陶器則是對於象徵生命的土之再創造，而土火合作產生的新事物又可容納另一重要象徵的水於其中，水火木金協調，天地陰陽醞釀。陶器這種神祕的功能，明顯的反映在彩陶的渦旋紋上。渦旋紋是普見於初民陶器上的紋飾，中國廟底溝、大汶口、紅山、屈家嶺、馬家窯等地出土的彩陶皆可見到這種渦旋圓轉的紋樣。渦旋紋本身不會說話，彩陶時期亦缺乏文字佐證，足以破解紋飾後面的蘊含。但我們有理由相信：渦旋紋是種原型象徵，它象徵人靈魂的構造，也象徵了創造的模態。「螺旋是無限的象徵，螺旋上的一次旋轉是一項完結，同時也是朝向新局面的出發。它是死亡，同時也是再生。人在這永恆之中，真不知有幾度的生，幾度的死。所有的宗教、神話、傳說，無不談論螺旋」。[37]為什麼它有這種象

　　（北京：文物出版社，1987），頁28-29。

35　馮先銘等主編，《中國陶瓷史》（北京：文物出版社，1987），頁8。

36　參見諾伊曼（E. Neumann）著，李以洪譯，《大母神》（北京：東方出版社，1998），頁133-137。

37　波爾斯（J. Purce）引用西元兩千年前的一件中國新石器彩陶為例所作的說明：「是渦旋，又是解開生命活動的連結，可說是新石器時代的中國所發現的巨大渦旋紋的主題。此一主題專用在殉葬品。一進這個壺的子宮形洞穴，死靈將接受一對以旋渦表現的宇宙再生力的作用。二個旋渦之間的子宮開口部，象徵生與死，死與再生的境界。」參見波爾斯（J. Purce）著，林明德

徵功能呢？因為渦旋紋是深圓、動能的，它是「圓」此象徵的動能化，它用以象徵神話時間之初發生的神聖創造事件。渦旋紋深圓旋轉，其意義不是與媧字具備「深而圓轉」之義相通嗎？

　　「大地母性」擬人化了，它就搖身一變而為女媧。它在中國的戲劇化演出，即是「女媧摶黃土作人」。女媧創世造人用的材料：土、繩及創造的摹本陶器，後來都變成中國文化史上的重要象徵。大母神女媧更深層也更精簡的哲學意義即是：「土，吐也，吐生萬物也。」[38]

四、黃帝、中土與秩序

　　「用土作人」是普遍性的神話主題，「女媧摶土作人」是發生於東土的一個案例而已。但「摶黃土作人」卻不是普遍的。我們前面引《風俗通義》記載女媧作人，「舉以為人」的句子下面，還有兩句沒引：「故富貴者，黃土人也；貧賤凡庸者，絙人也。」「黃土人」特別珍貴，獨享榮華，這個概念看起來也不是普遍的，它可能出不了中國的範圍。為什麼會有「黃土」的概念？它們為什麼特別珍貴？

　　「黃土」、「黃土人」特別珍貴，這顯然是黃土區域的住民才

　　譯，《無盡螺旋：人類的夢與恐怖》（台北：龍田出版社，1981），卷頭語、頁81。

38 劉熙這段聲訓反映了遠古人民代代相傳的想法，漢儒普遍這樣看待土地的性質。李昉，《太平御覽・地部》引《聖證論》：「孔晁云：能吐生百穀謂之土。」冊1，卷37，頁176；班固，《白虎通義》：「地者，易也。萬物懷任，交易變化。」陳立撰，吳則虞點校，《白虎通疏證・天地》（北京：中華書局，1994），下冊，卷9，頁420。兩人所說，亦同此義。

會有的概念，但我們如論「黃土」神祕化的過程，卻不能簡單地將原因歸於地理的決定。「黃土」之所以特別珍貴，它除了要鞏固原有的「土」之神祕性質外，它還必須和當時具統治地位的象徵及物質因素結合起來，神祕化這整體的構造，「黃土獨勝」的工作才算大功告成。「黃土獨勝」是個權力的論述，它是要經由長期的征伐、綏靖的過程，加上「黃」與「土」兩個符號神祕的結合，才可能達成的。贏得這場長期抗戰的主帥即是「黃帝」，「黃帝」是「黃土」的具體化，這點就像女媧是土的具體化一樣。女媧朗現了土德，主要是朗現其生命力；黃帝朗現了土德，主要是朗現了土在時空中的優秀位置，後者具備了更多的權力的因素。[39]

　　「黃帝」的性格極為複雜，其解釋亦極多樣。有言其為太陽神者；有言其為月神者；[40] 有言其為雷龍之神者；[41] 有言其為沼澤神者，[42] 但諸說中以「上帝」的假說最受人注意。依據楊寬的解釋，黃帝一詞原從「皇天上帝」的簡稱「皇帝」一詞而來。「皇帝」原來不是人間政治秩序的首腦，他是原始的至高神。後來隨著中國人間秩序版圖不斷擴大，皇帝分化成青、白、赤、黑、黃五帝，中央的帝位獨尊，所以皇帝就變成了「黃帝」。爾後隨著歷史不斷發展，崇高地位的黃帝被不同國的國君及漢民族

39　鐵井慶紀，《中国神話の文化人類学的研究》（東京：平河出版社，1990），頁326-349。

40　杜而未，《中國古代宗教系統》（台北：華明書局，1960），頁86-88。

41　森安太郎著，王孝廉譯，《黃帝的傳說──中國古代神話研究》（台北：時報文化出版公司，1988），頁176-208。

42　御手洗勝，〈黃帝の伝説〉，《古代中国の神々──古代伝説の研究》（東京：創文社，1984）。

視為始祖，黃帝終於徹底地「本土化」，成為中國各民族共同的淵源。[43]

　　「黃帝」和「皇帝」時常通用，這有古書為證，聲韻上也通，這種說法是站得住腳的。「黃帝」確實也常有些天神的影子，但我們觀看楊寬所舉的一些例證，赫然發現：與其將「黃帝」視為「天神」，還不如將它視為「地祇」。比如楊寬舉《山海經》為例，說崑崙乃「帝之下都」。崑崙與黃帝關係特別密切，所以此處既明言「帝之下都」，則「帝」為上帝可知。然而，既是「帝之下都」，何以此地不能是「地祇」之黃帝？楊寬又舉《呂氏春秋》、《禮記・月令》等書皆記載：黃帝為中央帝，其佐為后土，故兩者當是「皇天后土」的關係。然而，五方帝皆具有主神與佐神，主佐兩神的性格相近，兩者不是對立的互補。如此看來，焉知「黃帝」不是更大的「后土」？楊寬其他證據，亦可爭議。[44]

　　我們說「黃帝」焉知不是更大的「后土」，此話不是沒有根據的。事實上，早已有人說過黃帝是「地祇之子」，[45]甚至稱之為「地皇」；而且「黃帝是中央土德之帝」，這種論點在戰國、秦漢時代的資料裡，可以說俯拾可得；第三，黃帝與母性關係特深，《史記・天官書》說道：「軒轅黃龍體，前大星女主象，旁小星御者，後宮屬。」軒轅黃龍之體，竟然用以表象後宮，這當中的消息不是已經呼之欲出了嗎？第四，女媧以土製人，據說黃

43　參見楊寬，〈綜論〉，《中國上古史導論》，收入呂思勉、童書業編，《古史辨》（上海：上海古籍出版社，1982），冊7，上編，頁393-404。

44　御手洗勝〈黃帝の伝説〉一文，對楊寬的天帝說反駁甚力，可參看。

45　《河圖》云：「黃軒母曰地祇之子附寶。」《河圖》已佚，此文收入安居香山，《重修緯書集成》（日本東京：明德書店，1978），頁47。

帝竟然也是陶器的發明者。陶的象徵意義既明，則黃帝與土的關係自然也就浮現了上來。總而言之，在「黃帝」材料最密集出現的時代，我們看到的「黃帝」已是和黃土緊密相合。作為象徵土德的黃帝之所以特殊，乃是它在原有的土德之外，更擁有了原先沒有的家當，其中最重要的，乃是他占據了「圓」與「中」的象徵位置，占據這個位置就是壟斷「神聖」。壟斷神聖，也就是對宇宙軸的壟斷。

　　「土」原本是自然的要素，土無所不在，地母的崇拜也就無所不在。但一旦農業占文明主要位置，定居成了生活的常態，空間的價值區分也跟著而來。四方、四方土，五方、五方土，中土的意識日益突顯，它終於造成與四方決裂的本體論分裂。「中土」成了道的象徵，它是通天的「宇宙軸」。因此，「中土」的搶奪成了政治鬥爭的主要標的。我們看到黃帝征討四帝的記載，以及他坐居北極─崑崙連線之軸上，還有他特殊之長相：四面、圓卷之形軀等等，無一不顯示他是道的具體化。這位作為具體化的道、上帝在人間投影的黃帝，總體的講，他即是土德之象徵；如按五方帝的規矩，他有一位佐神，此即是后土。我們前面注腳引用《淮南子‧天文訓》的一段話語，我們不妨再細思其中的意義為何：「中央，土也。其帝黃帝，其佐后土，執繩而制四方，其神為鎮星，其獸黃龍。」黃帝與后土根本是一而二，二而一的關係。他占據了中央土，因此，中央土也就變神聖了。

　　與中央土同組的象徵，如鎮星、黃龍，理論上應當分享土的特性，我們前文探討「黃龍」時，已觸及此義。但我們此處關心的，乃是黃帝「執繩而制四方」之事。「繩」當是繩墨，它是衡量事物之準則，「黃帝執繩」，其義與漢畫像石、畫像磚「黃帝執規矩」的圖像相近，兩者皆意指黃帝是「標準的創造者」，它

與四周不處在同一個層次。[46]同樣地，中央土和其他土不一樣，前者是神聖的層次，後者則是被衡量的層次，兩者在價值的位階上，其差異是質的不同。我們認為黃土／四方土的區隔，其中反映了一種「神話的地理學」。依據此種神話的地理學，中央土與四方土固然可以有地理學意義的連續性，但就價值而言，它們是本體的斷層。這種本體的斷層反映在五服的空間區隔上，同時，也反映在《山海經》或各代〈地理志〉對地理位置的解釋。

「神話的地理學」絕不只是神話的概念，它還影響了實際的政治運作。一個最明顯的例子，乃是人君對「中土」（或稱「土中」）的追求。武王伐紂以及接連而來的周公輔佐成王，討伐武庚，這是西周史上的一件大事。但在兵荒馬亂之際，周初的統治者卻將精力花在營建一座新的城邑上面，《逸周書・作雒》描述其事曰：

> 乃作大邑成周于土中，立城方千七百二十丈，郭方七十里，南繫于雒水，北因于郟山，以為天下之大湊。[47]

周公營建洛邑，很可能有實際的軍事經濟考量，但更重要地，當是出自「神聖」的壟斷。我們看到《尚書》提及「王來紹上帝，自服于土中」時，說及「作大邑」的意義：「其自時配皇天，毖祀于上下，其自時中乂。」[48]周王這些話指的正是宇宙軸

---

46 五方土如果變成五行，並與五帝觀念結合，情況就不太一樣。至少，五帝可以五分天下，因此，他們同樣有裁斷天下的質性，只是所用的工具或有規、矩、衡、繩的不同。

47 朱右曾，《逸周書集訓校釋》（台北：世界書局，1967），頁128。

48 屈萬里，《尚書集釋》（台北：聯經出版事業公司，1983），頁176。

的象徵作用，脫離了中央的象徵，我們即無從了解「禘祀於上下，其自時中乂」所言何事。引言的話語不是空口說說而已，它是有實際的建築之指涉的，因為當他們營建新都時，他們連重要的宗教場所也建立起來了，「乃設丘兆于南郊，以祀上帝，配以后稷日月星辰先王皆與食」。[49]他們還營建各種的「社」，以安神人。《尚書・洛誥》更詳細地描繪了擇都的宗教儀式，其細節暫時從略。京都──中土──政權正當性一體同化，此事絕不僅見於周人「作大邑」此事。國都的本質就在於它具備了中土的性格：「王者京師必擇土中何？所以均教道，平往來……周家五遷，其義一也。皆欲成其道也。」[50]《白虎通》所說恐怕不僅止於歷史的追憶，也不僅是給東漢政權正當性的基礎。事實上，中國歷代國都的象徵格局有驚人的一致性，它們大體呈現方圓排列的曼荼羅（mandala）形式，皇居位於宇宙的中央，天子在神聖的宇宙軸連續線上「監於四方」。[51]

　　有「神話的地理學」，連帶地也就有「神話的人學」。女媧用黃土造人，這故事其實還沒有完，因為引文後面還有一小段結語：「富貴者，黃土人也；貧賤凡庸者，絙人也。」富貴貧賤的差別肇因於造人材料的不同，但此段文字所言，尚局限於階級的觀點。依此觀點，人的貧賤富貴是先天決定的，這一段話很容易令我們聯想到印度的種姓制度。但「神話的人學」還可以是「神話的人種學」，我們前面提到黃帝征四帝的記載，此記載已埋下

---

49 同前註，頁129。

50 陳立撰，吳則虞點校，《白虎通疏證・社稷》，上冊，卷4，頁157-159。

51 中國歷代京都的象徵意義，參見H. Wilhelm, "The 'Own City' as the Stage of Formation," *Heaven, Earth, and Man in the Book of Changes* (Seattle: University of Washington Press, 1977), pp. 89-125。

了中土與四方、華夏與四夷之分的伏筆。黃帝征四帝的記載到了
《尚書》中，即搖身一變而為「流四凶」的故事：

> （舜）流共工於幽州，放驩兜於崇山，竄三苗於三危，殛
> 鯀於羽山，四罪而天下服。

《左傳》的記載更不堪了，〈文公十八年〉的記載說的也是「舜
流四凶」的故事，但此四凶皆有名父，但惡形惡狀更甚，如渾敦
乃帝鴻氏不才之子，他「掩義隱賊，好行凶德，丑類惡物，頑囂
不友，是與比周」。縉雲氏的不才子叫饕餮，他「貪于飲食，冒
于貨賄，侵欲崇侈，不可盈厭，聚斂積實，不知紀極，不分孤
寡，不恤窮匱」。少昊氏的不才子窮奇與顓頊的不才子檮杌惡德
惡形亦同。所以舜就將這四族流放了，「投諸四裔，以禦螭
魅」。[52] 流放的四凶到了四裔，即同化於四夷，他們事實上也就給
了無名的四夷明確的惡德之性格。

　　《尚書》與《左傳》的故事很可能出於同源，但它們不見得
有相互傳抄的關係。先秦時期，「投四凶於四裔，以禦螭魅」，
這大概是常見的傳說。華夏—中土的軸心意義一旦形成，四夷—
四方的邊陲位置大概就很難避免。而四夷形象之被醜化，人格之
被低貶，此趨勢大概也很難抵擋。在黃帝征四帝與虞舜流四凶的
敘述中，我們固然看出其間有些平等的因素，如黃帝成為華夏與
四夷共同的祖先，四凶的父親也都是中土神聖的先王，這樣的神
話顯然有助於「四海一家」的精神，也有助於跨族群的世界性帝

---

52 左丘明傳，杜預注，孔穎達正義，《春秋左傳正義·文公十八年》，收入李
　　學勤主編，《十三經注疏整理本》，冊81，卷20，頁670。

國之形成。又如「黃帝之子二十五人」的傳說，[53]這種傳說對華夏境內居民尋根的同源意識，無疑也有正面的促進作用。但儘管有這些平等的因子，它的作用卻遠比不上中土與四夷斷層造成的「神話人種學」論述之影響。如果華夷同出自黃帝，他們是平等的，那麼，怎麼會有下面的記載：「四夷之民有貫胸者，有深目者，有長肱者，黃帝之德嘗致之。」[54]這還是黃帝有德時期的風光呢！我們看《山海經》描述的遐方異域之民，其體貌無一不充滿怪誕的想像！四方—四夷的地位這般低落，中土—黃帝的地位這般神聖，這也難怪僻處東方的田齊硬要認他為宗了。[55]我們看到先秦諸侯亡人之國，即要遮蓋其國社，以斷天地之通氣。他們爭奪的，也是中土的宇宙軸性質。

黃帝是「中」與「圓」此原型的具體化，他既壟斷中央的象徵，又盤占了空間的樞紐位置。他是創造神話（帝江）的源頭，又是神界戲劇的始作者（黃帝蚩尤之戰）。當黃帝具足了四面，在明堂議事，時行九宮之後，他的地位已經徹底建立起來，以後他會發明指南車、衣裳、音樂等等，創制百物，甚至於成了田齊的遠祖、漢族的始祖、四夷的老祖宗、中華民族的共同祖先，這些都是水到渠成的事。

---

53 「黃帝之子二十五人」的傳說出自《國語・晉語四》，楊希枚曾撰文〈《國語》黃帝二十五子得姓傳說的分析〉上、下篇，分析其義。楊文收入《先秦文化史論集》（北京：中國科技出版社，1995），頁211-256。

54 尸佼，《尸子》（台北：中國子學名著集成編印會，1987），卷下，頁6。

55 田齊僻處東方，這是戰國時期的觀點，但由齊國之得名、泰山封禪之祭祀，我們有理由認定：齊人很早以前即有齊地位於天地之中的想法。既然如此，他們認黃帝為祖，似乎沒有說不過去的地方。

五、社稷

　　從籍田儀式到蜡祭，從女媧捏土造人，我們可看出土行與生命的緊密關係。儀式活化神話，神話詮釋儀式，儀式與神話則在祭壇、宗廟、寺院等等的聖所上面交會。聖所是「聖」在空間上的切入口，就像節日、紀念日是聖在時間上的切入口。透過此切入口，一個與周遭時空異質性的神聖事件得以流入此世此界。先秦最重要的土行聖所，莫過於「社」。「社」字從示，從土，觀象知義，我們可以確定「社」是與神聖化有關之場域。

　　「社」字的構造雖然已給我們傳達了不少的訊息，但此字所從的「示」字所指涉者的內涵為何，卻是諸說紛紜。根據鐵井慶紀的解釋，社的解釋共得十三種，其內容及提出者如下：

1. Chavannes：叢林崇拜說。
2. 出石誠彥：叢林崇拜與樹木崇拜結合說。
3. 橋本增吉、佐藤匡玄、傅斯年：土地神說。
4. 津田左右吉：實行民間巫術儀式之場所說。
5. 郭沫若：生殖崇拜說。
6. 新見寬、重澤俊郎、藤枝了英：原始社會集團之聖所與保護神說。
7. 守屋美都雄：顯示原始聚落之標識說。
8. 李則綱：圖騰說。
9. 陳夢家：高禖神說。
10. 池田末利：源於祖先崇拜之地母神說。
11. 凌純聲：西亞壇文化影響所得說。
12. 赤塚忠：與殷商「土」儀禮相關聯說。

13. 白川靜：滿蒙來源說。[56]

如果我們去除掉影響論，亦即第十一種的「西亞壇文化影響說」以及第十三種的「滿蒙來源說」之外，而依「社」之特徵及功能分類，社的解釋可以簡化為下面四種：

1. 樹木說：第一、二兩種。
2. 土地說：第三、十、十二等三種。
3. 生殖說：第五、九兩種。
4. 政治社會功能說：第四、六、七、八等四種。

這四種解釋如果構成互斥的關係，我們當然只能選擇其中的一種。「社」如果是單純的文化現象，它只具有某種核心的理念，那麼，我們應該也只能選擇一種解釋。然而，筆者不認為「社」這個概念可以抽離歷史形成的過程，而抽象的論其本質。筆者認為「社」具有多向度的意涵，因此，我們只能採取多向度的解釋，[57]重層勾連，以見其全。然而，多向度的解釋中仍當有核心的因素。

　　筆者認為社的核心因素當是「土」，傅斯年、赤塚忠等人的

---

56 鐵井慶紀，〈「社」についての一試論〉，《東方學》第61期（1981年1月），頁1-16。凌純聲先生〈中國古代社之源流〉一文亦整理前人之說，共得十六種，其歸納與鐵井慶紀的整理可互參。凌文見〈中國古代社之源流〉，《中國邊疆民族與環太平洋文化》，下冊，頁1417-1418。

57 筆者這裡說的「多向度」，大致就是格爾茲（C. Geertz）所說的「重層的描述」（thick description）之義。參見格爾茲（C. Geertz）著，納日碧力戈等譯，《文化的解釋》（上海：上海人民出版社，1999），頁3-36。

判斷不可易。首先就字源的流變而言，「社」字原本即從「土」字而來，漢字「社」的構造既是歷史的解釋，也是本質的解釋。誠如池田末利所說，土—社的構造與且—祖、帝—禘、右—祐等的情況沒有兩樣。甲骨文言「貞：尸于土：三小山、卯一牛、已十牛？」此處的「土」皆為「社」字。[58]不僅文字為然，藤堂明保從聲韻入手，他不但指出社、土同音，而且凡從「土」孳乳之字，都含有「充實」之義。[59]

　　聲韻的問題，筆者無能細論。但有關「社」與「土」的關聯，我們看下列這些文獻，事情或許可以看得更清楚些。

　　　　迺立冢土，戎醜攸行。(《詩經‧大雅‧綿》)

　　　　有虞之王，封土為社。(《管子‧輕重戊》)

　　　　諸侯受命於周，乃建大社於國中。其壝東青土、南赤土、西白土、北驪土、中央釁以黃土。將建諸侯，鑿取其方一面之土，燾以黃土，苴以白茅，以為社之封，故曰受列土於周室。(《逸周書‧作雒》)

　　　　土地廣博，不可徧敬也……故封土立社……社者，土地之神也。土生萬物，天下之所主也。(《白虎通‧社稷》)

《詩經‧大雅‧綿》所說的「冢土」，據《毛傳》，「冢土，大社也」。「土」固為社之前身，其他三條資料更直接點明社之構造乃「封土」而成，〈作雒〉篇所言，更將「土」與五行緊密扣連

58　參見池田末利，《中国古代宗教史研究——制度と思想》(東京：東海大学出版会，1981)，頁97-98。

59　藤堂明保，〈祖と社の語源について〉，《東京支那学報》第3號(1957年6月)。

在一起。如果土是自然的概念，那麼，社就是文化的概念，但兩者是連續性的，在封土為社的過程中，土原有的質性仍保存了下來，成為一切社共同擁有的根基。

「社」和「土」的差別不只在範圍的大小，在性質上也有出入。「土」的崇拜是個普遍的宗教現象，早在國家興起以前，許多游牧民族已崇拜「土」，但他們面對的「土」是整體而未分化的生命創造之母體。崇拜「社」的則多半是定居的農業民族，他們一方面對「社」具有的「土」之質性，仍然心存敬畏。但這樣的「土」是受限制的土，是文明滲透過的土，它的性格是在和別的「土」相互區隔的前提上，才得以成立。簡言之，「社」是理性、權力、國家產生以後的概念，它預設了差異性。但我們仍當重複乙次：這種差異性仍是建立在共同性的土德上面。

社的分殊性從它所主的樹木，我們更可以看出來。叢林崇拜之說有其合理性，但須稍加修正，乃得其解。底下，我們不妨羅列幾則記載，以見一斑：

> 昔者，虞夏商周三代之聖王，其始建國營都曰，必擇國之正壇，置以為宗廟，必擇木之修茂者，立以為菆位。（《墨子·明鬼》）
>
> 設其社稷之壝，而樹之田主。各以其野之所宜木，遂以名其社與其野。（《周禮·大司徒》）
>
> 封人掌昭王之社壝，為畿封而樹之。（《周禮·封人》）
>
> 《尚書》逸篇曰：「大社唯松，東社唯柏，南社唯梓，西社唯栗，北社唯槐。」（《白虎通·社稷》）
>
> 哀公問社於宰我，宰我對曰：「夏后氏以松，殷人以柏，周人以栗。」曰：「使民戰栗。」（《論語·八佾》）

作為單數形式的「社」似乎是唯一的，事實上，卻沒有單純性質的「社」。「社」既然是政治的概念，它牽涉到具體的土地的擁有、正名、相互區隔，因此，任何「社」都必然具有該地居民的性格，如《禮記・祭法》篇所說的為百姓立的「大社」，以及為自己而立的「王社」，政治功能各不相同。[60] 社也不可能不帶上當地特殊的風土性，社樹就象徵了各地的特殊性格。為什麼夏后氏以松，殷人以柏，周人以栗，詳情不得而知。但我們知道不同的樹即有不同的象徵意義，它們背負了傳統的歷史，它們的意義也只有附屬在這個傳統底下的人才可以理解。由於「社」是社群凝聚的中心，因此，透過了社樹的差異，各社群的差異以及我族的認同感就此建立起來。

　　選擇社樹，必須選擇「其野之所宜木」，亦即當先考慮其風土性。但從另一種角度看，不同的社樹不見得只具差異性。樹木根扎大地，頂指天空。往下，它原本即可以通向生命根源的大地；往上，它也可以將拘囿於地域的心靈往遼闊處拓展。但更根本的原因，當是社樹往往可以被視為宇宙樹。此宇宙中心的樹木（常是巨木）直指蒼天，它當然很容易被視為世界的樞軸。樹與宇宙軸的關係當為文另述，但由社樹既要適宜當地風土，又需參與貫穿三界的宇宙軸，我們知道社樹是天與地的結盟，亦是差異與同一的統一。

　　社與生殖的關係特別密切，這也是相當顯著的現象。《墨子・明鬼》云：「燕之有祖，當齊之社稷，宋之桑林，楚之雲夢

60《禮記・祭法》云：「王為群姓立社，曰大社。王自為立社，曰王社。諸侯為百姓立社，曰國社。諸侯自為立社，曰侯社。大夫以下成群立社，曰置社。」

也，此男女之所屬而觀也。」祖、社稷、桑林、雲夢，這些皆是諸國的「社」，它們都祭祀高禖神，所以男女才想去「觀」。想「觀」的人何只一般男女？《春秋・莊公三十三年》，魯莊公居然「如齊觀社」，時人皆以為非禮。《穀梁傳》指出其源由：「以是為尸女也。」尸女大概通淫之義。社─高禖─性的關係，論者已多。我們在此僅想指出：社─性所以能結合，乃因土的功能所致，此其一。其次，祭祀高禖的日子往往集中在上祀節，而且選擇在水邊舉行。水的氾濫流行及豐沛生殖力，更助長了「社」的生殖作用。社與高禖崇拜的關聯既是宇宙生理學的議題，但也是宇宙性政治學的議題，民族的興衰與宇宙性的生殖力道息息相扣。

　　生殖與民族興衰的關聯不僅見於高禖崇拜，更見於社的分化。社置樹、置石、幽會男女，這些功能與土的象徵功能之連繫，我們不難想像而知。然而，就像社會會分化一樣，社的功能也會隨著社會、歷史的變遷，而產生質的變化。簡單地說，社變成了以政治為主導的概念，它是權力的具體象徵。不同階層的社相應於不同階級的人，社會分化了，社也要分化。此後的社要負擔起更多俗世的事，它要保佑戰勝，保障農牧，保護子民，還要能聽訟斷獄等等。國家有多少的功能，社也要具備相對應的功能，這種平行的關係是大家自然而然都可以想像得到的。

　　如上所述，有關社的本質之諸種解釋，實質上是彼此相互滲透。我們如將「土」的深層生命之要求放在歷史演變的脈絡下定位，則「社」是以聖化之土為中心，具有生殖的、政教作用的，而且透過宇宙樹的象徵以連接天與地之本體論的斷層，這四項解釋恰好都可發揮「社」的諸項功能。然而，論及「社」在華夏文化的特色，我們無法迴避「社稷」一詞，「稷」是農耕文明的核

心概念，土地加上農耕，其功能無疑地也是繞著生殖展開，但卻是黃土文化土壤上生長起來的生殖論述。

　　社稷連用，兩者的傳說也常相隨而來。《禮記・祭法》云：「厲山氏之有天下也，其子曰農，能殖百穀，夏之衰也，周棄繼之，故祀以為稷。共工氏之霸九州也，其子曰后土，能平九州，故祀以為社。」這種歷史的解釋當然不能太當真，但穀神在這樣的脈絡中被特別提出來，筆者認為這是有道理的。引文所說的厲山氏當即為烈山氏，[61]烈山氏是炎帝之稱號，而炎帝與神農氏關係特別曖昧，或言神農即炎帝，[62]或言炎帝為神農氏之子孫，不管何說為是，就神話的形態學而論，此處的神農或〈祭法〉所說的「農」，當指的是農業神，更確切地說是「穀神」。上古最著名的穀神一是古籍記載的「神農」。神農嘗百草，成為醫藥之祖，這當然是件有名的故事，但藥農同源。我們觀看有關神農的記載，下列幾項特色是值得特別注意的：

1. 神農是女媧之孫。
2. 神農始教天下百姓種植五穀。
3. 神農發明耒耜。[63]

我們先揭舉這三則特色，其細節姑且存而不論，底下，我們轉而

61　參見《左傳・昭公二十九年》。

62　《呂氏春秋・孟夏紀》、《白虎通義・五行》、《世本・帝繫》皆有此說。

63　神農傳說散見古代各種典籍，袁珂、周明合編，《中國神話資料粹編》（成都：四川省社會科學院出版社，1985），頁31-39。《中國神話資料粹編》蒐集相關資料頗完整，可參看。女媧之孫的記載參見司馬貞，《補史記・三皇本紀》（台北：臺灣商務印書館，1983），頁2-3。

考慮另一位穀神：后稷的故事。

后稷的母親是姜嫄，姜嫄生后稷的故事非常著名，《史記‧周本紀》記載她到野外，見到巨人足跡，「踐之而身動，如孕者，居期而生子」。族人以為不祥，將她拋棄隘巷、林叢、渠中、冰雪上，但多有神跡保護，很典型的英雄出身神話。所以就被收養了，《史記》繼續記載：

> 棄為兒時，屹如巨人之志。其遊戲，好種樹麻菽，麻菽美。及為成人，遂好耕農。相地之宜，宜穀者稼穡焉。民皆法則之。帝堯聞之，舉棄為農師，天下得其利，有功。帝舜曰：「棄，黎民始飢，爾后稷播時百穀。」封棄于邰，號曰后稷，別姓姬氏。

后稷的故事還沒有完，據說他有位孫子名叫「叔均」，他發明了農耕，後來成為「田祖」。我們都知道周代掌管農事的官員叫做「均人」或「田均」，均原本即有開墾農田的意思，而它的根源意義可能又是來自土地的德性（見後），「叔均」此名顯然有強烈的文化背景。[64]

我們看「神農」與「后稷」的敘事結構極為接近，兩人皆出自神奇的母親，一為女媧，一為姜嫄；兩人皆種植五穀；兩人皆發明耒耜農作。後兩者的雷同性我們不必細論，就他們的出身而論，我們已探討過：女媧原是大母神之化身，而姜嫄不折不扣也具備了大母神的身分。后稷出自姜嫄，神農出自女媧，這是必然

---

64 叔均的象徵意義參見王小盾，《原始信仰和中國古神》（上海：上海古籍出版社，1989），頁12。

的，因為穀神必定要依附在大母神身上。穀神與大母神的生生死死，每年回歸，這是農耕文明出奇偉大的戲劇性演出，[65] 華夏的神農—后稷故事也是脫胎於這齣原始的神祕劇。

「社稷」的「稷」之取名，當來自后稷。上引《史記·周本紀》的記載取材《詩經·大雅·生民》，此詩描述周始祖后稷的誕生，其內容雖多神話傳說，但其說實反映了神話的真實，這種比一般真實更濃烈的真實感，在詩中比在史書中更密集地保留了下來。我們且看詩中詠讚后稷種植的成果：「實方實苞，實種實褎，實發實秀，實堅實好，實穎實栗。」一連串的「實」字透露了周人初次改變生活模式，初次發現植物從土中成長，形成一連串週期生命的喜悅與衝動。這種喜悅與衝動我們還可從后稷埋葬之地的傳說見出一斑：

> 西南黑水之閒，有都廣之野，后稷葬焉。爰有膏菽、膏稻、膏黍、膏稷，百穀自生，冬夏播琴。鸞鳥自歌，鳳鳥自舞，靈壽實華，草木所聚。爰有百獸，相羣爰處。此草也，冬夏不死。[66]

此記載中一連串的「膏」字就像〈生民〉詩中的「實」字一樣，它也透露出周人對農作收成的歡欣愉悅。也許這種愉悅之感太強了，他們甚至認為只有在原始樂園才可能過這種生活，所以他們運用了樂園的論述，加在后稷的事蹟上。都廣在天下之

---

65 西方阿多尼斯、阿蒂斯的神話即反映了此種意義，參見弗雷澤（J. G. Frazer）著，汪培基譯，《金枝——巫術與宗教之研究》，第29-37章。

66 引自袁珂注，《山海經校注·海內經》，頁445。

中，[67]鸞鳳是神鳥，再加上百獸和睦，草木不死，這都是典型的樂園論述。但此處的樂園敘述最特殊的，乃是其中嵌鑲了菽稻黍稷及播種百穀等農村生涯的語言，而且此語言還是核心的成分，這在一般人不食人間煙火的樂園景象中是較少見的，由此可見周人如何把農作視為土地最重要的內容。此後，稷與社自然永遠不分家。

但后稷既然已經從姜嫄的身體生出，而且被封為穀神：稷，更重要地，它已經和社結合，它的意義已不可能再逆回到土地自身。土地自身是廣、是均、是厚，但社稷一定有方所、權力的區隔。「土地」一詞可以是抽象的單數，但社稷一詞一定預設著「權力區隔開的複數」。我們不該忘掉：神農炎帝的性格和黃帝分不開，炎黃糾結難分的恩仇真是難解，兩人的鬥爭最後以黃帝取得勝利收場，此事極具象徵意義。同樣的，后稷固可視為後世穀神之代表，但它自從在神聖的經書出現之後，即一直以周的始祖的身分活躍於舞臺上，后稷的命運和周民族的命運緊密結合在一起，兩者根本分不開來。[68]「后稷」一詞與「社」結合，形成「社稷」一詞後，情況依然如此。它們一方面依靠在無分別的大地母性身上，效法母體寬厚均平的美德；但它們一方面也隨主體意識的崛起、勞動的分工、權力的分化，它們反過來分割母體，各據一方。

農業文明形成了，游牧民族成了定居的民族；原本遼闊無疆

67　郭璞注云：「其城方三百里，蓋天下之中，素女所出也。」郝懿行認為此當為經文，後誤入郭注。參見袁珂注，《山海經校注》，頁445。

68　我們甚至可將穀神的命運從原始的土地崇拜、周人的始祖神往下追到官僚系統的介入，參見谷口義介，〈周の始祖神話の成立と変質〉，《立命館文學》第331、332、333號（1973年3月），頁1-27。

的大地變成了各個方國；原本自然即是大母神、祭地即是祭大母神的禮儀，一變而為集中在各方國的社中行事；原來是自然概念的地與禾，現在一變而為政治權力具體化的社稷。社稷從農村共同體的概念變成了國家的概念。

六、坤元、生生、敦厚

「土」最重要的象徵意義無疑是「創生」，籍田儀式背後預設宇宙是個諸種因素互相滲透的有機體，這個有機體有循環的變化，但沒有剎那的斷絕。「土」社區化或政治化以後，它具體化為「社」。社無頂有樹，它不斷與天氣相通。它透過宇宙軸的作用，神祕的生機遂得凝聚在「社」此一空間裡，男女約會、祓潔求子、種族生命（高禖崇拜）都在這個特定的地理空間產生。女媧用什麼創造生命？用土。鯀禹用什麼物質填平洪水、重造世界？用生生不息的「息壤」。息壤對應洪水之烈、泉淵之深而顯，不管洪水覆蓋的範圍有多廣，它啃蝕大地到多深，息壤最後都可以填平這些存在之漏洞，由此可見息壤的存在向度有多深厚。「息壤」是國土思想最顯著的聖物，這種生生不息的泥土具體地顯示了一種永恆的生命。

除生生的德性外，深厚是土德另一顯著的特色，《易傳‧坤卦‧象傳》云：「至哉坤元，萬物資生，乃順承天。坤厚載物，德合無疆。含弘光大，品物咸亨。」同卦〈象傳〉云：「地勢坤，君子以厚德載物。」「德合無疆」，謂地德普及萬物而無邊。光大，猶廣大，意指地體廣闊。[69] 1993年郭店出土一批儒家竹

69　以上的解釋參見高亨，《周易大傳今注》（濟南：齊魯書社，1988），頁76-77。

簡，竹簡作者對土的理解亦同此義。在整理者命名為〈語叢一〉的一支竹簡上有文曰：「有地有形有盡，爾後有厚。」[70]〈語叢三〉亦云：「地能均之生之者。」[71]蕭吉綜論土的體性時，也說：「積塵成實，積則有間，有間故含容；成實故能持，故土以含散持實為體。」[72]綜合《易經》、郭店出土儒家竹簡以及《五行大義》所說，我們發現所謂大地厚德，其德實兼寬廣與深厚二義。寬廣才能普及萬物，深厚才能承載萬物。此種厚德的理念只能來自土，而不可能來自其他自然因素。誠如藤堂明保所說，從「土」孳乳之字如「吐」、如「肚」等，其字皆隱含深厚、豐富之義。而凡土地之重要附屬現象，如洞穴之幽深、迷宮之曲折，也無不隱含深層但又具有創生能力之義。[73]

　　從游牧到農耕，這是中國文化史上的一大關鍵時期。嚴格說來，土的精神意義是這時候才發現的。現行《詩經》雅、頌的寫成年代或許距離農耕發現已有一段時期，但流露在雅、頌的詩歌精神無疑是以大地—宗族倫理為主、其他自然因素為輔所形成的詩歌，這種詠讚厚德、生命、永恆的基調後來成為儒家思想的一條主軸。《易經》：「天地之大德曰生。」又言：「生生之謂易。」「生」構成《易經》一書的骨幹，《易經》的〈乾〉、〈坤〉兩卦即恍若天地之父母，兩者交合，化生萬物，乾之直生，坤之廣生，直廣交錯，化生萬物。

70　荊門市博物館編，《郭店楚墓竹簡》（北京：文物出版社，1998），頁193。

71　同前註，頁209。

72　蕭吉著，錢杭點校，《五行大義》（上海：上海書店，2001），卷1，頁6。

73　參見巴舍拉（G. Bachelard）著，饗庭孝男譯，《大地と休息の夢想》（東京：思潮社，1970）。《易經‧說卦》談及坤卦之象徵物，其物亦多「深厚」之內涵。

　　對生命的禮讚不只是《易經》，也是儒家思想的核心義，我們不妨看大地給儒家提供了什麼樣的訊息：

　　天有四時，春秋冬夏，風雨霜露，無非教也；地載神氣，神氣風霆，風霆流形，庶物露生，無非教也。[74]

　　上述語言出自晚近甚受重視的《禮記・孔子閒居》。此文因為多言及無聲之樂、無體之禮、無服之喪的無之智慧，前人或以為非儒門文獻，今人因受惠於考古的出土資料，多知道此文之儒門性質。

　　我們不妨再看《中庸・第二十五章》的一段名言：

　　至誠無息，不息則久，久則徵，徵則悠遠，悠遠則博厚，博厚則高明。博厚所以載物也，高明所以覆物也，悠久所以成物也。博厚配地，高明配天，悠久無疆……天地之道，博也，厚也，高也，明也，悠也，久也。今夫天斯昭昭之多，及其無窮也，日月星辰繫焉，萬物覆焉。今夫地一撮土之多，及其廣厚，載華嶽而不重，振河海而不洩，萬物載焉。今夫山一卷石之多，及其廣大，草木生之，禽獸居之，寶藏興焉。今夫水一勺之多，及其不測，黿鼉鮫龍魚鱉生焉，貨財殖焉。

---

74 語見《禮記・孔子閒居》，〈孔子閒居〉是《禮記》中特富玄思的一篇文章，前人多認為其著作年代甚晚。然上海博物館搜集傳為戰國中期的一批竹簡，其中赫然有〈孔子閒居〉另一版本的〈民之父母〉在內。

〈孔子閒居〉將地道與天道並列，《中庸》則將天地山水四者並排。《中庸》的「山」與「地」兩者事實上可以同化，就像鯀竊的「息壤」和「息石」兩者是一體的分化，「名山」是由「息壤」成長增高而成。我們看這兩篇重要文章所揭露的土德基本上是一致的，它廣生、博厚、悠久無疆。《中庸》所述，其語尤為顯赫，我們看到它所詠讚的地與山，其物絕非無情之礦物，而是種有機成長的活物。山石以及天水的成長都是無限的，山石的成長尤具廣博、深厚之義。

　　至誠的德性和土德頗有重疊之處，這種重疊固然可以說是類比所致，或是農耕文明時期的人之「在世存有」與土地相涵相化，因而土地提供了學者學習的範本。但筆者更相信：人性與自然的本性有奧妙的通道，生作為人性與物性共享的因素是一種體證的真諦，北宋理學家程明道、謝上蔡師徒以「生」說「仁」，以「仁」貫穿人性與物性的生生之機，其說最為顯豁。但生的禮讚一直是理學的主思潮，不僅一家為然。理學這些生命禮讚的文獻固然出自理學家的親身體證，但也有經典的依據。《中庸》：「大哉聖人之道，洋洋乎，發育萬物。」又：「君子尊德性而道問學，致廣大而盡精微，極高明而道中庸。溫故而知新，敦厚以崇禮。」發育萬物是仁，是生；致廣大、盡精微、敦厚崇禮，這是厚德。發育萬物的創造力強度加上橫披天下的廣度，再加上負載山河的厚度，這是大地對世人最大的啟示，也是聖人之道與自然的宗旨共同宣言。

　　生生為大地之德的屬性之一，博厚謙下為大地的另一種重要屬性。大地載華嶽而不重，振河海而不洩，其功甚溥，但其德甚謙，它的謙抑之德自然「無非教也」。《韓詩外傳》記載：孔子閒居，子貢侍坐，他向孔子請教「為人下之道」，孔子回答道：

「為人下，其猶土乎！」子貢聽了，仍然不了解夫子的話中之義。孔子解釋道：

> 夫土者，掘之得甘泉焉，樹之得五穀焉，草木植焉，鳥獸魚鱉遂焉。生則立焉，死則入焉，多功不言，賞世不絕，故曰：「能為下者，其惟土乎。」子貢曰：「賜雖不敏，請事斯語。」[75]

為人下者要像大地一樣，謙抑自持，不炫耀己功。他內在資源豐富，可以反身自得，不需要透過語言的膨脹，尋得自我之認同。

地勢坤，善處下，易顯謙抑之德。談及此義最顯著者，當是《易經・謙》，此卦卦象曰：「地中有山，謙，君子以裒多益寡，稱物平施。」此卦卦象以卑蘊高，萬物均平，得「屈而止於其下」之義。[76]謙卦六爻皆吉，此卦乃六十四卦中最吉祥之卦。我們觀此卦六爻之爻象「謙謙君子，卑以自牧」，「鳴謙貞吉，中心得也」，「勞謙君子，萬民服也」，「無不利撝謙，不違則也」云云，不難窺測此中旨趣。孔子釋「勞謙君子，有終，吉」曰：「勞而不伐，有功而不德，厚之至也，語以其功下人者也。德言盛，禮言恭。謙也者，致恭以存其位者也。」（〈繫辭上〉）謙、厚、下、恭諸德皆含抑止虛受、寬平內蘊之義，這些德目與大地載物之厚德，乃是同一家族（「家族類似性」之「家族」）之成員。

---

75 韓嬰，《韓詩外傳校注》（台北：藝文印書館，1971），卷7，頁13-14。此記載亦見於《說苑・臣術》及《荀子・堯問》，惟文字稍有出入。

76 參見程頤、朱熹，《易程傳・易本義》（台北：世界書局，1979），卷1，頁139。

　　先秦典籍中，竊以為最能反映土德生生、博厚、無窮、謙抑特質的思想典籍當是《中庸》和《易傳》，但這只是比較而言，如語其實，主張德性博厚、悠遠、謙抑、創新不已，這乃是儒家思想之通義，往上，我們可追溯到《六經》一貫的傳承，往下，它由孔孟直通到當代儒家思潮，莫不如此。畢竟，土德是以農耕為主要生產模式的黃土文化之產物，而儒家又是中原黃土文化的體現者。孔子與其弟子提倡「弘毅」、「剛毅木訥」、「反求諸己」等等的儒家道德，我們發現它們與土德在文化形態上有相當的類似性，或者連續性。

　　這種類似性或連續性不見得出於自覺的反思，更可能的，乃是黃土文化是儒家思想的母胎，它對後者的滲透是潛移默化的，儒家的很多重要概念可以說是對「土」的象徵意義之哲學改寫。不是直接摹寫，卻又清清楚楚。若曰不信，請看《論語》這些語言所言何事：

　　　　子曰：「君子不重則不威，學則不固。主忠信，無友不如己者，過則勿憚改。」（〈學而〉）
　　　　曾子曰：「以能問於不能，以多問於寡，有若無，實若虛，犯而不校，昔者吾友嘗從事於斯矣。」（〈泰伯〉）
　　　　曾子曰：「士不可不弘毅，任重而道遠，仁以為己任，不亦重乎？死爾後已，不亦遠乎？」（〈泰伯〉）
　　　　司馬牛問仁，子曰：「仁者，其言也訒。」曰：「其言也訒，斯謂之仁已乎？」子曰：「為之難，言之得無訒乎？」（〈顏淵〉）

上述這些章節的內容皆顯示了厚重、縝密、樸質的特色，它們雖

然沒有直接提及土，但我們看「不重則不威」，它顯示了西周初期「威儀觀」底下的理想行為模式：穩重、秩序、均衡，學者的體表體現了社會的文化規範。[77] 曾子說他的朋友「有若無，實若虛」，此朋友可能是顏回，這種德性是標準的「以虛受之」之土德。「不可以不弘毅，任重而道遠」，此語指涉的是厚重、堅實的人格特質，這種特質與「厚德載物」之德顯然同源而出。「仁者，其言也訒」，這是君子人格內斂的言說方式，儒家強調「剛毅木訥」、「吉人之辭寡」、「其言也訒」，而反對「巧言令色」或「躁人之辭」，此種言說模態與謙抑、剛毅諸德顯然相通。若此種種，其言雖然沒有直接涉及大地，但依據物質的想像，我們認為它們不折不扣，體現了巴舍拉所說的「土之內密性」。孔門提倡的這些德性，後來成了國人共同接受的道德。如果有人從這種精神發展的角度探討儒家與農業文明或小農經濟的密切關係，筆者倒也可以接受。

七、報本反始

「創生」與「深厚」結合，這是中國土思想最重要的線索。生是土行極顯著的特色，土連著女性，連著水性，連著植物的成長，其關鍵皆指向了一種來自無底深淵的生命力。然而，無底的生命力不可能只解釋現實的生命現象本身，因為二元結構是存在的實相，有生必有死，有存必有亡，土行作為五行中最接近本體

---

77 關於「威儀」與西周春秋時期君子的修養、共同體倫理規範間的關係，請參見貝塚茂樹，〈威儀──周代貴族生活の理念とその儒教化〉，《中国古代の伝承》，《貝塚茂樹著作集》（東京：中央公論社，1976），卷5，頁363-381。

功能的一行，它不能不對衰老病死有所解釋。我們看到土行的另一戲劇化儀式蠟祭，其內涵即是針對生命的另一面向──老死的解釋，以及透過「報本反始」的行動解救老死此宇宙之必然。生生不息與「報本反始」是土行最顯著的德性，這是種自然的德性，卻是含應然於實然當中的德性。

開新與反始不僅是土性的雙面，更是中國黃土文明極顯著的特徵。中國文明雖然多元，但在關鍵性的經書時期，黃河文明幾乎占主導性的力量。在這農業文明蓬勃發展、漂泊的游牧歲月退到歷史舞臺背後之時，《詩經》〈雅〉、〈頌〉的作者提出了一種新的人生態度，他們從農作、季節之四季循環，大地播種、耕耘、挖井、受納雨水時顯現之無限包容力量，得到了一種啟示。他們提出永遠創新但又深厚寬廣的人生理念，但生命是不容斷滅的，生命的流向不只永遠地向前，「子子孫孫永寶用」的那種直覺的信念而已。生命也可背向未來，過去緊緊連結著現在。黃土平原的子孫從黃土創生萬物，而又歸納萬物，了解死生一體，循環無端的消息。土地與死亡的關係，恰好等於土地與創生的關係，作為儒門別傳的莊子有言：「生者死之徒，死者生之始。」（〈知北游〉）又言：「孰知死生存亡之一體者，吾與之友矣。」（〈大宗師〉），其說得到土之教。

首先，他們將這種豐饒的生命與博厚深遠的人生理念，歸諸於邃古之初神聖人物的賜予，他們歌詠道：

> 閟宮有侐，實實枚枚。赫赫姜嫄，其德不回。上帝是依，無災無害；彌月不遲，是生后稷。降之百福，黍稷重穋，稙穉菽麥。奄有下國，俾民稼穡。有稷有黍，有稻有秬。奄有下土，纘禹之緒。（《魯頌·閟宮》）

> 思文后稷，克配彼天。立我烝民，莫匪爾極。貽我來年，
> 帝命率育。無此疆爾界，陳常于時夏。(《周頌・思文》)

姜嫄是周民族的始祖，但她的功能實不止於此，誠如聞一多所說，三代的始祖神其實都是高禖神，[78]高禖神又是大母神的分身。后稷是周之創始者，但他的功能實不止於此，顧名思義，后稷即是穀神。姜嫄之於后稷，恰如大母神之於穀神，土穀聯手，這是農業文明最重要的農業現象，一種博厚無疆的空間遼闊感，以及一種永恆循環的生命連續之無限感，兩者相伴而生。

空間遼闊感以及時間的永恆感，還有植物春生夏長秋收冬藏的四季循環，再加上農村共同體的血緣鄉土情感，以及彼界祖靈與此界子孫的存在連續性，這種種的因素匯聚成生物生命、自然架構以及天神地祇人鬼連綿一片的永恆之連續體。我們且看《周頌・豐年》的歌詠：

> 豐年多黍多稌，亦有高廩，萬億及秭。為酒為醴，烝畀祖妣，以洽百禮。降福孔皆。

〈詩序〉云：「〈豐年〉，秋冬報也。」這是首感恩的詩。木落水盡，繁華脫落，祖先、天地與宗族的生命連在一起了。連在一起，此時很容易引起無限之感。我們且看下列兩首詩：

> 楚楚者茨，言抽其棘。自昔何為？我藝黍稷，我黍與與，

---

78 聞一多，〈高唐神女傳說之分析〉，《神話與詩》，收入朱自清、郭沫若等編，《聞一多全集》(台北：里仁書局，2000)，冊1，頁98。

我稷翼翼。我倉既盈，我庾維億。以為酒食，以享以祀，以
妥以侑，以介景福。濟濟蹌蹌，絜爾牛羊，以往烝嘗。或剝
或亨，或肆或將。祝祭于祊，祀事孔明。先祖是皇，神保是
饗。孝孫有慶。報以介福，萬壽無疆。（《小雅・楚茨》）

　信彼南山，維禹甸之。畇畇原隰，曾孫田之。我疆我理，
南東其畝。上天同雲，雨雪雰雰。益之以霡霂，既優既渥，
既霑既足，生我百穀。疆場翼翼，黍稷彧彧。曾孫之穡，以
為酒食。畀我尸賓，壽考萬年。（《小雅・信南山》）

　　兩首詩可能都是祭祀詩，在此祭祀的場合，黍稷牛羊已不再
是農業經濟的產物，它們是人與祖先上天交往的聖物。因為它們
成長在大禹治理過的大地上，它們的存在必須歸因於邈遠時代的
治水工程。現在它們成長了，而且「我倉既盈，我庾維億」，它
們變成了供禮，它們透過自我犧牲，再回饋於神聖共同體的天地
與先祖。類似〈楚茨〉與〈信南山〉這類的詩，《詩經》中所在
多有，它們大體都是充滿感恩的幸福詩歌，〈板〉、〈蕩〉的調子
是沒有的，但這不表示這兩首詩所說的只是套式的濫詞。恰恰相
反，這兩首詩歌描述的情景正是農業文明初期的精神圖像。當時
土地尚未商業化，人的勞動尚未與他的產品、他扎根於大地的情
感、他與祖先神祇連綿一氣的信仰脫離。這是人從游牧歲月開始
定著化，並發現永恆、律則、精神內斂的時代。在華夏文明將要
飛躍的破曉時分，這些詩歌發出最足以代表時代特色的誠摯呼聲。

八、結論

　　土本身具吐生、寬厚、權力諸德，它的內涵應當具足普世的

性格。但由於中國文化的生成與黃土平原的關係極深，黃土所具有的各種象徵作用和民族的無意識結構勾連極深，所以它的意義不僅於此。從哲學的觀點著眼，土比起其他四行，更接近本體的位置。然而，論及土在中國文明的位置，或許現代小說的農村描述，從賽珍珠到莫言的小說，顯現得更淋漓盡致。

土在中國思想史上的另外重要功能，乃是它與其他的自然因素配合，形成各種主導性的概念。它最重要的思想夥伴當然是天，天地分立，化生萬物，這種分立形成初民最基本的認識論架構，也是最根源的重要象徵，我們前面引用到《禮記·孔子閒居》的天地之教，以及《中庸》的「博厚配地，高明配天」已見此義。《易經》一書更明顯地以「天地」或其符號「乾坤」當成貫穿天地人三才之道的主軸。我們都知道《易經》開宗明義的兩卦乃是〈乾〉與〈坤〉，〈乾〉之義為：「大哉乾元，萬物資始，乃統天」；〈坤〉之義為：「至哉坤元，萬物資生，乃順承天。」「乾」是創生原則，「坤」是成物原則，《易經》全書的義理都是在這兩卦的引導下展開的，所以說：「乾坤，其易之蘊耶！」「乾坤，其易之門耶！」。天地並列，不僅見於《易經》，它事實上是普見於各文化領域的主導性象徵。但由並列而形成雙元，乾坤並健，這毋寧是《易經》一書極大的智慧。此事牽涉甚廣，此處暫不細論。

除了乾坤並健的格式中，土與金、木、水、火相合，相生相殺，也會產生各種不同的效應。由於五行被視為存在物的構成因，所以每一個體原則上都具足五行，只是其偏重、比例容有不同，因而也生出不同類型的個人。五行配合的問題頗複雜，影響極深遠，大禹治水的神話即顯示了土與水既親密復仇恨的矛盾情結。前文論社稷處，我們也看過土與木結合的通天本事。組合的

模態很多，五行生殺基本上可以視同宇宙的開關。但千變萬化之中，土具有的創生、深厚、權力的性質大概不會改變。土透過圓、中的象徵作用，取得五行中的主導性地位，這種優勢位置大概也不會改變。它對中國思想的影響就像它深厚的廣延性與包容性一樣，無遠弗屆，無物不載。其族繁茂，難以備載。[79] 五行之相配及乾坤配合之問題，這是另外的文章該處理的議題，此處擱置不論。

---

79 李建民先生評論拙作時，提出下列的觀察，筆者徵得李先生同意，援引其文如下，以見一斑：「考古文物中，例如雙古堆漢墓出土六壬式盤地門位置書寫「土斗戊」（即北斗居於土位），以及尹灣漢墓《博局占》規矩紋中央刻寫的「方」字。這裡「土」原型象徵所派生的光譜，與五行思想「定型化」的關聯為何？土的思想體現「圓」（循環）、「中」的原型，也反映在成熟的經脈學說《靈樞·經脈》一篇。五臟系統，與經脈學說相關的臟器主要有二：一是心，另一是脾胃。在《呂氏春秋》、《淮南子》五行時位系統，兩者皆位於中央土。又，《黃庭內景經》梁丘子注：「黃者，中之色也；庭者，四方之中也。」又云：「內指事即腦中、心中、脾中。」黃庭者，也是取土的象徵。此外，我最近翻讀明人趙養葵的《醫貫》有云：「若論腎與脾胃，水土原是一氣，人但知土之為地，而不知土亦為水也。自天一生水，而水之凝成處始為土，土之堅者為石。此後天卦位，坎之後，繼之艮。艮為山，為土。艮土者，先天之土，水中之土也。」（卷6）水與土之爭鬥，似乎仍在躍動之中。」李先生的補充很值得思索，但可想見的，其他領域（尤其「五術」範圍）一定還可見到相關的內容，我們很難一一討論了。

尾聲

非唯物論的物論

　　本書的焦點集中在「五行」，廣義地講，可以說對「物」的意義重新貞定。本書論物，離不開主體彰顯的向度，非認識論的解讀是本書的前提。因此，如用朱子學的語言表達，本書的物學可以說是格物學。晚明學者論當時討論格物的說法，共有七十二家。[1]明清後，論格物之義者，不斷踏步前來，家數恐不勝其數。本書所論，或許也可勉強算是一家，第七十三家無論如何是排不上了，如有機會附尾在任何統計數字結算之後的另一家，固無不可。本書的興趣當然無關於排序，筆者所以無分於物學與格物學，換另一種方式思考，也就是主張物學不是現代自然科學意義下的物理學，它不能脫離心學立論之義。

　　中國思想的主軸常被認為在一種無限心意義的「心學」，這種學問主張天道性命相貫通。無限心模式下的道德被設定在彰顯

1　參見劉宗周，〈大學雜言〉，《劉宗周全集》（台北：中央研究院中國文哲研究所籌備處，1997），冊1，頁771。七十二家之說自然是套語，很難一一指證，但論者甚多，是可以肯定的。

一種蘊藏在每一個體下的超越的本性，這種彰顯的道德也可以說是回歸本性的道德，前人稱這種回歸本性的道德的理論為復性說。如果一種在生活世界中和他者辯證發展的道德主體可名為情境心的話，天道性命相貫通的主體則可名為無限心。情境心和無限心兩種模式不一定矛盾，儒家的道德心就常含有這種雙重的向度，至廣大而盡精微，但兩者的實踐方向確實大不一樣。無限心模式的簡易直截顯然不是情境心模式所能及，而且往往帶有更強烈動能的宗教情懷，禪宗與王學在唐代後的佛儒體系中占有突顯位置，由此可見中國思想史的大趨勢。

　　無限心的模式還有各種的次要類型，但不管彼此間的差異如何，一種「冥契人」（mystical man）的人的本質之想像，[2] 以及一種以直接「復性」為導向的實踐模式卻是彼此的共相。大約從佛教東來，在中土取得信仰與實踐的優勢以後，不管道家後來發展出重玄、內丹諸種有哲學意義的宗派，或儒學發展出千年歷史大動脈的理學，不管中土原有的儒、道兩家如何修正佛教，在主體上作工夫以期明心見性，一直是中土的主流思潮。這種無限心的主張在後世影響甚大，中國六朝後的哲學論述、心性體驗、甚或詩文藝術的表現，這種主張都構成了運作的主旋律。相對之下，對世界，尤其對物的反思，一直沒有形成較有嚴格理論意義的體系。

2　「冥契人」一詞借自紐曼（E. Neumann）所說，參見E. Neumann, "Mystical Man," in J. Campbell ed., *Mystical Vision*（Princeton: Princeton University Press, 1982）, pp. 375-415. 紐曼說他的文章不在討論「冥契論」（mysticism），而是討論人的本質具有冥契的向度，但這兩個問題其實是綁在一起的。紐曼身為精神分析學者，由其說進入人的本質與超越向度的關係，反而更具有經驗科學的說服力。

　　問題的解決還是要回到發問的原點，原點指向儒家原初發聲的原始洞見。儒家的關懷在日用民生，「正德、利用、厚生」一向被視為儒家很重視的基本價值，但「正德、利用、厚生」的人文價值也有超人文的向度。在黃土地上，儒家的精神面貌和農耕、日用之器、宗族祀典緊緊扣連在一起。儒者的生活中有特別濃厚的人與世界的臍帶相連，儒家的「禮」在一種根源的意義上講，乃是人與世界的各種關係，包含人與人、人與鬼神、人與天等等的總合，也可以說是人與泛化的他者之總合。一種非主體意義的他者恰好是主體的內涵所必含，但他者的內涵也恰好有多出主體之外的「他性」之意義。「人與泛化的他者」之關係乃是根源性的二元構造，但二元構造不是孤子的對立物，二元的構造是透過「物」所呈現的「禮」加以連結而成的。

　　五行即是連結原始二元構造的物，五行也是物，是物中之尤為物者。在文明初期，精神價值是透過五行顯示出來的。用宗教學的語言講，「聖感」的體現是經由五行，更恰當地說，是經由五行中之尤優者如黃金、神木、淨水、聖火、中土，因而表現出來的。[3] 五行與周遭世界的本體論區分，聖物從自然世界中斷裂而出，這種本體論的分裂是精神發展的一大契機。這個契機是連著承載它的聖所（祭壇、社等）、聖儀（儺、籍田、郊等）、聖職人員（巫、祝、卜、史等）一齊朗現的。人在天地中，三才連綿一氣，但原始的連綿一氣不會有文化，文化需要有原始的撕裂或

3　先秦另一具有「聖顯」功能的物之集結當是八卦意象：〈乾〉所代表的天，〈坤〉所代表的地，〈坎〉所代表的水，〈離〉所代表的〈火〉，〈震〉所代表的雷，〈艮〉所代表的山，〈兌〉所代表的澤，〈巽〉所代表的風。「八卦」與「五行」的物之意義重疊者有土、水、火。天、雷、山、風也是上古時期聖顯之物，精氣之集粹。

突破口。天地時空中有五行化入其中的「禮」作為「聖」的切入口，人透過這切入口進入宗教世界，轉俗成聖，聖俗的分合帶動了歷史的行程。物的聖化與主體的深化是同一事件的兩面，心物共彰是文明初期的精神表現。

　　無限心體系介入中國的思想界，成為主流的思潮後，改變了心物關係的結構。如實來講，作為溝通聖凡、超越內在兩界的中介物，如青銅佛像、水沉檀香、畫布或紙張上的宗教紋飾、祈禱或靜坐的聖所、祭祀的祠堂等等，其本質不管如何被解構，都不太容易完全消失掉它們承載的宗教意義的。但無限心體系發展到德山燒經，丹霞劈佛取暖這類的徹底自由的表現，中介消失，物的聖之承載功能不能不說已不再存在。作為儒學復興運動的儒家在北宋興起，其關懷重心一方面固然在重構主體，但一方面也可以說在重構世界。本體是這個思想階段的核心的理念，體用論是它更完整的面貌，它既轉為主體意義的心體、性體，也轉為泛存有論意義的道體。誠然，本體是理學家重構性命之學的核心概念，但本體也是為搶救物的意義而引致的生力軍，有世界本質的關懷就不能沒有物學。北宋理學興起，這些應運而生的大儒既要誠明人的本性，也要誠明物的存在。

　　從物學的角度介入，我們可以看到宋明諸大儒為搶救包含人在內的世界之整體意義所作的偉大貢獻，這是椿重奠宇宙軸的乾坤事業。這樣的物學與心學不但不矛盾，而且極為相關。不管依邵雍的洗淨世俗之情、讓物自顯的「以物觀物」說，或依程朱主客層層相感、步步深化直至太極朗現的格物說，我們都看到物學也有工夫論，而且物學的工夫論和性命之學的工夫論極為相關，沒有心的轉化即沒有真正的物之呈顯。程朱學的格物論所代表的物論和主敬的工夫論彼此扣連，相互支持，甚至可說是辯證發展

的關係，心物的重量相對地平衡。千年來，程朱儒學傳統的物學
與心學都有化俗為聖的機制，因為兩者同屬儒家誠明性格的不同
面向。

　　如何思考先秦時期以五行所代表的物？如何思考宋明時期體
用論思維下的物的內涵？這條歷史連綿不絕的物之敘述賦予物一
種在其自體的豐饒意義，所謂的「物與無妄」。這樁復活物的價
值的戲碼落在今日的世界思考其義，卻不能不面對殘酷的現實：
這個世界已除魅化了，已不是體用論當家作主的世界。我們無法
迴避構成今日世界主要形貌的表象的世界觀，或者說唯物論的世
界觀帶來的挑戰。表象的世界觀將自然推向主體所對的對象，自
然失去了自身的內涵，它成了材質意義的物質因之集結。[4]唯物
論則是表象的世界觀的另一種呈現，它將物的各種意義：形上學
的、倫理學的、美學的，轉成可模控的自然因果系列。筆者所說
的物論與唯物論都是對物的後設反思，但物論不是唯物論，兩說
建立在不同的理論基礎上。原生的物論被遺忘久矣，如今當道的
物論反而是與中土思想大相逕庭的唯物論，六耳金猴取代了齊天
大聖矣！

　　唯物論自是西洋形上學的一大宗，淵遠流長，且其理論與時
俱進。但在十九世紀前的中國卻一向處於邊緣的位置，思想史上
聊備一格而已。[5]在二十世紀的中國，它搭上現代化的世界潮

4　論此義最顯著當是海德格（M. Heidegger），參見〈世界圖像的時代〉，收入
　　孫周興選編，《海德格爾選集‧下》（上海：三聯書店，1996），頁885-923。
5　偶讀唐君毅先生早期的一篇文章，他提到中國帶有明顯唯物論立場的哲學大
　　概只有葉世傑的《草木子》一書。唐先生的判斷當然依他自己的判準而立，
　　如果我們將明清時期一些非超越論的氣論哲學家的主張也視作唯物論的話，
　　名單會長許多。但再怎麼長，比起三教中主流的無限心哲學，任何形態的唯

流，乘著富國強兵的時代需求，建構了中土的法脈，有自己的道統，在華夏遂由附庸蔚為大國。當代中國的唯物論有各種的變型，也有各種的盟軍，中外合流，這個外來的思潮已相當本土化了。唯物論連結階級史觀後，動員的力道極強，分貝也跟著高亢響亮。唯物之物與五行原物，一物各表，此一區分乃是本書未曾明言的前提。如果物論真能復甦，它不可能不與反客為主的唯物論產生撞擊，此一撞擊的結構終究是需要面對的，兩種物論的分際終須釐清。

任何論述都是有所說即有所遺，物論與唯物論的哲學分別是另一專業的領域，此一工作只能俟諸當代的有志之士加以完成。至於佛教東來後所激盪出來的物之反思，主要指的是宋明儒建立在體用論上的物論，其義理另成一個系統，其價值足以補充心學發展極致時留下的空缺。其發展始末與義理細節，筆者希望能在另一個脈絡裡仔細鋪陳，本書大體只能聚焦於先秦那個心物交相纏繞的時期。那是個看到流水東逝，可以聯想時間流逝與意識相續的年代！那是個腳踏大地，可以升起德行篤厚，乾坤生生不息念頭的年代！

物論都不會占有太突顯的位置。唐先生之說參見〈論中西哲學問題之不同〉，《中西哲學思想比較論文集》，《唐君毅先生全集》（台北：臺灣學生書局，1984），卷11，頁64。

五行原論：先秦思想的太初存有論

2018年3月初版　　　　　　　　　　　　　　　定價：新臺幣650元
2023年7月初版第五刷

有著作權・翻印必究

Printed in Taiwan.

著　　　者	楊　儒　賓
叢書主編	沙　淑　芬
校　　　對	謝　麗　玲
封面設計	沈　佳　德

出　版　者	聯經出版事業股份有限公司
地　　　址	新北市汐止區大同路一段369號1樓
叢書主編電話	（02）86925588轉5310
台北聯經書房	台北市新生南路三段94號
電　　　話	（02）23620308
郵政劃撥帳戶第0100559-3號
郵撥電話	（02）23620308
印　刷　者	世和印製企業有限公司
總　經　銷	聯合發行股份有限公司
發　行　所	新北市新店區寶橋路235巷6弄6號2F
電　　　話	（02）29178022

副總編輯	陳　逸　華
總　編　輯	涂　豐　恩
總　經　理	陳　芝　宇
社　　　長	羅　國　俊
發　行　人	林　載　爵

行政院新聞局出版事業登記證局版臺業字第0130號

本書如有缺頁，破損，倒裝請寄回台北聯經書房更換。　　ISBN　978-957-08-5090-1 (精裝)
聯經網址 http://www.linkingbooks.com.tw
電子信箱 e-mail:linking@udngroup.com

國家圖書館出版品預行編目資料

五行原論：先秦思想的太初存有論/楊儒賓著．
初版．新北市．聯經．2018年3月（民107年）．456面．
14.8×21公分
ISBN　978-957-08-5090-1（精裝）
[2023年7月初版第五刷]

1.先秦哲學　2.陰陽五行

121　　　　　　　　　　　　　　　　107002681